psicología
y
etología

DIRIGIDA POR ARMANDO SUÁREZ

traducción de
ANA MARÍA PALOS

revisión técnica de
ARMANDO SUÁREZ

EL PSICOANÁLISIS PRECOZ

por
RENÉ DIATKINE
y
JANINE SIMON

siglo
veintiuno
editores

méxico
españa
argentina

XXI

siglo veintiuno editores, sa
CERRO DEL AGUA 248 MÉXICO 20, D F

siglo veintiuno de españa editores, sa
EMILIO RUBÍN 7, MADRID 33 , ESPAÑA

siglo veintiuno argentina editores, sa
Av CÓRDOBA 2064 , BUENOS AIRES ,ARGENTINA

edición al cuidado de alejandra gómez
portada de richard harte

primera edición en español, 1975
© siglo xxi editores, s. a.

primera edición en francés, 1972
© 1972 presses universitaires de france
título original: la psychanalyse précoce

ÍNDICE

PREFACIO

Carine, una niñita de tres años y medio, permitirá a los lectores de este libro entrar con ella en un mundo de fantasías al que la acompañó su psicoanalista, Janine Simon. En muchos aspectos, el relato de esta cura resulta impresionante. Desde las primeras sesiones, la niña da la clave del sentido del insomnio que le permite apaciguar los temores ligados a sus deseos y verificar que su madre no ha muerto. Más tarde, Carine, junto con su "amiga", querrá aclarar el significado de otros rasgos de comportamiento u otros juegos. Vivirá y elaborará sus temores más inefables junto con su psicoanalista, convertida en la "señora-lápiz", portadora y propietaria de este instrumento cuyo valor simbólico se aclarará poco a poco.

El relato de esta cura ocupa los primeros capítulos de esta obra. Consta del material proporcionado por Carine y de las intervenciones e interpretaciones de su psicoanalista. Evidentemente podría asombrarnos que una niña tan pequeña haya podido captar palabras que en general los niños de esa edad no comprenden, pero la evolución de la cura muestra perfectamente cómo actúa la elaboración interpretativa, que tiende a reorganizar las producciones fantasmáticas y los sistemas defensivos, testigos del funcionamiento mental de esta pequeña paciente.

A menudo se ha reprochado a los psicoanalistas que sometan a la discusión crítica el material sobre el que trabajan sólo en forma muy fragmentaria. En realidad, numerosas dificultades se oponen a ello, y debemos estar por tanto muy agradecidos a los autores de este libro por haber presentado su trabajo sobre el proceso psicoanalítico en el niño partiendo del relato de la cura de Carine.

Desde el fin de la primera guerra mundial no ha cesado de crecer el interés por el psicoanálisis de niños. Después de las controversias que en su época opusieron a Anna Freud y Melanie Klein quedaba todavía por verificar que es posible observar un proceso psicoanalítico en un niño. Este libro lo demostrará a los lectores.

Sin embargo, subsisten numerosos problemas; los comentarios de René Diatkine y de Janine Simon intentan aclararlos de forma muy satisfactoria. Particular reconocimiento merece su esfuerzo para integrar las teorías kleinianas en una elaboración coherente de nuestros conocimientos psicoanalíticos sobre el desarrollo del niño.

Con un rigor constante, los autores especifican la utilización de las referencias metapsicológicas freudianas en la experiencia que relatan.

El hacer esto los conduce a presentar tesis originales sobre las relaciones entre el complejo de Edipo y las fantasías pregenitales del niño, puestas en evidencia de manera tan notable por Melanie Klein. Admiten las intuiciones geniales de esta autora, aunque critican sus tesis sobre la continuidad genética.

Ésta es la razón por la que terminan su trabajo exponiendo una teoría muy original sobre las fantasías inconscientes que se organizan en la situación psicoanalítica y que son testigos del proceso que la define. Semejante tesis supone una discusión profunda sobre la historicidad y la dimensión del tiempo en la organización del inconsciente. René Diatkine y Janine Simon la habían ya esbozado a propósito de la hipótesis de la continuidad genética necesaria para adimitir la teoría kleiniana. Regresan a ella en su estudio sobre la fantasía inconsciente, refutando ciertas hipótesis sobre la importancia de la represión secundaria en su producción, como lo sugieren algunos discípulos de Anna Freud.

El último capítulo pone en tela de juicio, a propósito del proceso psicoanalítico, las grandes hipótesis freudianas y posfreudianas sobre el desarrollo del niño. Los autores insisten en apoyarse, en su demostración, en la coherencia interna de la metapsicología psicoanalítica y se niegan a utilizar una amalgama que, para justificar las hipótesis psicoanalíticas, propone el uso de teorías discutibles sobre la maduración, según el modelo neurofisiológico. Pero ello no quiere decir que propongan el rechazo de todas las consideraciones genéticas que la observación del niño impone retener.

No nos engañemos, sin embargo. En gran medida, una interpretación particular del estructuralismo ha inspirado, en Francia, ciertas obras psicoanalíticas contemporáneas en las que la evolución no aparece representada sino en tanto que ficción. No es el caso de este libro, que restituye su legítimo lugar a la historia y a las organizaciones diacrónicas. Está destinado, por lo tanto, a todos aquellos que se interesan en el movimiento de las ideas en psicoanálisis.

No obstante, los especialistas de niños obtendrán también gran provecho. Para no mencionar más que dos ejemplos, leeremos aquí apasionantes discusiones sobre la psicopatología psicoanalítica del niño. El valor de las organizaciones psicóticas y neuróticas se discute en forma original en comparación con la tesis kleiniana, que hace de los síntomas neuróticos una elaboración de las posiciones psicóticas previas. Por su parte, la escuela de Anna Freud limita la descripción de las neurosis a una organización específica y evolutiva del yo. Los autores muestran la contradicción dialécticamente organizadora de los síntomas neuróticos y de los modos psicóticos, tal como antes mostraron que el Edipo se nutre de las contradicciones de la escisión de la relación con el objeto parcial.

Por otro lado, aparte del informe de las sesiones a través de una exposición sincera y sin mácula, nos encontramos ante un estudio del proceso psicoanalítico en el niño, sin que se hayan utilizado medidas mágicas que, en la lectura de ciertos libros, arriesgan desgraciadamente dar una idea muy falsa de lo que es el psicoanálisis en el niño.

René Diatkine y Janine Simon son por lo demás modestos en sus conclusiones sobre la utilidad del psicoanálisis en el niño al someternos sus hipótesis y sus dudas razonables sobre el valor de las construcciones interpretativas que se le proponen, y nos recuerdan que, al menos en este período precoz, el proceso psicoanalítico mismo corre el riesgo de ser englobado en los movimientos represivos que siguen a la crisis edípica.

En todo caso, el ejemplo elegido confirma el valor preventivo de la aplicación del psicoanálisis al niño. No se pretende ya evitar la aparición de una neurosis en el adulto, porque las elaboraciones neuróticas, cuando son poco inhibidoras, son las mejores formas de dar salida a la angustia y a la culpabilidad inconsciente que la caracteriza. Carine era uno de esos casos de prepsicosis en los que todo hace pensar —y nuestra experiencia lo confirma ampliamente— que hay que temer sus organizaciones caracterológicas, infiltradas por los mecanismos depresivos o psicóticos o, aún más gravemente, el déficit de matiz oligofrénico. Es probable que el tratamiento aquí relatado haya salvado a la niña de ese destino.

En resumen, hay muchas razones por las que este libro importante subsistirá como instrumento de trabajo, mucho más allá de los éxitos momentáneos y de los caprichos publicitarios. En todo caso, es lo que yo deseo, persuadido de que René Diatkine y Janine Simon han formulado en la mejor forma posible, pacientemente, sinceramente, seriamente, las tesis de un grupo de trabajo, el mismo que se expresa a menudo en *Psychiatrie de l'enfant*, y que se siente orgulloso de que uno de los primeros volúmenes de esta colección sea ejemplificado por su obra.

SERGE LEBOVICI

INTRODUCCIÓN

El tratamiento que se relata en esta obra fue presentado, a medida que se desarrollaba, en el plan de enseñanza de psiquiatría del Centro de Salud mental del treceavo distrito de París.[1] La calidad particular del material recogido ilustra algunas de nuestras opiniones sobre la práctica y la teoría en psicoanálisis de niños. Nos pareció tentador continuar la elaboración comenzada oralmente, aun dándonos cuenta de las dificultades propias de la redacción escrita, así como de su necesidad. Fue necesario distribuir de forma diferente nuestros comentarios: en la presentación oral, éstos estaban determinados por los sucesos de la semana y no debíamos temer las repeticiones ni las redundancias.[2]

Creemos que el texto que presentamos aquí representa muy fielmente nuestras posiciones actuales. Pero ellas no tienen de personal más que la forma que les hemos dado. Para todo psicoanalista, en 1971, la obra de Sigmund Freud constituye un conjunto indisociable, en su evolución misma, y aporta un cuerpo teórico indispensable para organizar la experiencia de la práctica cotidiana. Análisis de niños y análisis de adultos constituyen un todo imposible de dividir, ya que es en función de la organización de la historia del adulto, tal como está registrada en su inconsciente, como los avatares de los conflictos del niño adquieren un sentido comprensible.

No se encontrará aquí una demostración propia para convencer a un lector que no esté familiarizado con la práctica y los textos psicoanalíticos, sino más bien una exposición de nuestras concepciones dentro del movimiento psicoanalítico. Éstos han sido elaborados progresivamente por el equipo que dirige Serge Lebovici desde 1948, y si bien él no participó directamente en la elaboración de la presente obra, encontrará, al menos así lo esperamos, mucho de lo que nos ha dado.

Nuestro grupo de trabajo se ha constituido apartado de las dos

[1] No podríamos emprender el relato de la historia de Carine sin antes expresar nuestro profundo reconocimiento a sus padres, que nos permitieron utilizar y publicar estos documentos y que comprendieron todo el interés científico que podría contener el relato del tratamiento de su hija. Se sobrentiende que nos hemos esforzado por guardar la mayor discreción y procurado hacer imposible toda identificación, lo que nos obligó a descartar alguna información que se acostumbra discutir en psiquiatría infantil.

[2] Deseamos expresar nuestro agradecimiento al doctor R. Henny y al servicio médico-pedagógico de la región de Vaud por la preciosa ayuda material que nos proporcionaron para la elaboración de los primeros documentos de trabajo.

grandes corrientes de pensamiento que definen hoy día el psicoanálisis de niños, ya que no hemos sido discípulos ni de Melanie Klein ni de Anna Freud. El aislamiento relativo en el que se desarrollaron nuestros primeros trabajos ciertamente fue un freno al principio, pero acaso finalmente haya constituido una ventaja relativa, ya que hemos estado al abrigo de ciertas pasiones. Sin caer en el eclecticismo, hemos podido ser sensibles a los argumentos de unos y otros, y no creernos definitivamente alérgicos a lo que nos parecía criticable. Hoy en día no es posible ser psicoanalista de niños sin reconocer lo que uno debe a cada una de estas dos escuelas. Incluso cuando nos hemos tropezado con formulaciones que nos parecían muy extrañas a nuestro propio modo de pensar, ellas nos han obligado siempre a realizar correcciones en nuestro modo de ver, sea cual fuere el tiempo necesario para esta elaboración.

Debemos ahora explicar el carácter monográfico de esta obra. Si bien el psicoanálisis de Carine nos ha parecido ejemplar, esta ejemplaridad misma puede convertirse en causa de error en virtud de la satisfacción que nos proporciona. No es posible dejar de preguntarse si no se trata aquí de la excepción, hecho que entrañaría el riesgo de confirmarnos en una orientación discutible. Y sin embargo, no vacilamos en lo más mínimo ante la perspectiva de este peligro. La teoría psicoanalítica ha sido elaborada a partir de una práctica, lo que la diferencia de las ciencias de observación y, en cierta medida, incluso de las ciencias experimentales. Respecto de cada caso, deben tomarse medidas estratégicas y tácticas, y jamás es posible repetir varias veces el mismo intento para lograr la solución más ventajosa. El objeto del conocimiento psicoanalítico es el trabajo, el *Durcharbeiten,* el *working through,* que envuelven en una aventura seria al analista y al paciente. Los conocimientos del analista le sirven para comprender los procesos y los contenidos latentes más allá de su expresión manifiesta, para intervenir en función de esta comprensión y para reconocer los efectos de sus intervenciones, aun cuando sean desagradables para su amor propio. La reflexión teórica a partir de esta experiencia, indispensable para que la práctica analítica no caiga en un empirismo rutinario, no puede desarrollarse más que a partir de cada caso particular. La experiencia psicoanalítica difícilmente se presta al estudio estadístico, a pesar del muy interesante esfuerzo realizado bajo el impulso de Anna Freud a propósito del *Index* de la Hampstead Clinic.

Las controversias suscitadas por los trabajos de Bowlby sobre el papel de las carencias maternas en la patogenia de las distorsiones del yo ilustran bien la imposibilidad de encontrar en muchos casos lo que demuestra el estudio clínico. Los hechos pertinentes que explican el desenvolvimiento de un proceso no aparecen jamás fuera de la experiencia prolongada de la terapéutica; en un examen limitado en el tiempo, por más profundo que sea, sólo pueden ser supuestos por generalización.

Es cierto que, para nosotros, lo más importante es servirnos lo más posible de algunos casos recogidos en nuestra propia práctica de analista y de "supervisor", y compararlos con los de nuestros colegas. Así es como uno se critica y como llegan ideas nuevas. Pero la elaboración propiamente dicha no puede partir más que de un estudio profundo y de la reflexión sobre el desarrollo de una cura, sobre los efectos combinados del proceso que se desenvuelve en el paciente y de la táctica del analista. Quienes lean este trabajo podrán dar interpretaciones diferentes de las nuestras sobre el contenido de las sesiones, pero lo que debe ser estudiado objetivamente es el hecho de que en aquel momento esta psicoanalista haya dado esta interpretación, haya hecho esta observación o por el contrario se haya callado, y que la siguiente secuencia haya ocurrido a continuación. Sólo la monografía permite tales estudios.

Nuestro trabajo está dividido en dos partes. La primera contiene el relato del tratamiento y un comentario que muestra nuestra reflexión sesión por sesión. La segunda parte es un trabajo teórico, a partir de esta primera elaboración, acerca del proceso psicoanalítico en el niño pequeño y sobre la organización de su inconsciente.

UN TRATAMIENTO DE NIÑO

CAPÍTULO PRIMERO

HISTORIA DE CARINE ANTES DE SU PSICOANÁLISIS

Carine era una niñita de tres años y medio cuando su pediatra la envió a uno de nosotros, a causa de un conjunto de síntomas inquietantes que perturbaban gravemente su existencia y toda la vida familiar.

Sufría, en efecto, de un insomnio rebelde, que se presentó a la edad de ocho meses, durante unas vacaciones de su familia en el campo. A pesar de una ligera mejoría en su sueño, de los 11 a los 13 meses, el insomnio se agravó después de un segundo embarazo de la madre. Su hermanito nació cuando Carine tenía 18 meses.

Ahora, desde hace dos años, la niña se acuesta cada noche con dificultad, después que sus padres han satisfecho diversos rituales que se renuevan a menudo, ya que su efecto se desvanece pronto. Se despierta gritando hacia la una de la mañana y no se calma hasta que su madre la lleva a su cama. Entonces, se chupa el pulgar lloriqueando, pero no soporta que su madre cierre los ojos. En el momento en que ésta, vencida por la fatiga, comienza a adormecerse, Carine se precipita sobre su rostro y a la fuerza le abre los párpados. La niña no vuelve a dormirse hasta el amanecer, pero su sueño no dura mucho. Por el contrario, duerme la siesta en el día sin dificultad y a veces durante la mañana se queda dormida sobre la alfombra. El padre ha terminado por abandonar su habitación después del despertar nocturno de su hija, y acaba la noche en el cuarto de los niños. Como se puede suponer, la madre está agotada por este régimen.

Al mismo tiempo que el insomnio, una anorexia severa se ha instalado progresivamente a partir de la mitad de su primer año. La madre empieza diciéndonos que durante los primeros meses la alimentación de la niña no presentó dificultades. Fue alimentada al seno, y a los tres meses aceptó aparentemente bien el paso al biberón y a las primeras papillas. Las dificultades comenzaron cuando la madre trató de alimentarla con cuchara. Carine guardaba los alimentos en la boca para después escupirlos. Por este motivo la madre prolongó, sin inquietarse más, la alimentación con biberón. Durante la estancia en el campo, en la que se presentó el insomnio, Carine empezó a rechazar el biberón. Su madre se angustió mucho, tanto más cuanto que la niña dejó de aumentar de peso. Siguieron sesiones en las que trataron de obligarla a comer por la fuerza. Las comidas, muy agitadas, solían terminar con vómitos. Esta anorexia se hizo particularmente dramática cuando nació el hermanito, y poco tiempo antes de la consulta, durante una enfermedad de aquél.

Cuando nos traen a Carine, no toma más que dos biberones por día (recordemos que tiene tres años y medio), y entre un biberón y otro no come más que pan y chocolate. Todo otro intento de alimentarla encuentra una negativa categórica y provoca violentas cóleras.

Además de este insomnio y esta anorexia, Carine no soporta que su madre la deje. La sigue de una habitación a otra, preguntándole sin cesar si la quiere y si no la dejará nunca. Sin embargo, a menudo se muestra muy agresiva con ella y la golpea, la araña y la muerde en cuanto uno de sus deseos no es inmediatamente satisfecho. Es igualmente violenta con su hermanito, al punto que la madre teme dejarlos aproximarse demasiado sin una estrecha vigilancia.

Carine presenta además una fobia a los transportes colectivos (al metro y al autobús), lo que limita los desplazamientos de la madre. Este obstáculo resulta aún más penoso porque la familia vive en una zona suburbana bastante apartada. En cambio, viaja muy tranquila en el automóvil de su padre.

La persistencia de sus temores y la búsqueda de su madre en tanto que objeto contrafóbico no le deja ningún reposo. Carine jamás juega con juguetes ni con su hermanito. El intento de enviarla al jardín de niños, aconsejado por el pediatra, resultó un fracaso. La niña no cesaba de llorar sin interesarse en nada, por lo que rápidamente la directora pidió a la madre que la guardara con ella.

En fin, conviene anotar que la limpieza nocturna no ha sido adquirida aún y que, ante la persistencia de su enuresis, la madre se ve en la necesidad de ponerle pañales aún. La limpieza diurna se logró rápidamente, después de un entrenamiento tal vez demasiado estricto.

Por el contrario, su desarrollo psicomotor no parece haber inquietado a los padres. Pudo sentarse y ponerse de pie a una edad normal. Durante la primera entrevista, no nos informan que haya habido ningún retraso para empezar a caminar, pero después nos enteramos de que, en realidad, Carine no pudo andar sola hasta los 18 meses, y durante mucho tiempo tuvo miedo de soltarse. Igualmente, no podía mantenerse sentada sino en su cuna o en su corral, y manifestaba precozmente una viva ansiedad si se intentaba hacerla permanecer en esa posición, perfectamente adquirida en el aspecto motor hacía mucho tiempo, sin la protección del espacio cerrado al que estaba acostumbrada.

Su lenguaje había sido precoz y correctamente constituido desde muy temprana edad.

El examen de la niña fue particularmente incómodo. Es una niñita rubia, de piel fina y pálida de anoréxica, ligeramente hipotrófica. Su expresión es tensa y ansiosa. Padece tics que los padres no han mencionado. Guiña los ojos, arruga la frente y, por momentos, abre compulsivamente la boca en forma muy espectacular.

Al principio, permanece acurrucada en el regazo de su madre, chupándose el pulgar, sin responder a ninguna pregunta, el rostro grave, sin rastro de sonrisa. Rehusa mirar al examinador y los juguetes que se le ofrecen. Como no ha sido posible separarla de sus padres, escuchamos los datos de su biografía delante de ella. Al final de la entrevista está un poco más tranquila y se deja resbalar a los pies de su madre. Toma la bolsa de ésta y hace el inventario de su contenido .

Algún tiempo antes le fue practicado un examen psicológico. Carine tuvo una crisis de cólera violenta porque la psicóloga intentó verla a solas. Pero, tras un rato de reposo sobre las rodillas de su madre, respondió de buen grado a la mayor parte de las preguntas del test de Terman-Merril. Así fue posible verificar que su cociente intelectual, en esta prueba, resultó superior a 100.

Añadiremos para terminar que no se descubre ningún antecedente psicopatológico hereditario conocido, ni antecedentes patológicos dignos de ser señalados.

La madre hace el recuento de las dificultades de Carine mostrándose ella misma muy ansiosa y un poco descorazonada. Está visiblemente agotada por sus noches sin sueño y por esta hija tan difícil de criar. Es una joven simpática, inteligente y amable. En ningún momento demuestra rechazo o agresividad con la niña. El padre es un "cuadro medio" que terminó sus estudios normalmente. Los sentimientos para con su hija parecen totalmente positivos. Padre y madre parecen llevarse bien. Ambos fueron educados severamente, y no estaban preparados para encontrar tantas dificultades en la educación de sus hijos. En ocasiones, el uno y la otra se han mostrado rígidos y severos, siguiendo así el modelo de sus propios padres, pero otras veces han sido débiles, favoreciendo de este modo los beneficios secundarios de los problemas de la niña. La madre se sintió en desacuerdo consigo misma cuando intentó aplicar estrictamente los principios educativos recibidos. El padre estaba igualmente sensibilizado ante estos problemas, pero sus defensas caracterológicas parecían más estructuradas.

La anorexia, el insomnio, la enuresis, las fobias, son algunos de los síntomas más frecuentemente observados en niños pequeños, y ningún

pediatra pensaría seriamente enviar a un psiquiatra de niños a todos
los jóvenes pacientes en los que se observaran tales signos. A pesar de la
trivialidad aparente de los síntomas de Carine, nosotros pensamos que
se trataba de una estructura prepsicótica y que debía iniciarse una
cura psicoanalítica. Nos parecía que esta indicación, además, tenía un
carácter de urgencia.

Necesitamos justificar aquí este diagnóstico de prepsicosis. La elaboración de los síntomas permite habitualmente una limitación de los
afectos desagradables y de la inhibición, tanto en el tiempo como en
el espacio.[1] Carine no se benefició jamás de este tipo de descanso,
durante el cual otras actividades mentales hubieran podido desarrollarse.

Todo examen clínico comprende una parte puramente descriptiva
y una parte especulativa, consistente en remontar de los signos a los
objetos de conocimiento, gracias a un sistema conceptual apropiado.
La psiquiatría infantil difiere de la medicina somática en la medida en
que los elementos de la observación no son los signos de lesiones orgá-
nicas o de trastornos funcionales observables por otros métodos, bien
se trate de verificaciones anatómicas o de exámenes biológicos. Asimismo difiere de la psiquitría general en la medida en que la dimensión predictiva es aún más importante, y también, por desgracia, más
incierta. La posibilidad de predecir en psiquiatría infantil abarca dos
registros:

a) *El primero es a largo plazo.* Concierne al estado mental del
paciente cuando llegue a ser adulto. Si bien los estudios longitudi-
nales permiten verificar las hipótesis de los psiquiatras de niños, son
incapaces por sí solos de poner en evidencia las evoluciones estruc-
turales y todavía más de ser el punto de partida de elaboraciones
teóricas nuevas. El sistema conceptual de la metapsicología psicoanalítica permite ir más allá de la simple descripción y comprender las
modalidades de las diferentes evoluciones, así como el margen de incertidumbre de las previsiones.

b) *El segundo es a corto plazo.* Se trata del pronóstico inmediato,
en el que es necesario incluir no solamente la evolución del padecimiento del niño, y sus oportunidades de adaptarse a las condiciones
de vida que le sean propuestas, sino también la previsión de su comportamiento en el curso de la terapia que sea establecida.

Las indicaciones de un tratamiento dependen en gran parte de
estas previsiones a corto y largo plazo, mucho más que de la preocu-

---

[1] Véase sobre este tema S. Freud, *Análisis de la fobia de un niño de cinco
años* e *Inhibición, síntoma y angustia.*

pación de descubrir una causalidad lineal, preocupación subya-
cente a facilidades de lenguaje que pueden conducir a grandes
decepciones.

Uno de los descubrimientos fundamentales de Freud consistió en
dar un estatuto particular al "síntoma" mental, que no puede ser
considerado como un signo cuya relación con un objeto de conocimiento no siempre es explicable, como por ejemplo la erupción de
una enfermedad infecciosa o la lengua saburral. El síntoma mental
posee un valor simbólico y, además, un efecto dinámico y económico.
Actúa como un compromiso entre el efecto reprimido de una pulsión
y las fuerzas que se oponen tanto a la realización pulsional como a la
toma de conciencia del representante psíquico de la pulsión. A pesar
del displacer que entraña, permite la mayor disminución posible de la
tensión interna, en el momento de su aparición y por todo el tiempo
que persiste. Por su valor simbólico, permite un primer acercamiento
a las fantasías inconscientes del paciente. Por su papel dinámico y económico, puede ser un elemento útil para apreciar el equilibrio estructural.

Carine es una niñita que se ha desarrollado normalmente y antes
de su psicoanálisis ignorábamos que había sufrido un ligero retardo
para empezar a caminar. Su lenguaje había sido precoz y su desarrollo
intelectual no presentaba problemas. La anorexia y la enuresis se
encuentran en las organizaciones mentales más variadas y no tienen
en sí mismas ninguna significación para el diagnóstico estructural. La
ansiedad nocturna que provocaba los problemas de falta de sueño
y las fobias podía interpretarse, en un primer examen, como síntomas
neuróticos. Miedo a la oscuridad, temor a las pesadillas, miedo a los
medios de transporte son o bien el resultado de la separación del objeto
y del desplazamiento de la imagen peligrosa hacia productos mentales
(los sueños o, más exactamente, como descubriremos en las primeras
sesiones de psicoterapia, el lobo que ella ve en sus pesadillas), o bien
elementos exteriores de valor simbólico (el metro y los autobuses).
Su madre se convierte en una "compañera" contrafóbica, tiranizada
impunemente gracias a la represión de los efectos de las pulsiones
sádicas dirigidas contra ella, y sin embargo vueltos eficaces por el fenómeno del retorno de lo reprimido.

El análisis elemental de los datos inmediatos de la observación
permitiría postular que se trata de una "neurosis infantil", concepto
familiar a partir de Freud. Por cierto que este diagnóstico no resultaría
inexacto, pero sí insuficiente por muchas razones. La primera estriba
en la casi universalidad de este diagnóstico y el grado de incertidumbre del pronóstico que implica, como lo han demostrado una vez más

recientemente S. Lebovici y D. Braunschweig.[2] Durante la fase de organización del complejo de Edipo, las contradicciones internas de cualquier niño ocasionan cierta ansiedad y provocan la aparición de síntomas neuróticos. Para el psiquiatra de niños, la dificultad no está en descubrir estos síntomas, sino más bien en apreciar su gravedad, en qué medida son nocivos en ese momento y cuál es su valor para el pronóstico. La segunda razón de la insuficiencia de este diagnóstico es que no toma en cuenta las particularidades específicas de la estructura de Carine, es decir, del fracaso de los procesos neuróticos en esta niña. En efecto, en su lucha contra la angustia, ella no conoce un momento de reposo. Respecto a su madre, busca constantemente pruebas de su permanencia y de sus intenciones positivas hacia ella. No puede hacer nada sin su mamá. El intento de escolarización en un jardín de niños fue un fracaso completo. Carine era incapaz de jugar sola, lo que no tiene nada de excepcional a esa edad, pero constituye no obstante un valioso signo, sobre el cual Mélanie Klein ha insistido con justeza. Incluso con su madre, ella no jugaba en realidad, sino que actuaba de forma tiránica y, como descubriríamos más tarde, destruía todas las muñecas que le regalaban. Muchos niños pequeños actúan así porque no conceden a los juguetes el valor simbólico que les presta el donador adulto: los ven solamente como "objetos malos", el regalo envenenado que les hace el adulto con la esperanza de apartar de sí mismo su interés, y de aflojar así la opresión de la demanda del niño.

En el punto en que se encontraba, Carine nos parecía estar en verdadero peligro. Mientras que las actividades del yo permiten a los niños, muy precozmente, liberarse de su dependencia inmediata del objeto, y en particular prescindir de la presencia de los padres, y más especialmente de la de la madre, identificándose por distintos procedimientos con esta fuente externa de placer y de displacer, nuestra joven paciente está ya en una etapa en la que tales actividades aparecen investidas negativamente en la medida en que la separan del objeto primitivo. Esta catexia negativa refuerza la posición depresiva de la niña, mientras que un efecto de este proceso puede ser la inhibición de las tendencias epistemofílicas. El aprendizaje del lenguaje escrito será más tarde directamente influido por esta acentuación de la catexia negativa de la actividad del yo, ya que la niña no se interesa en una representación simbólica del "lenguaje interior". Los niños que presentan un cuadro similar fracasan frecuentemente en sus primeros estudios escolares, a pesar de los buenos resultados psicométricos.

Otro peligro lo constituye la eventualidad de un brusco restableci-

[2] S. Lebovici y D. Braunschweig, *À propos de la névrose infantile*, en *Psychiatr. Enfant*, vol. x, fasc. 1, París, PUF, 1967.

miento del equilibrio placer-displacer por la sumisión del yo al efecto de los procesos primarios, lo que produciría la aparición de síntomas psicóticos.

Es, pues, el fracaso de los primeros procesos neuróticos lo que hace legítima la utilización del concepto "estado prepsicótico". Este diagnóstico, en esta forma y a esa edad, entraña una indicación formal de tratamiento psicoanalítico.[3] Mientras que en la práctica psicoanalítica con adultos la decisión de emprender una cura psicoanalítica no debe, en principio, implicar ninguna noción de urgencia, en este caso es diferente. Carine está en la edad a partir de la que se puede observar mayor variedad de evoluciones, no solamente en función de los procesos internos, sino también en razón de los múltiples traumatismos que los ensayos educativos equivocados pueden causar. La tensión familiar, provocada por el estado de la niña, es un elemento importante para la apreciación de los peligros que ella corre. Todo incitaba a emprender este tratamiento en el plazo más breve posible.

Los padres, bien preparados por su pediatra, comprendían la necesidad de un tratamiento psicoterapéutico para aliviar la tensión de su hija, y decidimos comenzarlo la semana siguiente. Durante los primeros meses, y en razón del estado de Carine, el tratamiento se desarrolló en condiciones un tanto particulares. En principio, debemos aceptar ver a la niña una sola vez por semana: la familia vive en un barrio muy alejado, y como Carine no puede viajar en ningún transporte público, el padre debe dejar su trabajo durante media jornada, y no puede hacerlo más que una vez a la semana. Por otra parte, como Carine rehusa separarse de su madre y se abraza desesperadamente a ella, debemos comenzar el análisis en presencia de ésta, lo que, inevitablemente, no dejará de plantearnos algunos problemas en cuanto a la formulación de nuestras interpretaciones.

[3] Cf. R. Diatkine, *L'enfant prépsychotique,* en *Psychiatr. Enfant,* vol. xii, fasc. 2, París, puf, 1969.

CAPÍTULO SEGUNDO

EL COMIENZO DEL PROCESO ANALÍTICO
LAS CINCO PRIMERAS SESIONES

1] DESARROLLO DE LAS SESIONES (J. SIMON)

En la *1ª sesión,* Carine adopta la misma actitud que durante la consulta. Me siento a su lado y le explico, sin que ella demuestre el menor interés hacia mí o mis palabras, que estoy aquí para ayudarla, porque ella es una niñita desdichada y triste, y que yo voy a intentar curarla de sus temores; que para lograr esto podrá hablarme cuanto quiera, o jugar con los juguetes que estarán a su disposición siempre que venga a verme. Le muestro una muñeca acostada en su cuna, un biberón y un pequeño orinal; algunos animales domésticos y salvajes y un pequeño automóvil. A hurtadillas, ella lanza una mirada sobre este material y después vuelve la cabeza. Al fin de esta primera sesión, Carine desciende de las rodillas de su madre, le quita los zapatos, se los pone, toma su bolsa y se pasea por la habitación diciendo: "Soy una señora, voy de visita." El mismo juego se repite en la *2ª sesión,* con algunas variantes. Carine va de paseo o va al mercado; en muchas ocasiones, interrumpe bruscamente su juego para precipitarse sobre la muñeca a la que golpea violentamente, o la arroja al cesto de los papeles, al cual llama "bote de basura", diciendo: "Niña mala, esto es lo que te mereces...", etc.

En la *3ª sesión,* acabo por intervenir: esto es lo que Carine cree que su madre piensa de ella, cuando desea tomar su lugar.

Carine no responde nada a esta primera intervención, pero su juego se modifica; durante las dos sesiones siguientes, toma para disfrazarse ya sea las pertenencias de su madre o las mías. Igual que su madre, no puedo impedir que me quite los zapatos. Esta toma de contacto un poco especial es el inicio de una larga serie de números actuados *(actings out),* que no se reducirán sino después de un paciente trabajo. Otra modificación importante: Carine no se contenta con jugar a ser su madre, apropiándose de sus atributos, sino que juega también a ir a buscar a su padre a la oficina "porque él olvida la hora de las comidas".

Este juego está siempre acompasado por intermedios durante los que maltrata a la muñeca.

En la 5ª *sesión* intervengo de nuevo: "Carine piensa que es a ella a quien deberían aplicarse los malos tratos que ella da al bebé, para castigarla por querer a su padre." Esta vez mi interpretación provoca una respuesta directa y viva: Carine me llama mentirosa, ella nunca ha prestado atención a su padre, es a su madre a quien quiere y se aferra fuertemente a ésta como para probármelo mejor.

2] ELABORACIÓN

Cuando comienza su psicoanálisis, Carine tiene tres años y medio. Ha asistido, muda y hostil, al examen clínico preliminar. Puede que sus padres hayan hecho algunos comentarios acerca de este proyecto de tratamiento, pero ellos mismos no tienen sino vagas ideas acerca de su desarrollo, a pesar de su innegable buena voluntad y de que su pediatra no ha dejado de prodigarles frases de aliento. Carine tiene ya una penosa experiencia de los médicos y de las inyecciones que le han prescrito, y esto no es algo que pueda tranquilizarla. Pero el mayor peso en este primer contacto con su psicoanalista es la densidad de sus catexias. Ciertamente, ella presenta mecanismos fóbicos pero, como ya hemos señalado, éstos no le permiten en absoluto limitar su angustia en el espacio y el tiempo. Toda persona nueva es una fuente de temor, reconocida sólo como "no madre", es decir, como el soporte de la proyección de la madre mala, ya que el objeto bueno está proyectado sobre su madre, de la que, por tanto, no puede separarse.

Si el aspecto negativo de este encuentro con la psicoanalista ocupa indiscutiblemente el primer plano, la catexia inmediata de una persona nueva por un niño de tres años y medio no puede reducirse a esta única dimensión. La bipartición de las fuentes exteriores de placer y displacer no es radical, y la mirada distraída de Carine en dirección a los juguetes es probablemente el primer indicio. Si bien el juego que organiza en seguida tiene un sentido global hostil hacia la psicoanalista y los regalos que ofrece, jugar delante de ella supone una cierta catexia libidinal de su persona. Tendremos ocasión de discutir la importancia teórica de esta ambivalencia inmediata (cf. cap. IX) y sus consecuencias tácticas (cap. VII). La interpretación correcta del peligro que atraviesa la niña es lo que permite desarrollarse al componente libidinal, pero era esencial subrayar esos primeros efectos. La presencia de la madre no es indiferente a la expresión de la ambivalencia. Con toda seguridad, un intento prematuro de separación hubiera provocado una invasión de los productos de las pulsiones destructoras: la inhibición y la huida hubieran sido las únicas reacciones de la niña.

El principio del tratamiento se caracteriza así por la introducción de Carine en un lugar extraño, ante una persona que no es su madre. Esta situación provoca un proceso repetitivo, análogo a lo que sucede en todas las circunstancias de su vida cotidiana: teme a esta extraña y rehusa enérgicamente separarse de su madre. Este encuentro no tiene para ella ningún significado terapéutico, contrariamente a lo que sucedería con un paciente adulto en su primera sesión de psicoanálisis. Éste abordaría su tratamiento tras un proceso complicado, pero estaría animado por un cierto deseo de cambiar, deseo a la vez más limitado y más amplio de lo que él cree conscientemente, y al que se oponen los beneficios inconscientes de su enfermedad, pero deseo estimulado por el sufrimiento y la angustia de no concordar con su ideal del yo. Un paciente adulto, por lo tanto, espera "alguna cosa" del psicoanalista, aunque esta esperanza esté determinada por las fantasías inconscientes, y aunque no sepa nada de las ventajas que encontrará en su psicoanálisis.

Durante esta primera sesión, Carine tiene miedo, como a menudo ha tenido miedo en circunstancias análogas. No pide nada y no espera nada. Son sus padres quienes sufren por la situación y quienes piden ayuda. No hay que ver, en el aire tenso y ansioso de la niña, un llamado de ninguna clase, ya que ella no conoce otra tranquilidad que la que le proporcionan sus padres cuando satisfacen sus exigencias. Y por tanto es posible que, en su espíritu, todo iría bien para ella si sus padres lo quisieran: desde esta tierna edad, la proyección es el mejor medio para evitar la toma de conciencia del carácter interno de la enfermedad, con el peligro de depresión que ello comporta.

En este aspecto, ella no difiere para nada del paciente adulto con el cual la comparábamos. Ambos quieren luchar para defender las posiciones de las que obtienen beneficios primarios y secundarios totalmente inconscientes, y esta resistencia puede incluso provocar el abandono de los síntomas considerados caducos. Solamente en la medida en que el trabajo psicoanalítico aporta al yo nuevas fuentes de placer puede el paciente, cualquiera que sea su edad, abandonar sus primeras posiciones, estabilizadas por el equilibrio de sus catexias y de sus contracatexias.

Al principio de todo psicoanálisis, cierta evolución debe permitir que se inicie el proceso analítico, lo que S. Nacht[1] explicaba con una metáfora, diciendo que hay que enseñar al paciente su oficio de analizado. Si bien H. Sauguet[2] ha podido considerar el proceso psico-

---

[1] Cf. en particular, *De la pratique à la théorie psychanalytique, La présence du psychanalyste* y *Guérir avec Freud.*

[2] H. Sauguet, *Le processus analytique,* en *Rev. Fr. Psychanal.,* 1969, 28, núms. 5-6, pp. 913-927.

analítico como procedente de la neurosis en un movimiento contrario, no resulta conforme con la experiencia el postular que éste se instale espontáneamente en cuanto se deja de ejercer cierta presión sobre el paciente. Por otra parte, no es posible compartir la opinión expresada en otro tiempo por Ida Macalpine,[3] y considerar que las condiciones materiales de la cura determinan en la mayor parte las regresiones características de los fenómenos transferenciales, esenciales del proceso psicoanalítico.

El ejemplo de nuestra niñita permite seguir la instauración del proceso psicoanalítico en sus momentos sucesivos, y ello merece que nos extendamos un poco.

¿Cómo ha podido Carine salir de la catexia puramente repetitiva de su psicoanalista, y entrar en una relación nueva con esta última, relación cuya originalidad se hará luego totalmente consciente, a pesar de la intensidad de los fenómenos transferenciales?

Cada etapa de esta evolución debe ser subrayada. Concierne tanto a lo que hace y dice la psicoanalista como a lo que produce la joven paciente.

a) *Primera manifestación del automatismo de repetición*

Carine inaugura su psicoanálisis comportándose tal como lo hace siempre, es decir, rehusando separarse de su madre. Ésta la sigue al despacho de la analista, pero una vez ahí el comportamiento de la madre sufre una modificación importante. Sabe que ella no necesita pedirle nada a su hija, y que es la psicoanalista la responsable de todo lo que va a pasar. Desde la primera sesión se sintió muy descansada al recibir la ayuda que esperaba, y tomó una actitud interesada y relativamente neutra, pero sin absolutamente nada de ausente u hostil. Esta capacidad de la madre para identificarse con la psicoanalista ciertamente representó un papel importante en los primeros pasos. Por otra parte, el hecho resulta lo bastante raro para que merezca ser subrayado aquí. Muchas madres, al asistir a las primeras sesiones, tienen una actitud muy diferente.

b) *Las primeras palabras de la psicoanalista. Las consignas*
   del tratamiento

En presencia de la madre, la psicoanalista habla a la niña. Sus palabras empiezan recordando sus tendencias depresivas ("ella es una

[3] I. Macalpine, *The development of the transference*, en *Psychoanal. Q.*, 1950, 19, pp. 501-539.

niñita desdichada y triste"), su actividad proyectiva ("sus temores"),
hablando de curación, lo que no puede tener sentido más que en función de lo precedente. Le indica que va a poder jugar (pero sabemos
que no juega) o hablar. ¿Qué es lo que la niña percibe de semejante
discurso inicial? El solo hecho de que sea expresado por una extraña
lo vuelve inquietante en su totalidad. La invitación a hablar no debe
ser entendida aquí como una invitación a hacer confidencias. Toda
la evolución de la teoría psicoanalítica ha vuelto caduca la hipótesis de
que el niño sufre principalmente por no encontrar un interlocutor.
La invitación a hablar debe más bien ser entendida como uno más
de la serie de actos que está permitido realizar durante la sesión. Lo
mismo que el enunciado de la "regla fundamental", esta enumeración
es necesaria, aunque sólo sea porque el niño, ni más ni menos que un
paciente adulto, no va a seguir estas consignas. Pero como lo sucedido
después muestra claramente, las trasgresiones adoptan un sentido electivo, lo que demuestra bien que el enunciado de las consignas fue
percibido. A pesar de la importancia de los elementos regresivos,
Carine muestra rápidamente que es capaz de un funcionamiento
mental a varios niveles. Así, la falta de explicación acerca de la
utilidad del tratamiento y la manera como se va a desarrollar sería
una actitud mistificante y agresiva, que menospreciaría la actividad
más evolucionada.

Después de hablar así, la psicoanalista no pide a Carine nada más,
y su madre adopta la misma actitud. La niña no ha reaccionado a lo
que acaba de escuchar, cuya extrañeza probablemente se pierde en
el temor difuso de esta situación nueva. El momento siguiente es todavía más insólito. La niña está acostumbrada a un comercio con los
adultos hecho de conminaciones y prohibiciones, y estas agresiones per-
manentes son necesarias en su lucha contra la depresión, al favorecer
las proyecciones tanto como los procesos de identificación. La madre
de Carine no ha tenido jamás actitudes de fusión. Incluso cuando se
somete a su tiranía y le sirve de objeto contrafóbico, no es nunca sin
lucha, sin múltiples intentos de obtener un mínimo de obediencia;
y si de todo esto ella obtiene un placer inconsciente, éste queda
ampliamente balanceado por todos los sinsabores que la tienen visiblemente extenuada.

Debemos entender que es la actitud de espera de estos dos adultos
ante la niña la que engendra una situación totalmente nueva y pone
en tela de juicio su sistema de defensa habitual. A pesar de su aire
triste y tenso, Carine nos parecía dispuesta a pensar que para ella todo
iría bien mientras no la contrariásemos. En esta breve secuencia temporal durante la que, precisamente, no se le obliga a nada, el sistema
proyectivo de la niña se desequilibra: se encuentra desarmada ante

la presión de sus pulsiones internas. Aquí es donde la situación psico-analítica del niño es semejante a la del adulto, pues éste se somete a la misma confrontación con la carga instintiva cuando se esfuerza en decir en alta voz lo que le pasa por la mente y su psicoanalista no reacciona a sus provocaciones inconscientes.

Ante el desagrado o la ansiedad determinada por esta situación, sólo la elaboración mental puede permitir la disminución de la tensión psíquica, y encontrar nuevos equilibrios económicos y dinámicos para sustituir al destruido por la actitud del analista. Cuando se trata de un adulto, en el mejor de los casos este movimiento produce un discurso, que se puede analizar como una formación reactiva. En la teoría psicoanalítica[4] se designan con este término los productos mentales que permiten mantener reprimidos a los derivados pulsionales. Las formaciones reactivas tienen un efecto económico importante (contracatexia), ya que compensan el displacer ocasionado por la falta de realización pulsional directa. Su relación dinámica con lo reprimido puede ser el objeto de la interpretación. Su contenido latente es precisamente el representante mental de las pulsiones así reprimidas. En el niño pequeño, este discurso está mezclado con actos y juegos, pero su valor es idéntico. Considerar el discurso del paciente, niño o adulto, como una formación reactiva puede sorprender al lector familiarizado con numerosos textos clásicos que tratan de la dinámica de la curación, ya que tal definición parece poner en un mismo plano todo lo que colabora en el sentido del trabajo analítico, y las resistencias que Maurice Bouvet[5] definió en forma lapidaria diciendo que son todo lo que se opone a ese trabajo. Pero sólo por la puesta en marcha de la translaboración se vuelven inestables estas formaciones reactivas y los desplazamientos afectivos permiten un retiro progresivo y parcial de las contracatexias. En esta progresión, ciertos productos, tanto si son nuevos como si son la repetición de mecanismos antiguos, aparecen como resistencias, en la misma medida en que adquieren una cierta estabilidad y en que, por su misma repetición, se oponen al retiro de la represión.

Por lo tanto, resulta correcto agrupar en un mismo conjunto el enunciado de las consignas y la actitud contrapuesta por el psicoanalista ante la reacción del paciente, que no puede o no quiere seguir las indicaciones que se le acaban de hacer.

Los primeros pasos. Después de haber manifestado su oposición con un silencio prolongado, sin querer separarse de su madre a la que per-

[4] Cf. S. Freud, *La represión* e *Inhibición, síntoma y angustia.*
[5] M. Bouvet, *Œuvre psychanalytique*, t. II: *Écrits didactiques. Résistance. Transfert,* París, Payot, 1968.

manece aferrada, Carine vive por primera vez la experiencia de encontrarse con un adulto que no la apremia. Al cabo de algunos minutos, no soporta más esta situación de espera, y comienza a luchar activamente contra su angustia.

En el primer momento, la actitud amable de la psicoanalista ha reforzado el temor de la niña, como si las palabras expresadas y los juguetes ofrecidos ocultasen una amenaza temible: que sea una niñita desdichada, desarmada, a quien se prohíbe identificarse con su madre. Carine toma entonces los zapatos y la bolsa de su madre y se pone a jugar con ellos. Este juego ya está fuertemente sobredeterminado. Es a la vez una oposición y una provocación (no hace lo que se le ha propuesto), una forma de tranquilizarse en muchos niveles: se dedica a una actividad que le resulta habitual, es decir que recrea una situación conocida, familiar, para salir de esta situación nueva, insólita y peligrosa. Toma los atributos de su madre, lo que le permite adoptar el papel de un adulto "que tiene con qué" a pesar de que se la haya tratado de niñita "desarmada". Así puede temer menos a su analista. Pero al mismo tiempo es una agresión a su madre tanto como a la analista. Y como nadie la castiga por esta agresión, su angustia se vuelve manifiesta. Entonces agarra una muñeca, la golpea, la arroja al basurero y la llama niña mala.

Ciertamente, se siente uno tentado de ver en este juego el efecto de las defensas maniacas[6] descritas desde 1934 por M. Klein (*Contribuciones al estudio de la psicogénesis de los estados maniacodepresivos*). No sería inexacto decir que Carine "utiliza el sentimiento de ser todopoderosa para ordenar y dominar a los objetos", y que este movimiento tiene por efecto "negar el terror que los objetos inspiran" y "permitir a los mecanismos de reparación del objeto... ponerse en marcha". Pero el desarrollo psicoanalítico no nos permite contentarnos con este solo aspecto funcional del juego, y detenernos en este carácter común a la psicosis maniaca, al sueño y al juego del niño. Al contrario del maniaco y del que sueña, hasta el niño más pequeño sabe que está jugando. La capacidad de jugar es una de las pruebas más fáciles de aprehender en el niño de que ha entrado en vigor el principio de realidad. Tomando los atributos de su madre y jugando a la señora, Carine se proporciona un cierto placer y la reafirmación que acabamos de subrayar; al mismo tiempo, ya que en ningún momento olvida que sólo se trata de un juego (y no de la realización alucinatoria de un deseo), afirma que ciertamente es una niñita. Este compromiso entre los deseos de ser como su madre y de seguir siendo una niñita, es decir, de ser amada y protegida por su madre, entre sus

---

[6] Cf. cap. VII.

deseos pasivos y activos, es el generador de un equilibrio inestable
y del retorno de lo reprimido, o sea de los deseos agresivos respecto a
su madre que la obligan bruscamente a modificar su juego. La señora
cuyo papel representa maltrata y castiga a una niñita, representada
por la muñeca, y resulta fácil pensar, en una primera aproximación,
que esta niñita no es otra que ella misma. Tales repartos de papeles son
frecuentes en los juegos de niños, y Anna Freud los describe como
mecanismos de defensa del yo, bajo el nombre de "identificación con
el agresor".[7] Pero aquí se trata del resultado de un proceso más complicado. Observemos que, en esta sesión, esos impulsos agresivos respecto a la muñeca no tienen un valor defensivo tan evidente, sino
más bien un efecto de descarga a pesar de su efecto recurrente. Si bien
está claro que en el juego Carine juega a la madre mala y agresiva,
y se maltrata a sí misma en una modalidad depresiva que reaparecerá a
menudo en el curso de su psicoanálisis, la utilización de la muñeca tiene
una significación ciertamente más complicada. Este juguete representa
a Carine, sin duda, y es sobre este sentido más evidente sobre el que
se va a apoyar la primera interpretación. Pero no hay que olvidar
que la muñeca forma parte de los juguetes que le han sido ofrecidos
a la niña por su psicoanalista. Por lo tanto, es un objeto de la analista.
El juego de la señora que va de visita es una forma de negar la proposición de la psicoanalista cuando trató a Carine de niñita desdichada. Ahora bien, los síntomas y el comportamiento de nuestra joven
paciente, antes del principio de su tratamiento, son otros tantos
compromisos que le proporcionan satisfacciones libidinales importantes,
satisfacciones que padres y analista le piden abandonar. En este caso,
los juguetes toman un valor frustrante, y Carine lo demuestra claramente al preferir "jugar" con los zapatos de su madre. La agresión
contra la muñeca es por lo tanto un ataque contra el objeto agresivo de la analista. Este juego es el producto de una sobredeterminación
en que las tendencias sádicas y masoquistas de la niña encuentran un
compromiso a la vez satisfactorio y tranquilizador, mientras que las
tendencias del yo mantienen la represión gracias a las contracatexias.
La negación contenida en el juego no es una cláusula de estilo sin
valor: *no es más* que una muñeca, es y no es Carine, *no es* esta parte
privilegiada (bebé-pecho-alimento, pene-heces) y perseguidora del
cuerpo de la madre, simbolizada por la muñeca.

Así, a pesar del carácter insólito de la situación, Carine ha logrado
reconstituir un sistema defensivo respetando la escisión del objeto,
principio fundamental alrededor del cual se organiza su lucha contra

---

[7] A. Freud, *Das Ich und die. Abwehrmechanismen,* 1937. *(El yo y los mecanismos de defensa),* Buenos Aires, Paidós.

la depresión. Este proceso de condensación permite captar al mismo
tiempo la capacidad de la niña para investir (catectizar) inmediatamente a los desconocidos en forma libidinal, capacidad a la que
hicimos alusión anteriormente. Si es "la parte mala de ella misma",
como dirían los psicoanalistas kleinianos, la que se ha identificado con
el objeto de la psicoanalista, no por ello es menos cierto que este
movimiento de identificación implica un grado de connivencia poco
comprensible, si no suponemos que es el testimonio de la existencia
de un deseo libidinal inmediatamente desplazado sobre esta nueva
persona. De la acogida que reciba este deseo inconsciente depende
la evolución de esta nueva relación: repetición, nuevo síntoma o proceso psicoanalítico. En efecto, la experiencia muestra que, si se detiene
en ese punto, se instala un ciclo repetitivo, que sólo una contracatexia
progresiva de la situación podrá desarmar, sin que la organización
mental de la niña resulte modificada por ello. Sería inútil esperar de
este juego cualquier efecto de abreacción.

Entonces es cuando debe comenzar la translaboración, respuesta
de la analista a la tentativa hecha por el paciente de reconstituir
persecución y repetición.

Durante las dos primeras sesiones, Carine ha organizado su juego,
y la psicoanalista, una vez enunciadas las primeras consignas, no ha
vuelto a intervenir. Sólo al llegar a la tercera sesión comienza la translaboración. Se trata de una intervención aparentemente extratransferencial, tanto más fácil de analizar ahora que nos son conocidos sus
efectos sobre la niña, lo que con toda seguridad no es jamás el caso
en el momento de la experiencia concreta de la práctica psicoanalítica.

Explicar a esta niñita que "niña mala, esto es todo lo que tú te
mereces" ("ser arrojada al basurero") es lo que posiblemente piense
de ella su madre cuando manifiesta el deseo de tomar su lugar, no
puede dejar de provocar alguna agitación en su aparato psíquico. Pero
los efectos de tal observación no son inmediatos, lo que explica el
error que a veces cometen aquellos que no están familiarizados con
el psicoanálisis de niños: ante la aparente indiferencia del paciente, se
inclinan a creer que su observación no fue captada, y que por tanto
puede ser considerada nula, y terminan por no tener en cuenta nada
de lo que han dicho en la comprensión de lo que sucede después.

Aquí hay dos efectos que no tardan en ser perceptibles. El primero
se refiere a la forma del juego. La división practicada por Carine,
entre lo que simboliza los objetos buenos (zapatos y bolsa de su
madre) y lo que representan los objetos malos (la muñeca de su analista), se vuelve al revés: ahora Carine descalza a su analista y se
sirve de sus zapatos para jugar a la señora, lo que significa claramente
que ahora ella puede organizarse mejor ante la catexia ambiva-

lente de su psicoanalista. Al mismo tiempo, el contenido del juego se modifica. No juega solamente a ser su madre sino que, en este juego, va a buscar a su padre a la oficina. Es cierto que la triangulación edípica había sido ya prefigurada doblemente, primero por la escisión del objeto y después por el carácter fálico del símbolo "zapato". Pero no resulta indiferente que el padre sea denominado e introducido en el juego en forma de imagen entera, en el mismo momento en el que se hacen manifiestos los dos términos de la ambivalencia transferencial.

A nosotros toca interrogarnos sobre la modificación del equilibrio psíquico de nuestra joven paciente, modificación provocada por las palabras de la analista y que han dado lugar a tales efectos.

Provoca cierta frustración aclarar lo que se ha reprimido gracias a una formación reactiva, porque es suprimir bruscamente un medio de disminuir la tensión interna. El displacer que sigue está en la medida de la contracatexia que mantenía la represión. Para que la intervención no dé lugar a un brusco aumento de la resistencia, hace falta que Carine haya encontrado algún beneficio.

No es absurdo suponer que toda intervención pertinente, que muestre a un niño que este adulto que es el psicoanalista se ha interesado suficientemente en su juego para decirle algo, tiene un efecto elacional, comparable al placer narcisista descrito por Grunberger al principio de cada psicoanálisis de adulto. Muy precozmente, el niño se familiariza con esta particularidad de la condición humana que consiste en que nadie presta atención a lo que otro dice, ni siquiera a lo que hace, a no ser que entre directamente en su propio sistema proyectivo. Así es que para el niño resulta una agradable sorpresa escuchar hablar de su juego, de otro modo que por una confrontación con el deseo de su interlocutor. La fantasía narcisista del niño, centro único de interés para los padres, no es sino un fantasma desde el momento en que se instaura la relación de objeto y, como demostrará todo el curso posterior de este psicoanálisis, Carine, a pesar de contar con técnicas probadas para obligar a su familia a vivir en función de ella, se siente muy frustrada sobre este punto. Por eso, la observación de su analista, prueba de una consideración auténtica, constituye de todos modos una innovación afortunada.

No hay que olvidar que Carine estaba probablemente bastante consciente del carácter agresivo del juego de la muñeca con respecto a la psicoanalista. Tirar a la basura un juguete ofrecido por una dama en cuya casa se está de visita se considera un gesto poco amable en cualquier medio, salvo en el consultorio de una psicoanalista, y Carine está justamente a punto de aprender que está en casa de alguien que no es como los demás (lo que después afirmará y verificará repe-

tidas veces). En el curso de estas primeras sesiones, todavía no posee
esa experiencia y, por esta razón y por todas las demás, debe esperar
vagamente una reacción desagradable por parte de esta doctora.

Finalmente, esta provocación es el representante consciente de las
fantasías inconscientes de la niña. Puede ser considerada como un
índice de lo que la niña espera, en el momento en que la analista
interviene por primera vez. Tal expectativa debe ser examinada para
comprender el efecto económico de la primera intervención. Su forma
y su contenido no son indiferentes. Lo que ha sido aclarado es el
temor de la niña y su posición persecutoria respecto de su madre:
"Tú crees que esto es lo que tu madre piensa de ti cuando deseas
tomar su lugar." La verbalización de la agresión del "superyó" primitivo de la niña permite a su "yo" un modo de funcionamiento
distinto de los procesos primarios de introyección y proyección que,
hasta el momento presente, no han llegado más que a una organización muy elemental de su sistema fóbico, y los pasos sadomasoquistas
al acto que se derivan. Más adelante volveremos sobre esta técnica
del comienzo de la elaboración interpretativa. Contentémonos por el
momento con observar los efectos.

Esta verbalización limitada ha disminuido la presión del superyó
por un nuevo medio. El placer del yo que ha resultado era desconocido por la niña hasta ese momento. En su especificidad, no tiene
valor repetitivo. La niña siente ahora el deseo de identificarse con la
analista, fuente original de placer a causa de sus interpretaciones; pero
este movimiento de identificación tiene un valor repetitivo. Así es como
la niña se ha comportado siempre ante las fuentes exteriores de placer, por un proceso de introyección. El fenómeno de la introyección,
como el aumento del deseo libidinal implícito en este movimiento de
identificación, intensifica la angustia ligada a los procesos repetitivos.

Lo que resulta específico en la relación transferencial es la contradicción entre las tendencias repetitivas del paciente y su nuevo deseo
de identificarse con la analista en tanto que interpretadora.

El primer efecto de este movimiento es la expresión de su ambivalencia respecto a la terapeuta (tomar sus zapatos, injuriar a su
muñeca), pero el segundo es la posibilidad de desafiar a su superyó
y declarar por qué es bueno jugar a ser una señora, que no es sino
por ir en busca del padre. Al mismo tiempo, la psicoanalista se convierte insensiblemente en un objeto de deseo "posible", y sólo a partir
de esta evolución se instala un verdadero diálogo, mientras que en las
dos primeras sesiones la única forma de relación era el rechazo, renovado aquí como en todos los demás lugares, ya que de golpe, el desplazamiento de la catexia había hecho de la analista un objeto de
deseo "imposible". El movimiento de identificación que acompaña

a la experiencia realmente nueva del análisis está generalmente implícito, y fundamenta a la vez el deseo de expresarse, el aumento progresivo del *insight* y un deseo muy particular de cooperar en el *work-
ing-throught*. Los siguientes capítulos mostrarán a Carine capaz de ir
más lejos que algunos pacientes adultos, y de aclarar su deseo de comprender tal como lo hace su analista.

La segunda intervención de la psicoanalista completa la primera,
mencionando precisamente lo que ha aparecido con claridad entre
tanto. Aunque manteniéndose en su texto tan extratransferencial como
la primera, esta interpretación menciona el amor de la niña por su
padre, como causa de los malos tratos infligidos por la madre. Esta
vez Carine responde directamente a la psicoanalista, convertida en una
posible interlocutora. La negación que termina esta sesión permite
pensar que el proceso analítico se ha iniciado a partir de estas primeras
réplicas. La niña está ya atrapada entre su deseo de introyectar a su
analista y el de mostrarle su inocencia, ante la amenaza contenida
en la verbalización de sus deseos edípicos. De esta contradicción se
desprenden a la vez el deseo de hablarle y el deseo de escucharla,
de decirle que la ama y de justificarse por el efecto de sus pulsiones
agresivas, y esto es lo que se va a manifestar sin interrupción, desde
la *6ᵃ sesión* hasta el final de este psicoanálisis.

CAPÍTULO TERCERO

LAS FANTASÍAS DE UNA NIÑA DE CUATRO AÑOS TALES COMO APARECEN AL PRINCIPIO DE UNA CURA PSICOANALÍTICA

1] DESARROLLO DE LAS SESIONES

La *6ª sesión* se caracteriza por una nueva modificación del comportamiento de Carine en mi consultorio. Por primera vez, al entrar, se dirige directamente a mí: "Te voy a contar mis sueños malos; anoche tuve miedo. Vi un lobo que quería arañarme y comerme." Pasando del relato al juego, o al *acting*, imita al lobo: se abalanza sobre mí, las manos extendidas, fingiendo arañarme, y a veces haciéndolo realmente. Durante este juego se excita mucho y parece muy ansiosa. Trata de morderme, lo que no siempre puedo impedir.

En otros momentos su juego se modifica. Se aproxima a mí caminando hacia atrás precavidamente, y me explica: "En otra ocasión el lobo no era muy feroz, pero yo tenía miedo que su enorme cola me hiciera cuchi cuchi en la cara y las nalgas." Y mientras acerca la mano a su trasero para mostrarme a qué distancia se encontraba la cola del lobo cuando se despertó gritando, asocia: le gusta mucho que su padre le dé golpecitos en las nalgas, por la noche, para animarla a meterse en la cama.

En la *7ª sesión,* Carine llega justamente acompañada por su padre. Todavía no quiere entrar sola en mi consultorio y su padre debe asistir a la sesión. Se conduce con él en forma provocativa, levantándose la falda, mostrándole los calzones, pero está particularmente agresiva conmigo, reanudando el juego del lobo: trata de rasguñarme, de morderme y de tirarme de los cabellos. Al padre le resulta manifiestamente muy difícil controlarse para no intervenir, y parece estar muy incómodo. Intentando cortar esta serie de *acting,* le doy una nueva interpretación: "Ella desea las palmadas que su padre le da en las nalgas, y me ataca como cree que la ataca su madre en sus sueños para castigarla." Esta interpretación tiene el efecto de excitarla aún más, y el padre, visiblemente más avergonzado por lo que acabo de decir que por el comportamiento de su hija, mira de pronto su reloj e interviene declarando que ya es hora de terminar la sesión y que tiene mucha prisa.

Ya en la puerta, se disculpa por el comportamiento de su hija, y me demuestra mucha compasión por el trabajo que hago. En la *8ª sesión:* Carine sigue queriendo que su madre entre con ella en el consultorio; ésta me dice con satisfacción que Carine duerme bien desde que juega al lobo conmigo. Si llega a despertarse, puede volver a dormirse en su cama después de que su madre la besa. Carine escucha atentamente a su madre y me dice de inmediato: "Vamos a jugar otra vez al lobo, tú eres la niñita que está dormida, tú te sientas en la cama." Corre desde el fondo de la habitación, se lanza sobre mí, trata de arañarme y de morderme y añade: "Qué tal si matáramos a ese lobo feroz, así no vendría de noche a molestarme más". Se arroja ahora violentamente sobre la alfombra, cierra los ojos y se queda inmóvil un momento, luego se levanta y me dice: "Ahora, tú eres el lobo feroz, es a ti a quien vamos a matar." Quiere que me eche sobre el tapete —pero yo solamente me siento en el piso— y continúa: "Bueno, está bien, tú cierras los ojos y haces como si estuvieras muerta." Se interrumpe de golpe: "No, yo soy el lobo feroz"; se vuelve a tirar sobre la alfombra, y ya acostada, inmóvil y con los brazos en cruz, monologa para sí misma: "Te lo tienes bien merecido, lobo feroz, por qué tienes que molestar a esta niñita, si es muy buena esta niñita"; después, abriendo los ojos, se dirige a su madre y le dice: "No siempre, claro, a veces es un poco mala, pero de todos modos no hay razón para asustarla así." Vuelve a cerrar los ojos unos instantes y se queda quieta, luego se levanta y me dice: "Esta vez tú eres el lobo feroz." Me golpea con los puños cerrados y me da puntapiés, mientras dice: "Así; esto es para matarte, ahora ya estás bien muerta; tú cierras los ojos." Carine insiste repitiendo muchas veces y recalcando cada palabra: "Tú entiendes, para que la niñita esté bien tranquila, hace falta que estés muerta de verdad.". Yo añado: "Ahora ella estará muy tranquila, sola con papá." Y saliéndome del juego, continúo: "A menudo Carine debe de haber pensado así, que de verdad ella estaría más tranquila si mamá estuviera muerta, pero mamá viene en sus sueños para castigarla haciéndola morir a su vez." Carine me responde con un aire absolutamente escandalizado: "Pero no es cierto nada de eso"; parece reflexionar profundamente y añade: "La prueba es que, por la noche, yo abro los ojos de mamá para que no parezca estar muerta." Entonces, va a sacudir a su madre y le dice: "¿Verdad, mamá, que yo te abro los párpados para ver que no estás muerta?" La madre me dice entonces: "Es cierto, pero creo que comprendo."

En la *9ª sesión:* Carine se dirige hacia la mesa, se sienta (lo que hace por primera vez) y me dice: "Voy a dibujar al lobo feroz." Toma una hoja de papel y los lápices, pero parece perpleja: "Pero no

sé cómo es un lobo feroz, lo veo bien en mis sueños, pero no sé dibujar." Mira alrededor de la habitación, y encontrando sobre el librero
un caballito de barro cocido, me dice: "Bueno, debe ser como esto."
Se aproxima, observa atentamente el caballo, regresa al escritorio
y traza un rectángulo: "Éste es el vientre", y vuelve a alejarse, regresa,
hace otro rectángulo, que es la cabeza, y repite esta maniobra varias
veces. Dibuja así cuatro patas, y después una especie de escoba que
es la cola; hace grandes trazos que figuran los dientes y exclama:
"¡Ah, qué dientes tan grandes tiene!; pero yo no quiero ver a este
lobo feroz, me da demasiado miedo, va a asustar a los bebés chiquitos,
te vamos a castigar, lobo feroz." Comienza a golpear la hoja de papel
con mucha violencia, la golpea tan fuerte que se lastima la mano,
y grita: "Todavía te voy a castigar mucho más, porque me lastimaste,
te voy a cortar las patas." Rompe la hoja de papel en pedacitos,
y cuando mi escritorio está lleno de trocitos de papel, dice: "¡Vaya!
¡Ahora al basurero, lobo feroz, ya no volveremos a hablar de ti!"

10ª sesión: Carine falta a una sesión porque tiene fiebre aftosa.
Regresa muy pálida, fatigada y me dice que ha estado muy enferma,
que le han puesto inyecciones, que sobró una que servirá para curar
a una niñita enferma como ella. Después toma el biberón de encima
del escritorio y quiere dárselo al muñeco, pero en realidad lo pone
en su propia boca y mama vorazmente. Se instala en un rincón de la
pieza, se sienta en el suelo sin dejar de mamar, después acaba por
querer despedazar la mamadera tirando muy fuerte con los dientes,
haciéndonos notar por otra parte que no hay leche en el biberón.
Después se interrumpe bruscamente, arroja el biberón y dice: "Está
sucio, me van a salir granos otra vez." Le explico que ella piensa que
ha sido castigada por su deseo de morder los pechos de su mamá,
cuando ésta, como yo, no le da la leche que quiere. Ella responde:
"Pero yo no quiero leche, yo sólo quiero que mamá me quiera a mí
y no a Bruno." Bruno es el nombre de su hermanito.

11ª sesión: Carine continúa con el mismo tema. Ella es la madre
y yo soy la hija. "Te pongo inyecciones enormes porque eres una niña
mala." "¿Qué es lo que he hecho?" "Tú le pegas a tu hermanito,
quieres coger sus juguetes, quieres comerte su papilla." Uniendo el
gesto a la palabra, toma un lápiz de encima de mi mesa y trata
de clavármelo en las piernas o en los brazos, con tal frenesí que no
siempre logro esquivarla. Me arrincona: "No quiero ocuparme más
de ti, ¡eres demasiado mala!; y ahora, tú lloras." "Es a tu madre
a quien quisieras hacer lo que me haces a mí cuando se ocupa de tu
hermanito." Carine se echa a llorar, se precipita en los brazos de su madre, la besa fogosamente y protesta con viveza: "¡Yo quiero mucho
a mi mamá!" Y así termina la sesión.

2] ELABORACIÓN

Las vehementes protestas con las que acabó la quinta sesión fueron realmente el principio de un diálogo, lo que se demostró desde la siguiente sesión. Subrayemos aquí que esta transformación ha sido desencadenada por una interpretación del complejo de Edipo, sin ninguna alusión directa a las fantasías originarias, ni a la catexia de los objetos parciales, no obstante haber sido muy a menudo representados bajo una forma simbólica en las sesiones precedentes.[1] Carine ya no se contenta con "jugar" con las cosas de su psicoanalista; por primera vez le habla directamente. Lo hace de dos formas, y ambas merecen reflexión. Comienza su sesión contando un sueño. Este relato es el punto de partida de un juego con interrupciones para poner en práctica lo que cuenta, pero en el curso del cual la niña se detiene para entregarse a una asociación verbal. La relación entre Carine y su psicoanalista acaba de sufrir una reorganización que debe ser descrita con detalles.

Los psicoanalistas de niños están familiarizados con el análisis de los sueños de sus pacientes, aunque no sea sino en razón de la importancia teórica del análisis de los sueños de niños esbozado en *La interpretación de los sueños*.[2] Pero el ejemplo de Carine es privilegiado, porque inaugura el intercambio verbal con su psicoanalista con el relato de un sueño, siendo así que no le había sido dada ninguna consigna a este respecto y ninguna presión cultural había podido influir en una niña tan pequeña para que valorase el material onírico (como sucede frecuentemente con los pacientes adultos. Relatar espontáneamente un sueño, en tales condiciones, es señal de una redistribución de las catexias, y en particular de aquellas de las que la psicoanalista es el soporte. Las dos primeras intervenciones no hicieron ninguna alusión a la transferencia, pero tuvieron un efecto directo sobre su organización. Más adelante nos extenderemos sobre este aspecto fundamental del proceso psicoanalítico. El hecho de que sea localizable con precisión en una niña de tres años y medio debe ser subrayado inmediatamente.

El relato del sueño se hace en dos tiempos. Su texto permite pensar que se trata probablemente de un sueño de repetición: "Te voy a contar mis sueños malos. Anoche vi un lobo que quería arañarme y comerme." Más tarde, después de un juego en el que sobrepasa los límites imaginarios (lo que le sucederá a menudo durante las sesiones

---

[1] Cf. el capítulo dedicado al proceso analítico (VII).
[2] S. Freud, *Die Traumdeutung*, S.E., IV-V. *(La interpretación de los sueños)*, en *O. C.*, t. I, Madrid, Biblioteca Nueva.   ..

siguientes), intentando arañar y morder a su psicoanalista, proporciona la segunda parte del relato: "En otra ocasión, el lobo no era tan feroz, pero yo tenía miedo de que su enorme cola me hiciera cuchi cuchi en la cara y en las nalgas."

El primer elemento que se desprende de este sueño es la aparente pasividad de la niña, que expresa así su inocencia. Siendo el lobo el soporte de la proyección de los deseos eróticos y agresivos, la niña no es más que la víctima. Es exactamente la continuación de las protestas de la sesión anterior.

Pero, al mismo tiempo, aparece un elemento que va a adquirir cierta importancia en el desarrollo del psicoanálisis de Carine: es el par de opuestos exhibicionismo-voyeurismo el que permite esta aparente pasividad.

El juego de la señora tenía ya un indudable valor exhibicionista. Carine encontraba un indiscutible placer en mostrarse adornada de atributos sexuales, tanto ante su madre como sobre todo ante su psicoanalista. "Voy a contarte mis malos sueños" procede del mismo movimiento, con un grado de elaboración mental más alto. Inmediatamente después viene "anoche *yo vi* un lobo", dicho con una excitación que basta para subrayar el erotismo ligado a esta visión. De esta manera es posible seguir, en el relato mismo de este sueño, la elaboración de los representantes psíquicos de las pulsiones de nuestra niñita. En el movimiento de protesta que la domina en esta sexta sesión no se plantea que ella sienta un deseo directo de su padre, ni de cualquier imagen derivada de la imago paterna. Ver permite preservar el placer mientras que se niega el deseo de poseer, implicando precisamente la visión la conservación de la distancia. Pero el deseo de mostrar: "Te voy a contar", traduce el placer de poseer el representante psíquico del objeto, a pesar de la actitud distanciada. Y si el lobo evoca, al menos al principio de la sesión, un objeto más elaborado que los atributos de su madre exhibidos durante las sesiones precedentes, posee la innegable ventaja de ser solamente suyo. "Te voy a contar *mis* malos sueños."

El símbolo del lobo se encuentra frecuentemente en psicoanálisis de niños. No es indispensable recurrir a un rastro mnésico filogenético para explicar esta frecuencia; basta con tomar en cuenta la importancia de este animal en la cultura infantil contemporánea, muy influida aún por la herencia medieval, transmitida por Perrault y por Grimm, y recientemente amplificada por Walt Disney y los *comics* contemporáneos. No hace falta ser un niño ruso, como el célebre paciente de S. Freud, para que esta imagen sea familiar, tanto más cuanto que el "Hombre de los lobos" no tenía tampoco más que una experiencia puramente libresca. Su aspecto y sus costumbres, en las historias infantiles, forman una figura excelente para ser utilizada como símbolo. Está provisto, en efecto, de apéndices terroríficos (su hocico, sus garras y sus colmillos) o por el contrario seductores y hasta frágiles (su cola, tan a menudo agarrada, como en *Pedro y el lobo*, o cortada, como en la historia del sastre contada por el abuelo del Hombre de los lobos). Pero es también un animal de fauces pavorosas, que se puede tragar a la abuela de "Caperucita Roja", a las "seis cabritas" o al canario de "Pedro", y guardarlos vivos en su vientre a la manera de una madre encinta. Animal fálico y devorador, en el que el color, más a menudo negro que gris, es además una evocación anal, el lobo es un soporte perfecto para representar a la vez las imagos paterna y materna, en todas sus versiones sádicas. Esta virtual dualidad de significados favorece la organización defensiva ligada tanto a los desplazamientos y a la condensación bajo el efecto de los procesos primarios, como a la elaboración coherente producida por los procesos secundarios.

En razón misma de la multiplicidad de estos significados, la comprensión de este sueño no puede progresar sino tomando en cuenta lo que le precede, y las secuencias de juego que proporcionan en seguida el valioso comentario asociativo. Este sueño, como lo mostramos antes, se encadena con la sesión precedente.

La psicoanalista acaba de subrayar, más allá de la culpabilidad respecto a su madre, el amor que siente la niña por su padre. Esta verbalización por parte de la psicoanalista de las agresiones del superyó ha permitido una movilización del yo de la niña. El efecto más fácilmente observable es un reforzamiento de los procesos secundarios, y la posibilidad de distinguir mejor, en su discurso, los objetos interiorizados proyectados en la imaginería alucinada del sueño, de la analista, investida transferencialmente como aliada y como perseguidora al mismo tiempo. Esta distinción aparece manifiesta en el tono, muy evocador de un paciente en análisis, con el que cuenta su sueño. Pero muy pronto el juego de los procesos primarios suprime, en el curso de esta misma sesión, esta distancia que pone Carine ante los productos de su inconsciente y el juego asociativo se transforma en *acting out*.

El contenido aparente del sueño debe ser interpretado como una asociación de la niña sobre la última intervención de la analista, y sobre las reacciones de las negaciones provocadas al nivel de su yo, por las exigencias de su superyó. El animal del sueño es el producto de una condensación, típica de los procesos primarios de la formación de los sueños, tal como se han estudiado en adultos. Es el producto de una elaboración a partir del objeto de la catexia libidinal (el padre), del representante del superyó materno que ataca a la niña, y también la imagen de la analista, cuyo anterior comentario ha movilizado a la vez el deseo edípico de la niña y el reforzamiento de la acción de su superyó.

El placer terrorífico de ver en sueños esta condensación de los padres procede de la fantasía de la escena primaria.[3] Se ha hecho posible gracias al efecto de la escopofilia que implica a la vez la toma de distancia y un principio de dominio.

La corriente asociativa enunciada desde la primera parte del sueño (en la que el tono dominante es la agresión) viene a demostrar que ha sido elaborada a partir de esa fantasía inconsciente primitiva. Se trata de un juego de demostración que pronto toma el carácter de un *acting out*. Primero Carine representa el papel de lobo. Bajo la presión de los efectos de las pulsiones movilizadas por este juego, y el "acercamiento transferencial" que provoca, intenta arañar y morder a su analista, excitándose cada vez más. Lo que podríamos llamar "identificación con el agresor" no basta para hacer disminuir su angustia. Eso se debe a que, en efecto, hacer de lobo, animal macho por sus atributos tanto como por el género gramatical del sustantivo que lo designa, es tomar el papel del padre en la representación de la escena primaria. Este papel está de tal manera transformado bajo la presión del superyó que es casi irreconocible: el objeto de amor está representado únicamente bajo el aspecto de objeto de terror, y sólo después de varios rodeos acabará por producir asociaciones ligadas a' la imago paterna, ya que hacer de lobo es también representar el papel de la madre agrediéndola para castigarla por sus deseos edípicos. Esta ilustración onírica de las interpretaciones dadas por la psicoanalista ha vuelto a aparecer en el juego contra la que habló de esa manera, y con la que Carine se identifica por proyección. Pero al mismo tiempo es también una forma de manifestar una avidez sádica oral que es la de la madre en las elaboraciones esenciales de la escena primaria, elaboración que en lo sucesivo ocupará numerosas sesiones. La sobredeterminación, por condensación, de la imagen del sueño, se hace ahora más clara, ya que es el temor a la venganza de la madre a causa de los deseos edípicos la que conduce a la fantasía regresiva de la madre devoradora. Durante este principio del tratamiento, la introyección de los representantes psíquicos de la agresión materna conduce al reforzamiento de los elementos primitivos del superyó, ante los cuales el yo de la niña no puede equilibrarse sino por regresiones temporales y tópicas.

El juego, a pesar de sus límites inciertos, permite a la niña, como ya lo habíamos observado, un cierto dominio de su angustia

[3] Cf. cap. ix.

a causa de la actitud de la psicoanalista. Carine puede ahora completar el relato de su sueño y declarar: "Otras veces, el lobo no es tan
feroz", no se presenta con unas fauces amenazadoras, sino con una
cola a propósito de la que expresa sentimientos mucho más ambivalentes. La cualidad "placer" de esta representación está claramente
expresada bajo una débil negación ("Tuve miedo de que su enorme
cola me hiciera cuchi cuchi en la cara y en las nalgas").

Mientras que la niña representa estos papeles, la psicoanalista representa en el juego, en forma poco diferenciada, a la niña, la madre
y a veces al padre, en una condensación poco formulada; a tal punto
es cierto que aquí cuenta muy poco la individuación de los personajes; lo esencial es lo que ellos poseen: los objetos malos o los buenos,
los dientes y las garras, o la cola de cosquilleos ambiguos. Las caricias
de la cola son inquietantes cuando se aproximan a la cara y a las nalgas, pero cuando el lobo se da vuelta es cuando "no es muy feroz".
Esta alusión al interés de la niña por el pene anal y por las heces es
una indicación valiosa para comprender sus "teorías sexuales". Su
deseo de incorporar por la boca o por el ano este pene anal provoca
un temor —efecto al nivel del yo de la prohibición proveniente del
superyó— que no basta para enmascarar el vivo placer erótico subya-
cente. Esta suma de identificaciones permite una emergencia pulsional
que acaba en el placer y la angustia del *acting out,* en el curso del
cual el yo de la niña regresa, lo que provoca la extinción del intercambio verbal entablado al principio de la sesión. Esta regresión no es
duradera, pues la niña se calma y, por primera vez, se producen
asociaciones verbales. Interrumpiendo su juego, dice de pronto a su
analista, reconocida nuevamente como interlocutora, que su padre
le da palmaditas en el trasero para animarla a irse a acostar, y que
eso le gusta mucho.

En la 7ª *sesión,* Carine viene acompañada de su padre, lo que aumenta visiblemente su tensión. Después de haberse comportado en
forma muy provocativa ante los dos personajes así reunidos, de haber
alzado sus faldas con una ostentación poco usual, reinicia el juego del
lobo, pero, esta vez, los pasos al acto se suceden a más y mejor, sin que
haya una fase de mejor organización. Este acercamiento inesperado parece obligar a nuestra joven paciente a luchar contra la emergencia de
su erotismo por medio de una negación provocada por el temor, y la interpretación que se le da, basada en su culpabilidad edípica, no tiene
un efecto inmediatamente perceptible. En todo caso, el padre es muy
sensible al comportamiento de su hija, y la interpretación que se le da
a ésta no le hace sentirse más cómodo. Así es que él da gustoso la señal
de marcha, aunque expresando a la psicoanalista una compasión
ambigua.

Las sesiones siguientes se caracterizan por la producción de fantasías verbalizadas directamente o en una forma lúdica.

Primero se desarrolla el juego del lobo, en una forma algo simplificada. La interpretación de la 7ª sesión, que deliberadamente no aludía más que a la catexia libidinal del padre en su totalidad y al temor edípico a la madre, ciertamente no fue extraña a esta evolución. Durante un tiempo el lobo se reduce a ser a veces una imagen mala de Carine animada por deseos reprimidos, a veces el soporte de la proyección de su superyó. Carine y su psicoanalista deben representar alternadamente este papel, a tal punto la alusión lúdica a sus deseos destructivos infunde temor a esta niña. En el papel del lobo muerto, ella puede defender su propia causa: "Esta niñita no es tan mala... bueno, no siempre", añade mirando a su madre; y después de reasegurarse así, fuera de juego, puede ya jugar a matar al lobo, representado esta vez por su analista.

Este abogar por su propia causa es un indicio preciso de las relaciones del juego del lobo, tal como Carine lo organiza en el curso de sus sesiones, y de sus fantasías inconscientes. Probablemente bajo el efecto de la interpretación edípica que le ha sido proporcionada en la 7ª sesión, el lobo está cada vez más caracterizado como la externalización del superyó, pero al mismo tiempo esta imagen lúdica se desprende relativamente de las imágenes paternas y sufre cierta deserotización, lo que permite jugar a matarlo sin demasiado riesgo de depresión. Pero esta contracatexia es muy relativa, y cuando la niña se arroja al suelo, no está lejos de autocastigarse por sus deseos edípicos. Más tarde (33ª sesión), Carine repetirá el mismo movimiento, pero esta vez representando su propia muerte, en un corto movimiento auténticamente depresivo a continuación de una serie de *acting out* particularmente agresivos.

Por el momento, la repetición del juego ha servido sobre todo para aumentar la fuerza de la represión, y la interpretación que se le da ahora acerca de sus deseos de muerte respecto de su madre provoca una negación asociativa muy impresionante. El fin de la sesión se desenvuelve, a pesar de la presencia de la madre, en forma verbal, como en un psicoanálisis de adulto, y se tiene la impresión de que el contenido de la interpretación ha modificado de nuevo el funcionamiento del yo de la niña. En el curso de este tratamiento tendremos que interrogarnos sin cesar sobre las oscilaciones en la producción del discurso de la niña, sobre las variaciones de su *insight*, y sobre la calidad y duración de sus tomas de conciencia. La niña, en todo caso, ha comprendido perfectamente que una de las razones de su insomnio era el temor a que muriera su madre, e inmediatamente ha asociado este temor con las palabras de su psicoanalista, referentes a la representación psíquica de sus pulsiones agresivas. Es importante constatar que la madre ha entendido en parte las posiciones edípicas de su hija, y que no parece guardarle rencor. En todo caso, está impresionada por la formación reactiva que permite la represión de los deseos de muerte de su hija a su respecto.

Esta discusión es seguida, en la 9ª sesión, por una secuencia que se desarrolla de nuevo sobre el modo de la fantasía lúdica y la elaboración simbólica. La niña reinicia el tema del lobo, tema de su pesadilla, e intenta dominarlo utilizando técnicas nuevas. Prueba a dibujarlo, y hace comentarios sobre su incapacidad para reproducir este objeto de temor. Un caballito de barro perteneciente a la psicoanalista le sirve de modelo y le permite reconstruir un lobo, parte por parte: el vientre, la cabeza, las patas, la cola y por fin los dientes. A pesar de la represión de la imagen ideoverbal inicial y de una parte de los afectos que a ella se refieren, represión de la que es testigo la simbolización, esta difícil producción de símbolos diferentes de objetos parciales desata un acceso de angustia. Rompe en pedazos su dibujo, por otra parte ya dividido al tiempo de su ejecución, le corta las patas, desgarra la hoja de papel en pequeños pedacitos, y arroja todo a la basura, como una deyección, como la muñeca de las primeras sesiones. Y los días siguientes cae enferma.

De esta corta enfermedad Carine regresa muy deprimida, y el contenido de la 10ª sesión contrasta sensiblemente con los precedentes. Cualquiera que sea el papel que se pueda atribuir a su estado físico (está apenas convaleciente), parece que esta enfermedad, sobrevenida después de una sesión en el curso de la cual fueron movilizados afectos muy intensos, está bien inscrita en la continuidad del desarrollo del proceso analítico.

A pesar de que al principio no lo verbalice, toda la atmósfera de esta sesión hace pensar que la niña ha vivido su enfermedad y la frustración ligada a la interrupción de las sesiones, como una consecuencia de sus deseos agresivos, consecuencia fantaseada bajo la forma de la incorporación del pecho malo.

Así, comienza por relatar su enfermedad, y habla en seguida de las inyecciones que le han puesto. Expresa en forma curiosa su ambivalencia respecto a esta manera dolorosa de introducir medicamentos en su cuerpo, precisando que queda una inyección sin utilizar, pero que servirá para curar a otra niñita enferma. El aspecto positivo de la inyección no puede ser evocado más que si se refiere a otra, pero esta alusión basta para mostrar la ambivalencia de la catexia de esta práctica sádica. Las inyecciones, símbolos de la proyección y de la introyección sadomasoquista del objeto parcial pene-pecho-niño-heces, aparecen aquí por primera vez, y van a representar un importante papel durante numerosas sesiones. Ellas a su vez son representadas en el juego y en los *acting out* de la niña, por golpe de lápiz, instrumento que toma a su vez un valor simbólico directamente ligado a los objetos internalizados.

Después de este comienzo en un modo verbal, Carine inicia un juego, muy pobre en comparación con los de las sesiones anteriores, pero sumamente significativo si se le coloca en su lugar en la distribución de los elementos de la sesión. Juega a dar el biberón al bebé de juguete, el mismo que representó un papel privilegiado al principio del tratamiento; la había representado a ella misma, figurando al mismo tiempo el objeto perteneciente a la analista. Esta asociación, totalmente inconsciente, muestra la continuidad de la catexia de las inyecciones y del pecho materno. Sin embargo, el juego no logra interesar suficientemente a Carine para que se desarrolle más, y nuestra joven paciente no asume por más tiempo el papel de madre, hoy más mala que buena, a juzgar por su humor. Se identifica entonces malhumoradamente con el bebé desnutrido, y comienza a mamar ella misma sin gran placer, pero dando signos evidentes de voracidad agresiva[4] (tira de la mamadera con todas sus fuerzas, la muerde), después acaba por arrojar con disgusto el biberón, pretextando que "está sucio" (fórmula ambigua que puede aplicarse tanto a su manera de mamar como al biberón) y que le van a salir granos otra vez. De todas maneras, con esta fórmula condensada, testimonia una relación asociativa entre su sadismo oral y la fiebre aftosa que acaba de sufrir.

Precisamente sobre este punto interviene la psicoanalista explicándole que, en su enfermedad, ella ha visto el castigo a sus deseos sádicos orales respecto a su madre.

La niña debe confrontar los productos derivados de sus fantasías inconscientes con sus experiencias vividas conscientemente: puede enlazar directamente la interpretación que acaba de recibir, recordando el contenido de las sesiones anteriores con su sentimiento de ser menos amada por su madre que su hermano.

El proceso de elaboración lúdica regresa sobre el mismo tema en la 11ª sesión. Esta vez ella puede organizar un juego y da a su psicoanalista su propio papel. La niñita es castigada por tener celos de su hermano. Porque le pega y quiere incorporar los objetos buenos ("tomar sus juguetes, comer su papilla") que están destinados a aquél, ella no recibe sino enormes inyecciones. Pero este tema lúdico es el pretexto para una serie de *acting out* dirigida sobre la persona de su psicoanalista. Siendo la represión de los deseos sádicos res-

---

[4] Véase sobre este tema el estudio de Mélanie Klein sobre la "envidia", en particular en *Envidia y gratitud,* Buenos Aires, Hormé.

pecto de su madre el componente común al juego y a los *acting out*, son éstos, finalmente, los que le son mostrados en la interpretación. Y así es como esta sesión se termina con una negación vehemente, a continuación de lo cual hay una primera interrupción, pues toda la familia sale de vacaciones en el mes de junio, época de las vacaciones anuales del padre.

Las primeras sesiones de psicoanálisis conducen generalmente al especialista a reevaluar su apreciación inicial sobre la organización mental del paciente. Los puntos de resistencia o de fijación, las tendencias a la repetición, opuestas a la capacidad de movilización, resultan elementos clínicos mucho más concretos que los signos analizados antes de cualquier acción.

¿Qué más sabemos ahora de Carine?

Ver al lobo alucinatoriamente en el sueño es la realización onírica del deseo de asistir al coito de los padres, tal como está prefigurado en la fantasía de escena primitiva, en el curso de la cual padre y madre intercambian los objetos, experimentados como buenos y malos, deseables y peligrosos. Este deseo escoptofílico es el resultado de una elaboración cuyos componentes hemos separado: deseo de identificarse con aquel de los padres poseedor del objeto codiciado. Pero la catexia ambivalente de este objeto parcial vuelve este proceso de identificación particularmente inestable, ya que el hecho de poseerlo tiene la virtud de hacerlo malo o peligroso, y hace mala a Carine. Este deseo de incorporar el objeto parcial conduce a la elaboración de estos juegos, durante los que Carine representa el papel del lobo malo que asusta a la niñita desamparada. Las numerosas inversiones de papeles son el producto secundario de los procesos de proyección y de introyección por los cuales Carine pasa sin cesar de la posición depresiva a la posición persecutoria.

El deseo de incorporación del objeto deseable, en el momento en que Carine comienza su análisis, es por los menos tan activo como el deseo de identificarse con aquel que posee tal objeto, o de amar a éste identificándose con el otro. Aquel de los padres que posee el objeto deseable no está definido de manera estable, ya que es precisamente este objeto el que se intercambia en forma sádica en el coito de los padres, fantasía inconsciente a la cual nos conduce el contenido latente del sueño del lobo. Así comprendemos por qué, en una niña de menos de cuatro años, el complejo de Edipo está todavía lejos de declinar, apareciendo su temática establecida desde mucho tiempo antes.[5] La identificación con el padre del mismo sexo queda en suspenso en tanto que este deseo de incorporación sádica y la angustia que desata

---

[5] Cf. cap. IX.

no sean equilibrados y atemperados por catexias secundarias. Incluso la identificación con el padre, en una estructura edípica invertida, es también inestable. La carga de las pulsiones parciales no debe ser estudiada más que por comparación con la de las pulsiones genitales. No se trata aquí de una superación o de una liquidación de las fantasías primitivas que seguirán siendo activas toda la vida de Carine. Pero actualmente el equilibrio entre los procesos de identificación con las imágenes de los padres (y en particular con la imagen materna, a propósito de la cual los procesos de identificación son más acordes con el yo, y por lo tanto más fácilmente conscientes, como lo demuestran los primeros juegos de Carine) y el proceso de introyección de los objetos parciales se mantiene de la forma siguiente: toda la ansiedad edípica está apoyada en la ansiedad pregenital, y refuerza a ésta por un proceso de regresión temporal muy activo. El peligro de represalia ligado al deseo de suprimir a la madre para ocupar su lugar remite a la imagen materna peligrosa por el contenido de su cuerpo. El deseo edípico de Carine activa en ella la fantasía inconsciente del peligro proveniente de la madre mala portadora del pecho malo, contenido latente de la imagen del lobo del sueño, o del juego *acting out* del biberón y la leche, y la ambivalencia de su deseo de incorporación le impide utilizar sus posibilidades de identificación para una defensa narcisista suficiente.[6]

Esta avaluación de las fantasías inconscientes de la niña permite entrever cuáles deberían ser los objetivos estratégicos del psicoanálisis de Carine. La transformación de Carine en el curso de las primeras sesiones disminuye las oportunidades de una reorganización psicótica ulterior, hipótesis pronóstico fundada sobre el fracaso inicial de sus procesos defensivos. Sin embargo, siguen siendo previsibles cierto número de puntos de fijación. Cualesquiera que sean los efectos de las fantasías inconscientes de la niña, la actividad reforzada de su superyó va a arrastrar al yo en la elaboración de los procesos de latencia, en un tiempo relativamente breve. Cualesquiera que sean las posiciones identificatorias de la niña, van a ser la fuente y el punto de partida de nuevos mecanismos de defensa, que serán tanto más contradictorios cuanto más ambiguas sean las posiciones iniciales. Estas contradicciones internas permitirán posiblemente una calma provisional, pero tendrán todos los riesgos de transformarse en nudos patógenos, ya que las nuevas exigencias pulsionales y las ineluctables necesidades exteriores

[6] Desde este momento, la asociación directa entre los objetos del conflicto edípico y los objetos parciales es manifiesta, lo que encontramos en todos los psicoanálisis precoces y en forma más general en muchas curaciones. Mélanie Klein ha deducido su teoría de los estados precoces del complejo de Edipo. Regresaremos sobre este problema, en particular en el capítulo IX.

pondrán en tela de juicio el frágil equilibrio penosamente instaurado.
En un texto de enorme importancia para la teoría de la técnica psicoanalítica, Freud[7] distinguía, ya en 1915, la represión primaria por la que "la representación psíquica del instinto (pulsión) se ve negado el acceso a la conciencia", y una segunda fase de la represión propiamente dicha, concerniente a "las ramificaciones psíquicas de la representación reprimida o sobre aquellas series de ideas procedentes de fuentes distintas pero que han entrado en conexión asociativa con dicha representación. A causa de esta conexión sufren tales representaciones el mismo destino que lo primitivamente reprimido". Y Freud subraya la atracción ejercida por la represión primaria sobre todo lo que entre en resonancia con ella. Si esta atracción se encuentra en la resistencia de pacientes adultos y en la larga persistencia de la compulsión a la repetición, es una de las ambiciones del análisis de niños, y sobre todo del análisis precoz, el modificar, si no las condiciones de la represión primaria, al menos sus consecuencias inmediatas. La forma y la especificidad "atractiva" de la represión primaria dependen muy probablemente, en efecto, del equilibrio relativo de la catexia de los objetos parciales y de los objetos totales, de las tendencias identificatorias relativas a las imágenes de los padres por relación con los estados primitivos de la identificación (proyección e introyección). Esta descripción de la estructura de la represión primaria recubre efectivamente la de la neutralización del instinto de muerte por la libido narcisista.

Es, pues, una mejor posibilidad de identificación, adquirida gracias a la elucidación de la angustia pregenital, que el psicoanálisis de Carine va a tratar de instaurar, mientras que la elaboración de la catexia de los objetos internos, que necesita esta transformación, implica una modificación completa de las relaciones objetales. Ese será el objetivo de la elaboración interpretativa, dando al yo, gracias a un muy lento trabajo de verbalización, nuevos medios para cercenar la angustia primitiva.

Para lograr esto es necesario mostrar al sujeto —y esto es igualmente cierto para el adulto que para el niño— cómo la angustia pregenital refuerza la angustia de castración y se infiltra en el conflicto edípico, volviendo así imposible toda salida espontánea que no sea regresiva o repetitiva. Los mecanismos de aislamiento vienen a ocultar la intrincación de dos series de fantasías, y ciertas interpretaciones pueden a veces reforzar este aislamiento, llevando el interés exclusivamente sobre una de estas series y reforzando la represión de los

---

[7] S. Freud, *Die Verdrängung*, 1915, *G. W.*, vol. x, pp. 248-261; *S. E.*, vol. xiv, pp. 146-158; *La represión*, en *O. C.*, t. i, pp. 1045-1050.

derivados de la otra.[8] La preocupación de evitar esta forma particular de resistencia nos ha conducido a menudo a una limitación aparente de las interpretaciones, debiéndose generalmente distinguir el momento de interpretar del momento en el que uno comprende.

No podemos seguir adelante sin analizar la influencia de una cura psicoanalítica sobre la estructura psíquica inconsciente del niño. Como lo formuló Freud desde 1915[9] el inconsciente no puede ser considerado como una región residual del psiquismo; se articula por sus derivados con los sucesos vividos, a través del preconsciente y de las asociaciones ideoverbales. La exposición de esta cura nos permitirá aportar una prueba más, aunque hoy día ya no sea necesaria, de la posibilidad de provocar modificaciones notables en la organización inconsciente de un niño, y en su evolución ulterior, por intermedio del consciente. Esta acción no puede producirse sino modificando los intercambios de catexias entre los tres sistemas. Un aspecto específico del psicoanálisis es la parte importante de la toma de conciencia de las acciones mutuas de los sistemas inconscientes, entre ellos y sobre el conjunto del psiquismo, en esta modificación de intercambios de catexias (mientras que bien puede no representar papel alguno en los efectos simplemente psicoterapéuticos). Si bien la oposición entre las cargas libres del inconsciente y las catexias ligadas al preconsciente sigue siendo una distinción perfectamente válida (todo lo que acabamos de comprender en el curso de las primeras sesiones del tratamiento de Carine, sobre los efectos de los procesos primarios en contradicción con los de los procesos secundarios, lo demuestra una vez más), no hay sin embargo que olvidar que es por medio de las sobrecatexias de las representaciones conscientes por lo que el inconsciente produce sus efectos.[10]

La toma de conciencia de estas sobrecatexias y de su sentido se produce por el proceso psicoanalítico. Todas las resistencias de los pacientes, cualquiera que sea su edad, se oponen a este proceso. Una de las formas más eficaces de esta resistencia es el aislamiento por el cual dos representaciones, poseedoras de una carga idéntica, provenientes de un mismo representante pulsional inconsciente, no son reconocidas por el paciente como formando parte de un mismo sistema, mientras que el psicoanalista ha reconocido el movimiento asociativo primario por indicios que le resultan evidentes. Y esto es precisamente lo que amenaza con suceder en psicoanálisis de niños cuando una

---

[8] Véase el cap. VIII, proposiciones 1 y 2.

[9] S. Freud, *Das Unbewusste*, 1915, *G. W.*, vol. X, pp. 264-303; *S. E.*, vol. XIV, pp. 166-215; *Lo inconsciente*, en *O. C.*, t.I, pp. 1051-1068.

[10] Estos efectos son los elementos perceptibles cuya elaboración conduce justamente al concepto de inconsciente, objeto de conocimiento.

producción fantástica secundaria, elaborada en una sesión en tanto que formación reactiva para mantener la represión de otros derivados del inconsciente, se encuentra aislada de la continuidad de lo vivido conscientemente por el niño y de sus afectos pasados o actuales, fuera de la sesión. Podemos ahora imaginar a qué debe tender la elaboración interpretativa en el psicoanálisis de Carine. No se trata de limitarse a elucidar fantasías inconscientes, es decir, a la traducción del contenido manifiesto de sus fantasías en contenido latente, si es que queremos permitirle superar sus dificultades identificatorias y las tendencias regresivas de sus catexias objetales. Es necesario verbalizar los intercambios económicos entre los tres sistemas, lo que resulta posible gracias al aumento del placer del funcionamiento del yo, ligado, como ya hemos visto, al deseo de la niña de identificarse con el yo de la psicoanalista. La niña debería poder asociar lo más posible sus experiencias y los afectos de su vida cotidiana con los derivados de su inconsciente tal como aparecen en la sesión, sin que jamás el psicoanálisis se transformara en una experiencia excluida por el proceso de aislamiento.

Los efectos más interesantes de la elaboración interpretativa en el análisis de Carine son menos el enriquecimiento progresivo de la producción de fantasías que las tomas de conciencia de las relaciones entre las producciones fantásticas, que se refieren a las fantasías inconscientes pregenitales, y los deseos edípicos ya ardientes, aunque todavía en el límite de lo consciente en una niñita de cuatro años. Cuando Carine evoca su placer al recibir las palmaditas que le da su padre en las nalgas, después de haber expresado fantasías sobre la cola del lobo, es cuando se produce una asociación particularmente valiosa, y el psicoanalista de niños debe maniobrar para que tales aproximaciones sigan siendo posibles a todo lo largo del tratamiento.

Los celos expresados respecto al hermanito son el efecto de una elaboración defensiva ante las contradicciones edípicas. El hermanito es un sustituto del padre en tanto que objeto del amor de la madre, es el objeto de la madre, y su existencia confiere a aquélla su carácter malo y peligroso, así que es el soporte natural por excelencia para la proyección identificativa del pene del padre del que se ha apropiado la madre. Pero también es una imagen fácil de identificación total para la niña. De esto resulta que los sentimientos agresivos que tiene respecto a él son mucho mejor tolerados por el superyó y por el yo de la niña que los que se dirigen contra sus padres, y que no pueden aparecer en la conciencia sino bajo una cláusula de negación. La negación: "Yo solamente quiero que mamá me quiera a mí y no a Bruno", testimonia una relación de cooperación con la analista, pero traduce un compromiso momentáneamente acep-

table por el yo de la niña. Gracias a este tipo de acomodos los conflictos inconscientes pueden repetirse incansablemente. El mismo tema
aparece de nuevo, de un modo medio serio, medio lúdico, en el juego
psicodramático en el que ella pide a su psicoanalista que represente
su propio papel, es decir, ¡el de una niñita a la que ponen enormes
inyecciones porque le pega a su hermano, quiere quitarle sus juguetes
y comerse su papilla! La elaboración interpretativa consiste entonces
en dirigir los deseos expresados hacia sus objetos (pecho-pene-niño-
heces). El afecto ligado a este objeto sustitutivo puede traer consigo
un nuevo equilibrio con la contracatexia que causa la represión del
objeto, o más exactamente su representación ideoverbal, su energía.
La resistencia es tanto más grande cuanto más intensa sea esta contracatexia. Ésta es una de las razones que nos hacen poner el acento
preferentemente sobre el sentimiento persecutorio de la niña más bien
que sobre sus deseos agresivos, lo que permite, en un segundo tiempo,
evocarlos sin provocar una resistencia demasiado grande (cf. la interpretación de los deseos de muerte de Carine respecto de su madre, que
no ha sido formulada sino a través del temor a la agresión materna).

Las formas de resistencia provocadas por el trabajo interpretativo
pueden ser de diversos órdenes: 1) la negación, que a menudo es
seguida por asociaciones dirigidas sobre la continuidad de los afectos
conscientes de la niña; 2) la asociación con transformación del modo
del discurso, como si hubiera una relación directa gracias a los procesos primarios, pero una ruptura al nivel de los procesos secundarios
(esto es, por ejemplo, lo que sucede cuando Carine retoma el tema
de los celos que tiene de su hermanito en un modo lúdico, jugando
a poner inyecciones a una niñita, cuyo papel es representado por su
analista. En este momento, sólo la interpretación de las pulsiones
destructivas respecto a su madre restablece cierta continuidad, como
testimonia la negación: "¡Yo quiero mucho a mi mamá!"); 3) la
producción de fantasías, expresadas en un modo lúdico, o la proliferación de sueños, que permiten, es cierto, una reconstitución cada vez
más precisa de las fantasías inconscientes, si bien su función defensiva
no debe ser subestimada. No se trata de una "salida del inconsciente"
que pudiera tener un valor resolutivo, sino más bien de una producción del yo, determinada por las fantasías inconscientes y por la
situación analítica.[11] Por lo demás, su valor defensivo, es decir, finalmente conservador, resulta evidente cuando aparece la última resistencia que vamos a describir. 4) La vuelta repetitiva de las mismas
producciones fantásticas, una de las formas de defensa más difíciles

---

[11] Como mostraremos en el capítulo IX, no se trata en realidad sino de
dos aspectos del mismo proceso.

de tratar. Esta manifestación del automatismo de repetición, observable en muchas relaciones de casos de psicoanálisis de niños, y sobre la cual uno de nosotros ya había llamado la atención, parece ligada al aislamiento descrito anteriormente, y en ocasiones es favorecida por el manejo demasiado precoz de las interpretaciones "profundas". Por lo tanto es esencial, para no hacer estéril el proceso analítico, evaluar correctamente el efecto de resistencia de la producción de fantasías y de su repetición, lo que frena la elaboración tanto en el análisis de niños como en el de adultos, pero que permite al paciente constituir las defensas indispensables que hay que saber respetar todo el tiempo que convenga.

CAPÍTULO CUARTO

LA ELABORACIÓN DEL COMPLEJO DE EDIPO Y DE LAS FANTASÍAS PREGENITALES[1]

1] DESARROLLO DE LAS SESIONES

12ª sesión: Al regreso de sus vacaciones, la transformación física de Carine me impresiona. Tiene buen aspecto, está bronceada, obviamente ha subido de peso y parece muy descansada.

Ella debe de haber notado mi reacción, ya que exclama: "¡Tú no me reconoces! Estoy toda tostada." Y se levanta la falda, para mostrarme la diferencia de color entre la piel de sus muslos y la de su vientre. Como sigue sin aceptar el venir sola, su madre debe acompañarla y, en el corredor, aprovecha para explicarme que éstas han sido para ella las primeras vacaciones agradables desde el nacimiento de su hija. Carine ha comido y dormido bien, ha estado muy alegre y ha jugado con gran placer en la playa.

Por lo demás, toda esta sesión está consagrada al relato entusiasta que me hace Carine de sus juegos en la playa, principalmente con su padre: pastelillos de arena, baños y juegos de pelota (lo que más tarde aparecerá en un sueño). Al final de esta sesión, la madre me advierte que, en el mes de septiembre, la familia se va a mudar de casa para estar más cerca del lugar de trabajo del padre. Pero este otro barrio está también lejos de mi domicilio y, además, la madre me anuncia que está embarazada por tercera vez... Carine, que escuchaba atentamente, interrumpe a su madre para preguntar qué quiere decir "embarazo". La madre le responde que es demasiado pequeña para comprenderlo. Entonces me veo obligada a intervenir, explicando a la madre y a su hija que yo no creo que esta última sea demasiado pequeña: "Tu mamá tiene ahora otro bebé en el vien-

---

[1] Los títulos que hemos puesto a los capítulos IV, V y VI están destinados a permitir al lector orientarse en esta larga exposición. Ciertamente son criticables desde muchos puntos de vista, cosa de la que estamos muy conscientes. No representan en absoluto la realización de cualquier especie de proyecto táctico. Ya tendremos ocasión, en el capítulo VIII, de exponer nuestras opiniones acerca del proceso psicoanalítico y la elaboración interpretativa. Por lo demás, estos títulos no constituyen definiciones contrapuestas unas a otras, incluso si parecen referirse a fases evolutivas diferentes.

tre. Saldrá mucho tiempo después de las vacaciones, así que ya tendremos tiempo de hablar de ello."

13ª sesión: Al llegar, Carine me anuncia triunfalmente: "¿Sabes la noticia? ¡Mamá tiene un bebé en su vientre! Será mi hermanita o mi hermanito, no se sabe. Vas a ver cómo se hace con los bebés cuando nacen."

Carine toma la muñeca, la acaricia, le da el biberón, la acuesta y, mirando a su madre, grita: "Mamá, ¡yo quiero una muñeca!" "¿Para qué, si las rompes todas?" "Yo no quiero romperlas más, quiero un bebé para darle de comer." Intervengo de nuevo aconsejando a la madre que ofrezca una muñeca a Carine y señalando a esta última que seguramente ella ha pensado que su mamá no quería que tuviera un bebé parecido a ella.

14ª sesión: Reanudamos el tratamiento al regreso de mis vacaciones. De nuevo, Carine pide a su madre que entre al consultorio con ella, y a mi pregunta: "¿Pasaste buenas vacaciones?", responde con un aire enojado: "No, mi papá ha sido muy malo conmigo", y me explica que se han mudado de casa, que su padre ha tenido que trabajar mucho en la casa nueva, que ha pintado, que ha pegado papel en las paredes, que ella quería ayudar pero que él no quería y la mandaba a paseo. La madre interviene dirigiéndose a su hija: "¡Pero, Carine, sólo hacías disparates, ponías las manos sobre la pintura fresca!", y añade: "Sin embargo, papá te ha construido una casita en el jardín." Carine replica vivamente: "Sí, pero es demasiado pequeña para que él pueda entrar y estar de pie." Y volviéndose hacia mí: "Vamos a jugar al papá y la mamá, tú eres el papá, tú llegas del trabajo y vamos a comer." Me propone un menú, y arregla la mesa sirviéndose del escritorio; corta una hoja de papel y dice: "Mira, éste es el plato, y éste es el tenedor." Por otra parte, no precisa ningún accesorio para jugar, ya que es lo bastante imaginativa para utilizar cualquier pedazo de papel, e incluso para prescindir de todo soporte material. Permanece todo el tiempo de pie y me sirve diciendo: "Bueno, yo te traigo papas fritas, una tortilla de huevos...", y se apresura a regresar al rincón de la pieza que ha bautizado "cocina". Al cabo de cierto tiempo de este tejemaneje, me lamento: "Me gustaría que mi mujer estuviera conmigo." Ella replica: "¡Pero yo no puedo estar al mismo tiempo en el comedor y en la cocina!", y después interpela a su madre diciéndole: "¿No es cierto, mamá, que las señoras se ocupan de la cocina?" Regresa a su juego y me ordena: "Y después, tú subes a acostarte, porque es tarde, tomas tu periódico, vas a leer un poquito mientras esperas. Yo tengo que quedarme abajo para lavar los platos." Obedezco, y voy a sentarme sobre el diván, que según ella es la cama, y ella permanece en el rincón-cocina donde

simula lavar los pedazos de papel que sirvieron de cubiertos y platos.
De vez en cuando me da instrucciones: ·"Tú te impacientas, y después me llamas." Yo lo hago dos veces, preguntándole: "¿Pero qué es
lo que estás haciendo?" Entonces, reanudando su papel de señora,
me responde: "Es que tengo que lavar un poco de ropa, y después
tengo que planchar tus camisas, ¿qué dirás si mañana no tienes una
camisa limpia?" En este momento interrumpo el juego diciéndole
que cuando ella se imagina tomando el puesto de su mamá, no puede
permitirse el venir cerca de su papá. Me responde: "¡Pero no es nada
de eso, es que las señoras, tú sabes, están muy ocupadas!, ¿no es
verdad, mamá?" Durante esta secuencia, yo sentía a la madre cada vez
más incómoda y pensé que realmente, en su juego, Carine hacía la
demostración de ciertos problemas de la pareja; y para formular mi
interpretación, debía tomar en cuenta todo lo que esto representaba
para la madre. Así es que no me sorprendí mucho de oírla responder:
"Claro que sí, Carine, pero yo creo que las mamás pueden encontrar
muchos pretextos para no estar disponibles." Después de haber dado
pruebas de tal *insight,* la madre no soporta más la situación, y descubre que es hora de terminar la sesión.

15ª sesión: Carine vuelve a pedirle a su madre que entre al despacho, se sienta ante la mesa y declara: "Al medio día comí hígado,
con puré, pero no quise comer ensalada ¿verdad, mamá?" La madre
responde: "Puede ser. . ." Carine insiste golpeando sobre la mesa: "Te
he dicho, mamá, que no comí ensalada, solamente comí el hígado
y el puré." La madre responde: "Está bien, está bien" y, después,
dirigiéndose a mí: "Sabe usted, ya no me preocupa lo que come
Carine, porque ahora come bien, su alimentación ya no es un problema para mí; cuando tiene hambre, come, cuando no quiere comer
alguna cosa, pues no se la come." Pero Carine continúa: "Pero te
estoy diciendo, mamá, que no quise comer ensalada." Yo le pregunto:
"Pero ¿por qué te importa tanto mostrar a tu mamá y a mí que
no quisiste comer ensalada?" Responde: "Pues porque era lechuga
rizada, lechuga rizada, y esa me hace cuchi cuchi al bajar, y tú no
quieres que eso luego crezca dentro de mi vientre, y que me haga una
gran lechuga que me hará cuchi cuchi por·todas partes." Mientras
habla, repliega sus muslos y sus rodillas contra el vientre con un aire
absolutamente extasiado. Yo encadeno: ". . .que te hará cuchi cuchi
como la cola del lobo y como tu papá. Te da miedo mostrarnos, a tu
mamá y a mí, que deseas meter en tu vientre el pajarito de tu papá,
como tú crees que mamá lo ha metido para hacer un bebé." Carine
me responde: "Eso no es verdad, yo miro a Bruno todas las noches, él
todavía tiene su pajarito; te digo que lo miro todas las noches en
el baño." Después corre hacia su madre, le pone las manos sobre el

vientre y dice: "Dime, mamá, ¿eso se mueve ahí adentro? ¿Eso hace cuchi cuchi y a ti te gusta?" La madre adopta un aire muy avergonzado y dubitativo, no sabe bien qué responderle a su hija, y acaba dirigiéndose a mí: "Sabe usted, desde hace algunos días Carine se interesa mucho en el sexo de su hermano y en el suyo, y hace preguntas sobre la diferencia de los sexos." Carine regresa a mi lado, toma al bebé con gestos maternales y muy tiernos; le da de beber, le cambia, le acuesta, le canta canciones, y le habla muy afectuosamente. La madre me dice que Carine no se separa de la muñeca que le compraron antes de las vacaciones y que es verdaderamente muy tierna con ella.

A pesar del gran interés de las reacciones de la madre, y de sus propias asociaciones, empiezo a encontrar que la situación sería más sencilla si la madre no asistiera más a las sesiones. Carine debe de sentir algo parecido. Seguramente ya no desea mostrar y hacerse interpretar sus deseos edípicos ante su madre, a pesar del placer que eso le procuraba, y en función de la carga agresiva que implicaban. Esto fue lo que apareció en la siguiente sesión.

16ª sesión: Cuando voy a buscar a Carine a la sala de espera, ella le dice a su madre, poniéndole un libro infantil sobre las rodillas: "Tú te quedas aquí, descansa, yo tengo que decirle un secreto a mi amiga." La madre parece muy aliviada. Carine entra sola a mi consultorio, se pone frente a mí y me dice: "He soñado, pero esta vez era un tigre, te voy a contar mi sueño." Antes de hacerlo, empieza explicándome que el domingo fue con su padre al zoológico de Vincennes, que vio un tigre, que delante de ella le dieron de comer un gran trozo de carne, y que él la despedazó con sus garras. Ella soñó justamente que el tigre venía a desgarrarla. Me dice: "Mira, así fue, siéntate ahí en la cama, vas a ver, tú eres yo, y yo voy a ser el tigre." Entonces se pone en el extremo de la habitación y avanza hacia mí rugiendo, las garras extendidas hacia delante, y me araña el vientre. Le digo que en realidad esto es lo que ella desea hacerle al vientre de mamá, para sacar al bebé y desgarrarlo. Y teme que, para castigarla, mamá haga lo mismo con ella. Entonces, corre a la sala de espera y pregunta a su madre: "¿Sigue bien el bebé, eh, sigue bueno?" La madre le responde: "Claro que sí." Carine regresa a mi despacho: "Ya ves, mentirosa, el bebé sigue ahí, te vamos a castigar por haber mentido, te pondré grandes inyecciones que te dolerán mucho, te pegaré, te castigaré en el rincón, tú llorarás muy fuerte, es lo que te mereces." En efecto, toma un lápiz que afila muy puntiagudo, y se lanza sobre mí para picarme. Apunta a mi pecho y, de una manera muy provocativa, intenta pintarrajear sobre mi jersey, lo que debo prohibirle mostrándole que es mi vientre y mi pecho que nutre a los bebés lo que ella ataca así. "Bueno, entonces no, será en las piernas, en las manos, en los brazos", dice, uniendo la acción a la palabra. Le muestro de nuevo que esto es lo que ella quiere que le haga su madre, cuando se siente culpable por desear quitarle su bebé. Esta intervención la calma un poco, se dirige al escritorio, de donde toma una hoja de papel, y dibuja una mamá. Le pone un bebé en el vientre, luego dos bebés, y después, en una progresión incesante, llega a ponerle hasta trece bebés, diciendo: "Ya con trece es suficiente, vaya." De golpe, parece turbada por haber puesto trece bebés, y me interroga: "Pero, en realidad, mamá no irá a tener trece bebés?" Le digo que después de haber querido quitarle a su madre el bebé que tenía en el vientre, se cree obligada a devolverle muchos para compensarla. Me responde: "Bueno, yo sí quiero todavía una hermanita, no un hermanito, porque los hermanitos son demasiado fastidiosos, pero una hermanita sí que la quiero, pero una sola... tú dile a mamá que hace falta que tenga una sola, no dos, ni tres, ni cuatro, ni cinco, ni trece."

17ª sesión: Cuando voy a buscarla, Carine se muestra muy ansiosa. Pide a su madre que entre con ella en el despacho. La madre me mira para saber qué debe hacer, y como yo le hago seña de entrar como lo hacía antes, viene. En el despacho, la madre se sienta en su sillón habitual y Carine, en lugar de venir hacia la mesa como de costumbre, se queda junto a su madre. Me dice con un tono muy triste que ahora va a la escuela, que desayuna en el refectorio y que no le gusta nada de eso, y se pone a llorar. Le digo que ella cree que su mamá la hace comer en el comedor de la escuela a causa de lo que hablamos la última vez y para protegerse de Carine. Me responde que está triste porque no ve a su mamá. Después me dice: "Vamos a jugar a la escuela", pero continúa todo el tiempo en la parte de la habitación donde está el sillón en el que se sienta su madre. Continúa: "Tú eres la niñita, yo soy la maestra, y la niñita llora porque no ve llegar a su mamá." Hago cara de llorar, se acerca a mí, me acaricia afectuosamente y me consuela diciendo: "No llores, tu mamá va a venir, solamente está un poquito retrasada." Después, volviéndose hacia el centro de la pieza, dice: "Mira, ahí está tu mamá." Se dirige entonces a un personaje imaginario y lo interpela vivamente, diciendo: "Ya era hora, señora, por qué llega usted tan tarde, es usted la última." La madre interrumpe el juego de su hija: "Pero no, yo no fui la última." Carine responde volviéndose hacia su madre: "¡Oh, casi!", y luego, volviéndose hacia el personaje imaginario con el que hablaba: "Vea cómo llora su hijita, usted es una mamá mala, ¿qué es lo que estaba usted haciendo?" Adopta un tono de voz diferente para responder: "Es que tuve que hacer cola en la panadería." "Eso es muy cierto, de verdad había cola en la panadería", dice la madre dirigiéndose a mí y queriendo absolutamente justificarse por su retardo, en verdad muy real. Carine responde a su madre: "¡Con que hubieras salido antes!", y luego, volviendo a tomar esta vez su papel de maestra, le dice: "O hubiera podido comprar el pan al regreso, señora", y con un tono muy soñador: "Y también hubiera usted podido comprar pastillas de chocolate para su hijita!" Vuelve a adoptar el tono gruñón: "Merece usted que la metamos en la cárcel, señora." Se vuelve hacia mí: "Oh, eso no, porque entonces la niñita se quedaría sin mamá del todo." Carine continúa jugando, tomando alternativamente los papeles de la madre y de la maestra: "Le prometo, señora, que ahora seré muy cuidadosa, seré puntual. ¿Cuándo debo recoger a mi hija?" "Usted le hace un ro ro, luego otro ro ro [es su manera de contar los días], y después usted la recoge. Así que seguimos, es el día siguiente... hiciste un ro ro, luego otro ro ro, y de nuevo estás en clase... la mamá se ha vuelto a retrasar, pero esta vez porque viene con el papá, y hace falta mucho tiempo para preparar el auto." Nueva interrupción de la madre: "Pero, Carine, jamás te he ido a buscar con tu padre." Carine no hace caso de lo que dice su madre y continúa: "Vamos, tú lloras porque no ves llegar a tu mamá, ¡vamos, llora, llora fuerte!" Comenta: "Primero lloras porque crees que tu mamá ha tenido un accidente y que la ha atropellado un auto...". Yo encadeno: "Sí, para castigarla por estar con papá." En este momento, ella descubre en mi librero una estatuilla que representa a Buda, y que tiene la boca abierta en una gran sonrisa: "¡Oh, la bruja mala!" y quiere coger la estatuilla para romperla. Pero yo digo firmemente: "No", y añado que "ella querría romper esta estatua como a su madre o a mí, para que no vayamos más con nuestro marido y que ya no tengamos bebé". Como de todos modos la toma en sus manos, se la quito y la pongo fuera de su alcance. Este acto de autoridad la deja estupefacta, se queda mirándome unos segundos y le dice a su madre: "Pero mira qué hace la señora del lápiz", y dirigiéndose a mí: "¿Es para que no la rompa, eh?", y hablando en tercera persona: "Y si Carine tiene ganas de romperla, entonces ¿no puede?" Luego, tras un momento de reflexión: "Ah, entonces Carine ya no tiene ganas de romperla", y dirigiéndose a su madre: "¿Mamá, así hay que hacer con Bruno, ¿por qué no lo haces así?" La madre responde, ante mi gran asombro: "Pues porque creo que me gusta demasiado dejarme martirizar por ustedes."

Al final de la sesión, la madre siente la necesidad de preguntarme mi opinión sobre la oportunidad de dejar a su hija en el comedor de la escuela. Le pregunto si no cree que la escuela y el comedor constituyen para Carine dos pruebas difíciles de sobrepasar de una sola vez. Después la madre añade que Carine, cada vez que sale para ir

a la escuela, le pide que no haga nada, que se quede sentada en un
sillón que ella le indica, y que no piense más que en ella. La sigo
sintiendo pronta a tomar conciencia de su ambivalencia y de su culpabilidad respecto a su hija que, como acabamos de ver, sabe apro-
vechar su presencia para mostrarle lo que tiene en su corazón.

18ª sesión: Carine quiere entrar sola y dice nuevamente: "Tengo
que decirle un secreto a mi amiga." Ya en el despacho, prosigue: "He
tenido otro sueño: yo jugaba a la pelota, una gran pelota verde
enorme, no una pelota como con la que jugué con papá en la playa,
tú sabes, esa que es de todos colores, sino una grande, una gran pelota
verde, enorme; yo le daba puntapiés y quería ver cómo sería cuando
reventara... papá ya me había dicho que no pateara demasiado
fuerte la pelota en la playa, porque podía reventarla. Luego, puf,
sale volando, sabes, la pelota verde, no la pelota de la playa, vuela
por el aire, tú sabes cómo hacen los globos que regalan en las zapate-
rías —mamá me compró unas botitas para el invierno, para ir a la
escuela cuando nieve— la pelota se va, luego vuelve a caer sobre mi
nariz y yo estoy muerta; me desperté, grité, no estaba muerta."
Yo le digo: "No, pero tú quisiste castigarte por el deseo de romper
el gran globo de tu mamá y que muriera el bebé." (La madre lleva
un vestido de maternidad con dibujo escocés verde y negro, y durante
las sesiones yo usé a menudo un vestido verde.) Me responde: "Oh,
sabes, estoy cansada de Bruno, y además ya no tengo ganas de que
nazca el bebé porque mamá me ha dicho que me volverá a hacer
comer en el comedor de la escuela cuando llegue el bebé; ella ya no
podrá venirme a buscar al mediodía porque tendrá que ocuparse del
bebé." Carine pasa la última parte de la sesión ocupándose de la muñeca, cambiándola, cortando tiras de papel para hacerle pañales; le
da de comer, la acuesta en la cuna, la cubre, le pone el camisón.
Le demuestra cuánta necesidad tiene de cuidar bien al bebé después de haber deseado matarlo. Al irse, guarda al bebé en el cajón
de los juguetes, cosa que nunca había hecho.

19ª sesión: Carine entra sola en mi despacho y me dice que va a
dibujar un sueño. "Había una buena mujer con una gran nariz, y un
buen hombre que también tenía una gran nariz." Comienza a dibujar
y, mientras lo hace, me cuenta que su padre le leyó una historia
sobre la manera como se saludan todos los niños del mundo; en un
lejano país, lo hacen frotándose la nariz. Regresando a su sueño, prosigue: "La mujercita y el hombrecito se frotan la nariz, pero hay una
gran bruja mala, con dientes muy grandes, que llega y les dice que
eso no está bien, y que para castigarlos va a cortarle la nariz a la
mujercita, tú entiendes, no al hombrecito, porque de todos modos
él es más grande que la bruja. Pero llega entonces otra bruja toda-

vía más mala, que tiene una gran jeringuilla para poner inyecciones, y además unas tijeras enormes. Primero ella ataca a la mujercita, y luego a la primera bruja... pero esta segunda bruja mala corta también los brazos y las piernas", y Carine corta los brazos y las piernas de la mujercita y, cada vez más y más excitada, acaba por cortar en pequeños pedazos a las dos brujas, y por arrancarles los dientes. Entonces intervengo: "Tú haces eso para castigarte por querer a tu papá, y por desear tener un pajarito para gustarle. También crees que es por eso por lo que yo te lo he quitado." Mientras me escucha, Carine se frota activamente los muslos uno contra otro, manejo que ya había comenzado durante la crisis de excitación durante la cual había cortado en pedazos a sus personajes. Bruscamente me declara que tiene ganas de hacer pipí. Va sola y regresa diciendo: "Son bonitos los pajaritos, me gustan mucho los pajaritos; voy a dibujar una 'mu mu'." Pero lo que ella dibuja se parece bien poco a una vaca. Más bien sería un personaje humano. Añade un trazo vertical, mitad entre las piernas, mitad sobre el vientre. A mi pregunta, responde, con un tono escandalizado por mi ignorancia: "Pero si esto es una alcancía", y ante mi aire inseguro, me explica: "Bueno, y qué ¿nunca has visto una alcancía? Tú sabes, la pequeña abertura por donde se meten monedas, y las señoras tienen una alcancía por donde los papás les meten a los bebés en el vientre." Termina su dibujo poniendo tres bebés en el vientre del personaje.

20ª sesión: En el pasillo, Carine me dice que tiene ganas de hacer caca y que no hace falta que yo la acompañe al baño ya que ella sabe quitarse los calzones sola. Por lo tanto voy a esperarla a mi despacho, y cuando regresa, sentándose cerca de mí, me dice que ha hecho una caca muy grande, que ha utilizado un pedazo muy grande de mi papel y que le gusta mucho porque es suave y de color rosa. Después me pregunta si yo también me limpio el trasero y qué cantidad de papel empleo; abre los brazos, como para medir la longitud del papel, con un aire interrogativo, y apenas ha terminado de hacer sus gestos cuando me lanza: "Mierda, mierda, mierda." Como yo no respondo, ante mi silencio, corre a la sala de espera y le dice a su madre: "Ven a ver, ya te lo había dicho, mi amiga no me dice nada cuando yo digo mierda." Escucho a la madre responder: "Sí, te creo, ya hace muchos días que repites eso." Carine regresa y me vuelve a decir, provocadora: "Mierda", repetidas veces y añade: "Pero ¿por qué no me dices nada?" Intervengo: "Pienso que me dices eso para mostrarme todo lo que tienes dentro de tu vientre, porque tienes mucho miedo de que yo tenga una caca más grande que la tuya." Ella da un golpe con el pie en el suelo: "Quiero ser la más fuerte." Y prosigue: "¿Sabes?, tuve un sueño. Soñé con un mono. Lo vi en

el zoológico." Le pregunto: "¿Qué hacía el mono?" Se pasea por la
pieza relatando: "Se paseaba así." Alza su falda por detrás mostrando
su calzón. Añade: "Tienen traseros muy bonitos, todos rosados, ¿eh?
No es malo un mono. Vamos a jugar al papá y la mamá. Tú eres el
papá, yo soy la mamá, es la hora de cenar y de acostar a los niños."
Tomando el papel de la madre, me dice con una voz muy amable
y muy dulce: "¿Quieres tú acostar al pequeño, por favor?, yo tengo
todavía que poner la mesa, y que hacer una mayonesa para la carne
fría... sobre todo, no olvides cambiarle los pañales." Yo obedezco
las órdenes, ella me da trozos de papel para hacer los pañales y me
vigila con el rabillo del ojo. De repente, me quita al bebé de las
manos: "¿No estás viendo que se ensucia, hay que secarle el trasero
y ponerle luego crema y talco." Me lanza: "Ese no es el trabajo de
papá." Intervengo: "Dices eso no porque crees que no me gustaría
el placer que te daría que papá te limpiara el trasero." Me responde;
"Oh, sabes, cuando Bruno hace caca en su calzón, entonces papá
va a buscar a mamá y le dice: "¡Ten, cambia a tu hijo! Oh, algunas
veces él también lo hace, cuando mamá ha salido de compras y papá
nos cuida." Soñadora, añade: "Verdaderamente Bruno no es nada
limpio." Inclina la cabeza y continúa: "Yo todavía me hago pipí
en la cama. Mamá me pone un gran pedazo de algodón y después
los pañales." Yo prosigo: "Y así tú puedes permitirte que papá te dé
palmaditas en las nalgas para acostarte."

Terminada la sesión, la acompaño a la sala de espera. Con sorpresa, la escucho declarar a su madre: "Mamá, la señora del lápiz
permite que no me ponga más pañales, ya no usaré más pijamas,
y... tú me comprarás un camisón como el de Pimprenelle."[2]

21ª sesión: Carine se sienta ante la mesa y me pregunta: "¿Tú
sabes hacer barcos? Mira, te voy a enseñar." Hace un mar con olas
y un barco de vela con un gran señor encima, dice ella, después un
niño pequeño al lado. Se ríe mientras dibuja: "Con un pajarito, son
bonitos los pajaritos, me gustan. Pero las niñas, ellas tienen alcancía,
y además el niño puede hacer un barco con el papá." Intervengo:
"Tú crees que si tú fueras un niño con pajarito podrías quedarte con
tu papá." Me responde: "Oh, tú sabes, papá me quiere mucho."
Y continúa: "Vaya, me olvidé de hacer los 'nombligos'." No comprendo
en seguida y Carine repite: "los nombligos", al tiempo que dibuja un
círculo en medio del vientre, y yo observo: "¡Ah, los ombligos!",
pero Carine replica: "No se dice un ombligo, los nombligos... ¡te
hace falta ir a la escuela para aprender a ligar las palabras!" Abandona su dibujo y toma un libro que encontró en la sala de espera

---

[2] Joven heroína de un programa de televisión para niños.

y que trajo al despacho. Me explica que le pidió a su madre que le contara esa historia mientras me esperaba. Se trata de la *Historia de Ana-Catalina*. Me la cuenta toda mostrándome las ilustraciones: "Ana no quiere levantarse, quiere ponerse su vestido nuevo, hace una rabieta, llora, papá dice: estás enferma, vete rápido a la cama hasta que estés curada." Luego deja ese libro, hojea otro que dice que es un libro para muchachos. Se trata del relato de dos jóvenes exploradores. Volviendo las páginas, ve una serpiente y un león y observa: "Suerte que es un libro, no pueden moverse, si no, yo tendría miedo." Después se pasea por el cuarto y sobre un estante de la biblioteca encuentra un objeto nuevo que nunca había visto; es una muñeca delgada como un alambre, vestida de fieltro. La desviste y me dice: "Tú serás el papá." Ella es quien se ocupa de la hija, le da de comer así como al otro bebé que declara es el hermanito, lo acuesta, pero al cabo de un momento el bebé grita y despierta a la hermana mayor. Entonces, ella va junto al bebé y le dice: "Espera, voy a buscar a papá para que te regañe", luego cambia de opinión, lo toma en sus brazos, lo mima, y dice: "Oh, tú vas a venir a dormir a mi cuarto, porque asustas a tu hermana mayor cuando la despiertas así"; después me dice: "Vete entonces a dormir con tu hija." Yo le digo que así, cuando ella hace el papel de la mamá, se siente demasiado culpable para quedarse junto al papá. Me responde: "Bueno, para qué tuviste niños si no te querías ocupar de ellos." Se queda en el rincón junto con el niño, y alterna regaños con mimos. Después se va, sacándome la lengua.

22ª sesión: Carine viene con muchos libritos bajo el brazo, libritos que ha tomado de la sala de espera. Los pone sobre el escritorio, abre uno: es la *Historia de Ana-Catalina,* me la cuenta de nuevo, señalando las imágenes con el dedo: "Ana no quiere levantarse, quiere ponerse su bonito vestido nuevo ahora mismo. Mamá dice que no, que tiene que lavarse, que desayune, que se ponga sus pantuflas y su bata. Entonces Ana patalea, se revuelca sobre la cama, llora y dice que no. Papá llega y dice: pero tú estás enferma, Ana, para hacer estas escenas, hay que ir a la cama; cierra las cortinas. Ana se cura pronto, llama a papá, papá viene, ella se levanta, se pone su bata, desayuna, se lava los dientes y para terminar se pone su lindo vestido nuevo. Pero el vestido es muy corto, se le asoma el fondo, papá está muy triste, le molesta, pero mamá descose el dobladillo, plancha el vestido y Ana está muy elegante para cuando llegan los primos." Cuenta tres veces esta historia, con muy pocas modificaciones. Durante el relato, su rostro muestra tics nuevamente (éstos habían desaparecido desde el principio del tratamiento). Me dice que esta historia le gusta mucho, porque Ana-Catalina es una niña como ella, y sus nombres se parecen mucho. Después toma una hoja de papel y quiere dibujar... se da cuenta entonces de que no tiene el "libro para muchachos" que había mirado la última vez y sobre el cual había apoyado la hoja de papel. Va a buscarlo a la sala de espera. Regresa y dibuja un gran bebé, diciendo: "Ocupa toda la página, nunca has visto un bebé tan grande como éste." Le hace unos brazos que llegan justamente hasta los bordes del papel, lo sobrepasa y se pone a dibujar sobre mi escritorio. Me mira. Yo intervengo: "Ella se siente tan culpable de su deseo de tener un bebé más grande que el mío o el de mamá, que busca que yo la castigue." Como se dispone a hacer el otro brazo, le digo con un tono firme: "No, Carine, tú sabes que no se pinta en las mesas." Se detiene, pero dice: "¡Mierda, mierda, mierda!" Después toma otra hoja y dibuja un personaje obviamente femenino. Me pregunta: "¿Qué es esto?" Le digo: "Sí, ¿qué es? dímelo." Pero ella continúa preguntándome: "No, dílo tú." "Bueno, es una señora." Me responde: "Pues no, es un señor, es que no ves su pajarito", y mientras habla dibuja un trazo vertical entre las piernas: "Es papá, él también tiene un bebé en el vientre mi papá." Dibuja un bebé en el vientre de este personaje, me mira: "Mamá es un señor, ella también tiene un pajarito." Está junto a mí, coge el lápiz y me pica violentamente en la mano. No me lo esperaba y no me protegí lo bastante rápidamente; me arranca un pedacito de piel y brota un poco de sangre; ella dice mientras me ataca: "Mala señora-lápiz." Intervengo: "Yo soy mala como su mamá, porque ella piensa que yo no le permito tener un pajarito, ni un bebé grande." Viene muy cerca de mí y me dice en voz baja: "¿Quieres que te diga un gran secreto? Pues mira, ¡yo tengo mucha caca en el vientre y tú también! Voy a ver a mamá." Va a ver a su madre y me llama desde la sala de espera: "¡Ven a ver, señora-lápiz!" Cuando llego a la sala de espera, me interpela: "¿Quieres que te dé una noticia? Pues ya no me hago pipí en la cama." Su madre me confirma la novedad y me dice que es su padre quien la levanta una vez cada noche; es pues ocasión para algunos momentos de ternura entre Carine y su padre, que la acaricia para que se vuelva a dormir pronto. Regresa conmigo al despacho y durante un rato juega al caballo corriendo por el cuarto, luego quiere que juguemos al papá y la mamá: "Es de noche, vamos a dormir, tú vas a esperarme en la cama, yo soy la mamá." Yo me siento en el diván. Se apoya tiernamente sobre mí, se recuesta y pone su cabeza sobre mis rodillas, se queda algunos segundos en esta posición, pero en seguida, diciendo que ha oído llorar al bebé, va a buscarlo a la mesa: "Oh, está mojado, tengo que cambiarle los pañales" y, hablándole al bebé, le dice: "Anda, cochino, ya estoy cansada de ocuparme de ti, ¿no puedes dejarme dormir?" Cambia los pañales del bebé y apenas ha terminado cuando comienza de nuevo: "Oh, te has vuelto a ensuciar", desata los pañales: "¡Ah, no, yo creía!" Regresa a mi lado y se recuesta unos instantes, la cabeza sobre mis rodillas, luego se levanta: "Oh, no puedo dormir, voy a buscar unos libros." Va a mi librero, coge dos libros, los hojea y entonces le digo: "Pero, ¿por qué no puedes quedarte tranquila a mi lado?" Se vuelve hacia mí: "Pues es que... porque no quiero que me des lata." "¿Cómo?" Ella duda un momento: "Con tu... con tu gran caca." Yo interpreto: "Tú crees que yo no te permito que desees el gran pajarito-caca de papá, así que prefieres decirme que tienes miedo de que él te dé lata." Me responde: "Oh, es cierto, pero, sabes, papá y mamá solamente se hacen caricias." Se aproxima, se recuesta sobre el diván y me acaricia la mejilla, diciendo: "Me gusta, está muy suave."

23ª sesión: Encuentro a Carine en la sala de espera, sentada en el suelo delante de un sillón, lloriqueando. Patalea y me dice inmediatamente que no quiere venir conmigo y que quiere subirse al tiovivo. Su madre me explica que, en el bulevar, a la salida del metro, han instalado un tiovivo; Carine deseaba dar una vuelta, pero su madre no quiso porque estaban retrasadas. En cambio, le prometió ir a la salida. Pero Carine sigue pataleando, diciendo que quiere ir ahora mismo.

Yo espero tranquilamente; después de algunos instantes, Carine se levanta y arrastrando los pies va hasta el despacho, adonde yo la sigo. Apenas entra, se sienta otra vez en el piso, cerca del librero, y me advierte, en un tono encolerizado, que hoy no me dirá nada. Intento aproximarme a ella para hablarle, pero ella gira sobre sus asentaderas, y me lanza un puntapié al tiempo de darme la espalda. Al hacer este movimiento golpea con su brazo la llave de uno de los cajones que hay bajo el librero y empieza a gritar redoblando su llanto; en medio de sus sollozos distingo esta frase: "Te está bien merecido, por haber sido tan mala." Abro la boca para decirle que esas palabras son en realidad las que le dice su madre cuando ella se porta mal, pero se cubre las orejas con las manos y grita: "Cállate, hoy no te voy a escuchar." Así que decido sentarme en mi lugar de costumbre y esperar. Carine termina por calmarse, sorbe, viene a mi lado y me anuncia que va a ir a pedirle un pañuelo a su madre para secar sus lágrimas. Sale y regresa en seguida trayendo un pañuelo en una mano y un lápiz de labios en la otra. Comienza por secarse la cara con el pañuelo, luego se pinta los labios y después toda la cara, gritando: "Mira cómo soy una señora guapa, más que tú." Muy excitada, quiere pintar sobre las paredes de mi despacho y sobre la tapicería de mis sillones, sin dejar de gritar: "Mierda, mierda", sin parar. Comienzo por hacerle notar que, como la última vez, para tranquilizarse, quiere mostrarme que tiene un pajarito más grande que el mío y que así le gusta más a su padre. Y quitándole el lápiz de labios para evitar más daños, añado "que al mismo tiempo ella se siente tan culpable por este deseo que hace todo lo posible para que yo la castigue y le impida realizarlo". Pongo el lápiz de labios en una repisa del librero y recibo algunos violentos puntapiés en las piernas. Luego Carine se calma y va a acostarse en mi diván, se mete el pulgar en la boca y me advierte: "Déjame, estoy descansando." Se queda así hasta el final de la sesión. Cuando le advierto que es hora de irse, se levanta y me dice: "No le digas a mamá que hice esa rabieta"; después, muy ansiosa, continúa: "No puedo salir así, parezco un payaso, se van a reír de mí. ¡No quiero que mamá me vea esta cara!" Dudo si darle una explicación, pero prefiero llamar a la muchacha que abre la puerta para que vaya a buscar una toalla y lave a Carine. Terminado esto, Carine sale, aparentemente muy aliviada.

24ª sesión: Carine viene sin dificultad, aparentemente muy descansada, se sienta ante la mesa y me anuncia que va a hacer un dibujo; después de reflexionar un poco, decide hacer un automóvil. Mientras dibuja, me dice que ayer estuvo muy triste en clase y que hizo un garrapato. Le pregunto por qué estaba triste, y me responde: "Porque a la maestra no le gusta cómo dibujo, no le gusta que ponga muchos colores; yo creo que así es más alegre", y añade: "Pero a tí si te gusta cómo dibujo, ¿verdad?" Luego comienza a colorear su auto diciendo: "¿Por qué no voy a hacer la portezuela verde y el techo amarillo y rayas blancas y negras en el motor, si así es más alegre?" El auto terminado tiene realmente un aspecto bastante chistoso. Quiere ir a mostrárselo a su madre y me pide que la acompañe. A la pregunta de si su madre encuentra bonito su auto, ésta responde con aire poco convencido: "Sí." Carine pregunta: "¿A lo mejor encuentras que tiene demasiados colores?" Su madre le responde que, en efecto, puede ser que sí, tiene demasiados colores. Carine regresa conmigo al despacho y me pregunta por qué siempre hay que pintar las cosas como uno las ve y no como uno tiene ganas. Su maestra le dice siempre: "Pero, Carine, cosas así no se ven nunca." Intervengo: "Y no haciendo las cosas como tú las ves lo que quieres negar es que eres una niña que no tiene pajarito, y por el momento, tampoco bebé." Responde: "¿Ah, crees tú?", después mira alrededor de la pieza y ve sobre el diván una pintura abstracta. Brinca sobre el diván, señala el cuadro con el dedo y dice: "Pero qué es esto, qué es esta cosa, tiene muchos colores, eh, ya ves." Lo examina por todos lados: "Puede ser que sea un barco en el mar, y hay una niñita que tenía miedo de gustarle a su papá que ha dibujado eso", desciende del diván y ve sobre el librero una pequeña litografía de Picasso representando una cabra. Carine se dirige hacia este dibujo, lo mira y dice: "Bueno, eso sí lo reconozco, es una cabra, entonces ella, ella quería gustarle a su papá... ¿eh? ves, ella le ha puesto hasta cuernos y también una barbita." Regresa junto a la mesa y anuncia: "Yo, voy a hacer unas flores." Observa las flores que hay en un florero y se aplica mucho para copiarlas, eligiendo sus lápices de los mismos colores que ellas; está muy satisfecha con su trabajo. Añade algunas flores de color distinto a las que hay en el vaso, diciendo: "Estas son mis flores, un regalo para ti." Luego, unas cuantas flores de otro color: "Un regalo para mamá." Va a mostrarle el dibujo a su madre, regresa a mi despacho y pone su dibujo junto a la litografía de Picasso pidiéndome que lo deje ahí.

25ª sesión: Carine y su madre han llegado a esta sesión mucho antes de la hora; cuando voy a buscarla a la sala de espera, su madre está leyéndole un cuento. Carine la deja inmediatamente para venir conmigo y me dice: "Hoy he esperado mucho tiempo." Entra en el despacho, toma una hoja de papel y me anuncia que va a dibujar una casa. Comienza bien, pero los muros no se encuentran en la parte inferior, está descontenta y garrapatea la hoja. Toma otra y dibuja un caracol que saca los cuernos y que se pasea sobre la rama de un árbol, luego deja el lápiz y me dice dándose palmadas en el vientre: "Tengo hambre, tengo prisa por comer mi merienda." Se pone entonces a fantasear con un aire de autenticidad y de sinceridad que casi me desarma: "Hoy he venido sola, papá me trajo; papá me espera abajo, ha ido a comprar mi merienda. Mi mamá no está; ella ha muerto"; luego, recobrándose de golpe, me dice: "No, ella está en casa, está enferma, ha vomitado, ha venido el médico y ha sacado de su vientre un hermanito, se llama Yannick." Inmediatamente después vuelve a tomar el lápiz y una hoja de papel: "Te voy a dibujar un barco, un barco de verdad, no como aquél —dice mostrando la pintura abstracta que está encima de mi diván—; un barco con un mástil y con velas, y una bandera." Se aplica mucho haciendo este barco y está muy atenta a lo que hace. Lo colorea y luego dice: "Y el barco, claro, está en el agua, hay olas muy grandes" y, muy contenta, añade: "el barco va a bailar", después bruscamente angustiada: "pero el mar se vuelve malo, hará pluf, se morirá". De pronto se vuelve hacia mí, me llama idiota, y con un gesto extraordinariamente rápido me lanza un vigoroso puñetazo a la nariz, con su mano libre, y con la otra, armada con el lápiz, me rasguña el párpado superior. Los ojos se me llenan de lágrimas, ella ve que me ha hecho daño y me pregunta muy ansiosa: "¿Estás muy enfadada?" Le respondo:

"Después de imaginar a tu madre muerta, y haber querido gustarle a tu papá y quedarte sola con él, te has sentido muy culpable, y has creído que tu madre se iba a vengar de ti haciéndote morir a su vez. Por eso has querido hacerme daño." Me escucha muy atentamente; cuando termino, lanza un enorme suspiro, se relaja físicamente y dice: "Ah, yo ya sabía que tú nunca te enojas verdaderamente." Luego, con una vez muy dulce, muy maternal: "Si tú quieres, te voy a contar un cuento." Toma un libro y lo abre: "Mira, son dos niños, suben en un avión, van a ir adonde los indios", y, hojeándolo, al ver a un hombre con cara de pocos amigos: "van a buscar al señor malo y al indio malo". Se inclina sobre mí para mostrarme el libro mejor, pero como está de rodillas sobre la silla (posición que le es habitual), comienza a darle a ésta un movimiento de balanceo y se cae de bruces sobre mi mesa, golpeándose un brazo un poco violentamente contra el borde. Se levanta interpelándome vivamente: "Mala, ahora vas a ver... voy a decírselo a mamá." Corre hacia la sala de espera y, como no regresa, la voy a buscar. La encuentro junto a su madre, frotándose el brazo. Se vuelve hacia aquélla y le dice: "¡Hoy no tengo muchas ganas de ver a mi amiga!" La madre responde: "Oh, pero si tenías tanta prisa porque viniéramos y no haces más que hablar de ella en la casa." Espero tranquilamente algunos instantes y, como Carine no se mueve, le digo solamente que ella tiene miedo de sus deseos de hacerme daño y que yo le haga daño a ella. Sostengo un pañuelo sobre mi ojo, que sigue lagrimeando y que se está hinchando. La madre observa: "Oh, ¡qué acatarrada está usted hoy!" Carine se vuelve hacia su madre: "¿No es verdad, mamá, que fuimos el domingo al campo con papá, y entramos en una casita y había un gran pastel?" La madre está estupefacta: "Pero no, no recuerdo nada de eso." "Pues sí, trata de recordar, yo me acuerdo bien." Y añade: "Papá va a venir de comprar mi merienda, ¿verdad?, yo voy con mi amiga a dibujar el bosque del domingo y la casita." Regresa conmigo al despacho y se pone a dibujar árboles. De pronto se interrumpe y me pregunta: "Pero, dime, por qué no le has dicho a mamá que primero pensé hacerle daño a ella antes que a ti." Viene junto a mí y dice muy bajo: "¿Es nuestro secreto, eh?" Termina la sesión jugando a las escondidillas, ocultándose detrás del sillón entre las cortinas dobles.

26ª sesión: Hoy Carine viene acompañada por su padre. Están retrasados; la madre me telefoneó para avisarme que su marido debía llevar a su hija a una visita al Seguro Social, y no sabía si se prolongaría. Ella no viene porque está agripada. El padre se disculpa, pero le digo que su mujer me telefoneó y que yo estaba prevenida. En la sala de espera, Carine me dice: "Yo voy a hacer un ro ro, luego otro ro ro, y luego iré al circo con mis primos." Pone a su padre de testigo diciendo: "¿No es verdad, papá, que voy a ir al circo con mis primos?" Él afirma, y ella le dice: "Ahora voy a dibujarle los payasos a mi amiga." Viene al despacho y dibuja un payaso: "Con un gorrito puntiagudo... su cara y su traje de todos colores, sus pantalones anchos y sus pies grandotes como patas de pato." El dibujo es notable, muy expresivo. Mientras dibuja, me anuncia que ha venido con su padre porque mamá está enferma: "Después me paseé con papá quién sabe cuántas horas, esperamos mucho tiempo para una visita, y mientras esperábamos, papá me contó cuentos. Mamá tiene gripe." Adopta un tono muy serio para añadir: "Verdaderamente es una cosa buena." Yo continúo: "...que mamá tenga gripe y que tú pases la tarde sola con papá". Absolutamente serena, me responde: "Oh, sí, de veras", luego, muy mujer de mundo, cruzando las piernas: "Pero, no, vaya... ¿qué estaba yo diciendo? que mamá te telefoneó para decirte que yo llegaría retrasada, ¡eso es mucho más educado!" Sigue contándome que su maestra acaba de tener un bebé, varón, tiene tres meses. Se llama Yannick. En la escuela, ha recibido su regalo de Navidad, es un juego de vajilla, acaba de cumplir cuatro años: "En casa pedí una guitarra, para rasguear, así... ¡tú no tienes una vajilla de juguete porque eres demasiado grande!" Pero de pronto le asaltan los escrúpulos y me pregunta: "¿Pero a los cuatro años, podré todavía jugar a las comiditas? Oh, sí... puede ser." Continúa: "Para Navidad, en la casa también he pedido un pizarrón porque ahora ya va a ser seria la cosa, yo soy la primera de la clase... ¿y si jugáramos al papá y la mamá? Tú eres el papá." Toma al bebé que está desnudo, le olfatea el trasero y observa: "¡Oh, qué bien huele! le dí un buen baño y lo friccioné bien con agua de colonia", luego, de repente: "Pero este bebé tiene que hacer caca." Lo pone sobre el orinal y dice: "Oh, se ha ensuciado todo"; lo arroja al suelo: "Ya no quiero volverlo a ver, la caca huele demasiado mal"; y añade: "...pero va a venir uno nuevo, mira, ¡de tu vientre!", y hace el ademán de arrancar algo de mi vientre diciendo: "a éste me lo como". En seguida prosigue: "Tu eres un indio, me matas con una flecha", y se tiende en el diván con las piernas levantadas, cierra los ojos y repite lo mismo dos o tres veces, luego dice: "No, yo voy a ser el indio", y galopa en su caballo alrededor del despacho lanzándome flechas en forma de lápices. Se dirige a mí: "Tú eres una niñita, estás enferma, te duele el vientre porque has sido mala, hay que ponerte inyecciones." Comienza por ponerme una inyección, siempre con el lápiz, después cambia y me dice, muy mimosa: "Pobrecita querida, tienes una gran espina en ese dedo, te va a hacer pupa, ¡hay que sacar esta espina fea! ...pero, ya sabes, para sacar

la espina fea hay que clavar una agujita, seguro, te va a doler, te va
a doler un poquito, tesorito mío, pobrecita." Acumula palabras ama-
bles mientras finge operar mi dedo con un lápiz, apoyándolo bastante
fuerte para dejar el rastro de un hoyito, luego añade: "Pero ahora
vas a sanar", y simula sacarme la espina.

   27ª sesión: Al entrar a la sala de espera, veo sentados al padre,
la madre y Carine. Me impresiona mucho el aspecto de la madre,
que se ve extremadamente fatigada, pálida y abotagada. Ellos dos no
me dicen absolutamente nada y Carine me conduce inmediatamente
al despacho. En seguida organiza un juego, yo soy una señora enferma
que llama al doctor para que la cure, y ella es el doctor. Me hace
sentar en el diván y dice: "Tú estás enferma y tienes que telefonear
para que venga el doctor, tienes anginas." Se va al otro extremo de
la pieza y aguarda... yo telefoneo: "Comuníqueme con el doctor."
Ella responde desde la otra esquina: "Sí, señora, voy en seguida,
pero no hay que curarla con píldoras de las que se tragan con agua,
ni con un jarabe, sino que la vamos a curar con inyecciones." Se
acerca a mí, al pasar junto al escritorio toma un lápiz del cajón para
inyectarme con él, y me suelta un largo discurso para explicarme que
eso duele, pero que al mismo tiempo me hace bien, luego busca la
marca que hizo en mi dedo cuando me retiró la espina la última vez,
apoya el lápiz en mi mano y quiere ver la marca que deja, y me
vuelve a picar con la punta; demuestra un vivo placer mientras pone
inyecciones. Termino por decirle que, cuando juega al doctor y a
ponerme inyecciones, intenta hacerme daño como ella cree que papá
le hace daño a mamá cuando están en la cama y él mete un
bebé en el vientre de mamá. Entonces me responde: "Pero nosotros
vamos a hacer salir a este malvado papá de amor." Va al centro de
la habitación, simula echar a alguien a empujones y dice: "Yo soy la
enfermera, no, yo soy el doctor, no venga a molestar a su esposa,
señor, usted le ha hecho ya un bebé con sus malvadas inyecciones, y
ahora es necesario que yo saque al bebé." Se aproxima a mí, toma al
bebé, lo mete bajo mi suéter y dice: "Bueno, ahora tú estás en
la clínica, yo soy el doctor y vengo para sacar al bebé." Me acaricia la
mejilla: "No tenga miedo, querida señora, va usted a ver, esto no
hace nada de daño y luego usted estará tan contenta cuando tenga
su precioso bebé, pero de todos modos hace falta que le ponga una
inyeccioncita, y que le ponga un poco de talco." Me pone una inyección, finge espolvorearme el vientre con talco, luego saca al bebé
de debajo de mi suéter y observa: "Mire, señora, qué muchachito tan
lindo tiene usted, se va a llamar Yannick." Vuelve a empezar una vez
más y me dice: "Ahora yo soy la señora." Coloca al bebé bajo su
propio suéter, lo acaricia por encima de éste y dice: "¡Oh, todavía

no es el momento de que salga!" Lo acaricia durante algún tiempo, luego termina por sacarlo y exclama (es ella quien lo saca de debajo de su suéter, yo no intervengo) : "Oh, mi bebito lindo, es un muchachito, se va a llamar Yannick"; repite este juego dos veces y, como ya es hora de terminar la sesión, acompaño a Carine a la sala de espera para entregarla a sus padres, y el padre me dice que tiene que hablarme en privado. Voy con él a mi despacho y me dice: "¿Supongo que Carine le ha dicho el gran progreso que hizo esta semana?" Permanezco silenciosa y él prosigue: "Mi mujer se siente muy mal, y el sábado yo no podía ocuparme de Carine, así que la llevé a casa de su tía, allí jugó con sus dos primos, Marc y Eric, y por la noche quiso quedarse a dormir con ellos; su tía nos telefoneó para decir que quería que se quedara con ella, que se había portado muy bien. Así que por primera vez Carine ha dormido fuera de casa, y todo resultó muy bien, no estuvo inquieta para nada, durmió muy bien, no se hizo pipí en la cama y se quedó allá todo el domingo." El padre añade luego que su mujer ha tenido gripe y anginas, que tiene una tasa de albúmina muy elevada y que el médico de cabecera y el ginecólogo están de acuerdo en provocar el parto al día siguiente para evitar accidentes (le faltan tres semanas para la fecha prevista para el parto). Me pregunta si Carine podría quedarse a dormir una noche más en casa de su tía, tomando en cuenta la experiencia tenida el pasado fin de semana y que, además, no hay nada previsto para este nacimiento prematuro. Respondo que si Carine lo desea no hay absolutamente ninguna contraindicación, sino todo lo contrario, ya que siento a la familia demasiado ansiosa por estos sucesos inesperados. En este momento, Carine aparece en mi despacho y dice: "Oh, me olvidé de decirte una cosa, que me quedé a dormir en casa de Marc y Eric, me divertí mucho", y le pregunta a su padre: "¿Iré otra vez a dormir con mis primos?" Su padre le responde: "Seguro, si tú quieres irás a dormir con tus primos otra vez." Y la madre que entra detrás de Carine me dice: "Hasta la vista... seguramente la veré dentro de tres semanas." Después de que se van descubro, al ordenar el despacho, que Carine se ha llevado al bebé.

28ª sesión: Cuando voy a buscar a Carine, lo primero que me anuncia es que tiene una hermanita. Me arrastra inmediatamente y me dice: "Te voy a contar...", pero ya en el despacho duda: "Ya no me acuerdo del nombre de mi hermana, ¿cómo es? ¿Es Nadège? ¿Laurence? No. Oh, ya no me acuerdo, tengo que ir a preguntarle a papá." Corre a la sala de espera y pregunta: "Cómo se llama mi hermana?" Oigo al padre responder: "Pero ¡cómo es posible, Carine, que ya no te acuerdes!, ya van muchas veces que se te olvida, con la buena memoria que tú tienes; se llama Marie." Carine regresa triunfante: "Se llama Marie, Marie...", y añade su apellido, "así, así es", y, pensativa, me pregunta: "Pero, ¿por qué nunca me puedo acordar del nombre de esta hermana?" Le respondo: "Puede ser porque realmente tú desearías que no hubiera nacido, ni que fuera una niña; así ahora hay una mujer más a la que papá va a querer." Se ríe, se encoge de hombros y dice: "Pero no, mira, yo pensé que no era más que un bebé, a papá no le va a divertir nada, a él sólo le gustan las niñas pequeñas...", se corrige: "...las niñas grandes, yo soy una niña grande, tengo cuatro años por lo menos. Papá no podrá llevarla sola en el auto como a mí cuando te vine a ver la última vez." Luego toma el biberón: "Yo soy el bebé, tú me das el biberón. No, tú eres el bebé, y yo soy la mamá." Me da el biberón (finge que lo hace), pero finalmente ella es el bebé, se lamenta, la leche no está bastante azucarada, tengo que añadirle azúcar varias veces, luego el biberón está roto, tengo que ir a buscar otro, uno nuevo a la farmacia, ella se quedará sola, no llorará en mi ausencia. Luego yo soy de nuevo el bebé, ella va a la farmacia a buscar un biberón nuevo, sostiene una gran conversación con el farmacéutico, a quien le va a comprar una tetina, y escenifica una conversación con un señor: "Tengo un marido muy bueno y un bebé que se porta muy bien", y regresa a darme el biberón y grita tocándome la frente: "Pero si tienes fiebre, pobrecita querida mía, voy a buscar al doctor." Ahora hace de doctor, se dirige al librero, coge un diccionario, llega con este grueso libro bajo el brazo y me dice: "Éste es el gran libro donde están todas las enfermedades". Entonces, saliéndose del juego repentinamente, añade que mis libros son muy difíciles pero que en su casa ha empezado a leer libros. Regresa a su juego y dice, fingiendo leer: "Fiebre, dolor de garganta, ya está, son anginas, son anginas lo que tiene su hija, señora, hay que ponerle inyecciones." Va a buscar el lápiz y mientras me inyecta es a veces mimosa y a veces brutal. Luego me dice: "No, tú eres una señora que va a tener un bebé, hay que ponerte una inyección." No me pone la inyección, sino que rompe la punta del lápiz con sus dientes y dice: "Me la como." Intervengo: "Si haces eso, yo ya no seré más la señora del lápiz, y tú serás grande y fuerte como yo con el pajarito de papá en el vientre." Ella me responde: "Así tú ya no me harás daño, y yo tal vez tenga un bebé en mi vientre... mamá sí que se sorprenderá entonces." Regreso con ella a la sala de espera, pues ha terminado la sesión. Su padre me dice que Carine se porta muy bien y que se conduce como una mujercita (es la expresión que él emplea), que se viste sola, que ayuda a su hermano a vestirse, que pone la mesa y, según lo que me dice, entiendo que el padre ha tomado ocho días de vacaciones para ocuparse de los niños, porque no ha encontrado a nadie que le atienda la casa. Carine coge su capucha y su abrigo, que estaban sobre una silla, comienza a ponérselos y de repente se los quita, su padre quiere ayudarla pero ella se los arranca de las manos y le dice: "No, es mi amiga quien me va a vestir." Le respondo que después de que su papá, delante de mí, ha dicho que ella es una mujercita, se siente tan culpable que ya no quiere vestirse sola, ni tampoco ser ayudada por su padre. Carine termina por vestirse sola y, en el pasillo, me lanza: "¡Hasta la próxima semana, el próximo episodio de nosotras dos!"

2] ELABORACIÓN

Ahora podemos observar los efectos de la táctica utilizada durante las once primeras sesiones. A pesar de la importancia de las fantasías de carácter pregenital, a menudo las interpretaciones han hecho hincapié en la rivalidad de Carine con su madre en función de su amor por su padre, es decir, en la catexia de los objetos "totales". Hacemos deliberadamente esta referencia al complejo de Edipo en su forma más evolucionda, y acerca de esto nos extenderemos más adelante (cf. caps. VII y VIII). La secuencia que acabamos de exponer nos permite examinar las consecuencias.

Para comenzar, hay que observar la acentuación del clima positivo de las sesiones. Visiblemente, las interpretaciontes edípicas y en particular la aclaración de los deseos de muerte respecto de su madre han reforzado la catexia libidinal positiva de la analista.

El anuncio del nuevo embarazo de la madre y las reticencias de ésta obligan a la psicoanalista a intervenir en forma directa y a ser la primera en hablarle a Carine de esta nueva situación. En el curso del psicoanálisis de niños pequeños, prácticamente no es nunca posible evitar tales cortocircuitos. Quizá el silencio hubiera sido más recomendable, aunque hubiera constituido una complicidad con el superyó de la madre. Pero, de todas formas, si bien hay siempre que interrogarse acerca de los móviles contratransferenciales de tales movimientos espontáneos de parte de un analista, el caso es que existen y hay que tomarlos en cuenta. Admitir que Carine era demasiado pequeña para comprender el sentido de la palabra "embarazo" hubiera de todas formas estado en completa contradicción con el sentido general de la elaboración psicoanalítica emprendida con la niña. La reacción de la niña no está desprovista de interés. La incertidumbre de la madre y la irrupción de la analista en la relación directa entre aquélla y Carine constituyeron una herida para el narcisismo de Carine, y también para el de la madre. La catexia positiva de la analista por la una y la otra ha minimizado los efectos de esta agresión. Obviamente, ellas hablaron entre las dos sesiones, lo que permitió a Carine restablecer el orden normal de las cosas, y anunciar, ella misma, la novedad a su analista. Esta explicación favoreció las tendencias identificatorias de la niña con su madre, y por eso pidió una muñeca. Segunda intervención de la psicoanalista, que no tolera que la madre responda con una negación castrante al deseo de su hija de identificarse con ella. La compulsión a romper las muñecas, señalada en esta ocasión por la madre (cierto es que en mal momento), será abordada retrospectivamente por Carine mucho después y podrá ser analizada en su sentido agresivo respecto a la madre en aquel momento (49ª sesión).

Estos incidentes no parecieron influir en forma notable, al menos al principio, en el desarrollo de las sesiones. Primero Carine, en tono eufórico, explica a su analista que durante las vacaciones se ha entendido muy bien con su padre (12ª sesión). Durante el cambio de casa que tuvo lugar en el otoño, mismo tema pero en diferente tono: su padre no le permitió ayudarle en sus trabajos de pintura. Una observación castrante de la madre para justificar esta exclusión provoca un juego malicioso, por medio del cual Carine hace comprender a su madre que se ha dado cuenta perfectamente de que no todo es tan simple en sus relaciones conyugales. Este interludio placentero permite a la niña dominar la situación matando dos pájaros de un tiro. Muestra a su madre que no es tan niña como ella supone, y se divierte haciendo representar a su psicoanalista el papel de un padre frustrado. En cuanto a ella, puede permitirse jugar a ser su madre gracias a la denegación de todo deseo, lo que la libra de culpa al mismo tiempo que separa a los padres.

La represión de los derivados libidinales no dura mucho tiempo, como lo muestra la sesión siguiente (15ª sesión). Por un regreso frecuente a esa edad, Carine expresa sus deseos edípicos manifestando de forma muy clara la utilización de sus fantasías pregenitales para organizar su complejo de Edipo. A través de esta elaboración, es posible aprehender la implicación edípica de las fantasías inconscientes que sostienen su anorexia, gracias a las fantasías verbalizadas que vienen a sustituir la inhibición del apetito. La madre explica justamente que, desde las primeras sesiones, la alimentación de Carine no constituye un problema. Carine insiste tercamente en el hecho de que no ha comido lechuga rizada, formulación de diferencia hacia su madre, cosa que, como se puede comprender, resulta absolutamente incomprensible para ésta, que reduce todo el problema a un capricho alimenticio más irritante que interesante. Pero, asociando con las sensaciones internas que ha experimentado, Carine expresa de forma sorprendente su deseo de incorporar simultáneamente el bebé que su madre tiene en el vientre y el pene del padre, como se lo muestra entonces la psicoanalista, empleando en esta ocasión las mismas palabras que anteriormente utilizó la niña a propósito de la cola del lobo ("hacer cuchi cuchi") y relacionando directamente a uno y otro con el objeto de su deseo inconsciente. El encapricharse con la comida, lejos de ser una agresión hacia su madre, aparece entonces como una forma sutil de protegerla. El objeto así arrancado a la madre resulta destructor para la niña cuando ella tiene la fantasía de incorporarlo, al evocar, con un aire a medias extasiado y a medias inquieto, que una gran lechuga crecerá dentro de su vientre.

La interpretación de su deseo de incorporar el pene del padre, como ella piensa que ha hecho su madre, provoca una inmediata asociación defensiva. El pene del hermanito hace a Carine asociar, explicando por lo demás en qué forma ella cada día verifica su integridad. Esta negación de su deseo de castrar a su hermano completa, en un solo desplazamiento, la catexia de esta serie de objetos. Para la teoría psicoanalítica tanto como para la teoría de la técnica, es importante verificar una vez más que esta serie comprende objetos parciales y objetos totales, en una catexia idéntica: la alimentación, el bebé en el vientre de la madre, el pene del padre en su representación simbólica o señalado directamente en la interpretación, el hermanito y su propio pene. Este tipo de asociaciones observadas frecuentemente en el curso de análisis precoces proporciona importantes argumentos a la teoría de las fantasías inconscientes. El interés que Carine demuestra por las diferencias anatómicas constatadas en su hermanito y la secreta esperanza de verlo perder el atributo de su sexo serían inexplicables si no supusiéramos que el pene del hermanito fue percibido y catectizado por una proyección del objeto parcial internalizado.[3] La calidad organizadora de experiencia vivida que toman ciertas percepciones, ya vueltas triviales por el medio circulante (como la diferencia de sexo entre hermanos y hermanas), ya raras y furtivas (como la intimidad de los padres), supone necesariamente la preexistencia de fantasías inconscientes. Estas percepciones, que son inmediatamente valoradas y que dejan recuerdos fuertemente catectizados, dan en forma secundaria, a los brotes conscientes de estas fantasías, una forma coherente y expresable por medio del lenguaje. Estas imágenes verbales son las que sufrirán la represión secundaria, y las que se encontrarán en el psicoanálisis de los adultos, y es por intermedio de ellas como se pueden producir los desplazamientos de catexia observados en el curso del proceso analítico, tanto en los niños

---

[3] Más adelante continuaremos el estudio de esta secuencia (cap. VIII).

como en los adultos. Pero las experiencias a las que se refieren estas palabras y estas imágenes no provocan la organización de fantasías inconscientes, sino que determinan, a todo lo largo de la vida, las "puestas en escena" y los arreglos sucesivos. La envidia del pene no es diferente entre las niñas que han visto en realidad sólo tardíamente o de lejos un pene de niñito o de hombre; solamente se manifiesta por otros medios. En psicoanálisis de niños, conviene utilizar la facilidad que ofrece este tipo de desplazamiento, del que anteriormente estudiamos otros aspectos,[4] a condición de no dejarnos engañar. Este desplazamiento es el efecto de una elaboración defensiva del "yo" de Carine y, desde este punto de vista, el "pajarito" del hermanito no es en absoluto equivalente al pene del padre. La oposición entre los dos objetos, efecto característico de los procesos secundarios, está catectizado con una cantidad energética comparable a la del desplazamiento primario. En este caso, es la contracatexia la que mantiene reprimidos los efectos de este desplazamiento y el deseo edípico. Para un adulto, incluso si es psicoanalista, en ocasiones es más fácil hablarle a una niñita de los celos que tiene de su hermanito que de sus deseos eróticos por el pene de su padre, pero no hay que abusar de esta facilidad para esquivar las duras necesidades de la elaboración analítica y amurallarse en observaciones anodinas.

Después de esta negación un poco indirecta, Carine regresa al contenido del vientre de su madre: "¿Patalea eso ahí adentro, te hace cuchi cuchi?", mostrando así la continuidad de la catexia del pene del padre (simbolizado por la cola del lobo —6ª sesión—) y del bebé en el vientre de la madre. Ésta, incómoda por esta aproximación directa, utiliza el mismo mecanismo de defensa que Carine, y explica a la psicoanalista que precisamente su hija se interesa mucho por el sexo del hermanito, terreno en el que también ella se siente más tranquila. Carine sigue los pasos de su madre y, en el juego que organiza inmediatamente, da prueba de un amor intenso por los bebés, compromiso entre su deseo por el pene del padre, su agresividad hacia el contenido del vientre de la madre y las exigencias de su superyó maternal. La identificación con la imago materna emana así de la contradicción resultante de las primeras introyecciones.

Pero los efectos movilizados en el curso de esta sesión fueron demasiado intensos para que el equilibrio del trío (Carine, su madre y la psicoanalista) no se resintiera.

En la 16ª sesión: Carine pide a su madre por primera vez que no la acompañe al despacho de la psicoanalista. La expresión "mi amiga" utilizada aquí para designar a la psicoanalista está ciertamente llena

---

[4] Cap. III, p. 55.

de ambigüedad. Indiscutiblemente con un tinte de agresividad hacia su madre, es una manifestación del aspecto positivo de la transferencia, y hay que subrayar que la ganancia realizada por la libido narcisista bajo el sólo efecto de las primeras interpretaciones fue suficiente para apuntalar la catexia objetal de la analista. Denota la complejidad que adquiere la relación transferencial desde este periodo, ya que significa que la psicoanalista es a la vez un objeto de identificación y de proyección, y también de desplazamiento de la catexia hacia los padres, con todas las contradicciones y la ambivalencia que llevan consigo tales procesos en este estado de organización del complejo de Edipo.[5] Además, encontramos el movimiento de identificación del "yo" de la joven paciente con la analista que interpreta, movimiento cuyo origen descubrimos desde la 3ª sesión, y que representa uno de los elementos esenciales de la relación transferencial. La preocupación de no fatigar a su madre, pretextada por la niña, se aclara desde el comienzo de la sesión bajo su aspecto de formación reactiva, permitiendo mantener, si bien es cierto que en forma precaria, la represión de los representantes pulsionales. Ella ha tenido un sueño. Esta vez era un tigre. Y, tras haber evocado el resto diurno que sirvió de punto de partida al sueño (una visita al zoológico en compañía de su padre), reanuda un juego de asociaciones mezclado con acciones dirigidas contra el vientre de la analista.

Esta nueva representación del coito sádico de los padres está determinada por el deseo de arrancar agresivamente el contenido del vientre de la madre. Entonces, se le da a la niña la interpretación de este aspecto de sus movimientos pulsionales inconscientes. Mientras que la interpretación de la sesión precedente no había girado más que alrededor del deseo de introyectar el pene paterno, y alrededor de la culpabilidad edípica que acarreaba, ésta toma en cuenta precisamente el carácter sádico de las asociaciones de la sesión anterior (Carine verifica que su hermano no ha sido castrado) y del sueño del tigre. Ella subraya entonces el deseo de arrancar a su madre al contenido de su vientre. La realidad de este deseo destructivo se impone a la conciencia de la niña con tal intensidad que abandona precipitadamente el despacho de la analista y va a preguntar a su madre si el bebé sigue estando dentro de su vientre. Hecha esta verificación, puede regresar protestando contra la interpretación que se le acaba de proporcionar. Proyectando entonces sus representantes pulsionales agresivos sobre la analista, le quiere poner inyecciones (tratamiento que ella misma ha sufrido hace poco tiempo). La interpretación de esta proyección tiene la virtud de calmar su angustia. Entonces cambia

---

[5] Cf. cap. VIII.

de estilo y dibuja, pasando así del juego infiltrado de acción a una elaboración mental más desarrollada. Realiza un dibujo reparador, en el que su madre está representada llena de bebés. Ante la idea de que quizá su madre no pueda contener tantos, acepta finalmente el mal menor: un solo bebé es suficiente, y de golpe Carine recobra su buen humor.

La 17ª sesión merece ser analizada en detalle, ya que en ella se encuentran todos los aspectos del funcionamiento mental de Carine y todas las articulaciones del proceso analítico.

En la sesión precedente, la analista había interpretado su agresividad dirigida contra el contenido del vientre materno, y el temor por la consecuente ley del talión. A pesar de todas las negaciones que siguieron a esta interpretación, y el juego restaurador con el que Carine terminó su sesión, la niña pide a su madre que no la deje sola, y ésta, incitada por la psicoanalista, acepta representar este papel de objeto controfóbico. Su presencia no bloquea el proceso asociativo, y Carine se permite quejarse a ella casi directamente: se declara desgraciada porque va a la escuela y debe comer en el comedor de ésta al mediodía.

Una primera interpretación liga el discurso de la niña a la sesión anterior: Carine cree que su madre la ha puesto en la escuela para castigarla por sus deseos agresivos hacia el contenido de su vientre. La niña responde de inmediato con una declaración de amor por su madre: está triste porque no la ve. Esta afirmación de un amor desgraciado, en una situación edípica invertida, contiene entre otras cosas la verbalización de la necesidad de ver a su madre para verificar que no se han realizado las pulsiones destructivas, necesidad actuada al principio de la sesión al pedir a su madre. que la acompañe.

Después de esta negación, el proceso asociativo continúa, pero Carine no puede soportar la emergencia de afectos y de representaciones angustiosas sino por medio del juego y de la inversión de papeles que éste trae consigo. De esta forma, Carine puede vengarse de la imagen materna y, a la vez, maltratarse a sí misma. La psicoanalista será Carine, y Carine será una maestra que la consuela. Este dispositivo permite a Carine empezar por reprochar a su madre su retardo en llegar a buscarla; pero el juego sobrepasa rápidamente las dimensiones de este "resto diurno" y de su texto aparente. Pronto se trata de meter a la madre en la cárcel, y luego los representantes pulsionales se hacen más precisos: "Tú lloras, porque crees que tu madre ha muerto, que ha tenido un accidente." De esta manera, se aclaran las razones de la ansiedad vivida por la niña mientras aguardaba · a su madre; la psicoanalista puede mostrarle la significación edípica de esta fantasía de muerte: "Para castigarla por estar con papá."

Esta intervención desplaza sobre la psicoanalista la cólera de Carine, pero la catexia positiva asociada a la angustia de la niña provoca un desplazamiento de la agresividad sobre un objeto perteneciente a la analista (lo que es un ejemplo del valor defensivo de esta reducción a un objeto parcial de las pulsiones destructivas contra la imago total): "¡Oh! la bruja mala", se dirige a una estatuilla de la que se apodera. La psicoanalista se la quita de las manos, diciéndole que ella quiere hacer sufrir a la estatuilla la misma suerte que a su madre.

Semejante convergencia de acción e interpretación asombra a Carine, que no tiene costumbre de ser tratada así. Y es entonces cuando se produce un fenómeno esencial para el proceso analítico. En su indignada estupefacción, Carine apela a su madre, pero utilizando una fórmula enormemente significativa: "¿Has visto lo que ha hecho la señora del lápiz?"

El lápiz es el instrumento que le ha servido principalmente para agredir a su psicoanalista, jugando a ponerle inyecciones. Si utilizamos la terminología kleiniana, podremos ver en forma demostrativa un ejemplo de identificación proyectiva: Carine traduce su sentimiento de haber sido agredida por la interpretación, proyectando sobre su psicoanalista la "parte mala" de sí misma, o el objeto parcial malo. Pero esta frase llena de sentido está fuertemente sobredeterminada. Ciertamente, el lápiz simboliza el pene agresivo de Carine, pero la organización de este símbolo no es indiferente, porque primero representa el pene agresivo que Carine presta a su psicoanalista y a los médicos que la han atendido, a la pediatra que nos la envió y que efectivamente le puso muchas inyecciones. Servirse del lápiz para poner inyecciones es un juego en primer lugar introyectivo, y se puede considerar que el apelativo "la señora del lápiz" (o "de los lápices") es una demostración indirecta de la introyección simbolizada por el juego de las inyecciones. Este apelativo, elaborado a partir de los procesos de identificación proyectiva y de introyección, se opone muy precisamente a "mi amiga", producto del movimiento de identificación secundaria a la analista.

Como quiera que sea, el proceso de identificación, propiamente introyectivo se precisa en seguida, ya que Carine declara que, aunque quiere romper la estatuilla, no lo puede hacer, lo que es mucho más que una constatación de evidencia, y lo que está propiamente ligado a la identificación, pues en seguida declara que ya no quiere romperla. Ella ha introyectado la prohibición, y podríamos preguntarnos si este reforzamiento del superyó no es contrario al desarrollo

del proceso analítico; pero lo que sigue después no confirma esta
hipótesis. Esta introyección permite a Carine reprochar a su madre
su debilidad (su acusación significa claramente: ¿por qué tú no nos
prohibes nada?), que, a fin de cuentas, ella parece resentir como más
agresiva que realmente tolerante. La prohibición del *acting out* ha
reforzado, en realidad, el yo de la niña, y ha conducido a una ampliación del proceso asociativo.

En la 18ª sesión: Carine relata un sueño que es el indicio de una
modificación de su actividad mental, y que podemos relacionar con
el proceso de identificación observado en la sesión precedente. En
efecto es notable que, hasta esta sesión, los sueños contados por la
niña tenían un sentido manifiesto persecutorio (el lobo o un tigre
la atacaban). Esta vez la organización del relato es diferente: Carine
tiene un globo que simboliza el contenido del cuerpo de la madre,
y que se atribuye a la analista porque es del color de su vestido. Por
lo tanto, este objeto está representado como exterior a la niña, y puede
manifestar su deseo de destruirlo sin que la angustia sea tan particularmente fuerte como para dar al sueño un tono de pesadilla,
pero con la suficiente ansiedad y placer erótico para que el relato del
sueño constituya una razón para excluir de nuevo a su madre: "Tengo
que decirle un secreto a mi amiga."

La interpretación que se le da en el curso de esta sesión es extratransferencial en su texto manifiesto. Hubiera sido tentador tomar
como pretexto la alusión al vestido verde de la analista para mostrarle que ésta era el objeto de sus deseos agresivos. Pero eso hubiera
sido desdeñar un aspecto importante de la sesión, como era la catexia
positiva que significan juntamente "mi amiga" y el tono de connivencia del relato del sueño. Así es que a la analista le pareció más oportuno no aclarar inmediatamente la transferencia, y mostrarse solamente
en su actividad interpretativa. Al mismo tiempo la interpretación
subraya la introyección del superyó. En su sueño, Carine posee el
objeto codiciado, pero éste le cae sobre la nariz y la mata.

Las sesiones siguientes están marcadas por la elaboración cada vez
más precisa de las "teorías sexuales" de la niña. Primero es el sueño
dibujado del hombrecito y la mujercita, provistos ambos de largas
narices. Se las frotan, pero una bruja mala de grandes dientes encuentra que eso "no es bonito" y quiere cortar la nariz de la mujercita, cuando llega una segunda bruja todavía más fuerte que la
primera, etc. Esta fantasía de escena primaria, seguida de castración,
es interpretada directamente, dejando de lado las figuraciones inter-
mediarias producidas durante la sesión. El deseo del pene está ligado
al deseo de gustarle al padre, y la fantasía de castración se presenta
entonces como un efecto de la venganza materna. La intervención

de la segunda bruja en el sueño (o la fantasía, ya que no es posible precisar sus límites) expresa toda la ambivalencia transferencial de la niña. La psicoanalista aparece al mismo tiempo como una bruja tan terrorífica y temible como la primera, pero su acción negativa respecto a los dos personajes femeninos impide la realización del proyecto agresivo de la primera bruja, si bien lo realiza por su propia cuenta. El análisis de las condensaciones gracias a las cuales se elabora esta fantasía permite reconstruir su contenido latente. Los dos primeros personajes representan al mismo tiempo a los padres durante el coito, y a Carine realizando sus deseos edípicos con su padre. En la primera fase, eufórica, los dos personajes, si bien llamados en forma diferencial "hombrecito" y "mujercita", están provistos de una larga nariz igual, símbolo igualitario del pene. La primera bruja representa al mismo tiempo a la madre que reprime los deseos sexuales de su hija y a ésta presa de sus pulsiones sádicas ante la escena primaria. La elección de qué debe ser interpretado en esta red de representaciones complementarias y contradictorias es esencialmente táctica, y debe tomar en cuenta la evolución general. Por otra parte, mucho más que un frío razonamiento técnico, es siempre el *insight* del analista el que determina esta elección, en función de todo lo que percibe y resiente en la sucesión de las sesiones. Mientras que en la 16ª sesión fueron subrayadas las pulsiones agresivas de la niña, la interpretación de esta sesión versa sobre la angustia de castración y la culpabilidad edípica.

Después de una fase de excitación provocada por esta interpretación, Carine muestra muy sencillamente su interés admirativo por los "pajaritos", y hace un dibujo que expresa una negación de la castración, eligiendo primero dibujar una vaca, animal femenino en el que se confunden pecho y pene, y después, por un artificio gráfico frecuentemente observado a esta edad, la vulva y el pene son dibujados esquemáticamente con un solo trazo vertical. En fin, termina con una frase que, si la tomáramos al pie de la letra, podría hacer creer que ella ha aceptado perfectamente su destino anatómico: "Las señoras tienen una alcancía por donde los papás les meten a los bebés en el vientre." Como se ve, la educación sexual de Carine es ya muy correcta.

Pero tanto en el niño como en el adulto, la explicación racional, por más gráfica que sea, no suprime los efectos de las "teorías sexuales" primitivas, que traducen casi literalmente las fantasías inconscientes.

Y desde esta edad precoz es fácil verificar que los "viejos dragones" están todavía vivos. La alusión al dinero (alcancía) permite adivinar, por su sentido simbólico, que las formulaciones aparentemente racionales de la niña recubren la catexia anal de su aparato genital. Incluso aunque este término fuera de uso corriente en la familia de Carine, su utilización en la sesión no pierde nada de su valor.

Esto es lo que aparecerá con mayor claridad en la sesión siguiente (20ª).

Desde que llega a la sesión, la niña tiene deseos de defecar, y con este propósito afirma su autonomía y su control esfinteriano. A su regreso, siente la necesidad de hablar de ello y manifiesta un exhibicionismo verbal que subraya el carácter no fortuito de este incidente. Parece muy satisfecha del gran tamaño tanto de sus heces como del papel que ha utilizado, lo que le permite reencontrar la posesión de un objeto fálico dándole el derecho de negar la falta de "pajarito", a propósito de la cual hizo una declaración entusiasta en la 19ª sesión. La necesidad de manifestar ante su analista, en forma jubilosa, la plenitud narcisista así recuperada, necesidad que se traduce primero por una impresión corporal y después por su discurso, a la vez en su forma exhibicionista y en su contenido significante (una gran caca, un pedazo de papel muy largo), permite ciertamente pensar que la niña quiere seducir a la analista mostrándole lo que tiene, pero aún se sentiría inquieta ante ella si no se encontrara en estado de hacer esta demostración. La pregunta de Carine acerca de la cantidad de papel que utiliza la psicoanalista es un indicio de la rivalidad inquietante que se desprende de la tentativa de identificación, permitida por este momento de elación. La comparación con la analista angustia entonces a la niña lo bastante como para que se opere una ruptura de contacto: el diálogo acerca de la rivalidad identificatoria se ve interrumpido por una variedad verbal del paso a la acción (mierda, repetido muchas veces, suspende por la prevalencia del proceso primario el orden lógico del discurso), seguido inmediatamente por un paso a la acción mucho más clásico: la niña sale de la habitación para buscar a su madre y, de pronto, su angustia cede. Hace constatar a su madre que la psicoanalista no reacciona a sus interjecciones provocadoras, y el texto del discurso que dirige a su madre ("Mi amiga no me dice nada cuando digo: mierda") se refiere a la identificación secundaria con la analista que es esencial recobrar. Verifica igualmente que su madre no reacciona más que la analista a su erotismo anal y a sus deseos de apoderarse y guardar el pene anal materno.

La interpretación que se le proporciona cuando regresa al despacho no hace alusión más que al miedo que le inspira el pene anal de la analista, temor contra el que lucha la niña por medio de su exhibicionismo y sus intentos de seducción. El deseo de apropiarse o destruir el objeto no es aclarado en este momento, en razón del placer manifiesto que encuentra la niña en sus maniobras de seducción.

Esta interpretación genera muchas asociaciones. Primero es una afirmación de su deseo de poder narcisista ligado a la fantasía de posesión del objeto parcial ("Yo quiero ser la más fuerte"). Luego, está el relato, subrayado por un juego, de un sueño que trata de los monos del zoológico y de sus traseros rosados, alusión condensada a la catexia anal y al papel color de rosa del que se acaba de servir y que pertenece a la analista. En fin, aparece un juego más estructurado, en el que volvemos a encontrar la triangulación edípica, claramente expuesta esta vez. Ella representa el papel de la madre y atribuye a la analista el de padre, mientras que el bebé-juguete representa al niño, aparentemente a su hermanito, pero de hecho principalmente a la propia Carine. El padre recibe la orden de cambiar al bebé, pero a partir del momento en que de nuevo se trata de heces Carine interviene para interrumpir esta intimidad peligrosa. Entonces se le muestra que ella tiene miedo de que la analista se enoje si sabe que ella encuentra placer en dejarse limpiar el trasero por su padre. Esta interpretación conduce a una serie de asociaciones, primero sobre la falta de limpieza de su hermanito, que se deja limpiar por su madre, luego sobre su propia enuresis, que recuerda con un tono ligeramente depresivo, con su cortejo de algodones y aparatos protectores. Regresando a lo que la niña había dicho en la 5ª sesión, la psicoanalista hace notar a Carine que el calzón de hule le impide sentir las palmaditas en las nalgas que su padre le prodiga al acostarla. Esta observación extratransferencial refuerza considerablemente la interpretación anterior. Carine se siente autorizada a experimentar el placer edípico prohibido. Va a anunciarle a su madre que la psicoanalista le permite no volver a usar pañales... y en efecto su enuresis, que probablemente no debía existir sino en función de su papel de defensa contra el erotismo edípico, papel que la interpretación hace superfluo, desaparece a partir de esta sesión. Este efecto sintomático no significa en absoluto que la niña haya resuelto su conflicto edípico. La identificación de los sexos, por la afirmación de la equivalencia pajarito-alcancía, no era solamente una forma de resistencia a la interpretación dada al sueño de las brujas nariagudas de la 19ª sesión. Se trata de la elaboración consciente de la fantasía de posesión de un objeto interno ambivalente. Este componente pregenital estará durante mucho tiempo en contradicción con las tendencias de Carine a asegurarse de su identidad sexual, y a menudo será necesario que elaboremos esta contradicción. Durante la 21ª sesión, podemos captar dos órdenes de efectos. El primero consiste en reconocer lo que había sido negado en la 19ª sesión, es decir, que el hecho de ser un muchacho (y poseer un pajarito) confería el derecho de permanecer con el padre. La fantasía elaborada en la sesión es sin embargo de un simbolismo ambiguo, ya que se trata de identificarse con el padre sobre el mar (madre),* tanto como de estar con él.

Pero el control anal, afirmado en la 20ª sesión, y el júbilo que le sigue tienen un efecto diferente, en este caso sin relación inmediata con el primero. Aquí demuestra Carine por primera vez un cierto grado de dominio de los objetos internos, ligado directamente a la ganancia narcisista de la sesión precedente. Así es que la niña insiste caprichosamente en una liga al indicar el plural de la palabra "ombligo", y este nuevo interés por el metalenguaje se desarrollará a todo lo largo de su psicoanálisis. En el mismo movimiento, Carine aprende a reconocer las representaciones mentales en su especificidad, cosa que ya se esbozaba desde la 6ª sesión en su decisión de relatar sus sueños. Ahora mira las imágenes de animales salvajes en un libro "para muchachos", y se muestra satisfecha ante la idea de que sólo son imágenes.

El reforzamiento de su yo que resulta de este placer particular la conduce a elaborar un juego edípico, en el que se vuelve a encontrar la ambigüedad identificatoria, favorecida por las sutilezas en las distribuciones de papeles. Como en la sesión anterior, Carine toma el papel de la madre y da a su psicoanalista el de padre, lo que, a este nivel, es una satisfacción lúdica de su deseo edípico. Dos muñecas representan a Carine y a su hermanito. En cuanto el padre y la madre (la psicoanalista y Carine) son enviados a acostar, los niños les molestan. Más precisamente, Carine imagina que es el hermanito quien les molesta, lo que le permite elaborar su propia agresividad ante la "escena primitiva". Entonces Carine amenaza al bebé con la cólera del padre —juego sobredeterminado, pues, al desplazar así el efecto de las pulsiones transformadas por su superyó, se venga del niño rival poseedor del pene envidiado. Luego encuentra una solución de compromiso que sólo la sobredeterminación de los papeles en el juego puede proporcionar. Ella se separa de su psicoanalista que hace el papel de padre, pero este personaje debe acostarse con la muñeca que la representa, y así ella recupera, en segundo grado y en un modo lúdico, lo que parecía haber perdido en el primer grado. Mientras que ella misma juega a llevar al niñito a su cama, lo que le permite recobrar, en este mismo segundo grado, un sustituto paterno y el pene tan codiciado. Este segundo grado del juego tiene una función idéntica al "juego dentro del juego" del teatro o del psicodrama, y al sueño dentro del sueño observado en pacientes adultos. Pero la realidad psíquica que resulta de estas maniobras defensivas es tal que Carine responde a la interpretación, que sólo

* En francés *mer*, mar, y *mère*, madre, se pronuncian igual.

trata de la prohibición edípica, apostrofando: "¡Para qué tuviste niños si no te querías ocupar de ellos!" Ciertamente, esta fórmula es una frase escuchada de boca de su madre. Su utilización, como resto diurno de un sueño, permite a Carine, gracias a una identificación parcial con su superyó materno, reivindicar sin angustia la realización de sus deseos edípicos.

La puesta en acción de estos procesos defensivos arrastra la expresión del deseo prohibido, pero no significa que Carine sea capaz, en este momento, de asumir sus identificaciones y sus catexias sin regresión importante y sin utilizar una parte excesiva de su energía libidinal para formar contracatexias y arreglos defensivos agotadores.

Por lo demás, la siguiente sesión es una demostración impresionante de esto (22ª sesión). Los dos aspectos de la rivalidad hacia la madre y hacia la analista, en el aspecto materno de la transferencia, son expuestos claramente: primero es el deseo de tener en su vientre un bebé más grande, y también remplazar a la madre en su lugar junto al padre. Bebé, heces y pene del padre son objeto de un mismo deseo de incorporación, que viene a contrarrestar el movimiento de identificación, como testimonian las sutilezas de Carine en su distribución de papeles dentro del juego que termina la sesión. A pesar de la lógica aparente de su desenvolvimiento, la importancia de los desplazamientos hace resaltar el efecto de los procesos primarios y la relativa debilidad de la individualización. Ésta corre pareja con los titubeos del deseo edípico de ser penetrada por el pene del padre, que solamente se expresa por medio de una negación *(vorrei e non vorrei!)*, asombrosa demostración de lo intrincado de los representantes pulsionales anales con los deseos genitales todavía vacilantes.

En efecto, la sesión comienza con el relato, repetido tres veces con una tensión manifiesta, de la historia de Ana-Catalina, sacada de un libro para niños que Carine encontró en la sala de espera. La heroína de esta historia tiene un conflicto con su madre por una cuestión de vestidos: el padre interviene en forma ambigua y declara que su hija debe de estar enferma para actuar así. Todo se arregla entonces idílicamente, componiendo la madre el defecto del vestido de la niña (demasiado corto), defecto que podría disgustar al padre. Después de haber explicado muy directamente que ella se identifica con la heroína, Carine quiere dibujar, pero para hacerlo necesita un "libro para muchachos". Su dibujo está destinado a luchar contra su angustia de castración, tal como lo había sido el relato tres veces repetido de las complicaciones de Ana-Catalina con su vestido, su madre y su padre. Dibuja un bebé muy grande que rebasa la hoja, pero, recobrando toda su ansiedad ante la imago materna proyectada sobre la analista, provoca a esta última dibujando los brazos y las piernas sobre la mesa. Esto es lo que subraya a la interpretación que se le da en ese momento. Pero como la intervención no basta para interrumpir su *acting out* provocador, la analista le prohíbe dibujar sobre la mesa, lo que primero suscita tres "¡mierda!" enérgicos (la significación de estas interjecciones resulta clara desde la 20ª. sesión) y después un nuevo dibujo con el que Carine niega toda diferencia de sexos, poniéndoles, tanto al padre como a la madre, "pajarito" y bebé en el vientre. Esta negación se refiere en realidad al deseo de Carine de apropiarse del pene-bebé: este deseo de incorporar el objeto bueno no puede ser reprimido más que afirmando que cada uno de los padres posee ambas cosas. Esta represión es muy incompleta, y la ansiedad proyectada sobre la analista es tal que cuando ésta quiere intervenir, Carine la pincha con su lápiz, al tiempo que repite su mecanismo de identificación proyectiva, es decir, la llama "señora del lápiz". Luego encuentra una forma de compromiso muy gráfico, confiando a su analista un secreto, "ambas tienen el vientre lleno de caca", en respuesta a una interpretación sobre su angustia de castración. Hay ahí una coalescencia entre dos movimientos de identificación contradictorios: la identificación proyectiva, siendo proyectado el objeto malo sobre el nombre y el cuerpo de la analista, y la identificación secundaria, cimentada por los deseos edípicos expresados en la sesión precedente. Esta contradicción explica que Carine se encuentre finalmente, ella también, llena de "caca". El mecanismo de identificación proyectiva no la ha liberado del objeto malo introyectado, representado por sus propios deseos respecto al pene del padre. La evocación de las heces, en resumidas cuentas más agradable que desagradable, es otra forma de control de las catexias destructivas por medio de la libido narcisista. Entonces Carine huye para buscar a su madre y aprovecha para explicar ante ella que ya no se hace pipí en la cama. La madre asocia a partir de esta noticia y menciona la tierna intimidad que une a Carine y a su padre por las noches.

Después de este intermedio en la sala de espera y del permiso que, inocentemente, le acaba de dar su madre, Carine regresa al despacho de la analista y juega con ésta al "papá y la mamá". Cuando se ensucia el bebé perturba la intimidad de los padres. Luego Carine expresa muy claramente su ambivalencia respecto al pene paterno, identificado esta vez con el contenido ambiguo de su vientre y el de su analista, por medio de una protesta que es todo un programa: "No quiero que me molestes con... tu gran caca".[6]

La negación del deseo contenida en esta exclamación, que llega

---

[6] El deseo de penetración que implica esta negación no será interpretado hasta la 57ª sesión.

en el momento preciso para evitar a Carine una situación en la que
el acercamiento edípico resultaría insoportable hasta en un modo
lúdico, se le interpreta en función de su culpabilidad con respecto
a su madre rival, pero, sin embargo, no hay que olvidar la convergencia de significación que resume esta denominación del pene fecal.
En función de las sesiones precedentes, es una referencia a la negación
de la castración femenina. Pero también es una referencia a la escena
primitiva presente a todo lo largo del juego. El bebé se ensucia, y
por ello molesta a los padres, y esta parte mala de Carine es en
seguida proyectada sobre la imagen del padre objeto de su deseo.
Esta proyección identificatoria es la que determina el apóstrofe final.

Por otra parte, la negación que sigue a la interpretación es muy
interesante, si la examinamos desde este ángulo. Decir que sus padres
solamente se hacen caricias no es nada más una forma de negar sus
deseos y su furor ante la fantasía de escena primaria, sino que es
también una forma de manifestar todo el valor defensivo de la escisión
del objeto. Los sentimientos tiernos determinados por los efectos de
las pulsiones libidinales son separados así del erotismo representado
por todos los representantes de las pulsiones parciales anales, sobre-
cargadas de valores destructivos en su aspecto relacional, lo que confirma en forma más explícita la significación de restauración narcisista
del control esfinteriano, ya aparecida en la 20ª sesión y contenida
en el anuncio de la curación de la enuresis.

Este esbozo de aislamiento no produce una calma realmente estable. Desde la sesión siguiente (23ª) Carine está por el contrario inva-
dida de afectos desagradables que provocan reacciones actuadas y una
muy débil elaboración secundaria. Se niega a seguir a la psicoanalista,
patalea, y quiere irse a dar una vuelta en el tiovivo. Luego se dirige
al despacho de muy mala gana. Un movimiento para acercársele
intentado por la psicoanalista provoca una nueva agitación, en el
curso de la cual no logra alcanzar con sus puntapiés a su interlocutora, pero sí, por el contrario, hacerse daño golpeándose contra un
mueble. Entonces la escuchamos dirigirse reproches a sí misma, para-
fraseando los que su madre podría dirigirle en circunstancias semejantes. Además, rehusa todo contacto con su analista y se tapa las
orejas para no oírla; termina por calmarse, pero siente la necesidad
de ir a pedirle un pañuelo a su madre. Regresa trayendo, además
del pañuelo, un lápiz de labios que ha tomado del bolso de su madre.
Se pinta rabiosamente los labios gritando: "¡ Soy una señora muy
guapa, estoy más pintada que tú!" La necesidad de ir a buscar a su
madre para enjugar sus lágrimas con el pañuelo fue acompañada por
una recrudescencia de la angustia, la que provoca esta acción cuyo
valor simbólico no necesita ser subrayado: tomar el lápiz de labios

de la bolsa de su madre es un acto simbólico sobrecargado por
un desplazamiento de afectos, que proviene de la debilidad de la
represión y del inmediato regreso de lo reprimido, a tal punto este
gesto está próximo del deseo inconsciente que lo sostiene: tomar el
falo contenido en el vientre materno. Pintarse los labios es un intento
de dominio del objeto que fracasa en su objetivo de restauración.
La angustia es cada vez más y más viva, la excitación va en aumento,
con una repetición de comportamientos agresivos difusos, en los que
el carácter provocador resulta ahora evidente.

Entonces se le hace notar la reivindicación fálica, en una relación
de rivalidad edípica con su analista. La prohibición de pasar a la
acción, en la forma de confiscación del lápiz de labios, asociada a
la interpretación logra devolverle la calma. Ella "descansa" en silencio, luego recobra su ánimo y su complicidad con la analista, que
la ayuda discretamente a recuperar un aspecto normal para volver
con su madre.

Pero Carine no es psicótica, y la sesión que sigue a esta fase de
regresión y de *acting out* viene a demostrarlo. Los procesos secundarios
reorganizan las defensas de la niña, y le permiten un control más
estable de los productos pulsionales. En apariencia, el texto de la
sesión es totalmente diferente, pero resulta fácil reconocer una temática continua. El pene fecal, objeto de intercambio entre padre y
madre, y luego atributo que permite seducir al padre, transformado
por la circunstancia en un objeto cuyo papel está claramente marcado
en relación con la coquetería femenina (el lápiz de labios), es representado hoy en forma simbólica, pero la elaboración interpretativa
permite reconducirlo a su sentido oculto. Y Carine asocia curiosamente sobre esta significación.

Después de pintarrajearse con el lápiz de labios, para así provocar
a su psicoanalista y a su madre, Carine aborda la sesión siguiente
en forma mucho más civilizada. Habla, y le cuenta a su psicoanalista
sus problemas escolares. Usa demasiados colores para iluminar sus
dibujos, y su maestra se lo reprocha. Naturalmente, ella no tiene
ninguna conciencia de la asociación directa por la que esta confidencia se relaciona con la sesión precedente. La maestra la hace volver
a la realidad, mientras que Carine prefiere su placer, es decir, lo que
es más bonito, "más alegre". Esta trasposición simbólica del producto
pulsional provoca por parte del superyó un ataque menor que el paso
a la acción de la sesión anterior. Después de esta elaboración, Carine
se siente más fuerte para defender sus posiciones. Así es que hoy no
tiene miedo de ir a verificar si su madre le permite este placer. En
la sesión precedente, una vez cubierta de pintura de labios, la misma
necesidad no se tradujo sino en forma de negación: "No quiero que

mamá me vea así!" Hoy, después de colorear con cierta fantasía el auto que ha dibujado, lo muestra a su madre, que manifiestamente no se entusiasma con la belleza del dibujo. De regreso en el despacho, pregunta por qué siempre hay que pintar las cosas tal como uno las ve, y no como uno tiene ganas. La psicoanalista aprovecha para darle una interpretación sobre su deseo de negar la ausencia de pene y de bebé. Entonces se produce un movimiento asociativo de una calidad bastante excepcional, pero que plantea muchos problemas. Carine asocia esta interpretación con la anterior, por la que su deseo de pene fue relacionado con su deseo de agradar a su padre. Mirando una pintura abstracta, comienza por descubrir que los colores son numerosos y bonitos, pero explica la no figuratividad suponiendo que el autor es una niñita que tenía miedo (es decir, implícitamente, deseos) de gustarle a su padre. Descubre en seguida el dibujo de una cabra, y declara que la niñita que hizo este dibujo era menos indecisa. Hasta se atrevió a adornar al animal con símbolos fálicos: cuernos, barba...

Existe el peligro de que esta secuencia haga creer que Carine ha integrado perfectamente las interpretaciones que se le acaban de dar, y que esta integración está acompañada por una verdadera comprensión. En realidad, dos observaciones deben atemperar el optimismo que pudiera suscitar una secuencia semejante. La primera se refiere a la gran inestabilidad de las posiciones de la niña, dada la importancia de los efectos de los procesos primarios en su regulación placer-displacer. La segunda reserva consiste en reconocer la calidad particular de las asociaciones en los procesos primarios (en niños tanto como en adultos), que constituyen cadenas en las que la coherencia es evidente para otros, y en particular para el psicoanalista, mientras que resulta inaccesible a la conciencia del paciente, ya que la elaboración no ha producido una disminución suficiente de la represión. En esta sesión, Carine manifiesta sin embargo una indiscutible curiosidad por los fenómenos psíquicos, interesándose por los deseos y los temores de las niñas a quienes ella atribuye las pinturas. Esta curiosidad está muy cerca del *insight*.

El final de la sesión muestra claramente cómo esta producción se convierte en una formación reactiva que permite reprimir los deseos edípicos, Carine se pone a dibujar un ramo de flores con colores muy vistosos, pero apegándose a la realidad tanto como le es posible. Se permite añadir algunas flores de su invención; pero el placer que así se concede está desviado de su meta primitiva: ya no se trata del padre, sino que estas flores son para su psicoanalista y para su madre. Una vez formulada esta dedicatoria, pone su dibujo junto al de la cabra, y es muy probable que esta última alusión a sus deseos edípicos

ya no sea consciente. Pero incluso si se expresan buenos sentimientos
en el curso de una sesión de psicoanálisis infantil o como los que se
expresan en los sueños, y hasta si nos acudió a la memoria el célebre
sueño del tío relatado por Freud en el capítulo IV de *La interpretación de los sueños,* la sesión siguiente llegó oportunamente a demos-
trarnos que las pulsiones destructivas de nuestra niñita tienen todavía
efectos difíciles de integrar para su yo.

Carine tenía prisa por llegar a esta 25ª sesión, no hizo más que
hablar de su analista y arrastró a su madre para llegar pronto. El
resultado es que llegan con demasiada anticipación, y Carine conoce
la frustración de la espera. Inmediatamente le hace el reproche a su
analista. Después comienza a dibujar... pero la casa que esboza no
le sale bien. Los muros no coinciden. La intensidad de la acción
de las pulsiones agresivas le impide dominar sus afectos por los procedimientos habituales. El dibujo de un caracol, más logrado que el
de la casa, es abandonado tan pronto como lo termina, a pesar de la
condensación simbólica que implica. Ella declara al principio que
tiene hambre y quiere merendar, y asocia inmediatamente sobre
una fantasía contada con el tono de la más completa autenticidad.
Ha venido con su padre, y éste ha ido a comprarle su merienda.
Su madre está muerta, no, está enferma. Su madre ha vomitado
(contrapunto del deseo oral que Carine acaba de expresar), y esta
negación da una singular amplitud al deseo, aparentemente inocente,
de que su padre le traiga la merienda. La madre ha vomitado, el
médico le ha sacado del vientre un bebé provisto de un pene. La
expresión de estos anhelos de muerte respecto de su madre, asociados
de inmediato con el deseo de verla vaciada del contenido de su vientre, provoca una angustia suficientemente viva para que Carine
rompa una vez más la continuidad de su modo de expresión. Hace
un nuevo dibujo, en el que sus deseos edípicos se expresan esta vez en
forma mitad gráfica y mitad simbólica. Quiere dibujar un barco bello,
más representativo que la pintura abstracta, lo que quiere decir, casi
conscientemente para ella, que ya no tiene miedo de gustarle a su
padre (cf. la 24ª sesión). Este barco está abundantemente provisto
de todo lo necesario para seducir (un mástil, velas, una bandera),
pero la utilización de símbolos no es defensa suficiente para calmar
a nuestra niña. El mar se vuelve malo, el barco muere. Una vez
más, Carine no puede comprender el sentido de esta asociación perfectamente comparable al encadenamiento del relato de los sueños,
pero está claro que la fantasía de la venganza de la madre, apenas
censurada por el juego de palabras por asonancia, no tiene ningún
poder sedativo para su angustia, y antes de que la psicoanalista tenga
tiempo de intervenir recibe un magistral golpe de lápiz en el ojo.

La niña se queda pasmada por su propio acto, tal como el soñador que se despierta cuando el sueño deja pasar demasiados afectos penosos y no representa ya su papel de guardián del dormir. La psicoanalista aprovecha esta pausa ansiosa para dar a la niña una interpretación que se refiere esencialmente a su culpabilidad edípica. La respuesta de la niña merece ser subrayada, ya que manifiesta su alivio por volver a encontrar a la psicoanalista en su función interpretativa. Este reencuentro con la analista, con la que el yo de la niña puede identificarse, entraña una inversión inmediata de los papeles. Carine se vuelve muy maternal y se comporta con su psicoanalista como una madre que consuela a un niño que se ha hecho daño. Carine le cuenta una historia, pero esta distribución defensiva no provoca una calma estable. Carine se balancea y se cae, golpeándose un poco. Esta vez, se siente disgustada por una sesión que, decididamente, sólo le causa contratiempos. Regresa con su madre, y le declara que ya tuvo bastante por hoy, lo que sorprende a esta última. Como la psicoanalista muestra a Carine nuevamente que le huye a causa de sus deseos agresivos, la madre aprovecha para hacer notar el aspecto insólito del ojo de la doctora. Esta suma de solicitaciones exteriores impide a Carine encontrar la calma en el refugio de la sala de espera. Y por eso se entrega a una nueva fantasía, con gran estupefacción de su madre que, evidentemente, no puede comprender el simbolismo. Se trata de un paseo por el campo con su padre. Han entrado en una casita donde había un gran pastel. Naturalmente, la madre no ve en esto ninguna alusión al avanzado estado de su embarazo, pero igual que antes es casi absolutamente cierto que la niña también asocia en forma del todo inconsciente. Contra toda verosimilitud, añade que su padre ha ido a comprarle su merienda. Si bien ella no sabe que de esta manera expresa su deseo oral de tener un niño de su padre, sin embargo todos los afectos que se relacionan con este anhelo no logran ser reprimidos, y la expresión de estas dos fantasías tiene un efecto dinámico y económico directamente observables, ya que Carine se decide a regresar al despacho. Muestra luego que, en parte, ella ha tomado conciencia de sus deseos de muerte respecto de su madre y de su carácter particular. Ciertamente hay mucho *insight* en esta frase: "¿Es nuestro secreto, eh?", a pesar de la aparente trivialidad del texto. Y no por azar la sesión termina con un juego de escondidillas del que Carine se vale para contener a duras penas su excitación.

Toda esta sesión, desde la primera interpretación hasta la última frase, hace pensar que esta niñita de cuatro años no está lejos de captar que su vida psíquica está llena de contradicciones y que no todos sus deseos deben ser tratados de la misma forma. Pero a pesar de esta relativa toma de conciencia, a la que muchos enfermos adultos no llegan sin grandes trabajos, la elaboración psicoanalítica no está sino en sus comienzos, y el proceso será marcado por numerosas oscilaciones entre los diversos modos de funcionamiento del yo de la niña, entre momentos asombrosos como el que acabamos de describir y fases de regresión del yo durante las cuales los afectos son mal controlados y difícilmente reprimidos los representantes pulsionales. La sesión siguiente (26ª) es una demostración de esto.

La madre tiene gripe, y es el padre quien acompaña a Carine a su sesión, después de ir a varios otros lugares solo con ella. Esta situación real confronta a la niña con sus emergencias pulsionales tal como aparecieron en la sesión precedente. No se trata aquí de una coincidencia fortuita, ya que las fantasías elaboradas anteriormente no eran sino el producto del encuentro entre esta actividad pulsional y la situación real, tal como Carine podía aprehenderla en lo que percibía del estado de salud de su madre, y en las conversaciones de sus padres. Bajo el efecto del proceso analítico, la actividad fantasmática de Carine se ha enriquecido de tal manera que le permite abordar, de un modo estructurante, y no ya traumatizante, los acontecimientos inminentes que sucederán en su familia.

El principio de la sesión es muy eufórico. Carine dibuja un payaso, y la psicoanalista se impresiona por la buena factura del dibujo, lo que prueba que esta afirmación de posesión de atributos fálicos propios para seducir al padre no provoca una inhibición inmediata. La analista opina que Carine está muy contenta de que su madre esté enferma, y Carine lo niega con falsa inocencia. En el mismo tono "mundano", declara que su maestra acaba de tener un bebé y, en esta nueva fabulación, le da a éste el mismo nombre que había atribuido al hermanito en la 25ª sesión. Se trata aquí de un compromiso entre su deseo de destruir al bebé en el vientre de su madre y el deseo de conservarlo, testimoniando así la actividad de su superyó y del proceso de reparación en la lucha antidepresiva. Pero esta fantasía débilmente catectizada no tiene ningún valor resolutivo, y así la inquietud comienza a asomar rápidamente, y Carine medita sobre el hecho de que ha crecido y que muy pronto ya no podrá jugar como ahora. Bajo el efecto de la angustia, deja de platicar y propone jugar al "papá y la mamá". Toma al bebé, juega a cambiarle los pañales, y primero encuentra que su trasero huele bien, luego que huele muy mal y finalmente lo arroja al suelo. Entonces, prosigue su juego arrancando un bebé del vientre de su analista, a pesar de que justamente ésta representaba el papel de padre, y declara: "Éste, me lo como." La violencia de la emergencia pulsional que ha desorganizado la elaboración secundaria del juego (la distribución de papeles precisos limita los desplazamientos propios de los procesos primarios) conduce a un brusco cambio de juego y a una representación simbólica del falo: son indios que se matan arrojándose flechas; a veces muere ella y a veces la analista. No encontrando alivio por este medio, prosigue con otro juego. La psicoanalista es una niñita a la que le duele el vientre porque es mala, hay que ponerle inyecciones. De golpe, encuentra un compromiso en el que puede detenerse. En lugar de aplicar inyecciones punitivas a la niñita mala representada por la analista, le quita una espina y, en esta ocasión, puede manifestar en el juego su sadismo y su solicitud, su deseo de penetrar sádicamente el cuerpo de su analista y la formación reactiva que lo acompaña.

La realización edípica, aunque un poco forzada por los acontecimientos exteriores, realmente ha intensificado en un primer momento su culpabilidad respecto a su madre. Estar con su padre ha activado el deseo de Carine de tomar para sí el contenido del vientre de la madre, y la catexia agresiva de este objeto ha provocado su desdoblamiento: ella arroja al primero (bebé-caca) y en su juego se come al otro, después de sacarlo del vientre de la analista. Esta incorporación sádica resulta inmediatamente peligrosa para ella misma, lo que Carine intenta controlar jugando a que la mata la flecha del indio. Este exotismo tiene la doble ventaja de poner en escena personajes fálicos totalmente bisexuados (las trenzas con las que se representa a los pielesrrojas en los libros para niños asombran siempre a los jóvenes lectores) y absolutamente irreales, o por lo menos muy alejados en el espacio y en el tiempo. En la conciencia de la niña, en todo caso, éstos no son los padres. Pero la introducción defensiva de esta ficción no le impide percibir que es realmente a su analista a quien envía lápices a guisa de flechas. De ahí la necesidad de encontrar el compromiso final, en el que quita una pequeña espina a su analista, que representa esta vez el papel de la niña.

Esta espina es el producto de una condensación en la que la ventaja más perceptible es el dominio de la joven paciente. Es al mismo tiempo el residuo del bebé, objeto peligroso contenido en el vientre de la madre, y la proyección de la parte mala de Carine; encontramos aquí un procedimiento en todo comparable con el que permitió la elaboración del apelativo "señora del lápiz".

La táctica que hemos adoptado durante esta sesión es diferente de la recomendada por los psicoanalistas kleinianos. Durante esta sesión, no se le ha dado a Carine interpretación alguna. Más adelante nos extenderemos sobre las razones teóricas que nos han impulsado a divergir de la escuela inglesa, no obstante todo lo que ella nos ha aportado para la comprensión del material analítico de los niños.

Los acontecimientos se precipitan en la siguiente sesión (27ª).
Obviamente, la madre se encuentra en mal estado físico, y ambos
padres acompañan a Carine, quien entra al despacho sin que la situación haya sido explicada claramente. Pero el juego de Carine es muy
demostrativo y la psicoanalista no se sorprenderá por las noticias que
le dará el padre al final de esta sesión.

Carine distribuye los papeles inmediatamente. La psicoanalista será
una señora enferma que llamará al doctor para que la cure. Carine
representa el papel de un médico que pone inyecciones. Armada de
un lápiz, recomienza el juego a la vez sádico y lleno de solicitud de las
sesiones anteriores. El manifiesto placer de Carine permite a la psicoanalista mostrarle su concepción sádica de las relaciones sexuales y su
identificación con el padre en la "escena primitiva".

Una vez más, esta interpretación no concierne más que a las identificaciones de Carine con las imágenes parentales globales. En primer
lugar, la respuesta es un desplazamiento del objeto total al objeto
parcial. "Vamos a hacer salir a este malvado papá de amor" es una
fórmula llena de ambigüedad. No nos detendremos en el aspecto pin-
toresco de la formulación, posiblemente debido a un recuerdo verbal
reciente. Lo que importa es que la fórmula "vamos a hacer salir" es
la misma que Carine utiliza para la espina del dedo de la psicoanalista, y para el bebé que está en el vientre de la madre. De manera
que aquí el padre se confunde con el objeto parcial pene-bebé-heces-
pecho. Pero esta confusión provoca inmediatamente, por la puesta en
acción de los procesos secundarios, dos series bien diferenciadas. La
primera es la exclusión del padre, en una posición de Edipo invertido.
Carine representa el papel del médico que es un padre mejor que el
padre, ya que repara su agresión. Desde esta posición homosexual,
Carine se permite reprochar a su padre en el juego: 1º sus malvadas
inyecciones, es decir, sus prácticas sexuales percibidas como sádicas;
2º que le haya hecho un niño a la madre, lo que es una buena razón
para manifestar su descontento por no haber recibido ella misma un
niño de su padre. La segunda serie concierne a un intercambio de objetos con la madre. Después de poner una inyección a su psicoanalista,
que representa el papel de la madre, le extrae un bebé al que de
inmediato da el mismo nombre (Yannick) que en las fantasías de las
sesiones precedentes. Observemos a este propósito que ninguna asociación nos ha permitido saber más acerca del origen de este nombre,
posiblemente ligado a un residuo de vivencia cotidiana de la que ni
Carine ni sus padres hablaron nunca. Después de este juego del parto
de su madre, Carine mete el bebé bajo su suéter y durante algunos
instantes encuentra que ahí está muy bien. Acaba por extraerlo, y manifiesta su contento por tener un bebé suyo. Sigue dándole el mismo

nombre. Esta vez, el paso del bebé del interior al exterior sucede sin ningún dolor. La fantasía de introyección del objeto materno ha producido aquí una fantasía eufórica, con la cual termina la sesión. Al final de la sesión, nos enteramos de que la madre va a ser internada al día siguiente en la clínica, pero que Carine ha abandonado uno de sus comportamientos fóbicos, y que ha podido quedarse a dormir en casa de sus primos, sin la presencia de la madre. Ese mismo día, la psicoanalista constata que Carine, muy discretamente, se ha llevado el juguete que representa al bebé. Este *acting out* muestra que el sentimiento eufórico de plenitud indiscutiblemente vivido por Carine, cuando jugó a tener el bebé en el vientre, no duró más que aquel instante, y que fue reemplazado por la necesidad imperiosa de quitar a su analista este juguete que sirvió de soporte material a su fantasía. Queda, sin embargo, el hecho de que esta actividad mental es de una naturaleza distinta de la de las conductas fóbicas débilmente elaboradas, observables en Carine antes de comenzar su tratamiento. A pesar de que las actuaciones se intercalan sin cesar en sus actividades mentales, la elaboración fantasmática confiere a Carine, de ahora en adelante, una relativa autonomía con relación al objeto. La contracatexia de sus procesos mentales le permite luchar contra su angustia sin recurrir a la presencia real de personajes contrafóbicos, lo que acarrea una modificación espectacular en su comportamiento familiar. Al mismo tiempo ha adquirido la posibilidad de esperar, como va a demostrar al final de la sesión siguiente.

En la 28ª sesión, Carine anuncia que su madre ya ha dado a luz, pero, como ha nacido una niñita, el bebé no se llama Yannick, y Carine olvida electivamente el nombre de esta hermana, con gran sorpresa de su padre. Este olvido intriga a Carine, que a este propósito muestra su creciente interés por su funcionamiento mental. Es verosímil que su repugnancia a imaginarse poseedora de una hermanita sea la manifestación de sus celos edípicos. Es igualmente posible que haya soportado mal el que las cosas no se hayan desarrollado como las había previsto en sus juegos de las sesiones precedentes, manifiestamente destinados a proporcionarle un control de este acontecimiento, del que acabamos de explicar todas las resonancias emocionales. Como quiera que sea, el desagrado por este nacimiento ha sido lo suficientemente elaborado por el yo de la niña para no ocasionar sino un defecto de memoria, lo que merece ser subrayado.

Se le da ahora a nuestra joven paciente la interpretación de este aspecto de rivalidad edípica, y ella aprovecha para afirmar que su padre no puede interesarse sino en las niñas ya grandes.

Pero esta afirmación basta para provocar una angustia que se manifiesta por un juego que comienza bruscamente. Ella es el bebé

al que la madre alimenta, no, ella es la madre y la psicoanalista es el
bebé. Esta distribución no la calma más que la primera, a la que
regresa en forma persecutoria. El biberón es malo, la leche no está
bastante azucarada, pero esta reivindicación respecto de su madre
la asusta, y vuelve a adoptar el papel de una buena madre que va a
comprar un buen biberón y que alaba las cualidades de su marido
y de sus hijos. Esta fase eufórica permite a los productos de sus pulsiones agresivas retornar a la superficie. El bebé representado por la
psicoanalista está enfermo, y Carine controla entonces notablemente
su sadismo, jugando al médico y manifestando un raro dominio del
lenguaje para una niña de cuatro años: "fiebre, dolor de garganta,
pues sí, son anginas". Pero el manejo de las categorías propio de los
procesos secundarios no resiste mucho tiempo, y aparece un nuevo
acting: Carine coge el lápiz para poner una inyección, rompe la punta
con sus dientes y se la traga, diciendo: "Me la como." Tomando en
cuenta las interpretaciones precedentes, la psicoanalista puede ahora
mostrarle su deseo de incorporar el lápiz, símbolo del pene del padre
contenido en el vientre de la madre y proyectado identificatoriamente
en la psicoanalista. Carine asocia con naturalidad alrededor de sus
posiciones persecutorias ("Así tú ya no me harás daño"), y sobre la
fantasía de tener un niño del padre.

En la sala de espera, su padre, a pesar de no haber asistido a la
sesión, asocia a su vez diciendo que Carine se comporta como una
verdadera mujercita. Esto resulta demasiado para nuestra joven
paciente que, de golpe, deja de vestirse, rechaza la ayuda de su padre
y pide a la analista que represente el papel de su madre. Esta última
se ve entonces obligada a darle, delante de su padre, una interpretación de su culpabilidad edípica, en la transferencia. Carine termina
de vestirse y se despide con una frase que muestra claramente el valor
privilegiado que ha llegado a tener, para ella, la experiencia psicoanalítica: "¡Hasta la próxima semana, el próximo episodio de nosotras
dos!"

CAPÍTULO QUINTO

INTRODUCCIÓN DE UN SUPERYÓ COHERENTE Y SUS VICISITUDES

1] DESARROLLO DE LAS SESIONES

29ª sesión: En la sala de espera, mientras su padre le quita el abrigo, Carine me anuncia que su hermanita ha llegado ayer a la casa. Carine desayunó en el restorán con su padre, luego fueron en el coche a buscar a mamá; la hermanita tenía puesto un gorrito muy chistoso y mamá dijo que parecía una marmota; Carine añade: "Yo le di su biberón." El padre interviene: "Sí, hasta el de las diez de la noche, no te quisiste acostar antes, por eso hoy estás tan cansada que te has dormido en el auto al venir aquí." Descubro sobre una silla el bebé que me quitó tan discretamente el día que sus padres entraron a mi despacho para avisarme que la madre iría a la clínica al día siguiente. Carine lo lleva al despacho, lo deposita en su cunita habitual sin ningún comentario, no se vuelve a ocupar de él y me propone jugar a la maestra: ella me va a enseñar a escribir. Yo soy la niña, me hace sentar en la silla y ella toma mi sillón en el que, como de costumbre, se pone de rodillas a causa de la altura de la mesa. En una hoja de papel traza unos palotes y luego figuras geométricas que yo debo copiar fielmente. Me aprueba y dice que está bien. Luego hace animales, elefantes y girafas siguiendo un método muy estilizado que le han debido enseñar en la escuela; yo debo hacer como ella. Después trata de copiar los modelos que encuentra en la habitación: la lámpara que está sobre el escritorio, un avión y un indio encontrados en un libro. Mientras dibuja, me dice que felizmente no es más que una ilustración y que no puede lanzar flechas a las niñitas. De pronto, me hace notar que ya sabe dibujar los cuellos, los brazos y las piernas "con volumen". Por fin, dibuja el ombligo, y luego me ordena que vuelva la cabeza ... se ríe: "Ahora mira, tiene el ombligo como una flor." De repente deja de dibujar y me interroga: "¿Sabes quién me ha enseñado a dibujar los cuellos, los brazos y las piernas 'con volumen'?" "No." "Pues ha sido papá." Al mismo tiempo hace un trazo con el lápiz sobre la pantalla de la lámpara de mi escritorio, luego dos, luego tres. Yo la dejo hacer y continúa diciendo: "Está mal lo que estoy haciendo." Respondo: "Tú crees que pienso que eres mala porque

[97]

has dibujado con papá." Mira su lápiz y pregunta: "¿Tú no me quitas el lápiz como el lápiz de labios?" "No, pero pienso que te tranquilizaría que te quitara lo que tú me has tomado y por lo que tú buscas que papá te quiera." Se vuelve hacia mí: "Pero tú eres una niñita bien mala, qué cosa es esta sortija (mostrando mi sortija); son las mamás las que se ponen anillos, no las niñitas; vamos, al sótano, niña mala, ahí sola, en la oscuridad, para que tengas mucho miedo." Me toma de la mano, me conduce a un rincón del cuarto y, de pronto, capturada por su propio juego, empieza a tener miedo. Enciende una lámpara diciendo: "Bueno, está un poco demasiado oscuro, puede que yo sea una maestra demasiado severa, pero tú llorarás de todas maneras, de todas formas tendrás miedo. Te dejo aquí sola, voy a preparar la lección." Se sienta ante la mesa, garrapatea unos instantes y me viene a buscar: "Ya se acabó el castigo, ven a trabajar." Vuelve a empezar a hacerme trazar palotes, después es la hora del recreo, hay que salir a jugar al patio. Por fin es la hora de la salida que ella llama "la hora de las mamás"; finge ayudarme a poner el abrigo y me dice: "Vas a llorar porque no ves a tu mamá." Intervengo: "Ella cree que mamá la abandona para castigarla por quitarle su lugar junto a papá." Me responde: "Ahora, tú eres grande, hace ya mucho tiempo que no lloras; mira ahí está tu mamá, ya ves que no has esperado mucho tiempo." Luego se dirige a un interlocutor imaginario: "Señora, estoy muy contenta con su hija, dibuja muy bien, es necesario que continúe así."

  30ª sesión: Carine viene nuevamente acompañada por su madre, quien visiblemente quiere hablar conmigo. De manera que la escucho mientras me cuenta que el parto resultó bien, que el bebé es un poco más pequeño que sus otros niños pues nació antes de término, pero que está muy despierto y que come muy bien. Después Carine viene conmigo a mi despacho y se instala de inmediato ante la mesa en mi sillón: "Yo soy otra vez la maestra hoy." En una hoja escribe con letras mayúsculas de imprenta: "CARINE, MAMÁ, PAPÁ", y me dice: "Ya ves, en Carine, en mamá y en papá hay la misma letra, una A." Me pide entonces que escriba mi nombre, SIMON, cosa que hago. Ella lo mira asombrada, luego, cada vez más y más ansiosa, termina por decirme tartamudeando por la emoción: "Pero no hay ninguna A." Le digo entonces que "ella está muy inquieta, porque para sentirse segura necesita pensar que todo el mundo está hecho igual, si no, tiene miedo de que yo le quite lo que ella tiene y yo no tengo". Mientras hablo, ella continúa observando los cuatro nombres atentamente; al fin me dice triunfante, mostrando la N de Carine, de mamá *(maman)* y de Simon: "Oh, mira, por lo menos tienen algo parecido. ¿Cómo se llama eso?" Respondo: "N." Luego compara con la palabra papá: "Pero papá no tiene eso, tiene un gran chirimbolo (mostrando la P), claro, porque él es un muchacho, nosotras somos niñas." Después me muestra la M que hay en mamá y en Simon: "Esto es porque ustedes son mamás; puede que yo también tenga una así cuando sea grande." Luego escribe Carine seguido de mi nombre que copia: "Mira, así yo soy tu hija, tu mujer ... sí, mamá se llama..." (dice el nombre y apellido de su madre). Por fin, escribe las letras de Carine y de Simon, pero mezclándolas. Entonces la domina un acceso de júbilo, salta sobre el sillón, aplaude y dice: "Mira, estamos mezcladas las dos." Se vuelve hacia mí, me toma por el cuello, me besa, frota su mejilla contra la mía y dice: "Te quiero mucho..." Cuando su emoción se calma, toma otra hoja y regresa a su papel de maestra de escuela: "Vamos, vamos, hay que trabajar, les voy a poner modelos y me van a escribir una bonita página de escritura." Hace unas cuantas o, varias i y varias s, comentando: "Esto es lo que me están enseñando a hacer en clase. Dame tu mano para que te enseñe a formar las letras." Me toma la mano para mostrarme cómo se escribe y añade muy seria: "Ahora van a seguir escribiendo solas; yo tengo que corregir las tareas de ayer y preparar la historia que contaré mañana." Se levanta, se va a sentar en mi sillón de análisis, al otro extremo de la habitación, hace como que corrige las tareas, la oigo interpelar a alumnas imaginarias: "Marie-Hélène, ¿qué son estos garrapatos? ¡No haces las letras nada bien, no pones ningún interés! Hoy no tendrás buena calificación... ¡Ah! Valérie, esto está muy bien, etc." Luego se levanta, viene a ver lo que he hecho, encuentra que mi trabajo es satisfactorio y me da una buena calificación. De pronto, interrumpe el juego y me dice muy emocionada: "Yo le doy el biberón a mi hermanita, ella ya me reconoce, me sigue con los ojos, agita sus manos, sonríe cuando la voy a ver en su cuna." Y sonríe para mostrarme cómo la recibe Marie. Cuando acompaño a Carine donde está su madre, ésta me dice que su hija mayor es muy buena, muy cuidadosa con su hermana.

31ª sesión: Al ir a buscar a Carine a la sala de espera le recuerdo, así como a su madre, mi próxima salida para mis vacaciones de invierno. Carine viene a sentarse ante la mesa, como siempre, en el sillón, y me dice que la calefacción de la escuela está estropeada, que hizo mucho frío y por eso está resfriada. La escuela está cerrada durante las reparaciones, así que ella se queda en casa. Quiere jugar a la maestra, toma una hoja, escribe algunas vocales, que yo debo copiar, pero se detiene rápidamente y quiere jugar al papá y la mamá: "Tú serás el papá, yo seré la mamá, ellos conversarán en la sala mientras que los niños grandes están ya acostados, y ellos esperan la hora de darle el biberón a Marie." Se instala, cruza las piernas, da vuelta al

sillón para darme la cara, pero, antes de empezar a hablar, abandona
esta idea y dice: "No, mejor yo seré el bebé, tú me darás el biberón."
Le respondo que en el momento en que me voy a separar de ella no
quiere ocupar mi lugar cerca de papá, sino ser el bebé al que yo alimento. Ella se había levantado para dirigirse al diván, ahora se vuelve
hacia mí y replica: "Bueno, y qué, yo soy todavía pequeña, ¡sólo tengo
cuatro años!" Voy a sentarme en el diván como ella me lo pide, se
recuesta y apoya la cabeza sobre mí. Toma el biberón y reproduce
exactamente los gestos que se hacen para alimentar a un recién nacido. A veces abre mucho la boca y se acaricia ligeramente la cavidad
bucal con la tetina antes de apretar los labios sobre ella; a veces
deja la boca cerrada, los labios apretados, acariciándoselos largamente
con la tetina antes de atraparla con la boca. Acompaña todo esto de
pequeños movimientos de rotación de la cabeza antes de inmovilizar
la boca, reclinando la cabeza de mi lado. Mientras hace estos gestos
sigue hablando, explicándome que un bebé muy pequeño no ve muy
bien, que por lo tanto no puede ver el biberón, pero que puede sen-
tirlo con los labios, y que hay que hacer que sienta las gotas de leche
tibia y azucarada en sus labios, para que se dé cuenta de dónde está
el biberón y que ha llegado el momento de beber. Carine encuentra un
placer muy vivo en este juego y en cierto momento, mientras está
recostada, la falda levantada sobre sus mallas, las piernas separadas,
los muslos un poco flexionados, lleva su mano por unos instantes a la
región vulvar. Luego me dice que yo soy el bebé y quiere darme
el biberón de la misma forma y acompañando sus gestos con frases
tiernas. Interrumpiendo este juego, regresa al escritorio y me pregunta:
"¿Adónde vas de vacaciones?" Le respondo: "A la montaña." "Yo
no he estado nunca en la montaña, cuando fui de vacaciones estuve en el mar, pero ya tengo mis pantalones de esquiar, y puede
que el año próximo vaya a la montaña." Termina la sesión dibujando
montañas y el hotel donde pasaré mis vacaciones.

32ª sesión: A la sesión siguiente, al regreso de mis vacaciones,
Carine llega con mucha anticipación y debe esperar mucho tiempo.
Cuando la voy a buscar, ha cerrado las cortinas dobles de la sala de
espera, ha encendido la lámpara y se ha escondido detrás de dos
sillones que ha puesto uno junto a otro muy cerca de la pared. Se
asoma en cuanto abro la puerta y me dice: "Mira, he hecho que
sea de noche." Le respondo: "Sí, ya lo veo." Se vuelve hacia su madre:
"Ya ves, mi amiga no me regaña." Me da la mano y, en el pasillo,
camina al mismo paso que yo, mira sus zapatos y me dice: "Mira, tengo
zapatos de charol como los tuyos." En el despacho, exclama: "Oh, es-
tuviste fuera mucho tiempo", y en seguida: "Vamos a jugar al lobo,
yo soy el lobo malo que asusta a las mamás." Viene hacia mí con las

manos extendidas: "La voy a comer, señora." Le pregunto por qué. "Para castigarla." Le pregunto por qué razón. Me responde: "Por dejar sola a su hijita." Intervengo: "Carine, estás enojada conmigo porque me fui, y piensas que, cuando me tengas dentro de tu vientre, ya no podré abandonarte." Se queda asombrada, se frota el vientre y dice: "¡Oh, no es bastante grande para eso!" Y después, escandalizada: "Pero yo nunca he querido comerme a mi mamá, la quiero demasiado." Muy pensativa, continúa: "Pero también me gustan los bombones, y van a mi vientre." Y de pronto, muy vivamente: "¿Sabes?, dije muchas malas palabras cuando te fuiste; ¡decía caca todo el tiempo¡" Vuelvo a intervenir: "Cuando no estoy aquí, tú te enojas, y quieres deshacerte de mí como de una caca." Carine asocia proponiendo un juego: "Ven, vamos a jugar al bebé, tú eres el bebé, yo te doy el biberón y tú haces go-go para decir que tienes hambre, porque todavía no sabes hablar." Acerca el biberón a mis labios, pero lo retira inmediatamente diciendo: "No tan rápido, te vas a atragantar." Repite este juego muchas veces, haciéndome siempre diversas advertencias: "Eres muy glotona, hijita, tienes que reposar un poco." Termino por decirle: "Tienes miedo de que te coma entera, como tú has tenido ganas de comerte a tu mamá." Me responde: "Pero Marie toma el biberón, no el pecho de mamá, ya lo sabes." Luego su juego se modifica, ella es el bebé y bebe vorazmente, arranca la tetina del biberón, la desgarra, la guarda en su boca, se mete en la boca hasta la mitad del biberón de juguete, y todo esto mirándome, vigilando mis reacciones, hasta que acaba por preguntarme: "¿No me dices nada?" —"No". —"¿No te da miedo que me atragante?" —"Tú temes ser castigada por tu deseo de hacerme pedazos como a la tetina." Continúa: "Ahora tú vas a planchar, vas a lavar los platos sola, yo ya soy una niña grande, voy a dormir." Hace que duerme, luego me llama: "Mamá, quiero beber, pero me traes un vaso porque ya soy grande." Finge que bebe de un vaso y este juego dura algunos instantes. Luego yo soy la hija, voy a sentarme en el diván, ella se sienta en mi lugar ante el escritorio y simula escribir: "Escribo unas palabras a tu maestra para decirle que estás enferma, resfriada, que no puedes ir a la escuela." Le respondo dentro del juego: "Sí, de esta manera puedo quedarme contigo, estoy contenta de estar enferma." Me replica: "Oh, pero qué dices, tú exageras, yo no me resfrío a propósito, y además, mamá de todas maneras me lleva a la escuela cuando estoy solamente resfriada." Se pone pensativa: "Es muy molesto cuando estoy resfriada, por la mañana tengo caca en los ojos, están todos pegados." Me interroga: "¿A ti te pasa igual? Hay que lavarlos, ponerme gotas, pero yo misma me pongo las gotas, porque son gotas agradables, y después yo veo mejor que mamá." Después toma un

papel de la mesa: "Voy a hacer un dibujo." Dibuja, comentando:
"Es una luna." Se vuelve hacia mí y me pregunta: "¿Tú tienes miedo
de la luna?" "¿Y tú?" "Pues sí, tengo miedo de que me coma, que me
coma los ojos." Le respondo: "¿Los ojos? Puede ser porque piensas
que te quiere castigar porque crees que has hecho algo malo con tus
ojos." "No, es ella la que me mira." Dibuja entonces una niña con
falda plisada, y esta niña se levanta la falda; añade: "Eso no está bien,
es una niña mala." Durante toda esta sesión Carine se comportaba en
forma muy exhibicionista, alzando a menudo su falda plisada y mostrando sus calzones. Interpreto: "Puede ser que tú tengas miedo de
que la luna venga de noche, como hace mamá, para castigarte por
levantarte el camisón para tocarte tu alcancía pensando en lo que papá
y mamá hacen en la cama." Me responde: "Para empezar, yo siempre
hago toc-toc antes de entrar al cuarto de papá y mamá, y en mi
casa vieja yo no podía bajarme de mi cama, era demasiado alta,
ahora duermo en un diván; Bruno tiene mi cama vieja y Marie tiene
la camita blanca." Luego añade: "En mi casa vieja, papá había hecho
un agujerito en la puerta para mirar lo que hacía yo cuando dormía
o cuando no dormía." Se levanta: "Voy a mostrarle la luna a mamá."
Se va a la sala de espera. La oigo decir a su madre: "¡Mira qué
bonita luna he dibujado!" y regresa con dos bombones y dos chicles.
Toma un bombón y un chicle, y me da otro bombón y otro chicle: "Es
para ti, toma, come." Tomo el bombón, ella mastica el suyo y desenvuelve su chicle, se pone soñadora y monologa mirándome: "El bombón es bueno, baja a mi vientre, pero el chicle se queda en mi boca.
¿Por qué me gusta más el chicle?" Le respondo: "Prefieres el chicle
a los bombones porque así puedes verificar que no te has comido
verdaderamente a tu mamá, a pesar de tu deseo, porque ella sigue
estando en tu boca."

33ª sesión: Carine vuelve a llegar demasiado temprano a esta
sesión y, desde que entra, hace mucho ruido en el pasillo. Durante
toda su espera no cesa de hacerse notar, abriendo y cerrando la puerta
de la sala de espera, paseándose por el pasillo, yendo al baño y llamando a su madre; ésta multiplica los "¡chssss!" sin resultado. Cuando
salgo al pasillo acompañando a la enferma que estaba en mi despacho, Carine está en el umbral de la puerta de la sala de espera
y parece absolutamente estupefacta de verme con una adulta. Una
vez que sale mi paciente, Carine camina junto a mí hacia el despacho
y me pregunta: "Pero, ésa es una señora, ¿las señoras también te
vienen a ver?", y muy pensativa va a sentarse como hindú en el diván;
reflexiona intensamente y repite: "¿Pero esta señora también tiene
miedo? ¿Las señoras también tienen miedo? ¿Pero de qué pueden
tener miedo las señoras?" Luego, repentinamente muy asombrada:

"¡Entonces, su mamá no la llevó cuando era pequeña a hablar con una amiga! ¿Pero de qué pueden tener miedo las señoras?" "Sí, ¿de qué crees tú que tenía miedo esa señora?" Se levanta, se aproxima a la mesa, toma papel y un lápiz, y dice violentamente mientras comienza a dibujar: "¡De qué puede tener miedo este pedazo de idiota!" Al tiempo que habla, dibuja muy rápidamente una cabeza de lobo, desciende en seguida de la silla y dice: "Quiero ir a enseñárselo a mamá." Mientras se dirige a la puerta le recuerdo que, la última vez, jugó al lobo que quería castigarme y comerme por haberla abandonado. Ella me grita: "¡La última vez, mierda, mierda, mierda!", y raya la puerta con el lápiz, luego se vuelve hacia mí: "Yo soy una niña mala, y tú eres una señora mala." "Yo soy una señora mala cuando te abandono, y tú te sientes una niña mala cuando en tu cólera me cubres de caca." Regresa al escritorio, se sienta, y comienza un animal que en seguida tacha porque lo encuentra mal hecho, luego otro que garrapatea igualmente, y por fin un osito que sufre la misma suerte por igual razón. Le digo que, verdaderamente, ella tuvo mucho miedo de mí la vez pasada, y que hoy le sucede lo mismo. Me responde: "Sí, porque el osito me ha mordido el dedo, porque tú me has mordido un dedo." Y con un gesto muy vivo arroja al suelo todos los papeles que están sobre mi escritorio, diciéndome: "Tú eres fea, tienes un vestido feo", y me golpea con el lápiz en los brazos y en el vestido. Mientras me agacho para recoger mis papeles, va hacia el pequeño librero que es de su altura y tira todos los libros sobre el tapete. Continúo recogiendo papeles y libros mientras Carine se retira a un rincón de la pieza, desde donde me observa muy ansiosamente. Viendo que pongo las cosas en orden sin regañarla, empieza a calmarse un poco, y el ambiente se serena, pero de pronto se deja caer en el suelo con los brazos en cruz gritando: "Estoy muerta, ya no hay más Carine, ya no se hablará más de Carine, de esta sucia y fea pequeña Carine, y ella se lo merece." Luego, levantando la cabeza, me dice: "Dilo tú, que ella se lo merece, yo no voy a llorar, vamos, dilo: ¡no vale la pena llorar por esta fea y mala Carine!" Me arrodillo a su lado, y le hablo largamente con frases cariñosas. A cada momento me interrumpe para repetir: "Carine está muerta, Carine tiene que estar muerta, así no molestará más a nadie, no molestará más a su mamá. Sobre todo, que mamá no llore, no vale la pena, yo no soy nada de nada, sólo soy una mala niña, etc." Le digo que ella ha querido castigarme por haberla dejado, por interesarme en otras además de en ella, que cuando ella me cree mala ella toma mi maldad para sí misma, pero no consigo calmarla. Por fin le digo que ha querido maltratar y arrojar lejos de ella y de mí todos esos papeles y libros que a mí me importan lo mismo que a su madre le importa su hermanita. Entonces se levanta vivamente y dice con orgullo: "Está bien, ocúpate entonces de la niñita que es tan mona, yo estoy muerta." Le respondo que prefiere imaginarse muerta que sentirse culpable de desearle la muerte a su hermanita. Estalla en sollozos, me echa los brazos al cuello y dice: "Oh, sí, hay momentos en que yo deseo mucho que Marie estuviera muerta, mamá sólo se ocupa de Marie, etc." Se pone a llorar con fuertes sollozos. Poco a poco sus sollozos se espacian, toma mi pañuelo y se enjuga los ojos. Luego se calma, se levanta, y dice: "Ah, yo soy Marie, tú me das el biberón y me llevas a pasear en un cochecito." Se sienta en el diván y me explica: "Vas de compras y todas las señoras dicen que Marie es muy linda." Después de algunos instantes de este juego, durante el que sonríe a interlocutores imaginarios, lo completa de la siguiente manera: yo me convierto en el papá que encuentra que Marie no es muy divertida porque no puede hablar, y que lleva a pasear también a Carine para tener con quien hablar. Ella representa siempre el papel de su hermanita, y el bebé de juguete la representa a ella. El trío se pasea unos momentos, luego decide que quieren ir al zoológico. Para ir al zoológico nos subimos al gran coche de papá porque no se puede ir a pie. El diván es siempre el auto, yo me siento y ella pone junto a mí al bebé que la representa y se sienta junto a mi otro costado. Carine habla con su papá, y lo hace hablando alternativamente como Carine y como su padre, representándola siempre el bebé de juguete. Habla de la señora X... que tiene un vestido nuevo, y su padre la admira mucho porque este vestido nuevo es verdaderamente muy bonito, discuten sobre la forma del vestido, sobre su color. Llegados al zoológico, papá dice a Marie que se porte bien mientras él va a ver a los animales con Carine. Explica que Marie no puede venir con nosotros porque es muy pequeña y no sabe caminar. Debo levantarme y llevar a Carine a ver los animales. Desde el diván donde ella permanece sentada me indica lo que voy viendo: los elefantes, los leones, los tigres, las focas en el agua. Pero acordándose de que ella es Marie, me llama y dice que tiene sed, que hay que darle un biberón. Me acerco a ella y le digo siguiendo el juego: "Te vas a quedar tranquila, no tienes que ponerte celosa porque yo esté con Carine." Me responde: "Bueno, me voy a dormir otra vez y mientras, vayan a ver a los papagayos." Pero cambia de opinión y trata de encontrar un compromiso para quedarse conmigo (su padre): "Tú no sabes dónde están los papagayos, quizá tú no has estado nunca en el zoológico de Vincennes, yo voy a enseñarte dónde están los papagayos." Se levanta y camina encorvada para hacerse más pequeña, y después, trotando, regresa al diván. Participa en este juego en forma extremadamente activa, representando alternativamente todos los papeles. Terminada la sesión, la reconduzco donde está su madre, habiendo olvidado por completo que tengo marcas de lápiz en los brazos y el vestido. La madre me pregunta ansiosamente si la sesión ha estado bien. Pensando que la madre difícilmente me creería si le respondiera que sí, tanto más que su hija se ve muy nerviosa, le contesto: "En efecto, Carine al principio estaba un poco agitada, pero se ha calmado en seguida." La madre me confirma que su hija se ha mostrado difícil desde la mañana. Carine, que está poniéndose el abrigo, se da vuelta y me dice: "Claro, porque tuve un mal sueño: soñé contigo, tus ojos, tus cabellos, tus cacas." La madre no dice nada, las acompaño a la puerta y ya en ella Carine, contrariamente a su costumbre, me sujeta por el vestido, tira de él para obligarme a que me incline, me toma del cuello y dice: "Muchas gracias por todo lo que me has dicho", y me besa.

34ª *sesión:* Cuando voy a buscar a Carine, está sentada en el suelo mirando un libro. Se levanta: "Mira qué bonito mi vestido nuevo. Tu falda es fea (llevo puesto un traje sastre). Pero ¿qué cosa es ese saco? Sólo los señores usan saco." Viene al despacho, observa la mesa de la que he quitado todos los papeles, sus ojos van desde la mesa, en la que no hay más que el papel para dibujar, a los estantes de la biblioteca donde sabe que acostumbro colocar las cosas que no quiero que ella toque. No hace ninguna observación, yo tampoco, y ella dice: "Quisiera el bebé"; se dirige al pequeño mueble en el que se guardan los juguetes, lo abre y lo vacía por completo en el suelo... Toma el bebé y me explica que vamos a continuar el juego de la última vez. En esta ocasión, ella representa el papel de padre, yo el de Marie, y debo quedarme en el auto mientras ella se va a pasear con Carine. Visitan el zoológico, miran a la jirafa, le dan pan al elefante, cacahuates a los monos, se pasean montados en el camello, y ella se muestra extremadamente dulce con su hija representada por el bebé de juguete, la llama "mi querida, mi tesoro, mi pequeña Carine". De tiempo en tiempo se vuelve hacia mí y me ordena: "Tú lloras, porque tú eres Marie y ya estás cansada de estar en el auto." Acude junto a mí: "Ah, tienes sed, espera, te voy a dar de beber, te voy a dar un biberón; pero, ¿sabes?, aún no he terminado de pasear con Carine, porque hay muchas cosas que ver en este zoológico, tienes que portarte bien, haz a ro un poquito, los bebés de dos meses tienen que dormir, no tienes más que hacer un poquito a ro ro y yo ya regreso." Yo hago únicamente lo que ella me dice. Este juego dura algún tiempo, luego regresa a mi lado y decide ser la madre, porque es la hora de acostarse y es la mamá quien acuesta al bebé. Me da el último biberón de la noche; de pronto yo soy un bebé enfermo, hay que curarme, me van a poner gotas en la nariz, me da un jarabe porque tengo un poco de tos y, naturalmente, hay que ponerme inyecciones. Pero, por primera

vez, no pasa a la acción, y no me pica con el lápiz. Se sienta junto
a mí, tomándome en sus brazos tanto como le es posible, me consuela
muy tiernamente, me besa, me compadece porque sufro, diciendo:
"Mi pobre bebito querido." Al cabo de cierto tiempo de este juego,
intervengo: seguramente ella cree que una niña debe pagar muy caro
el placer de estar a gusto con su mamá. No responde y continúa su
juego, luego me dice de repente: "Bueno, hacemos que ya no estás
enferma, que ya estás curada, pero creo que te quiero lo mismo."

35ª sesión: Encuentro a Carine muy tranquila en la sala de espera,
está sentada en un sillón y hojea un libro. Viene al despacho en cuanto
la llamo, se sienta como hindú sobre el diván y me pide que me
siente junto a ella. Prosigue diciéndome que hoy está triste, y me pregunta si, cuando yo era niñita, estaba también triste. Desea que yo le
diga por qué están tristes las niñitas. Le pido primero que me diga
por qué está triste hoy: "Porque he soñado contigo, tú tenías dos
caras, una muy amable y sonriente, así (hace una gran sonrisa), y la
otra con dos ojos malos y una gran lengua", adopta un aire serio, abre
mucho los ojos y me saca la lengua, como lo hacía a menudo al
decirme adiós, sobre todo al principio del análisis. Continúa: "Me
gustaba mucho cuando tenías tu cara amable, quería tocarla y aca-
riciar tu mejilla, pero cuando extendía la mano, entonces tu cara se
volvía mala, y yo retiraba de prisa la mano porque me daba mucho
miedo." Se levanta rápidamente del diván, corre hacia la puerta y
dice: "Tengo que decirle algo a mamá." Espero unos instantes y como
no regresa voy a la sala de espera. La encuentro sentada en un sillón
mirando un libro de estampas. Al verme entrar me dice: "Déjame
leer." Yo dudo algunos segundos antes de darle una interpretación
delante de su madre, pero Carine se levanta, toma todas las revistas
que están sobre la mesa de la sala de espera y dice: "Voy a leer a tu
despacho, ayúdame a llevar todo esto", y me pone en los brazos todas
las revistas disponibles. Tomo algunas y ella se pone otras debajo del
brazo y, al pasar junto a su madre, toma el libro que ésta tiene sobre
las rodillas, diciendo: "Éste también lo quiero." Su madre titubea, me
mira, pero no ofrece resistencia y Carine toma el libro; su madre ya
no tiene nada que leer y así se lo dice ella. Llegada ante la puerta,
Carine regresa sobre sus pasos y le devuelve el libro a su madre:
"Oh, yo tengo suficiente con todos ésos [mostrando las revistas que
yo llevo], lee tú éste, mamita querida", y la besa. En el despacho se
instala de nuevo en el diván, con las revistas desparramadas a su alrededor. Le digo que cuando tiene ganas de tomarme todo lo que yo
tengo entonces piensa que me vuelvo mala, como tuvo miedo de que
su madre se volviera mala cuando le quitó el libro. Me responde:
"Dime, ¿con quién eres tú más feliz? ¿Con tus libros, con tu marido

o con tus niños?" Le pregunto en qué está pensando. "No lo sé, yo no te he visto nunca más que con tus libros o conmigo, y yo a veces soy mala, entonces tú te vuelves mala." "Tú me crees mala porque crees que es malo tener ganas de quitarme todo lo que tengo: mis libros, mi marido y mis hijos." "A tu marido, tú le dirás ¡mierda!" Continúo: "Tú quisieras que yo lo arrojara de mí como a una caca." "Oh, pero no, ¡yo no soy tan celosa como eso!, no lo quiero para mí sola", y añade: "Y además, yo no quiero estar sola contigo nunca más, no, qué es lo que te has creído." "Yo creo que tú tienes tanto miedo de quitarme mi marido como de pensar que te gustaría ser él." "¿Tu marido te acaricia la mejilla?, di. Oh, déjame leer, si charlamos luego no voy a leer nada." Toma un libro y parece interesarse en él. La dejo, ella mira el libro y hace algunos comentarios acerca de las ilustraciones. Se trata del mismo libro de otras veces, el que cuenta las aventuras de dos muchachos exploradores; ante estos muchachos todo cede, especialmente las bestias feroces. Ve a unos leones que hacen yoga, encuentra que tienen posturas chistosas, cabeza abajo, y que es curioso que los leones se pongan así. Los encuentra lindos. Su lectura se prolonga hasta el final de la sesión.

36ª sesión: Encuentro a Carine en la sala de espera con una joven desconocida, ya que siempre ha venido acompañada por su madre o por su padre. Viene conmigo inmediatamente, se sienta ante el escritorio y dice: "Vine con alguien que tú no conoces, es Martine, una segunda mamá. Yo tengo dos mamás, no, hasta tres, porque tú también eres mi mamá... Mi mamá está cansada, por eso es que vine con Martine, mamá acaba de tener un bebé, tiene montones de bebés, mamá, tantos como esto...", y muestra sus dos manos con los dedos muy abiertos, "...ella está en la clínica, oye cómo berrean montones de bebés, eso la cansa mucho". De pronto me ordena: "Enséñame tus nalgas." Le respondo que quisiera ver mis nalgas para verificar si no voy yo también a hacer salir un bebé de mi vientre. Carine me responde: "Pero yo no deseo que tú quieras a ningún otro niño que a mí. A tus niños yo los echaré por la taza del baño y yo misma tiraré de la cosita para que corra el agua y que ellos se vayan." Luego, con el rostro repentinamente ansioso, añade: "Dime, ¿es malo pensar así?" "¿Qué es lo que piensas?" "Yo pienso que tengo anginas, me han dado medicinas, ha venido el doctor y ha dicho que es porque comí demasiados chicles." Ella advierte ahora que está mascando uno: "Pero todavía tengo uno en la boca, me había olvidado, me lo voy a tragar." Lo traga y se inquieta: "Oh, pero ahora se me va a pegar todo el vientre", se da palmadas en el vientre: "Va a venir un doctor, me abrirá el vientre para despegarlo." Y añade: "Pero él se comerá todo lo que hay adentro, porque le darán ganas de comer chicle."

Le respondo: "Así piensas tú que voy a vengarme porque tú hace un momento tenías ganas de hacer desaparecer todos mis niños-caca en el baño." "Oh, ¡ya cállate con tus cochinadas! Yo jamás he comido caca, y cuando yo no quiero que Bruno coma algo, le digo: 'No, eso es caca'." Luego continúa: "Ven, vamos a jugar al papá y la mamá, yo soy el bebé, y tú eres una mamá-papá, no, tú eres el bebé, yo soy la mamá y el papá es... (mira por todo el cuarto y viendo la estatuilla sobre el librero, decide): Bueno, mira, éste será el papá." Me explica: "Tú lloras porque quieres un biberón, pero quiero lágrimas de verdad, lágrimas de verdad que corran por tus mejillas." Se acerca a mí para darme el biberón, pero dice que hay una avispa en la tetina y que la avispa me va a picar, que yo tengo miedo, tengo que gritar. Ella espanta a la avispa, pero ésta siempre regresa. Este juego dura algunos instantes y al fin me dice: "La avispa te va a picar, se te hinchará el vientre." Toma el biberón y simula ponerme una inyección en el vientre. Le digo que de esta manera me devuelve los niños que me había quitado. Me responde: "Tú estás enferma, hay que ponerte inyecciones", luego me regaña: "No tenías por qué irte a pasear desvestida por el jardín." En seguida, hay que ponerme la vacuna DPT con una pluma, "la más mala", luego una vacuna contra la polio. Pero, igual que antes, se conforma con representar la escena. Se interrumpe de pronto y me dice: "Pero, es cierto, las mamás tienen vientres hinchados cuando van a tener bebés." Coge todos los lápices que están en el cajón del escritorio y me advierte: "Te los quito." Le hago notar que así quiere quitarme todos los niños que me ha puesto en el vientre, como ella cree que papá los pone en el vientre de mamá. Me responde: "Pero no, no todos", y arroja uno a uno los lápices sobre la alfombra, conservando uno que pone en su vientre por debajo de su suéter: "No lo sacaré hasta cuando esté en mi casa." Corre a la sala de espera y yo la aguardo unos instantes, faltan algunos minutos para el fin de la sesión; no viéndola regresar, voy a buscarla, pero la joven que no la había acompañado nunca antes le ha puesto ya el abrigo creyendo probablemente que la sesión ha terminado, y Carine se va dejando el lápiz sobre la mesa.

37ª *sesión:* Al entrar en el despacho, Carine me anuncia que esta semana pasó muchos días en casa de Martine, y que jugó con Eric. Se ha divertido mucho, Eric es mucho más amable que Bruno, además es más grande y le deja sus juguetes, han jugado a los autos y al tren. Dibuja el tren, la locomotora, dos vagones y los rieles. Al abrir el cajón para tomar un lápiz de color, ve un aro de cortina, lo coge y declara: "Éste es mi anillo, cuando yo sea grande Eric será mi marido, él es muy simpático." Toma mi mano para comparar el aro que se ha puesto en el dedo, y mi anillo. Luego se baja del sillón para ir a pedirle chicle a su madre. Como no regresa la voy a buscar, está discutiendo con su madre, ésta ya no tiene más chicles en su bolsa porque Carine ya se los comió todos. Carine insiste sin embargo y de repente ve un paquete en una silla: "¡Ah, ahí hay algo!" La madre responde: "Pero eso no es para ti, es para Marie." Carine deshace el paquete y saca un tubo de crema para bebé, declara: "Me lo llevo." Ha reconocido el tubo y quiere abrirlo, pero como no tiene hecha la incisión, no sale nada cuando lo aprieta. Mientras manipula el tubo, me cuenta que su padre le ha llevado un bebé de plástico que se puede bañar. A fuerza de presionar el tubo acaba por perforarlo y de pronto una larga tira de pomada amarilla salta y va a caer sobre el tapete. La niña está asombrada, hace girar al tubo en todos sentidos pregunt-ándose cómo ha podido suceder eso, luego dice: "Parece una gran caca." Se dirige al diván, coloca al bebé sobre el asiento y le unta crema, me aproximo y le sugiero poner al bebé sobre una hoja de papel que le ofrezco. Ella aprueba: "Es cierto, mamá pone siempre un pañal limpio en la almohada cuando cambia a Marie." Continúa su juego, ella es la mamá, yo soy el papá, debo sujetar los pies del bebé porque patalea, no está contento. Se dirige al bebé: "Claro que te duele, mira cómo estás lleno de granos en las nalgas, y tu alcancía está toda roja, tengo que ponerte esta pomada y luego talco, vamos quédate quieta." De pronto interrumpe el juego y me pide que yo sea la mamá, ella será el bebé a quien yo pongo la pomada. Intervengo: "Después de imaginarse que es una mamá como su madre, con un marido y un bebé, ella se siente culpable del placer que tiene conmigo, y quiere que yo me convierta en una mamá que, para vengarse, le haga daño en el agujero por donde ella desea recibir su bebé de papá." Me responde "que la pomada sólo hace daño cuando se pone apo-yándola, que después eso calma, y que si yo no quiero ponérsela, ella se la pondrá sola". Baja un poco su calzón y pasa rápidamente su dedo sobre sus órganos genitales.

38ª sesión: Carine vuelve a llegar demasiado temprano y tiene que esperar. La oigo cómo va sola al baño, desde donde llama a su madre, ésta no responde y Carine le grita: "Pero ven, no tienes que tener miedo, mi amiga no dirá nada." Cuando voy a buscarla, me recibe con esta observación: "Estabas muy ocupada, había mucha gente hoy." Al momento de sentarse en la silla de paja delante del escritorio, la rechaza y me pide el sillón, ya que tiene puesto un vestido y la paja "le araña las nalgas", y me explica que cuando trae pantalón o mallas sí puede sentarse en la silla de paja. Así que se sienta en el sillón, pero descubre un cabito de fibra que asoma, abre las piernas para tirar de él y me dice tocando su calzón: "Tú quieres ver mi alcarito, es lindo mi alcarito, me gusta mi alcarito, huele bien, yo me la como." Cierra

los muslos y dibuja un barco, luego me toma del cuello para decirme
un secreto: "Estuvo jugando en las Tullerías con Eric, hicieron na-
vegar un barco." Luego me deja para ir a pedirle caramelos a su
madre, regresa con una cajita y me explica que es su hermano Bruno
quien se los ha dado; Bruno ya está grande, pero ella sigue siendo
la hermana mayor. Me pregunta si conozco a sus amigos varones:
Marcou, Eric, papá, Bruno. Me vuelve a tomar por el cuello para
decirme un secreto: "Hay que dejar caramelos para los amigos varones", pero en realidad se los come todos menos dos, a mí me da uno,
que me quita en seguida, porque hay que dejárselo a Bruno, ya que
él le regaló la caja, pero se lo come también. Luego se pone a hablarme
largamente de su padre, de sus juegos con él, pero también de los
otros "muchachos" que conoce; mezcla sus identidades, trata de confundir las pistas. En muchas ocasiones, vuelve a agarrarme del cuello
para decirme al oído un "secreto" que no puedo escuchar, su relato
se hace cada vez más informe. Al cabo de un momento me dice impaciente: "Pero ¿qué es lo que te pasa?, no comprendes nada hoy." Le
respondo que creo que ella tiene miedo de que yo comprenda que
desea tener por marido a su padre. Muy vivamente emocionada por mi
interpretación, se sienta en el piso y murmura: "Oh, eso, yo jamás
dije eso", luego se controla y ordena: "Dame tus zapatos", me los
quita y se los pone, ella es Françoise (su madre), que va al mercado
a comprar queso, huevos, chicle, leche y plátanos. De regreso en la
casa, una amiga (yo) le telefonea y le pide noticias de la familia.
La madre responde que todos están bien, pero que su marido está muy
nervioso, acaba de regresar de un viaje muy fatigoso y Bruno está
insoportable y lo hace gritar mucho. Terminada la sesión, va a la
sala de espera con mis zapatos puestos y los suyos en la mano. La madre
se sorprende un poco de vernos llegar así pero no dice nada. Mientras
Carine se pone el abrigo, me interpela: "Sobre todo no le digas mi
secreto a mamá", y dirigiéndose a su madre: "Mamá, tengo un secreto." Su madre le responde: "Ya que has empezado, seguro acabarás
por decírmelo."

39ª sesión: Carine entra en el despacho con un librito de cuentos
ilustrados que describe la vida de los animales en una granja. Se pone
a contármelo exactamente como una madre que relata un cuento a su
hijo. De esta manera me cuenta muchos, luego se detiene, dice que
le gustan mucho las historias, y que va a inventar una. Reflexiona un
momento antes de decidir de qué animal me va a hablar. Acaba por
elegir una cabra y la dibuja: "Éste es el papá cabra, ha trabajado
mucho, quiere descansar." Dibuja al papá cabra sobre una mecedora,
luego dibuja una cabrita a su lado, sobre una pequeña mecedora
también. Por fin me dice: "Pero ¿qué vamos a hacer con la mamá

cabra?" Después de un momento de reflexión, decide: "Bueno, no hay más que mandarla a misa, ¿ves?, hoy es domingo." Asocia alrededor de su último domingo. Estuvo con sus padres, su hermano y su hermana, en casa de unos amigos, en el campo; su papá cortó el césped, ella rastrilló y juntó la hierba en una carretilla, luego plantaron flores. Papá tenía la azada, ella pasaba las flores a papá para que él las plantara en la tierra, y después ella las regó. Añade que ése fue el momento más divertido, sobre todo cuando se echó un poco de agua en los pies: "Fue un domingo verdaderamente bueno."

40ª sesión: Encuentro a Carine sentada en el suelo en la sala de espera, el rostro pálido y fatigado y un gesto muy hosco. Está mal peinada, tiene puestos los pendientes de su madre, un broche en su suéter y un prendedor de bisutería en sus cabellos. Cuando la llamo, escupe en el suelo en dirección a mí y no se levanta. La madre me dice que ha estado enferma: tuvo unas anginas muy fuertes y hubo que darle antibióticos. La fiebre no le bajó hasta hoy en la mañana, pero a pesar de ello la madre me la ha traído en un coche. Carine se levanta, toma muchos libros para niños de encima de la mesita y viene al despacho. Abre el mismo libro de la última sesión, ve un caballo y decide dibujarlo. Vuelve a comenzarlo tres veces, porque no está satisfecha con sus dos primeros intentos, y rasga violentamente las hojas. Comienza a colorear el caballo que encuentra logrado y pone gran aplicación en ello. Me pide que termine de colorearlo, indicándome los colores y recomendándome que no me salga del contorno. Este caballo tiene las patas amarillas, la cabeza y el pecho verdes y el resto del cuerpo marrón. Añade las crines y un niño encima, como en una de las ilustraciones. Mientras que termina su dibujo me habla de su enfermedad: vino el doctor y le encontró una pequeña piel en la garganta, pero ella cree que no se la van a quitar. Le hago notar que, después de haber estado contenta con su papá, tiene miedo de que le quiten lo que tiene dentro de sí, y que es como el pajarito de papá. Y a eso se debe, además, que hoy haya venido con todas sus joyas puestas. Me responde: "¡Cállate la boca! Las joyas son de mamá, papá es de mamá, no, quiero decir que las joyas son de mamá, el pajarito no es las joyas, no, tú no me las quitarás, ah, tú me haces perder la cabeza, vamos!" Me amenaza con el lápiz, pero no pasa a la acción, se calma en seguida, vuelve a tomar el libro de estampas y cuenta tres historias, pero poniendo esta vez una intención moralizadora. Por ejemplo, me cuenta de esta manera la historia de un cochinito: "El cochinito es muy glotón, mete la cabeza entera en el cubo, luego ya no puede sacar la cabeza del cubo, le está bien empleado." Luego cierra el libro y decide que vamos a jugar al papá y la mamá. Ella es la mamá, yo soy el papá y no tenemos niños, estamos de vacaciones, en el mar, ella reflexiona: "Pero ¿qué es lo que un papá y una mamá pueden hacer en una playa? Oh, hablan." Adopta una voz muy aguda, muy mujer de mundo: "Mira, querido, el traje de baño de Simone, ¿te gusta ese color? A mí no, es soso, me gustaría más un verde. Y además, has visto, lleva mini-falda, no es bonito, ¿no te parece?; no tiene bonitas piernas." No respondo nada y ella continúa: "¡Ah! estás leyendo tu periódico, qué dice, todavía historias de guerra, no me gusta eso, voy a buscar un libro más bonito", y mira sobre la mesa los libros que ha traído y, dejando su papel de mujer de mundo, me dice: "Busco el libro de Ana-Catalina, oh, no está aquí, he debido dejarlo en la sala de espera." Va a buscarlo y me cuenta la historia tal como está en el libro. Luego quiere contarla por segunda vez, pero la transforma y se salta, volviendo las páginas rápidamente y ocultando el texto y las ilustraciones con la mano, todos los pasajes en los que Ana-Catalina no es amable o no quiere obedecer y donde no se porta bien ni con su padre ni con su madre. Salta igualmente el pasaje en el que el padre está triste porque el vestido es demasiado corto. Satisfecha, se vuelve hacia mí: "Oh, de esta manera la historia es mucho más bonita, ¿no te parece?"

41ª sesión: Al entrar al despacho, Carine me pregunta señalando la mesa: "¿Es cierto que hay niños malos que escriben sobre la mesa?" Le pregunto qué cree ella y me responde: "Puede ser que sí, pero yo no escribo sobre la mesa, yo soy buena ¿no es verdad?" Yo corroboro: "Seguro que sí." Con los puños en las caderas, exclama: "¡Por fin una que me encuentra buena! Mamá me dice siempre: qué hija tan mala tengo." Luego toma los libros: "Vamos a leer, ven... vamos al diván, allá es mejor; estamos muy bien, somos como un papá y una mamá en la cama, puede ser que los papás y las mamás lean en la cama." Le respondo que, en todo caso, "da menos miedo pensar eso que creer que ellos se tocan sus pajaritos". Replica: "¡Oh, sí, claro, es mucho más tranquilizador!" Me muestra un esparadrapo que tiene en la pierna, y me explica que fue Olivier que la mordió. Olivier es un niño que está en su clase, ella le hacía cuchi-cuchi con su dedo en la mejilla, un cuchi-cuchi suave, no un cuchi-cuchi para arañarlo, pero quizá él se asustó y la mordió. Comienza a hojear el libro de Ana-Catalina, soñadora, y acaba por decir: "Es fastidioso, para que papá esté ahí, hace falta que Ana-Catalina se porte mal." En efecto, en esta historia el padre sólo aparece cuando Ana-Catalina se porta mal. Intervengo: "Puede ser que, en realidad, tú piensas que cuando eres mala, tienes el derecho de ver a tu papá, porque entonces es para castigarte y que tú seas desgraciada, y así mamá no tiene de qué estar celosa." Me responde: "Eso es cierto, mamá dice siempre cuando me porto mal: "Carine, papá va a llegar, ¡cuidado con tus nalgas!"

"No siempre llega papá", se repone y añade: "Pero también me gusta un papá amable." Después exclama: "Has oído, tu vientre hace ruido, ha dicho: sí, sí, está contento, ha comido bien." Luego toma el libro que cuenta las aventuras de los muchachos en África, describe una ilustración en la que uno de los muchachos cae sobre un cactus, se ríe: "¡Eso le pica las nalgas, eh!" Luego medita largo tiempo sobre una imagen que interpreta perfectamente: "Mira, es un muchacho que sueña, se sabe que sueña porque él ve como en una nube. En su sueño, él tiene miedo de que los animales sean malos, tiene miedo de ser comido por el mono y que la serpiente se le enrolle en el cuello, pero ya ves, eso no es verdad, en realidad el mono come un plátano, y la serpiente se balancea sobre una rama." Añade: "...es como yo, yo sueño que mamá es mala, pero en realidad, puede ser que ella no sea tan mala". Tamborilea sobre mi vientre y quiere que mi vientre haga ruido, me pide que haga un pequeño "pedito", se ríe y dice que la divertiría mucho que hiciéramos un "pedito" juntas: "Eso sería muy divertido, sería muy chistoso." Me interroga: "¿No te gusta sentir un 'pedito' que se pasea por tu vientre? A mí me gusta mucho, yo aprieto las nalgas para que no se salga en seguida, y luego, puf, se va, huele un poco mal." Se interrumpe y quiere jugar: "Ahora vamos a cambiar, yo soy el bebé, tú eres la mamá, tú me das el biberón, el papá está muerto." Intervengo: "Tú crees que está muerto porque has hecho un pedito con él." Me responde: "Está bien, si tú quieres, solamente ha ido al campo, mamá dice siempre cuando vamos al campo: ¡Vamos, respiren bien, el aire es puro! pero... de todos modos tú me das un poco el biberón antes que vayamos con papá." Chupa un poco el biberón y luego madre e hija van a subirse al auto para ir a encontrar a papá.

42ª sesión: Carine entra alegremente en el despacho y me anuncia que va a haber una fiesta en la escuela y que todos los niños van a bailar. El tema de la danza es *La Bella Durmiente del Bosque* y Carine, después de preguntarme si conozco ese cuento, dice: "De todos modos te lo voy a explicar." Así que me lo cuenta y, al fin, añade que ella hubiera querido ser la Bella para ser despertada por un beso del Príncipe, pero se corrige: "Oh, y también, porque tendría una linda falda larga..." Aunque, siendo la Bella, hubiera tenido un poco de miedo de tener que ser pinchada por la bruja mala para quedarse dormida..., pero se tranquiliza pensando que no hubiera sido un pinchazo de verdad porque sólo se trata de un baile. De manera que no hará la Bella, es una niña grande la que hace ese papel, el Príncipe también es grande, ella hace de mariposa, bailará sola, irá sobre las flores, las flores son de tela, también volará sobre los cabellos de la Bella. Se pone a representar la escena para mí, pasando el resto de la sesión haciendo trenzados, puntas y reverencias en mi despacho.

43ª sesión: Al principio de esta sesión, Carine quiere jugar al papá y la mamá, me anuncia que ella es la mamá, que tiene un bebé, se acuesta sobre el diván y me indica la escena: "Tú eres el papá, yo llego de la clínica con mi bebé, estoy un poquito fatigada, entonces, tú me traes el desayuno a la cama y también el biberón del bebé. Es por la mañana, tú vienes con tu taza de café para desayunar conmigo." Y representando el papel de la madre, añade: "Qué agradable es estar en casa, en la clínica uno acaba por aburrirse, no te veía a menudo, nada más unas pocas horas cada día, estoy contenta de estar contigo, ven, siéntate junto a mí para tomar tu desayuno." Continúa: "...y tú ¿te has aburrido sin mí, han sido buenos los niños?" Me mira y dice saliéndose del juego: "Invento eso, porque no sé en absoluto lo que dijo mamá, pero da igual, cuando mamá llegó de la clínica, era un poco como eso, aunque no del todo, porque papá tomaba su desayuno conmigo en la cocina." Se incorpora rápidamente: "Ahora yo soy Carine, tú sigues siendo el papá y desayunamos los dos juntos, tú le llevas el desayuno a mamá (representada ahora por un cojín), dejamos con ella al bebé y nos vamos los dos a la cocina para desayunar." Una vez frente a mí ante la mesa se pone muy coqueta, muy tierna, y dice: "¿Qué me vas a hacer hoy, papá? ¿Nesquick? ¿Por qué no te gusta el Nesquick? Seguramente es mejor que tu café, no olvides que me gusta con mucho azúcar. ¿Qué vamos a tener para la comida? Vas a tener que ir al mercado, yo iré contigo." La interrumpo y le hago notar que ella no puede ser como una mamá con su marido, salvo si éste es como una mamá que da de comer. Me mira muy sorprendida y me dice: "Ah, está bien, entonces ¿qué es lo que quieres? Pero qué es lo que hacen entonces de verdad... Espera a que me acuerde." Se queda muy pensativa y termina por decir: "Bueno, ahora es de noche, papá llega, besa a mamá, después a mí (reflexiona largamente antes de cada palabra) ...después a Bruno y dice: ¿se han portado bien los niños?, ¿tú no estás muy cansada? Espera, que te voy a ayudar, yo voy a bañar a los niños." Me relata toda la secuencia de una velada familiar en la que el papá baña a los niños jugando con ellos, y luego pone la mesa con Carine. Se interrumpe y me dice: "¡Ya ves, papá hasta le ayuda a mamá! ¡Después cenamos!" Comenta la cena: "Papá es el que corta, ya sabes. Después me voy a la cama, papá es el que me arropa... o mamá, después ¡yo ya no estoy ahí para ver!"

44ª sesión: Carine llega muy retrasada con una muñeca en los brazos y un biberón, entra en el despacho y me anuncia: "Este es el bebé que papá me trajo de su viaje, se llama Yannick porque es un niño. Bebe, y en seguida hace pipí, es muy chistoso." Añade: "Mira, sale por ahí." Observa el biberón y dice: "No puedo mostrártelo porque no hay nada en el biberón." Continúa: "Ves, es un niño porque tiene un tubito, un tubito mucho más pequeño que el de Bruno. Tú sabes, las niñas tienen un agujero para el pipí, y los niños un tubito. Yo he visto el de Marie cuando la lavan y cuando le ponen los pañales." Se sienta, separa ligeramente su calzón y me dice: "¿Quieres ver el mío?" Y mostrándome su dedo meñique: "Es agradable meter ahí el dedito pequeño, hace cosquillas, me gusta mucho eso." Luego se levanta, va hacia el mueble de los juguetes, saca al bebé en su cunita y me lo entrega: "Toma tu bebé." Lo mira y constata: "Oh, es más pequeño que el mío, él se llamará Yan." Añade: "Bien, ya está, somos dos señoras, vamos a hablar de nuestros bebés en la plaza, porque vamos a sacarlos de paseo, después les daremos el biberón en el jardín." Me dice que me siente en el diván. Carine toma el sillón, estamos sentadas una frente a otra, me hace preguntas mientras le da el biberón a su muñeca: "¿Le parece que mi bebé está bien? ¿Le parece que bebe bien? ¿Le parece que no hace teatro para comer? El suyo no siempre es tan bueno." Ya es hora de regresar a casa, de acostar a los bebés, y toma la cunita que quedó sobre la mesa para su bebé, le resulta muy difícil meterlo en ella, lo envuelve con la mantita y camina con el bebé en brazos para dormirlo. Mira los ojos de la muñeca y observa: "Todavía no duerme, todavía no ha cerrado los ojos." Luego, de pronto, se vuelve hacia mí y me dice con una amplia sonrisa: "Te acuerdas de cuando vine a verte cuando yo estaba enferma, yo no quería cerrar los ojos por la noche, y tampoco quería que mamá cerrara los ojos. Tenía miedo de que ella estuviera muerta, yo era tonta." Inclina al bebé con la cabeza cada vez más baja y, como es una muñeca que tiene los ojos pintados, no los cierra. Se vuelve hacia mí y dice: "Me pregunto si tú puedes curar a mi bebé, porque sus ojos no se cierran nada." Pero añade: "Pero a pesar de todo, las muñecas no son niñas de verdad, no tienen miedo de verdad." Continúa meciendo a su bebé sin decir nada durante algunos instantes y decide que vamos a jugar a la vendedora. Ella es la vendedora: "Tú vas de compras con tu bebé. Compras leche, huevos, mantequilla, queso y chocolate." Ella finge hacer la suma y me devuelve el cambio. Su muñeca está sentada en la mesa a su lado y, de tiempo en tiempo, le habla: "Pórtate bien, ahora me voy a ocupar de ti." Por fin, debo regresar a mi casa y dar de beber a mi bebé la leche que acabo de comprar. Hago esto, pero Carine abandona ahora a su bebé y la mesa que era su tienda, se precipita hacia mí, me arranca de las manos el bebé, lo lanza a través de la pieza y se apodera del biberón. Con un tono reivindicativo, exclama: "Pero no, tú no

me das a mí, y yo estoy celosa." Pero de pronto se interrumpe, sorprendida por lo que acaba de decir, mira alternativamente a mí y a la
mesa sobre la que está su bebé, gime y dice: "Oh, no puedo ser a la vez
una niñita y una mamá. ¿Tú tienes mamá? ¿Cuántos años tienes?
Yo sólo tengo cuatro años." Regresa hacia la mesa, toma a su bebé en
brazos y dice: "Tengo hambre, voy a pedirle mi merienda a mamá."
Regresa cón su merienda, pero sin el bebé, que ha dejado con su
madre. Tiene su merienda, un panecillo y tres bombones de chocolate,
y algunos libros bajo el brazo. Yo solamente le hago notar que ella
prefiere todavía ser la niñita que recibe, mejor que la mamá que da.
Carine responde: "Sí, porque de ese modo tengo bombones de chocolate con almendras." Me da uno diciendo: "Ten, te doy uno por lo
menos, porque te quiero mucho."

45ª sesión: A la sesión siguiente Carine trae de nuevo su bebé
y juega calmadamente con él durante toda la hora, no haciéndome
participar en el juego sino muy poco. Me da siempre los mismos papeles, es decir, la señora amiga que pasea a su bebé, o bien la tendera
donde va a hacer sus compras. En realidad, repite en su juego el día
tal como lo pasa su madre, con ella y su hermanita, desde el momento
de levantarse hasta el de irse a dormir. No habla del padre sino al
final, cuando el bebé ya está acostado. Entonces le hace decir a la madre: "Ahora yo preparo la cena porque papá va a llegar, pero papá
todavía no viene. Ah, estoy muy tranquila, voy a poder descansar un
poco antes de que llegue papá." Luego finge leer un libro sentada
en mi sillón, esperando la llegada del padre.

46ª sesión: Carine entra en mi despacho con un libro que ha
tomado en la sala de espera y, llegando ante mi mesa, advierte del
lado derecho la pila de papeles que desde hace algún tiempo, como
ya no temo sus acciones, no oculto más. Sobre esta pequeña pila de
papeles se encuentra mi carnet de citas. Carine lo coge (sabe que eso
le está prohibido), y lo hojea diciendo: "Este es mío, yo soy doctor,
voy a marcar los niños que voy a ver hoy y mañana." Vuelve las
páginas nombrando diversos nombres de niñas. Quiere ver de qué
forma se cambian las páginas, pero temo que me las rompa y le pido
que me lo dé. Me lo entrega: "Ten, si lo quieres." Tomo el carnet
y lo pongo en una tabla del estante, como hacía antes. Entonces ella
se aproxima al estante, trepa en una silla, mira el caballito de terracota y me provoca: "Ya ves, yo puedo agarrar al caballito." Lo coge.
Le digo: "Ten cuidado, es muy frágil, dámelo." Me lo entrega sin
dificultades, y lo coloco en un estante. Baja de su silla y dice: "¿A qué
vamos a jugar hoy? Bueno, yo seré un bebé, un bebé pequeñito
que todavía no sabe caminar, y tú me enseñarás a caminar, luego me
darás el biberón." Le digo que después de que la última vez fue una

mamá con su bebé, como su propia mamá, y de haber querido hoy ser
como yo y tomado mi carnet, y yo habérselo impedido, ella quiere
ser ahora como un bebé, porque cree que le impido ser como yo. Me
responde: "Oh, no, no es por eso, es porque tengo ganas de ser
mimada, mamá tiene todo el tiempo a Marie en los brazos, pero yo
soy demasiado grande, no puede cargarme, así que bien puedes tú mi-
marme un poco." Va a sentarse en el diván y rectifica: "Oh bueno, si
quieres, yo seré una niña de cuatro años, pero una niña de cuatro
años algo enferma, tendré un poco de anginas, así que tengo que
quedarme en cama, tú vienes, yo me despierto y tú me pones la mano
en la frente, en las mejillas, y dices: oh, vaya, mi niñita tiene fiebre, entonces no puede ir a clase hoy, se quedará en casa. Y luego tú
vendrás, y me darás jarabe, y luego me darás jugos de frutas con gotas
de medicamentos, y luego me leerás cuentos y luego me darás la
muñeca." Me tiende el libro: "Tú te sientas a mi lado y me lees
un cuento, porque una mamá que tiene a su hijita enferma, pues
claro, lo primero que hace es ocuparse de la hijita enferma." Quiere
que le lea algunas páginas, luego me dice que tiene ganas de dormir
y que yo puedo ir a ocuparme de mis otros hijos y a lavar los platos.
Voy al otro extremo del cuarto y, después de algunos instantes, Carine
me llama y debo volver a ocuparme de ella. En otra forma le repito mi
primera intervención, diciéndole que ella quiere asegurarse de que yo
no estoy enfadada porque ella haya hecho de mamá y de doctor,
porque ella se siente culpable de desear ser como yo y como su mamá.
Salta sobre la cama y dice: "Bueno, vamos a jugar a la maestra, yo
soy la maestra." Luego titubea: "No, eres tú." Finalmente es ella
la maestra. Se baja del diván y me dice: "Vamos, ya es hora de
aprender la danza y la canción de la mariposa." Y quiere que yo eje-
cute los movimientos que ella deberá hacer en la fiesta de la escuela.
Me da ánimos cantando y dando palmadas.

47⁰ sesión: Carine me dice al entrar al despacho: "Hoy tengo que
trabajar, tengo mucha prisa porque, ya sabes, el domingo próximo es
el día de los padres, y yo tengo que hacer mi dibujo para papá."
Me pide papel, toma los lápices de colores, hace un dibujo y comenta:
"Voy a hacer un molino porque, tú comprendes, un molino es muy
difícil, y papá se pondrá muy contento de ver que yo sé hacer molinos."
Añade un riachuelo, flores y una niña que recoge flores para su papá
porque es el día de los padres. Se aplica muchísimo y está muy satisfecha con su dibujo. Luego me muestra algunos dibujos hechos
por ella en clase y que me ha querido traer antes de salir de vacaciones.
Este año, los niños de su clase han tenido como centro de interés la
vida de un grano de trigo, desde el momento en que se prepara

la tierra antes de sembrarlo, hasta su transformación en harina y luego en pastel que merienda toda la familia reunida.

Carine estará ausente durante los dos meses de vacaciones de verano. Reanudará el tratamiento quince días más tarde de la fecha prevista, pues su madre está enferma de tos ferina. Antes de reiniciar las sesiones, el padre y la madre vienen a darme parte de los acontecimientos de este verano —Carine y su hermano han tenido tos ferina uno después del otro. Como ya estaban vacunados, sus accesos de tos fueron poco violentos, y Carine en particular no vomitó, al contrario de su hermano. Luego fue la madre la que cayó enferma, pero mucho más seriamente que sus hijos. Está muy fatigada y deprimida y Carine se muestra nuevamente difícil después de la enfermedad de su madre. Come mal, está muy agresiva con su abuela que ha venido a la casa para ayudar a la madre; las rabietas suceden a las rabietas, le pega a su hermano y no le deja ningún juguete. Por la noche se muestra muy ansiosa, y cuando está acostada llama a sus padres con cualquier pretexto: tiene sed, no está bien arropada, etc. Se inquieta mucho a propósito de la salud de su madre. Este comportamiento difícil, Carine sólo lo tiene en la casa. Fuera de su familia, se muestra tranquila y alegre, especialmente en clase, y en casa de una tía que se la lleva con ella los fines de semana ya que la madre no puede salir.

48ª sesión: En la sala de espera, Carine se precipita sobre mí, me tira del vestido para que me incline, me besa y grita: "Ves, por fin he regresado de las vacaciones." En el despacho, le digo que la semana pasada vi a sus padres, que me dijeron que ella tuvo la tos ferina, y que ahora es su madre quien tose mucho y que esto la tenía muy inquieta. Me responde: "Soy insoportable porque no quiero a mi abuela, porque ella no me quiere a mí, estoy contenta porque ya se ha ido, pero, sabes, de todos modos pasé unas buenas vacaciones, estuvimos todos en el mar con una prima." Luego me relata sus juegos con su hermano en la playa, pero sobre todo en el jardín que rodeaba la villa, quiere dibujar ésta para mostrármela: es una casa de un solo piso en la que su habitación está entre la sala de estar y el cuarto de sus padres. De pronto interrumpe la descripción de la casa para decirme que hoy está distraída, que hay un ruido que le "tira" de la oreja, no puede pensar en otra cosa y eso la molesta. Intervengo: "Igual que tú deseas molestar a tus padres cuando sientes tu oreja 'tirada' hacia el ruido que ellos hacen en su cuarto." Me interrumpe: "Oh, no es tanto en el salón donde yo escucho lo que hacen, sino sobre todo en su habitación. No me gusta cuando están los dos solos, yo quisiera estar con ellos... me siento muy furiosa cuando estoy sola en mi camita, aprieto los puños, quisiera romperlo todo." Pregunto: "¿Todo?" Ella responde: "Oh, tú ya sabes, una mamá no se puede romper, es demasiado sólida, no es como... (recorre la habitación con la vista) ...tu estatua." Se levanta, va hacia la ventana, levanta la cortina y me grita: "Mira esto, es una segadora de pasto la que hace ese ruido, es como la rasuradora eléctrica de papá. Por la mañana, cuando le oigo que se rasura, me levanto corriendo y voy al cuarto de baño, le digo que vengo a lavarme los dientes, me trepo en la silla a su lado, y me cepillo fuerte, a él le gusta mucho que yo me lave los dientes, ese es un buen momento." —"En todo caso, vale más decirme que vas adonde está papá para lavarte los dientes mejor que decir que vas porque lo quieres mucho, así no hay cuidado de que yo me enoje, y mamá tampoco." No responde nada, pero toma al bebé, al que acaricia, le pone pañales de papel, lo acuesta en la cuna y le canta canciones a media voz. Luego de repente me interpela: "Tú sabes, yo no sé qué me diría papá si yo le dijera que lo quiero mucho, porque por la noche, cuando él llega y yo voy a sentarme en sus rodillas y le beso, después de un momentito me pone en el suelo y me dice: ¡qué pegajosa eres, hija mía!" Respondo: "En realidad, entonces no tenemos de qué estar celosas mamá y yo, si papá no te quiere mucho."

49ª sesión: En el despacho, Carine se sienta como hindú en el diván y me pide que me siente junto a ella. Me anuncia que esta noche tuvo un sueño muy agradable y que tiene "el corazón contento". Estaba en la orilla del mar, de pie sobre una roca, con sus primos. Llegaba el mar, rodeaba la roca y ésta empezaba a elevarse. Los primos ya no estaban ahí, pero su padre escalaba la roca con una cuerda y se reunía con ella, él estaba desnudo, sólo con su trusa y una salida de baño encima. La roca seguía elevándose y ella se preguntaba si llegaría hasta el cielo. Papá la apretaba contra sí, ella le rodeaba con sus brazos y encontraba muy agradable sentir sus pelos contra su mejilla, eso le hacía "cuchi-cuchi". Se despertó y se dio cuenta de que era el osito acostado en la almohada a su lado el que le hacía cosquillas. Se sintió un poco decepcionada, pero de cualquier modo fue un sueño muy agradable. Abrazó a Osito como si éste fuera papá y ahora añade: "Ya ves, papá se ha dejado crecer una barbita", luego grita: "¿Recuerdas cómo antes yo tenía miedo de que la cola del lobo me hiciese cuchi-cuchi? Ahora es a papá a quien veo en mis sueños y me gusta que me acaricie, es mucho más agradable." Se pone soñadora un momento, balanceándose un poco en el diván, luego se levanta y va a dibujar. Hace un avión y, a su lado, un personaje humano sin brazos ni piernas. A mi pregunta: "¿Qué es eso?", responde: "Es una niña que está sola." Le hago notar que, después de haber subido hasta el cielo con papá, de haber acariciado su barba y encontrado eso agradable, es ella la que está toda rota. Ella asocia: "Pero eso es porque pienso que quizá mañana voy a ir en avión con mamá. El doctor dijo que eso sería muy bueno para curar la tos ferina, pero yo tengo miedo de que el avión se voltee y me rompa los brazos y las piernas." Se queda de nuevo un poco pensativa, regresa a sentarse junto a mí y me interroga: "¿Recuerdas que cuando yo era pequeña y te vine a ver, era de los autobuses y del metro de los que tenía miedo?" A mi pregunta: "¿Pero de qué tenías miedo?" Me responde: "De que hubiera un accidente y mamá muriera. Y entonces yo, yo quería correr a encontrar a papá, pero no podía moverme, me quedaba sola del todo, perdida del todo." Interpreto: "No, no sola del todo, porque tú querías ir a encontrar a papá. Pero te sientes tan culpable por tu deseo de que mamá muera, y que entonces tú puedas correr sola hacia papá y estrecharle en tus brazos, que te cortas los brazos y las piernas." Me responde: "Oh, a veces, era yo quien tenía miedo de ser atropellada." —"Pero claro, de que mamá te haga a su vez lo que tú desearías hacerle." Se queda callada y balancea un poco sus piernas al borde del diván. Al cabo de un momento le pregunto en qué piensa. Me responde: "Miro mis piernas." "Compruebas que siguen estando ahí." Me interroga nuevamente: "¿Pero por qué será que yo no tenía miedo cuando papá estaba ahí? Cuando llamo de noche, no me gusta que mamá venga sola, o papá solo, sino que me gusta cuando vienen los dos juntos, entonces estoy tranquila." Le respondo: "Así tú puedes comprobar que no los has separado a pesar de tu deseo, pero también, puedes verlos juntos y verificar lo que hacen." Ya es hora de terminar la sesión pero Carine no quiere marcharse. Dice que le gusta mucho hablarme y reclama dos minutitos más. Se los concedo y me pregunta de nuevo: "¿Por qué, cuando yo era pequeña, rompía todos mis juguetes?" Le respondo: "Puede ser porque traspasabas a ellos tu cólera contra mamá." Entonces Carine se decide a marcharse.

50ª sesión: Carine llega con un librito bajo el brazo, aquel que describe la vida de los animales en la granja. Lo abre y me explica que la vaca hace mu-mu, que el cordero hace beeee, y que esa es su manera de hablar; los animales no disponen sino de una sola palabra para decir que tienen hambre o que quieren regresar a su casa a acostarse. Las personas son diferentes, tienen muchas palabras para decir lo que quieren, y hasta diferentes palabras pueden expresar el mismo deseo. Me explica: "Cuando yo digo, tengo hambre, o quiero comer, es igual, y lo mismo para 'tengo sueño' o 'tengo ganas de dormir'. En cambio, para la pera y la manzana, uno podría decir fruta, claro, pero entonces no se sabría si uno habla de la pera o de la manzana porque las dos son frutas, y los plátanos y las uvas también." Termina esta explicación anunciándome que le gusta mucho su escuela y, muy orgullosa, cuenta hasta 34. Quiere jugar a la maestra. Yo soy la alumna.

Me instala delante de la mesa, y debo copiar las letras que ella me pone como modelo. Luego me dicta una frase: iremos al huerto a recoger las peras. La escribo, y me felicita calurosamente, soy una alumna muy buena, merezco una estampa. Añade en un aparte que en clase ella ha obtenido ya doce. Confecciona esta estampa cortando en cuatro una hoja de papel y dibujando en uno de los pedazos. Dibuja un lobo y, dándome la estampa, dice que no tengo que tener miedo porque es un lobo-estampa. Si de todos modos tengo un poco de miedo, no necesito sino quedarme cerca de ella en la escuela, porque él no vendrá aquí. Yo añado: "Seguro que no, porque los papás no van a la escuela, así que las niñas no pueden ser acariciadas por ellos, y las mamás no tienen necesidad de ser malas." Me responde: "¿Pero dónde has visto tú que hubiera un papá en la *Caperucita Roja?* Ella iba a llevarle su canastita a una abuela vieja, y con ella se metía en la cama, no con un papá." Y añade: "Yo lo sé, lo vi el domingo, estaba lloviendo, fui con mis primos al Teatro-Guiñol." Vuelve a adoptar su tono de maestra de escuela y me ordena: "Vamos, escribe, el lobo se pasea por el bosque." Se interrumpe y comenta: "Sí, de todas maneras, es muy necesario que Caperucita Roja sea castigada, porque, ¿qué es lo que hacía ella en el bosque? Su mamá le dijo muy claramente que tenía que seguir siempre el caminito", y exclama: "¡Ah! pero sí, sí hay un papá en Caperucita Roja, llega al final, abre el vientre del lobo, saca a la niñita, la toma en sus brazos y dice: pero estás completamente loca, hija mía, qué es lo que haces ahí, vente conmigo." Carine mira la frase escrita a su dictado y me pide que le muestre la palabra "lobo". Exclama: "Oh, es de esta palabrita que yo tenía miedo, una palabrita de nada." Cuenta las letras: "¡Una palabrita de cuatro letras!" Le hago notar que, "para tener menos miedo de mí cuando me ve mala, cuando le prohíbo tener a papá para sí y queriendo tenerlo para mí sola, ella me reduce a una cosa de nada". Al marcharse, terminada la sesión, me deja su dibujo-estampa diciendo: "¡Ea! dejo aquí mis miedos", pero se lleva la palabra lobo que ha tenido buen cuidado de recortar.

51ª sesión: Carine, muy descansada, entra a mi despacho con un librito. Permanece muy tranquila durante toda la sesión, y tengo la impresión de tener con ella un contacto completamente distinto. Se sienta en el diván, abre el libro y me lo cuenta. Se trata de las aventuras de un Indio grande y un Indio pequeño. El hijo hace siempre exactamente lo que hace el padre. Ella pone mucha atención en emplear las mismas palabras que ha debido utilizar su madre cuando le contó esta historia en la sala de espera. Se corrige cuando comete un error. Luego decide jugar a la vendedora. Ella es la vendedora, y yo soy la señora que va de compras. Como bolsa para las provisiones, debo tomar el cesto de los papeles al que ella llama "el viejo basurero". Su tienda es el mueblecito donde se guardan los juguetes. Enumera lo que yo vengo a comprar, papas, leche, queso, pollo, envuelve algunos objetos y acaba por darme todo el contenido del mueble, exclamando: "Ya está, señora, ya le he dado todo, ya tiene usted suficientes cosas para sus hijos, me parece." Pero, me explica, es necesario que yo le dé dinero a cambio para que ella pueda comprar nuevas provisiones, y que yo pueda regresar a hacer mis compras a su tienda cuando mis hijos se hayan comido todo lo que llevo ahora. Hace las cuentas y escribe en una hoja de papel las letras y los números que conoce. Pero descubre que no conoce suficientes y va a buscar uno de los libros de mi biblioteca para copiar algunos otros. Luego contempla los estantes y me pregunta si yo conozco todas las letras de todos mis libros. Sin aguardar mi respuesta, constata que yo soy sabia, y añade que ella también espera hacerse sabia. Después, de pronto, me pregunta si creo que ella podrá ser doctor. Respondo: "¿Por qué no?" Y añade: "Pero un doctor que habla con los niñitos que tienen miedo." Se acerca a la estantería, observa la estatuilla que representa un buda, que a menudo fue para ella una bruja a la que temía; la encuentra "divertida", y con una gran sonrisa le hace cosquillas en el ombligo. Luego dice: "Ahora yo soy doctor, y tú eres la señora que viene a la consulta, yo tengo una medicina muy buena, pero cuesta doscientas mil monedas." En un aparte me pregunta: "¿Es caro?" Carine continúa: "Pero este medicamento es muy bueno, hace muchas cosas, primero es anaranjado, y luego la botella se vuelve a llenar sola cuando está vacía, y hasta cura desde muy lejos." Interpreto: "Después de haberme visto tan sabia, todopoderosa, llena de letras y números, ella misma se ha sentido muy vacía. Por eso ella ahora toma mi lugar, y se ve todopoderosa como una mamá que siempre tuviera leche en su pecho para sus hijos." Pero ella continúa: "Este medicamento no está cocido del todo, y es necesario que yo haga tres ro ros en casa de ella, de la doctora, antes de que ella me lo pueda dar." A mi pregunta de dónde voy yo a hacer esos tres ro ros, me responde: "Pues en mi cama, seremos marido y mujer y ella me pondrá los niños en el vientre." Entonces se sienta cerca de mí, me acaricia la mano, me declara que nos amamos y que somos "amigas de amor". Se queda tranquilamente sentada algunos minutos y luego decide que para trabajar en su despacho necesita libros y va a tomarlos a la biblioteca mirándome para observar mi reacción. La dejo hacer y ella hace así varios viajes entre el diván y la biblioteca, y acaba apilando sobre el canapé todos los libros que están a su alcance. De repente, esconde uno de los libros bajo un cojín, y viene a lamentarse conmigo, su mujer, de que los niños son insoportables. Todo lo tocan, nos cogen nuestras cosas y después tenemos que

buscarlas. Yo adopto un aire afligido y le pregunto: "¿Por qué nuestros niños son tan insoportables?" Me responde: "Está claro, es porque
están celosos, quisieran ya tener un marido o hijos como tú, o libros
como yo, pero los niños y los libros son lo mismo." Entonces se sale
del juego, viene y agita su dedo ante mi nariz y me dice: "Eso yo no lo
invento, eres tú quien me lo ha dicho, te acuerdas, el día que tiré
todo al suelo, el día que yo estaba furiosa contra Marie." Regresa al
juego y se pone a extender cuidadosamente los libros en el piso,
abriéndolos para que los clientes, dice, puedan leerlos mientras aguar-
dan en la sala de espera y no se aburran. Así ella rehace, de manera
muy controlada, y con un objetivo totalmente distinto, lo que hizo el
día de su crisis depresiva, y además me pide que la ayude para hacerlo
más rápido, cosa que obedezco. Cuando todos los libros están ya en el
suelo, extendidos, cubriendo todo el tapete, se detiene muy satisfecha.
Ya es el final de la sesión y me propone volver a colocar los libros
en los estantes. Los toma en sus brazos, me hace observar que son
muchos los que puede cargar y yo los alineo en los estantes. Terminado
esto, me pide quedarse todavía un poco. Le respondo que esta vez
su hora ha pasado de sobra. Se va caminando un poco demasiado
fuertemente por el pasillo y abre la puerta de la sala de espera tan
bruscamente que ésta va a golpear contra la pared. Su madre le dice
que lo haga más suavemente o va a romper todo. Carine me mira
y me dice con un poco de desprecio: "Has oído, mi madre ha dicho
romper, ¡y ella ni siquiera sabe lo que eso quiere decir!!!" La madre
replica: "!Pero romper, quiere decir romper!" Carine le explica pacientemente mientras se pone el abrigo: "Pero si es porque estoy
enojada con mi amiga, yo quería quedarme todavía un momento
grande, un momento grande que llegaría hasta el cielo." Su madre le
responde: "Pero vamos, Carine, cómo quieres que un momento llegue
hasta el cielo." Un poco harta, Carine replica: "Oh, entonces un
momento grande así, si tú prefieres", y abre los brazos, rehaciendo
el mismo gesto de cuando había medido nuestros penes fecales.

2. ELABORACIÓN

Al final del capítulo precedente, nos detuvimos en la 28ª sesión, en el
curso de la cual la psicoanalista pudo mostrar a Carine la articulación
de sus angustias edípicas, concernientes a su rivalidad con su madre
y su deseo de ser amada por su padre, junto con la ambivalencia
de sus deseos hacia los objetos parciales contenidos en el cuerpo de la
madre. El desenmarañar las pulsiones conduce a la producción de

fantasías destructivas, o por lo menos fuertemente marcadas de erotismo sadomasoquista (como lo testimonia la impresionante serie de
fantasías de inyecciones descrita en el capítulo precedente) ; y estas fantasías, al mismo tiempo que son un compromiso entre el deseo de ser
como su madre o su padre, son la prueba de este movimiento de identificación. Ya hemos visto cómo Carine se ha interesado progresivamente en las interpretaciones de la analista, a pesar de la intensidad
de la ambivalencia transferencial, lo que le ha permitido un funcionamiento diferente de su yo. Esta identificación del yo de la niña
con el yo de su analista, actualiza la identificación conflictual con la
imagen materna proyectada sobre esta última, como lo mostrarán
las muy importantes modificaciones observables a partir de la sesión
siguiente. Pero esta posición nueva es inestable en razón de las contradicciones que implica. Todo el efecto de la elaboración interpretativa que comienza desde entonces, tiene como meta dar a la niña un
cierto control de las regresiones que se producirán inevitablemente
durante todo el período de latencia, o en todo caso, de permitir que
las formaciones de su yo resultantes de estas regresiones, no creen
cortocircuitos libidinosos que agoten toda su energía psíquica e impi-
dan por consiguiente toda libertad de catexia.

Al comienzo de la 29ª sesión, en la sala de espera, Carine cuenta
que su madre ha regresado de la clínica trayendo a la hermanita,
adorna su relato con detalles tiernos y parece muy orgullosa de dar
el biberón al bebé. Restituye sin comentarios la muñeca que se había
llevado el día que el padre y la madre vinieron a anunciar la inmi-
nencia del nacimiento de su tercer hijo. Ignoramos muchos detalles
acerca de esta restitución, pero lo que sigue demuestra que Carine
ya no necesitaba semejante sostén simbólico. En cuanto está sola con su
psicoanalista en el despacho, inaugura un nuevo juego que, a pesar
de su aparente banalidad, es el signo de una inflexión importante.

Hasta ahora, los juegos de Carine representaban escenas de la vida
familiar, haciendo intervenir en ellos, bien animales fantasmáticos,
producto de una elaboración particular de las imágenes paterna y materna, o bien directamente estas mismas imágenes; no siendo los otros
personajes sino derivados directos (la maestra de escuela haciendo
reproches a la madre, o el doctor en todos los papeles anteriormente
descritos) o imágenes de identificación parcial o total (los niños y los
bebés). Por primera vez después de esta importante sesión, Carine
juega a la escuela. Adopta el papel de la maestra y da a su psicoanalista el papel de la niña. La gran frecuencia de tales juegos entre los
niños en sus primeros años de escuela no debe ser pretexto para no ver
sino uno de esos mecanismos de identificación con el agresor descritos
por Anna Freud, o una brusca contracatexia de la situación analítica.

Un estudio atento de esta sesión, muestra por el contrario que todas las fantasías inconscientes que sostenían la producción mental de las sesiones precedentes, están todavía activas. Pero ahora, sus efectos son tratados de diferente manera.

Carine comienza por ejercicios de aspectos totalmente escolares y abstractos (pero esta vez sin colores), que hace copiar a su "alumna". En seguida, se interesa por los objetos que hay en la pieza y ve en un libro una ilustración que representa a un indio. Ahí, hace una observación que esclarece toda la sesión: "Felizmente, no es sino una ilustración, ¡así que no puede lanzar flechas a las niñitas!" Como ya había sido esbozado en la 21ª sesión, el conocimiento intelectual y el lenguaje aparecen de nuevo, como un medio para controlar a los derivados de las fantasías inconscientes. El símbolo del indio que lanza flechas fue utilizado poco tiempo antes (26ª sesión) en una secuencia particularmente catectizada y angustiosa de fantasías directamente derivadas de la fantasía de escena primaria. Actualmente, Carine encuentra un control intelectual de la imagen que tan fuertemente la había angustiado algunas semanas antes. Y este es el sentido general de este juego de la escuela inaugurado hoy.

Esta observación sobre el control que confiere el conocimiento de la imagen en tanto que artificio, es decir, en tanto que representante del deseo y su negación a la vez, la hace asociar con una transformación importante de sus relaciones positivas con su padre. Éste la ha enseñado a dibujar mejor, y a representar ciertas partes del cuerpo "con volumen"; los codos, los brazos y las piernas. La posibilidad de soportar una relación tierna con su padre, ha desarrollado en el yo una capacidad para controlar los representantes pulsionales. La adquisición gráfica que prueba lo anterior no debe ser minimizada. Mientras que los procesos primarios, por el juego de los desplazamientos de catexias, llevan a confundir las percepciones por el hecho de la identidad de los afectos que las acompañan, los progresos de las actividades constructivas permiten, como los progresos del lenguaje, las oposiciones y las diferenciaciones. Pero en el movimiento privilegiado que observamos aquí, este progreso está directamente ligado a la evolución del conflicto edípico. No se trata de reducir a esta sola dimensión relacional los progresos intelectuales de esta niña, sino de subrayar el carácter indisociable de los elementos que concurren a la organización de nuevas formas de actividad mental. Como veremos en el capítulo siguiente, la capacidad del yo para controlar los objetos internos, sometida aquí a las vicisitudes de la relación edípica, no se convierte en una cualidad global del yo sino por la integración de las pulsiones parciales.

Quizá un detalle de una sesión anterior (la 19ª) pueda dar un

sentido más preciso a este progreso. De pasada, hicimos notar que
Carine dibujaba con un mismo trazo vertical los órganos sexuales
masculinos y femeninos, convirtiéndose esta confusión, por el juego
de los procesos primarios, en una defensa contra su angustia de castración. Este desplazamiento podía ser el origen de un punto de
fijación, que hubiera contribuido a la repetición de las regresiones
pregenitales comparables a las fantasías de incorporación que han
sido ya abundantemente expuestas en este psicoanálisis. En oposición
a esta asimilación, saber dibujar los miembros "con volumen", es
manifestar una tendencia a diferenciar lo que estaba confundido. Gracias a la experiencia de una relación positiva con su padre, posible
por el hecho del desarrollo del proceso analítico, puede hoy esbozarse
y ser manifestado a la analista este movimiento, ya que, de otra
manera, Carine no hubiera podido renunciar a una confusión de
la que hemos subrayado las ventajas económicas. Pero esta práctica
de la diferenciación no significa en lo absoluto la supresión de los
desplazamientos de afectos anteriores. Implica una nueva contradicción ante la cual el yo de la niña debe organizarse. Por lo tanto, la
elaboración psicoanalítica debe tender a que los puntos de fijación
primitivos no constituyan elementos de atracción, que organicen las
producciones de la niña en conductas repetitivas acompañadas de un
angustioso regreso de lo reprimido, o que provoquen una inhibición
intelectual para evitar oposiciones demasiado dolorosas, en razón
misma de los desplazamientos primitivos.

A decir verdad, el anuncio de este progreso estuvo determinado
por un movimiento defensivo que apareció muy claramente en los instantes siguientes. Carine deseaba, sobre todo aquí, mostrar a su psicoanalista que si ella tenía una relación agradable con su padre, era
con fines perfectamente honorables. Pero esta demostración, en nuestra
niñita, entraña manifiestamente una asociación con lo mismo que
precisamente se trataba de negar. Y he aquí que ella le da a su lápiz
el mismo uso que diera anteriormente al lápiz de labios de su madre,
objeto simbólico cuyo sentido le había sido subrayado. Pinta unas
rayas sobre la pantalla de la lámpara y se asombra de que no se le
confisque el instrumento de este paso a la acción. Entonces se le dan
dos interpretaciones, la primera relacionada con su culpabilidad edípica
("Tú crees que yo pienso que eres mala porque has dibujado con
papá"), y la segunda concerniente a su deseo de que la psicoanalista
la reprenda por el objeto que ella le ha tomado, lo que le permitiría
recobrar una posición persecutoria momentáneamente más ventajosa.

La interpretación, en lugar de la acción esperada por la niña, es
resentida obviamente como un rechazo a jugar el juego primitivo,
o en todo caso prohibitivo, que la niñita explícitamente dice esperar.

Por lo tanto, la proyección tiene lugar en un juego improvisado. De nuevo, gracias a la condensación que determina la elección de los papeles, Carine encuentra en este juego un compromiso entre su deseo de hacer representar a su psicoanalista el papel malo, para disminuir la presión ejercida por su superyó, y sus sentimientos positivos respecto a esta última, estas dos tendencias contradictorias fueron estimuladas por la interpretación, que fue la única respuesta a su provocación.

Por lo tanto, la psicoanalista deberá representar el papel de una niñita que se porta mal y que será castigada porque lleva un anillo, que sólo las madres tienen derecho a llevar. Al principio no está claro qué papel juega Carine: es el de una persona grande que podría ser la madre. Pero pronto encuentra un compromiso: de nuevo es el papel de la maestra, mientras que se atenúa el castigo infligido a la niña que transgrede las prohibiciones edípicas. Este castigo (ir a la cueva sola, en la oscuridad) tampoco es indiferente, puesto que es un recuerdo de la expresión de la angustia de Carine ante la fantasía de escena primaria, cuando comenzó el tratamiento: el miedo a la oscuridad. En un segundo tiempo, otra desgracia le sucede a la niña: su madre está retrasada. La psicoanalista vuelve a mostrarle que ella imagina una venganza de su madre, para castigarla por sus deseos edípicos. Carine afirma entonces que la niña es lo bastante grande para no tener ya miedo en tales circunstancias, lo que implícitamente equivale a tratar en pasado sus deseos edípicos. De golpe, ella representa finalmente el papel de una maestra, que no tiene más que felicitarse por su alumna.

Ninguno de estos temas es nuevo, pero es la primera vez que durante una secuencia tan larga Carine adopta el papel de un adulto, en el que la prohibición no es directamente destructiva. La evocación de los deseos no provoca ya los desplazamientos y las inversiones que rompían sin cesar sus juegos en el curso de las sesiones precedentes. En el presente, su negación conduce a Carine a un compromiso encontrado a menudo en los niños al comienzo del período de latencia: deseo y temor pertenecen al pasado.

Así es como esta sesión, en todas las secuencias que la componen, está indiscutiblemente marcada por la aparición de un nuevo modo de funcionamiento mental. La instancia prohibitiva no está ya caracterizada por la acción destructiva de los "objetos parciales" terroríficos, sean internalizados o proyectados. Se trata de una imagen total, suficientemente catectizada por la libido para que la niña pueda identificarse con ella, y que la renuncia al objeto de amor prohibido pueda contrabalancearse por un reforzamiento de la libido narcisista. Los *nuclei* del superyó primitivo estaban representados al principio del tratamiento por el lobo y todas las imágenes terroríficas que tenían un idéntico papel. Hoy el superyó está figurado por la maestra que aporta un conocimiento, gracias al cual Carine puede tener una relación privilegiada menos peligrosa con su padre. Del éxito de esta transformación depende, entre otras cosas, el destino de la fantasía de posesión del pene, fantasía que hemos visto esbozarse en las sesiones precedentes.

La angustia puede, bien hacer fracasar esta transformación apenas esbozada, o bien encastillar a nuestra paciente en una prudente pasividad respecto a su superyó, desmesuradamente poderoso frente a su yo todavía débil. La fase que comienza aquí es la más larga de este psicoanálisis. Permite observar las oscilaciones entre las fases en las que la niña encuentra auténticos placeres edípicos, que entrañan la entrada en actividad de un superyó coherente al cual se somete el yo, y las regresiones sádicas orales y anales consecutivas a este efecto del superyó.

La 30ª sesión es demostrativa del producto de las contradicciones entre las identificaciones con las imágenes totales, y la fantasía de incorporación de los objetos parciales, entre las emergencias de derivados de las fantasías inconscientes regidas por los procesos primarios y la necesidad para el yo de la niña de introducir la coherencia propia de los procesos secundarios. El desarrollo de estos últimos está determinado por la coherencia de la pareja antagónica yo/superyó, y por la transformación de los efectos del narcisismo primario en Ideal del yo; en otros términos, por la elaboración del complejo de Edipo (cf. cap. IX).

Carine sigue jugando a representar el papel de la maestra. Escribe su nombre, MAMÁ y PAPÁ. Comprueba con satisfacción que la letra A se encuentra en cada uno de estos nombres. Pide a su psicoanalista que escriba su nombre: SIMON. Mira este nuevo nombre con un asombro que rápidamente se convierte en ansiedad, y constata que no tiene ninguna A. La psicoanalista le da entonces una interpretación a propósito de su angustia de castración, lo que no logra interrumpir la meditación de la niña, pero la orienta en un sentido más preciso. Por fin, ella descubre nuevas posibilidades de identificación en la estructura de los nombres escritos. En cada uno de los nombres femeninos, descubre una N, que ella opone a la P de papá, dando el valor de símbolo del pene a la barra descendiente de esta letra ("un gran chirimbolo"). Pero encuentra una salida a su angustia de castración al descubrir que las mujeres adultas tienen, en sus nombres, una pata de más, ya que MAMÁ y SIMON tienen una M, mientras que el nombre de Carine no contiene más que una N. "Puede que yo también tenga una así cuando sea grande", observa con cierto optimismo. Esta frase eufórica provoca la emergencia de un deseo libidinal, acentuando su transferencia paterna sobre su psicoanalista. Esta curiosa lógica, hecha de identidades y de oposición, contenida en el lenguaje escrito, no resiste mucho. La niña comienza por juntar su nombre al apellido de su psicoanalista, y dice: "Así, yo soy tu hija, tu mujer..." Luego la domina un frenesí letrista y, mezclando las letras de los dos nombres, exclama en un acceso de júbilo: "Estamos mezcladas las dos."

Pero se recupera muy pronto y, volviendo a adoptar su tono de maestra de escuela, hace copiar a su psicoanalista las letras que actualmente le enseñan en clase. Por este juego de resistencia, ella puede recobrar cierta distancia respecto de su analista. El final de la sesión se termina con un monólogo, en el que hace apreciaciones, bien severas, bien lisonjeras, sobre sus imaginarias alumnas, lo que le permite terminar en un clima positivo sensiblemente deserotizado.

Desde la sesión siguiente, el tono cambia. Es posible que los progresos anteriores fueran debidos, tanto a las interpretaciones dadas a Carine, como a su luna de miel con su padre durante la estancia de la madre en la clínica. Tales avances estimulan el superyó y son factores de regresión. Las duras necesidades de la vida familiar, con una hermanita por añadidura, han sumido a nuestra joven paciente en la frustrante experiencia que sufren todos los hijos primogénitos de una familia que tiende a volverse numerosa. La reaparición del deseo de destruir el contenido del vientre de la madre, indiscutiblemente estimulado por sus celos de la hermanita, que progresivamente se le aparece como el objeto de amor de la madre, entraña en primer lugar una regresión ante el complejo de Edipo, y como resultará claro algunas sesiones más adelante, la catexia misma del conocimiento será modificada por esta regresión. Así es como la reactivación de las pulsiones parciales, provoca una reorganización de la actividad del yo, reorganización cuyo destino no está totalmente determinado por la elaboración interpretativa que precede.

En efecto, en la 31ª sesión, Carine está ligeramente agripada y oye decir a su psicoanalista que estará ausente la semana próxima. Propone nuevamente representar una escena familiar, lo que no sucedía desde hacía varias sesiones. La psicoanalista será el papá y Carine la mamá. Pero ella no soporta esta distribución y quiere representar el papel del bebé al que la madre (la psicoanalista) da el biberón. Como la psicoanalista relaciona esta regresión con su próxima partida de vacaciones, Carine replica con cierta pertinencia que ella solamente tiene cuatro años, observación que a continuación repetirá cada vez que su deseo de identificarse con la imagen materna la conduzca a un renunciamiento mayor que la satisfacción. Encuentra entonces un gran placer en acariciarse los labios con la tetina del biberón, en una regresión autoerótica en la que está claro el valor defensivo.

Después de esta breve interrupción, Carine reanuda sus sesiones (32ª) tratando de identificarse, por medio de pequeños detalles con su analista; pero el carácter defensivo de este movimiento, apenas esbozado, aparece inmediatamente. Reprocha a su psicoanalista el haberse ausentado y no puede controlar su ansiedad (provocada por la activación de sus pulsiones sádicas orales debida a esta frustración suplementaria), sino organizando un juego en el cual reaparecen antiguas formas de expresión. Ella es el lobo, pero esta vez, no es la niñita quien está amenazada por esta imagen terrorífica. Es un lobo que come a las mamás que abandonan a sus hijos. Este producto de los primeros núcleos de su superyó primitivo, sirve aquí para reforzar a su yo y para expresar su propia reivindicación.

La interpretación que se le da entonces "...cuando tú me tengas en tu vientre, yo no podré abandonarte más", merece algunos comentarios. Su objeto consistía en mostrar a Carine que esta fantasía, en apariencia puramente ligada a su cólera por haber sido abandonada por su psicoanalista en el preciso momento en que ella tiene razones para quejarse de su madre, no es solamente la repetición de un movimiento sádico-oral provocado por la frustración. La repetición de sus fantasías orales, junto con la modificación que acabamos de subrayar, da a la niña una fantasía de dominio del objeto que refuerza su libido narcisista, amenazada en la situación de abandono. La psicoanalista también explica a Carine que más allá de su sadismo oral, la fantasía de incorporación de la analista conduce a una fantasía de conservación de esta última. Como los siguientes sucesos demostrarán, esta fantasía destructora contiene más elementos reparadores de lo que parece.

El efecto de esta interpretación es muy impresionante. Ya que, solamente una vez tranquilizada en este aspecto libidinal, Carine parece darse cuenta de que su fantasía concernía a su madre ("yo nunca he deseado comerme a mamá, la quiero demasiado"). Pero la interpretación, a pesar de que las "mamás" estuvieran incluidas en su discurso, no trataba sino del deseo de Carine de conservar a su analista en su vientre. Después de reafirmar su amor por su madre, se pone soñadora y asocia: 1) sobre los bombones, que le gustan y que sin embargo se traga (esta meditación sobre la contradicción de los componentes destructivos y libidinales del deseo oral se reanudará un poco más adelante); 2) sobre el hecho de que decía "caca" sin cesar durante la ausencia de su analista. Ahora resulta fácil mostrarle que, a falta de la analista en tanto que objeto bueno, ella ha tenido la fantasía de incorporarla en tanto que objeto malo, y que su coprolalia era una manera de rechazarla. La contradicción aparente de las dos interpretaciones sucesivas ayuda a la niña a captar la ambivalencia de sus catexias.

A continuación sigue un juego en el que el bebé está representado alternativamente por la psicoanalista y por Carine. El tema consiste en que el bebé es privado a veces de su alimento por temor de que se atragante bebiendo demasiado aprisa y a veces está en peligro de atragantarse por culpa de la indiferencia materna. El deseo de destruir al bebé, en tanto que objeto parcial de la madre, está representado por todos estos accidentes que constantemente lo amenazan. Pero el juego se complica por su sobredeterminación (identificación de Carine con el bebé). En una alusión de Carine, que representa el papel de una madre que reprocha al bebé su glotonería, la psicoanalista puede, en una nueva intervención, retomar el deseo de Carine de incorporar agresivamente a su madre. La limitada negación que provoca ("Marie bebe el biberón y no el pecho de mamá") muestra que la observación logra algún efecto. Carine cambia nuevamente de papel, como si no pudiera seguir representando el del personaje materno así amenazado. Mordisqueando de forma provocadora tetina y biberón, dice a su psicoanalista: "¿No me dices nada?" Esta vieja fórmula, repetitiva, de la niña en busca de un soporte de proyección de su superyó, indica un vuelco de la situación muy común. En su denegación del deseo de incorporar a su madre, Carine la restituye prestando a su psicoanalista una reacción maternal familiar de reprimenda. Esta táctica masoquista es la más segura: así Carine verifica la permanencia tanto del objeto interno como del objeto proyectado, y al mismo tiempo la de los componentes fundamentales de su yo, organizándose el "objeto malo" primitivo interno en superyó, y convirtiéndose el "objeto bueno" en el "aparato para proyectar", es decir, el yo propiamente dicho.

La interpretación de su angustia persecutoria tiene por efecto interrumpir este juego regresivo demasiado destructor. Es difícil decir si se debe a su texto, o a un valor prohibitivo que le presta la niña, el que la observación de la analista produzca este efecto inmediato. Carine adopta el papel de una niña grande, que bebe de un vaso y no de un biberón. Invirtiendo de nuevo los papeles, se convierte en una madre que no envía a su hija a la escuela porque la niña está enferma. Este juego, que figura una buena relación entre Carine y su madre, es una formación reactiva que permite reprimir los representantes pulsionales destructivos de la secuencia anterior. El precio que hay que pagar al sadismo reprimido es el resfriado que justifica este acercamiento. Pero este regreso de lo reprimido implica otro encadenamiento asociativo. Cuando Carine está resfriada, tiene caca en los ojos, y esto es muy fastidioso. Este recuerdo es el punto de partida de una nueva fantasía. Dibuja una luna y le hace a su psicoanalista una extraña pregunta: "¿Tienes miedo de la luna?", que no se puede comprender sino en este arranque identificatorio muy particular que ha representado esta serie de cambios de papeles en el juego. Regresaremos sobre esto un poco más adelante.

Y Carine explica que tiene miedo de que la luna le coma los ojos. La expresión empleada por ella algunos instantes antes ("Tengo caca en los ojos") es ciertamente utilizada en forma corriente por los niños, pero aquí nada debe ser considerado banal. Carine expresa así esa fantasía de tener los ojos transformados en caca, es decir, devorados y destruidos. Los ojos, soportes de la pulsión escoptofílica, representan el objeto interno catectizado por la libido, y destruido luego por la agresión de un representante del superyó primitivo. El intento de ser una niña grande, que no tendría la fantasía de destruir el seno de su madre, no ha resistido mucho tiempo ante esta amenaza de agresión.

Una primera intervención menciona únicamente la culpabilidad ligada a las tendencias escoptofílicas de la niña, que asocia explicando que, por el contrario, es la luna la que la mira a ella. Dibuja una niñita que se levanta la falda. Una interpretación más completa elabora sus deseos y su angustia ante la fantasía de escena primaria, ligados directamente a la masturbación y al par contrastado exhibicionismo-voyeurismo.

Esta interpretación lleva a asociaciones bajo el signo de la negación: ella llama siempre a la puerta antes de entrar a la habitación de los padres. Además, en su casa anterior, no podía bajarse sola de su cama, pero añade que su padre había practicado un agujero en su puerta para mirar lo que ella hacía.

Esta asociación de la luna (que la mira y que la va a castigar por mirar comiéndole los ojos) junto con, por una parte, sus deseos de observar la escena primaria y las formaciones reactivas que combaten ese deseo y, por otra parte, su padre que la observa en esta situación de conflicto entre sus tendencias escoptofílicas y los primeros *nuclei* del superyó, merece algunos comentarios en este momento de la evolución de su psicoanálisis. La figura paterna está asociada aquí a una imagen persecutoria y devoradora. El proceso asociativo no es sencillo. Las intensas relaciones nocturnas de Carine con cada uno de sus progenitores, han sido evocadas y elaboradas a menudo antes de ahora, pero nunca se había tratado de una vigilancia semejante. En un primer acercamiento ella evoca una proyección del superyó, por una sobre-catexia de la imago paterna, pero hay que ver igualmente una contrapartida de la fantasía de la luna, testigo de la escisión del objeto así proyectado. El contenido latente de esta sesión no podría ser exa-

minado aisladamente. Debe ser confrontado con las contradicciones
que definen la estructura psíquica de esta niñita, en el punto en que
se encuentra el proceso analítico. En primer lugar está el conocimiento,
con una catexia todavía débil, de la diferenciación de los sexos y del
papel distinto de su padre y de su madre (ver en particular la
19ª sesión), mientras que en otros momentos no son percibidos sino
como vectores indiferenciados de objetos parciales buenos o malos. En
segundo lugar está la contradicción entre los elementos primitivos
del superyó, que no pueden regularse sino como procesos primarios,
oscilando de la posición depresiva a la posición esquizoparanoide, y las
imagos totales de los padres cuyo principio de proceso introyectivo
fue señalado al principio de este capítulo. La representación psíquica
de esta contradicción se encuentra justamente figurada en esta varia-
ción sobre la representación del padre. En esta sesión, las imágenes
paterna y materna no están diferenciadas sino bajo la forma de buenos
y malos padres.

Por lo demás, el contenido latente de esta sesión, evoca de manera
impresionante uno de los síntomas cuya elucidación había sido incompleta al comienzo del tratamiento (8ª sesión). Recordemos que Carine
no podía soportar, en sus penosas noches, que su madre cerrase los
ojos; es decir, que dejara de mirarla. Esta compulsión fue asociada
por Carine misma, a su deseo de verificar que no se habían realizado
sus deseos de muerte con respecto a su madre, explicación que ella
misma reanudará en la 44ª sesión. Pero aquí aparece otro aspecto de
esta compulsión: ver que su madre la mira se opone al miedo de la
mirada agresiva que la niña no ve (el padre observando por el agujero) ; es lo mismo que verificar la permanencia del buen pecho en la
madre. Pero aquí, en esta sesión, la evocación del padre observándola le permite regresar a lugar seguro, después de haber evocado
su miedo a la luna. La evolución de su complejo de Edipo le permite
efectivamente dar un sentido positivo a esta vigilancia anterior, que
se convierte en una prueba de amor reforzadora de su yo.

A pesar de esta ayuda libidinal, Carine se ve dominada de nuevo
por la necesidad de actuar. Es preciso que vaya a ver a su madre, que
le muestre su imagen mala (su dibujo de la luna), y que la observe
mirar su producción.

Regresa con bombones y un chicle, y el consumir éstos la sume en
una reflexión sobre un tema ya abordado al comienzo de la sesión,
directamente ligado a su ambivalencia con respecto a su madre. Comparando el bombón con el chicle, advierte que existe una contradicción
entre dos formas de placer: el de devorar y el de conservar. La fantasía de incorporación conduce efectivamente a estas dos realizaciones
contradictorias. Esta contradicción reproduce el conflicto entre la

avidez sádico-oral y la necesidad narcisista de conservar a la madre intacta. Es en este sentido que se le proporciona la última interpretación de la sesión.

La sesión siguiente (33ª) se desarrolla sobre el mismo arranque e implica una fase depresiva muy impresionante, que constituye una inflexión importante del tratamiento. Carine llega agitada y ansiosa. Se encuentra con una paciente adulta a la que su psicoanalista acompaña a la puerta, y la idea de que una persona grande también tenga temores, como ella, reaviva su angustia. De nuevo siente la necesidad de mostrar a su madre el dibujo que acaba de esbozar: una cabeza de lobo. Este movimiento resulta cortado por una observación de la analista. Le recuerda que al principio de la sesión precedente, ella jugó al lobo para expresar su furia por haber sido abandonada. Esta intervención reconduce a la transferencia la angustia de Carine, que masculla algunas palabrotas y luego se entrega a una producción mal estructurada, en el curso de la cual resulta manifiesto que ni la proyección ni la introyección parecen tener un valor defensivo eficaz: "Yo soy una niña mala, tú eres una señora mala." La elaboración de una fantasía persecutoria está lejos de calmarla: "El osito me ha mordido el dedo, tú me has mordido el dedo", y este acceso de angustia desemboca en un *acting out* violento: arroja al suelo todos los papeles y libros que están a su alcance. Mientras que la psicoanalista, sin decir nada, repara el desorden, las tendencias depresivas de Carine estallan, saliendo a la superficie. Se tira al suelo con los brazos en cruz y dice: "Carine está muerta, ya no hay más Carine, no hay que lamentarlo, era una niña mala..." A pesar del aspecto tan patético de esta secuencia, repetición en modo depresivo de una fantasía representada en modo persecutorio en la 8ª sesión, representa un arreglo menos cercano a la depresión real, es decir, a la pérdida del objeto, que el pasaje precedente, en el curso del cual la analista y Carine fueron percibidas como igualmente malas. En aquel momento, por un instante, la psicoanalista tuvo la sensación de que la relación se había roto. En el fondo de su angustia, la introyección del superyó (Carine habla aquí como una persona adulta, dramatizando con algo de exceso) le ha permitido sentir a su psicoanalista como menos perseguidora, mientras que, por un proceso de escisión, el objeto de la madre —su hermanita— se convierte en alguien mejor que ella misma. Este movimiento es el que permite a la analista hacerse comprender de nuevo y mostrarle su culpabilidad y su angustia ante su deseo de destruir el objeto de la madre. Y Carine reencuentra llorando la realidad de sus anhelos de muerte respecto a su hermanita, compromiso entre los efectos de las pulsiones parciales destructivas dirigidas contra el objeto parcial malo contenido en la madre, y su rivalidad edípica respecto a ésta, en tanto que objeto total (imagen de identificación y de rivalidad), desplazada sobre la hermanita.

En ese momento se organiza un juego, en el curso del cual Carine llega más lejos en la elaboración de sus mecanismos antidepresivos. Adopta el papel de la hermanita y, de esta manera, encuentra un compromiso entre el efecto de sus pulsiones agresivas y las exigencias de su superyó que, hace apenas un instante, le hacía decir que estaba muerta, en represalia por sus deseos destructivos. En este papel, y después de dar pruebas de estima a desconocidas, inflige a su hermanita toda una serie de frustraciones, efectos de sus pulsiones agresivas tanto mejor soportadas cuanto que se maltrata a sí misma, por el sutil efecto de la distribución de papeles. Bajo la cubierta de esta transacción, ella reencuentra la posibilidad de expresar su deseo de ser la preferida de su padre, y su juego se convierte en una realización sin disfraz. Termina por tomar para sí todos los papeles y así, hacia el fin de la sesión, logra controlar cada vez mejor su angustia y sus tendencias autopunitivas.

Este movimiento se prolonga en la sesión siguiente (34ª), en el curso de la cual Carine muestra que no ha olvidado nada de la interpretación que se le acaba de dar. En efecto, tras constatar que en esta ocasión libros y papeles están fuera de su alcance, asocia reclamando el bebé de juguete, y luego pide a su psicoanalista que represente el papel de la hermanita, confirmando así el predominio momentáneo del aspecto maternal de la transferencia.

Esta fantasía, sobredeterminada por las diversas y más antiguas elaboraciones de su rivalidad edípica, que son los ataques contra el bebé, y las más recientes, que provienen de la identificación con la imagen materna total, es seguida por un sueño (en la 35ª sesión), en el cual está representada la escisión primitiva del objeto, volviendo a tomar una imagen muy cercana a la que sirvió para expresar su miedo y su deseo de ver y ser vista. Soñó con su psicoanalista, que tenía dos caras, una amable y una mala. De lejos aparecía el rostro amable, pero en cuanto Carine aproximaba la mano para acariciarle la mejilla, la cara se volvía severa.

Este sueño es un ejemplo muy demostrativo del proceso de identificación proyectiva, ya que es sin duda el deseo sádico respecto de la madre el que aparece proyectado y figurado como cara mala de la psicoanalista. Este aspecto persecutorio de la cara de la analista llega a punto para figurar la venganza de la madre, evidenciada por los deseos de la niña hacia su padre.

Esta intricación de dos modos de organización de la angustia se manifiesta en el momento de terminar el relato del sueño. Carine debe ir inmediatamente a ver a su madre, y se instala en la sala de espera hasta que la psicoanalista vaya a buscarla. Siente entonces la necesidad de llevarse consigo todas las revistas que se encuentran en esta pieza, incluyendo el libro que lee su madre. Desde la 33ª sesión, para la niña comienza a aclararse la significación de los libros. Esta avidez respecto de estos objetos, incita a la analista a darle una interpretación de su sueño, mostrándole que ella la ve mala cuando desea arrebatarle el contenido de su cuerpo. Esta interpretación, que no apunta más que a la catexia de los objetos parciales, provoca asociaciones que implican tanto los derivados de las pulsiones parciales, como los deseos edípicos en su forma más evolucionada. La cuestión que la niña plantea entonces merece ser subrayada: "Dime, ¿con quién eres tú más feliz, con tus libros, con tu marido o con tus hijos?"

En su formulación, esta pregunta nos lleva hacia el aspecto materno de la transferencia, en una posición de Edipo invertido. Implica una comparación muy transferencial entre su psicoanalista y su madre, y deja entrever que Carine no está segura de ser la preferida de la madre. Pero en la 33ª sesión, los libros fueron comparados con los niños contenidos en el vientre de la madre y, recordemos esto, el bebé nuevo es visto todavía como objeto parcial, al menos tanto como una imagen total a la que Carine puede identificarse. Así que la pregunta: "¿Prefieres tus libros o tus hijos?", no es una redundancia. Los libros, en tanto que tercera posibilidad de elección entre el marido y los hijos, representan indiscutiblemente el objeto parcial en el cuerpo de la madre, objeto fálico cuya catexia narcisista más o menos contrariada será de una importancia crucial para el desarrollo intelectual de la niña. Pero por esta catexia del falo materno es por lo que volvemos a encontrar el conflicto edípico en su aspecto positivo, siendo agredida la madre por guardarse el pene del padre para sí.

La elucidación de estas posiciones condensadas no se muestra fácil. Respondiendo a la pregunta de la niña con otra pregunta ("¿Qué piensas de eso?"), la psicoanalista espera que la niña asocie directamente sobre sus propias relaciones con su analista, lo que no estaba explícitamente mencionado en la primera formulación de su pregunta. Cuando Carine es mala, su psicoanalista se vuelve mala. Una interpretación de este proceso proyectivo en función de su avidez oral, se le proporciona ahora nuevamente, pero poniendo esta vez en el mismo plano a los libros, los hijos y el marido. Esta intervención provoca una reacción muy viva: "A tu marido, tú le dirás ¡mierda!", por la que Carine se identifica totalmente con la imagen paterna y se coloca en actitud de rival en una posición francamente homosexual. La respuesta de la analista tiene tendencia a reconducir la imagen mala del padre al objeto parcial malo, pero Carine no se detiene para nada en esta posición y regresa a sus deseos edípicos positivos, con una insinuación asombrosa. La sugestión de que podría ser expulsado por la analista como si fueran heces, vuelve a dar a la imagen del padre una catexia positiva, apenas velada por una negación parcial: "¡Yo no lo quiero para mí sola!" y luego, en un segundo tiempo, siente la necesidad de negar sus deseos homosexuales: "No quiero quedarme sola contigo, ¡nunca más!" Manifiestamente, Carine tiene necesidad de restaurar la relación triangular, lo que es muy natural a los 4 años. Pero la repartición de las catexias sobre los dos padres puede hacerse por la repetición regresiva de situaciones angustiosas pregenitales o por la elaboración de posiciones edípicas generadoras de formas nuevas. De esta alternativa depende la futura organización mental del sujeto.

Por el momento, Carine encuentra la forma de darle un rodeo al asunto prefiriendo ella misma los libros. Se sume en la contemplación de un libro ilustrado y la psicoanalista la deja reconstituirse de esta forma hasta el final de la sesión, después de haberle mostrado la ambivalencia de sus deseos hacia ella.

La sesión siguiente (36ª) se sitúa todavía en la misma línea regresiva, con una tentativa de restaurar los objetos maternos amenazados por sus deseos agresivos, tentativa que no aporta ninguna tranquilidad a nuestra joven paciente. Como su madre está enferma, Carine es acompañada por una joven a la que presenta como su segunda mamá, y asistimos a una multiplicación de mamás y bebés que termina por una comparación con las heces, y Carine expresa claramente el deseo de arrojar a todos los niños al w. c. Bruscamente se siente culpable ante estos pensamientos, y asocia directamente con el hecho de que está enferma, por haber comido demasiado chicle (y hay que recordar lo que éste representa para ella: cf. 32ª sesión). Descubre que precisamente en ese momento tiene un chicle en la boca, se lo traga y se lanza a una nueva fantasía: se le va a pegar el vientre, que un médico le va a abrir y se va a comer su contenido. La psicoanalista le muestra entonces que esta fantasía es el producto del miedo a las represalias, porque ella quiso arrojar los niños de la analista al excusado. Carine, protestando, asocia sobre la ambivalencia del objeto de sus deseos orales: "Yo nunca he comido caca." Pero ahora quiere cambiar de registro. Propone un juego. De nuevo jugaremos al papá y la mamá. La psicoanalista será una "mamá-papá", no, ella será el bebé que llora porque quiere beber, pero hay una avispa en el biberón. Así, este ensayo de restablecimiento en un nivel más evolucionado fracasa nuevamente. Y se desarrolla otra fantasía sádica, cuyo contenido latente es idéntico al de los temas precedentes, con la misma cascada de intervenciones sádicas. Una interpretación acerca del deseo de quitar a la analista todos los bebés que tiene en su vientre, provoca una respuesta apenas negativa: "!No, no todos!", y Carine se va, metiéndose un simbólico lápiz bajo su suéter, mostrando claramente que la pluralidad no era efectivamente sino una forma de expresar la intensidad de la catexia narcisista fálica del objeto parcial.

La 37ª sesión está marcada por una fantasía que traduce un esbozo de realización edípica y por un juego fuertemente determinado por los efectos de las pulsiones parciales. En efecto, Carine declara que quiere a un muchacho, Eric, que es más amable con ella que su hermano y que se quiere casar con él. Encuentra en un cajón un anillo de cortina con el que hace una alianza, lo que es una repetición de un pasaje de la 29ª sesión (las niñitas no tienen derecho de usar anillo, privilegio reservado a las mamás). Esta vez, el juego representa una tentativa de dominar este objeto simbólico. Pero también es el punto de partida de una serie asociativa regresiva, más obrada que actuada. Va a pedirle un chicle a su madre (lo que es darle de nuevo a este objeto un papel simbólico tranquilizador, permitiendo un compromiso entre su avidez oral destructiva y su deseo de conservar). Como no hay chicle, Carine le echa el ojo a un paquete precisamente destinado a su hermana. Saca de él un tubo de pomada que lleva al despacho de su analista. Después de algunos contratiempos que traducen su malestar, acaba por jugar a poner pomada en los órganos genitales de la hermanita, que se supone que le duelen. Entonces la psicoanalista le dará una interpretación acerca de su culpabilidad ante su deseo de tener un hijo del padre. Carine añade que la pomada no hace daño sino en el momento de aplicarse, y luego se entrega a un último paso a la acción: ella misma se unta pomada en la región vulvar. Este gesto primitivamente masoquista, a la vez masturbatorio y exhibicionista, es el punto de partida de una elaboración que durará muchas sesiones.

La 38ª sesión, en efecto, muestra un apuntalamiento entre las catexias narcisistas que se prolongan desde la exhibición precedente y las catexias objetales edípicas. El pretexto es que Carine viene con una falda, pero este no es de ninguna manera un hecho nuevo. Aprovecha para declarar que prefiere un asiento a otro, con el pretexto de que un asiento la araña. Luego va directamente al punto, en una serie en la que se expresa toda la gama de placeres que muestran la integración del autoerotismo en el narcisismo. Esto comienza por la exhibición, justa contrapartida de todas las emociones causadas por la escoptofilia en sesiones anteriores, y continúa con una declaración de amor por sus órganos genitales, terminándose con un resumen impresionante por el que se expresa su catexia oral: "¿Quieres ver mi alcarito? ¡Es lindo mi alcarito! ¡Huele bien, me lo como!" El término "alcarito", contracción entre "alcancía" y "pajarito", merece ser subrayado de pasada.

Pero este momento de elación va de la mano con un reforzamiento de sus catexias objetales edípicas. En su euforia, le dice a su psicoanalista que tiene un secreto. A decir verdad, ella comunica ese secreto con gran prudencia, es decir, de forma poco inteligible. Se trata de sus amigos varones, para los que reserva caramelos, lo que es una sutil marca de erotismo en su sistema de referencia. Pero como sus palabras resultan ininteligibles, la psicoanalista le dice que el secreto que quiere y no quiere comunicar, es su deseo de casarse con su padre. Negación un poco estupefacta de la niña, lo que a la salida no le impide en absoluto decirle a su madre que tiene un secreto, confirmando así plenamente la interpretación edípica que acaba de escuchar.

El efecto de esta interpretación aparece manifiesto desde la sesión siguiente (39ª). Como cada vez que le es permitido imaginarse tomando el papel de su madre, la actividad de su yo se modifica por una nueva sumisión a las exigencias del superyó reforzado por este movimiento identificatorio. Carine entra al despacho con un libro, fingiendo leer, luego inventa una historia que es la realización de sus deseos edípicos, pero traspuestos, es decir, habiendo ya sufrido cierta represión. Se trata de un papá-cabra que está reposando al lado de una cabrita. En cuanto a la mamá-cabra, Carine no sabe muy bien cómo deshacerse de ella y conservarla al mismo tiempo. Termina enviándola a misa. Así, su yo hace sufrir numerosas transformaciones a sus deseos edípicos. Además del desplazamiento sobre los animales, el aspecto erótico del deseo está reprimido, lo mismo que los deseos de muerte respecto de su madre. Esta transacción le permite asociar muy directamente sobre un recuerdo muy próximo, de su último domingo en el campo, donde pasó un buen momento con su padre.

Pero una vez más, los esbozos de organización no se sostienen a los 4 años. ¿Es un malestar físico el que representa el papel de factor precipitador? ¿O es sobre todo la debilidad del yo ante las exigencias de un superyó todavía sádico? Como quiera que sea, Carine llega en mal estado a la 40ª sesión, y a pesar de haberse armado con el mismo libro que antes, no recobra sus posiciones defensivas. Además, su atavío deja prever que sus mecanismos antidepresivos estarán hoy en desventaja: se ha apropiado de las joyas de su madre, y este modo hipomaniaco de defensa contrasta con la organización defensiva neurótica, de la que Carine dio pruebas en la sesión anterior.

Así, en lugar de contar una historia, Carine se pone a dibujar, pero sus primeros dibujos no la satisfacen. El dibujo que ha elegido para reproducir representa a un niño montado a caballo. ¿Es la significación simbólica del dibujo la que termina de angustiarla? En todo caso, tiene necesidad de la ayuda de la analista para acabar de colorearlo. Concluye asociando sobre el hecho de que ha estado enferma, y que se trata de quitarle una piel de la garganta. La interpretación de su an-

gustia de castración provoca vehementes protestas, en el curso de las
cuales Carine intenta en vano recobrar el principio de identidad
barrido por el juego de los procesos primarios: "El pajarito no es una
joya", y de atribuir a cada uno lo suyo, lo que la obliga a decir
que "papá es de mamá", como lo son las joyas. Se exaspera ante esta
proposición, que hubiera preferido no formular. Su malestar provoca
un esbozo de *acting out* rápidamente reprimido: no va más allá de un
simple gesto de amenaza con el lápiz. Se calma súbitamente y termina
su sesión contando cuentos moralizadores.

La 41ª sesión comienza por la expresión de preocupaciones asimismo morales, pero rápidamente adopta un tono muy diferente.
Carine recuerda una de sus anteriores actitudes provocadoras y pregunta, curiosamente, si los niños malos escriben sobre las mesas. Y hace
observar que ella, en todo caso, no lo hace, cosa que es verdad desde
hace algún tiempo. Y como en esta forma obtiene una señal de aprobación, acaba por quejarse de su madre que encuentra que ella es
mala. Asocia espontáneamente sobre la escena primaria, declarando
que prefiere imaginarse que los padres no hacen nada más que leer,
uno junto al otro, cuando están en la cama. La psicoanalista le dice
entonces que eso da menos miedo que imaginar las relaciones sexuales
sádicàs, consistentes en un intercambio de pene. Esta vez, la niña
asiente y asocia sobre un recuerdo muy reciente de agresión masculina.
Un compañero de clase la ha mordido. Después hace otra observación: en la *Historia de Ana-Catalina,* la heroína es mala cada vez que
su padre está con ella. La analista le muestra entonces que, en ese caso,
Carine no tiene que sentirse culpable de que su padre se ocupe de
ella, ya que es para castigarla, lo que provoca una referencia inmediata a su vida familiar: cuando ella no se porta bien, su madre la
amenaza con el castigo que le infligirá su padre cuando regrese por
la noche.

A esto sigue un doble movimiento de regresión temporal, con la
aparición de derivados de pulsiones parciales anales (comenzando con
un interés marcado por el vientre de su analista, hasta una proposición de "hacer un pedito juntas"),[1] y de progreso al nivel de su yo:
mirando un libro, asocia sobre la diferencia entre las fantasías y la
realidad, entre lo que se percibe en los sueños y los datos racionales.
Este nuevo progreso en el control de los objetos internos, le permite
asociar el placer de retener y de dejar escapar una ventosidad, a una
nueva fantasía que, a decir verdad, no volverá a aparecer, pero que no
por ello es menos significativa: "Tú eres la mamá, yo soy el bebé,

---

[1] Este aspecto de su erotismo será elaborado más tarde, cf. p. 209,
57ª sesión.

¡el papá está muerto!" Así, el objeto parcial retenido y perdido, es aquí una vez más asociado al objeto total. El reconocimiento de este último y el deseo de conservarlo intacto, opuestos a la fantasía de destrucción del objeto parcial, conducen a esta escisión que se ha manifestado en el funcionamiento del yo, y que le ha permitido distinguir, con una asombrosa precocidad, dos órdenes de realidad psíquica.

Por eso es que, en la sesión siguiente (42ª), Carine está entusiasmada al relatar a su analista que en la escuela están preparando una fiesta y que ella representará el papel de una mariposa. Esta tregua le permite, bajo la cubierta de la cláusula de juego, imaginarse nuevamente escenas de felicidad con su padre (43ª sesión), bien sea tomando el papel de su madre, que regresa de la clínica, o bien representando su propio papel, representando en ambos casos la analista el papel de padre, aunque a decir verdad se trate más de un padre alimentador que engendrador. Y en todas las sesiones siguientes, Carine oscila entre el deseo de identificarse con su madre, para ser amada por su padre, deseo que ella no puede negociar sino en lo imaginario, y otros deseos más inmediatamente realizables, correspondientes a los placeres que es natural reivindicar, o que siempre se espera encontrar a la edad de cuatro años. "¡Oh! yo no puedo ser a la vez una niñita y una mamá... ¡Yo tengo apenas cuatro años!" Y así es como se terminan las sesiones, cuando ella sale de vacaciones con su familia (después de la 47ª sesión).

Al regreso de sus vacaciones (48ª sesión), Carine parece contenta de volver a ver a su psicoanalista, pero las razones de esta satisfacción se irán haciendo más claras a medida que la sesión se desarrolle. Comienza por declararse culpable de no querer a su abuela, luego, en sus asociaciones, proporciona algunas luces sobre esta catexia materna negativa traspuesta. Explica que su cuarto estaba situado junto al de sus padres, y al mismo tiempo se declara distraída por un ruido que viene de la calle. Entonces le es fácil a la psicoanalista mostrarle que esta situación no es sino la repetición de lo que sucedía cuando ella estaba en aquella habitación, y que tenía el oído atento a los ruidos provenientes del cuarto de los padres. Carine evoca entonces muy fácilmente su cólera contra su madre ante esta situación. Esta vez, su prisa por reencontrar a su psicoanalista es más comprensible, pues se trata de verificar que ésta no está "rota". La historia de sus conflictos con su abuela no era sino una tentativa de arreglo de la ambivalencia de la transferencia.

Carine continúa asociando. Va a la ventana a ver de dónde viene el ruido. Se trata de una podadora de pasto, que justamente le recuerda la rasuradora eléctrica de su padre y los "buenos momentos" que por la mañana pasa al lado de él, en el cuarto de baño, mientras él se rasura, bajo pretexto de cepillarse los dientes. Como la necesidad de recurrir a tal pretexto se le interpreta en el sentido de su culpabilidad edípica, Carine hace observar a su psicoanalista que su amor por su padre, de todos modos, no es correspondido sino muy moderadamente, ya que aquél la encuentra "pegajosa". La psicoanalista remite la necesidad de hacerle esta última confidencia a la transferencia materna negativa, y este es el fin de la sesión.

Esta elaboración de la culpabilidad de la niña y de la dependencia de su yo respecto de un superyó, que es cada vez más la imagen "total" a la que ella se identifica, conduce en nuestra joven paciente a un sueño de realización del deseo edípico (49ª sesión).

La acción de este sueño se desenvuelve en un decorado (la roca que se eleva), cuya significación simbólica es bastante clara, aunque ninguna de las asociaciones de la niña venga a elucidar enteramente el simbolismo. Recordemos a propósito de esto la prudencia de Freud con respecto al simbolismo de los sueños de vuelo y de caída (capítulo vi de *La interpretación de los sueños*). Dos sesiones más adelante, una expresión de la niña mostrará que utiliza una metáfora espacial extraída del relato de su sueño, para expresar una noción de duración ("un momento grande que llegará hasta el cielo"), con una connotación de placer que incorpora las expresiones familiares del lenguaje, siendo de buena gana sinónimos cielo y paraíso.

Sobre este fondo simbólico, la imaginería del sueño es por el contrario bien explícita, y nos incita a no criticar demasiado nuestra pretensión de ver un símbolo de erección en la imagen de la roca que se eleva. Carine se encuentra sola con su padre, tienen un contacto físico muy agradable con él, y en esta ocasión aparecen algunos detalles que dan valor a una parte del material anterior. Mientras que en los relatos precedentes la intimidad edípica no era lícita sino bajo el disfraz de la afeitada y el cepillado de dientes, es decir, de la eliminación de desechos superfluos, aquí nuestra niña tiene un contacto delicioso con los pelos intactos de su padre que, precisamente, se deja crecer la barba. Incluso si al lector le resulta difícil imaginar que esta niñita de cuatro años sueñe con una erección (si bien más adelante sabremos que ella tiene sensaciones clitoridianas de las que hablará a su analista),[2] es difícil no ver en este sueño la asociación del placer del comercio íntimo con su padre, con la afirmación de que éste está provisto de atributos viriles. Las exigencias del superyó han censurado la designación directa del pene del padre, pero la precisión de que él está "desnudo, solamente con su traje de baño", es tan clara como si Carine hubiera designado por su nombre lo que trataba de esconder.

[2] Cf. p. 184, 60ª sesión.

La primera asociación de la niña, después de contar su sueño, es justamente la evocación del primer sueño contado a su psicoanalista, sueño en el que el pene del padre estaba representado por la cola del lobo "que hacía cuchi-cuchi" en su rostro. Esta expresión tan ambivalente era empleada indistintamente para designar un contacto agradable con su padre, como una espantosa pesadilla; era igualmente utilizada para designar la incorporación del objeto parcial (cf. la secuencia de la lechuga rizada en la 15ª sesión). Carine comprueba que ha hecho progresos desde la época de sus sueños malos.

Luego ella dibuja un personaje sin brazos ni piernas, "una niñita sola". Resulta así que sólo el amor del padre la puede hacer completa, y las asociaciones que siguen muestran que el peligro de castración está ligado a su rivalidad edípica con su madre. La fantasía de la niñita sin brazos ni piernas no es sino la consecuencia del deseo de romperlo todo (cuando ella está sola en su camita), evocada en la 48ª sesión, deseo que como ya hemos visto, estaba en realidad perfectamente dirigido contra su madre. La diferenciación edípica entre el padre, objeto de catexia, y la madre, imagen de identificación, ha dado a los fenómenos primitivos.de identificación proyectiva una dimensión nueva. Mientras que, en las primeras sesiones, las fantasías de introyección y de proyección de objetos parciales predominaban, con una relativa indiferenciación pene-pecho-heces-alimento, actualmente debido al hecho de la intensidad de las catexias y de su transformación bajo el solo efecto de los procesos primarios, han sufrido una diferenciación esencial que caracteriza el aspecto fálico del conflicto edípico. El amor del padre va de la mano con la plenitud narcisista fálica amenazada por la represalia materna, y no es difícil prever que dependerá de la solución del conflicto edípico, en nuestra paciente, la aceptación de su feminidad. Pero sigue siendo indiscutible que este amor por el padre, en su función restauradora, como la angustia de castración ligada al fantasma de venganza de la madre, son el producto de la transformación directa de la escisión primitiva del objeto y de los mecanismos de introyección que han constituido los estadios más primitivos del complejo de Edipo. La realización fantaseada del deseo de tener al padre como marido, procede de las fantasías de incorporación del pecho bueno, y la elaboración edípica es la única forma de curación de la angustia y de la depresión primitivas, tanto en la niña como en el niño. La envidia del pene en la mujer, el miedo a la pasividad homosexual en el hombre, son sus secuelas más habituales.

Carine balancea sus piernas —como para espantar al fantasma de la niña sin brazos ni piernas—, y asocia sobre su necesidad de ver juntos a sus padres cuando tiene miedo por la noche. La psicoanalista puede mostrarle que se trataba de una formación reactiva contra sus

deseos de separarlos y de "romper" a su madre. La niña asocia entonces sobre la manía que tenía de romper todos sus juguetes (cf. 13ª sesión), y además le pide a su psicoanalista que le permita quedarse
pasada su hora. Todavía no está totalmente tranquilizada sobre su integridad corporal ni sobre la de su psicoanalista. Sólo cuando se aclara
el desplazamiento sobre las muñecas de sus deseos agresivos contra su
madre, se decide a marcharse, sin que su angustia transferencial le sea
interpretada, sin embargo.

Cada afirmación de sus deseos edípicos y de su identificación con
la imago prohibitiva va seguida por una manifestación de progreso
en el terreno intelectual. Así es que no nos asombraremos de verla
llegar a la 50ª sesión con un libro bajo el brazo, ni de escucharla
hacer comentarios lingüísticos. Esta secuencia muestra claramente cómo
el interés de los niños por el metalenguaje está ligado a los avatares
del complejo de Edipo y al control de los objetos internos.

Carine medita sobre el hecho de que los animales no tienen sino
una forma de expresar sus deseos, mientras que una niña como ella
dispone de muchas palabras, de sinónimos y de posibilidades de clasificación. Este placer en las clasificaciones y oposiciones de objetos,
designados por palabras diferentes a pesar de la identidad del deseo,
es la contrapartida de la sesión precedente, en la que Carine hizo tan
numerosas aproximaciones entre situaciones diferentes que la conducían, todas ellas, a la angustia de castración. Por este acercamiento
lingüístico, después de una sesión llena de tomas de conciencia, Carine
proporciona un excelente ejemplo de la oposición entre procesos primarios y procesos secundarios, y del papel reparador que pueden tener
estos últimos en la limitación de la circulación de las catexias. Ella
juega a la escuela, y adopta el papel de la maestra que, para recom-
pensar a su alumna, le hace un regalo bastante original: es el dibujo
de un lobo. La alumna no debe tener miedo, ya que se trata de un
"lobo-estampa". Pero ella no se siente completamente tranquilizada
por esta tentativa de controlar el temor, y añade que, si la alumna
tiene miedo, no hay sino quedarse en la escuela, ya que aquí no vienen
los lobos. Como la psicoanalista le compara esta protección con el
hecho de que no hay padre en la clase, y por tanto no hay peligro
de transgredir la prohibición edípica, Carine protesta vivamente. El
lobo no tiene nada que ver con su padre, en *Caperucita Roja* no hay
ningún padre, y es en la cama de su abuela donde se acuesta la niña.
Para protestar contra la interpretación edípica, Carine vuelve a tomar
los elementos antiguos —en los que padre y madre estaban poco diferenciados— que por condensación han constituido el símbolo del lobo.
Esta regresión dura muy poco tiempo, y la niña recuerda la intervención del padre que abre el vientre del lobo y recupera así a su hija. Este

breve resurgimiento regresivo estimula un movimiento progresivo del yo. Ella observa la palabra "lobo" que acaba de dictarle a su analista y constata que no es sino una palabra muy pequeña, que no tiene más que cuatro letras. Esta constatación de la "castración" del símbolo, en el segundo grado del objeto de su miedo, la encanta. Después de una interpretación que regresa a la transferencia lo que acaba de suceder, Carine termina la sesión llevándose consigo la palabra que ha recortado y "dejando sus temores" en el consultorio de la analista.

La sesión siguiente (51ª) se desarrolla enteramente sobre el mismo registro de una cierta regresión anal y de un mejor dominio de los representantes de las pulsiones parciales. Se instala un diálogo que deja a la psicoanalista una impresión totalmente nueva: la niña parece tener una libertad interior que no le habíamos conocido hasta aquí, y que se opone al estilo tenso y compulsivo de muchas de las sesiones anteriores. Ella comienza a fingir que lee un libro, reproduciendo tan fielmente como le es posible la lectura que le ha hecho su madre (por otra parte, escoge este libro de manera muy pertinente, ya que se trata de la historia de un niño indio que hace rigurosamente, en pequeño, todo lo que hace su padre). Luego ella inventa un juego: es una vendedora que da a una madre, representada por la psicoanalista, todo lo que hace falta para alimentar a sus hijos, a cambio de dinero. Designa el cesto de los papeles, que debe servir de bolsa para las provisiones, con el término "el viejo basurero", lo que muestra que puede evocar sin temor ni olvido, la antigua expresión de su sadismo. A continuación de esto, intenta escribir el resultado de la suma, no lo consigue, y es presa de la inquietud ante la idea de que su psicoanalista conozca todas las letras de los libros de su biblioteca. Este vértigo ante el símbolo del contenido del cuerpo materno produce un doble efecto. Después de haber afirmado que también ella será sabia cuando sea grande, pregunta a su psicoanalista si más adelante podrá ser una doctora como ella, "una doctora que hable con los niñitos que tienen miedo". Luego toma la estatuilla de Buda, que a menudo le había causado miedo y la que había designado como bruja mala y hoy la encuentra "chistosa". Imagina entonces un juego maravilloso: ella es un doctor que posee un medicamento que lo cura todo, que cuesta muy caro, que se regenera espontáneamente y que actúa a distancia. Esta fantasía megalomaniaca le es interpretada como destinada a luchar contra su angustia de castración y su reacción depresiva, ante todo lo que posee su analista y que ella en cambio no tiene.

Más allá de esta interpretación, es necesario subrayar la articulación de estos dos efectos. El movimiento identificatorio del "yo" de la niña con la psicoanalista "que habla" se manifestó desde la 3ª sesión de este tratamiento, pero sólo aquí es verbalizado con la mayor nitidez por primera vez. En esta sesión, el valor identificatorio de la expresión "mi amiga", utilizada desde hace mucho tiempo para designar a la psicoanalista, resulta totalmente aclarado. Pero esta identificación sigue siendo generadora de conflicto y la evolución de la relación transferencial debe ser estudiada a través de los avatares de este conflicto. En este momento del psicoanálisis de Carine, el Ideal del yo sigue estando escindido, sufriendo todavía la influencia de la escisión primitiva del objeto internalizado. Por una parte, está la imagen ideal de la psicoanalista que interpreta y liquida así el miedo de los niñitos; por la otra, la imagen de una madre buena y mala a la vez, gratificadora porque posee un objeto mágico, y frustrante porque exige dinero, mucho dinero, a cambio. El destino del primer deseo de identificación resulta contrariado por la angustia que entraña el segundo. La contradicción entre el deseo de ser como la madre (para poder ser como la psicoanalista) y de poseer lo que tiene la madre, hace necesaria de nuevo la producción de una fantasía, donde aquélla que posee el objeto mágico (la madre que tiene el pene del padre en el interior de su cuerpo) se convierte en el padre, designado esta vez con una precisión que faltaba hasta ahora. El medicamento todavía no está preparado (pierde así su carácter mágico de renovarse por sí mismo), la señora enferma, representada por la psicoanalista, debe dormir tres veces en casa del doctor, que será su marido y le pondrá bebés dentro de su vientre.

Acabamos de expresar nuestra opinión de que el médico poseedor del medicamento mágico procedía de la fantasía de la madre, habiendo incorporado los objetos escindidos en buenos y malos. Aquí podría hacérsenos una crítica con cierta apariencia de razón: nada indica, en el texto de la sesión, que este personaje sea más materno que paterno, hasta el momento en que finalmente se transforma en padre. La organización de fantasías a ese nivel de elaboración, no permite sino una limitada individuación de los personajes paterno y materno, que no son reconocidos sino en función de la catexia de los objetos parciales, catexia sometida al juego de los procesos primarios.

Sin embargo, cuanto más se organiza el juego, más prevalecen los procesos de individuación y de oposición semántica, en contraste con lo que sucedía durante las primeras sesiones, en las que, finalmente, el *acting out* era la única forma de regulación posible. El final de esta sesión es muy notable desde este punto de vista, ya que Carine reencuentra *en el juego* todos los elementos del *acting out* de la 33ª sesión.

El juego del doctor se transforma por lo tanto en un nuevo juego del papá y la mamá. Los niños son insoportables, tocan los libros. A este propósito, ella vuelve a tomar la interpretación que le había sido dada en aquella ocasión, sobre el significado simbólico de los libros (los hijos de la madre), añadiendo esta frase asombrosa: "eso yo no lo invento, ¡eres tú quien me lo dijo!", y luego, en el juego, coloca todos los libros en el suelo, esta vez de manera muy controlada. En el curso de este juego, los niños, representantes psíquicos de sus pulsiones agresivas, aparecen doblemente figurados: los niños celosos, situados en el exterior de ella misma y que la representan proyectivamente, y los libros, símbolos de sus objetos internos, que ella manipula tranquilamente esta vez reencontrando así la coherencia narcisista que le proporciona el control esfinteriano.

El interludio de la sala de espera merece ser puesto de relieve, ya que muestra cómo Carine capta el carácter privilegiado de lo que se dice en su psicoanálisis. Al emplear su madre la palabra "romper", sin saber que esa palabra designa un aspecto particular de su propia relación con su hija, ésta hace notar, en un movimiento de connivencia con su psicoanalista, que su madre no se da cuenta de lo que dice, tanto más cuanto que, para ella, esta palabra desentona con el clima positivo del final de la sesión. Y se explica acerca de su deseo de prolongar la sesión, empleando un término extraído de su relato del sueño de la roca de la 49ª sesión. La madre se sorprende mucho de oír hablar a su hija de un "momento que dura hasta el cielo". Esta nueva observación hace que Carine se encoja de hombros, al constatar, no sin cierto alivio, que decididamente su madre no comprende nada. Y ella asocia esta alusión a la erección y al séptimo-cielo, a la longitud del pene anal, con la satisfacción que le proporciona el dominio de esta comunicación de la que la madre está excluida.

CAPÍTULO SEXTO

EL DESTINO DE LAS PULSIONES PARCIALES

SU PAPEL EN EL DESARROLLO DEL YO AL COMIENZO
DEL PERÍODO DE LATENCIA Y EN LA ORGANIZACIÓN
DE LA FANTASÍA DE CASTRACIÓN

1. DESARROLLO DE LAS SESIONES

52ª sesión: Encuentro a Carine en la sala de espera, sentada en el
suelo e intentando anudar el cordón de sus zapatos. Su madre quiere
ayudarla y ella rehusa. Después de tres o cuatro intentos desdichados
su madre le sugiere que vaya a hacer ese nudo a mi despacho, pero
Carine, escandalizada, responde: "Pero yo no vengo a ver a mi amiga
para aprender a hacer nudos, nosotras dos hablamos de cosas serias."
Al fin el nudo está hecho y me sigue al despacho. Se sienta ante la
mesa y en primer lugar me advierte: "Hoy estoy enojada." Le pregunto
por qué: "No lo sé; ¿es que tú siempre sabes por qué estás enojada?"
Continúa: "Cállate, no tengo ganas de hablar contigo, quiero dibujar." Dibuja una casa muy rápidamente y bien y de pasada me indica
los progresos que ha hecho. Ya sabe reproducir los postigos y las
cortinas de las ventanas y el camino que conduce a la casa, sabe que
hay que poner una cerradura en la puerta para abrirla, y también
sabe hacer un garage. Como uno de sus trazos no le sale muy derecho,
me pide una goma. Es la primera vez que me pide una goma y le doy
una; ella observa que es verdaderamente inteligente de mi parte tener
este accesorio, y termina por dibujar un personaje. Es una niña que
tiene cabellos largos y rizados, y está peinada de "ingleses".[1] Me dice
que ella no los puede tener porque ella es... busca la palabra...
me pide que adivine lo que quiere decir... yo reflexiono algunos
segundos y la siento ponerse muy tensa, impaciente, y por fin comprendo y le digo: "Ah, tú eres francesa." Lanza un enorme suspiro de
alivio y exclama: "Eso es, tú no eres idiota, me has entendido, si tú
no me hubieras comprendido, hubiera sido espantoso, jamás hubiera
podido volverte a hablar." Y continúa: "En efecto, las inglesas tienen

---

[1] Escribimos "ingleses" en vez de la traducción correcta "tirabuzones" para
la palabra francesa "anglaises", para preservar el doble sentido de la escena. [T.]

"ingleses", pero ella no, ella es francesa, así que ella lleva trenzas o bien los cabellos sueltos sobre la espalda." Termina la figura del personaje dibujando los ojos, la nariz y la boca, boca que comienza por sonreír, pero que acaba por abrirse muy grande con dientes de lobo. Continúa haciendo el cuerpo, pero una pierna no resulta de su gusto, quiere borrarla. Frota el papel con la goma y de pronto la escucho llamarse "estúpida, idiota, tonta, asquerosa". Le pregunto: "¿Por qué eres tan mala contigo misma?" —"Me fastidia porque froto demasiado fuerte el papel, se va a desgastar, va a morir." Le digo que "no, no es el papel el que va a morir, sino esta niña que tiene lo mismo que yo, lo que tú piensas que no tienes derecho de poseer, y que tú quisieras destruir". Me responde: "Ah, entonces ¿es ella o soy yo el lobo que quisiera morder?" Interpreto: "Tú crees que ella quiere morderte porque tú quisieras morderla a ella, lo mismo que querrías morderme a mí y coger todo lo que tengo en mi vientre y mis senos." Ella me observa con el rabillo del ojo mientras hablo, y concluye: "Como tú has hablado, como tú me has dicho cosas como esas, eres tú la asquerosa, un pedazo de idiota." Y continúa: "Eres una mierda. Yo soy tu madre, tú eres mi hija, yo te quito los calzones." Se aproxima a mí y coge con sus manos el borde de mi falda, pero se detiene: "Ah, es verdad, aquí no se hacen cosas, aquí se habla. ¡Bueno! Entonces digamos que te quito tus calzones; te siento en el orinal, pero tú no quieres soltar tu caca." Le pregunto por qué: "Pues porque si tú la soltaras, ya no la tendrías dentro de tu vientre." Continúa: "Y de esa manera tú eres mucho más fuerte que mamá, con toda esa caca dentro del vientre que ella no puede quitarte." Carine prosigue: "...y en mi cabeza, yo puedo llenarla de mierda, cuando mi madre me fastidia, como yo quiera". Se pone a canturrear: "Yo tengo buena caca en mi cacatera, yo tengo buena caca y tú no tendrás." Interpreto: "Porque si tú me la dieras, te sentirías toda vacía, toda gastada, toda rota. Tu madre es bien mala, y yo también, por querer quitártela, tú nos tienes mucho rencor." Me responde: "Por eso es que te digo mierda." Continúo: "Sí, tú quisieras cubrirme de mierda, destruirme con tu caca para castigarme." Carine se queda silenciosa hasta el final de la sesión. La reconduzco donde su madre; mientras ésta me paga mis honorarios, Carine arranca rápidamente el billete a su madre, lo arruga y huye llevándoselo al despacho. Yo la sigo para firmar las hojas de la seguridad social. La madre le quita el billete. Mientras yo firmo, la madre me anuncia que su hijo tiene paperas, espera que Carine no se enferme de lo mismo. Yo le respondo con algunas palabras anodinas. Carine alza la cabeza y dice: "Ah, hablas así porque estás delante de mi madre, sí, porque lo que es delante de mí, mi amiga no habla más que de cochinadas. ¡Hay que ver lo que he oído hoy de mierda y de caca!"

53ª sesión: Carine toma las hojas para dibujar de encima de la mesa y me dice que va a hacer dinero para ella, billetes y monedas. Sin decir una palabra, corta las hojas en pedazos de diferentes tamaños, escribiendo una cifra sobre cada uno de ellos. Necesita más todavía, toma más hojas del montón y me pide más. Intervengo: "Después de lo que dijimos la última vez, ella hace grandes reservas de dinero y de caca y pone buen cuidado en cerrar su boca igual que sus nalgas para que nada se salga." Carine me amenaza: "Cállate, si no mis botas malas te van a hacer mucho daño." Y continúa... "¿Pero cómo puedes ver tú que yo cierro las nalgas?, tengo mis calzones, y si yo cierro las nalgas es porque tengo cólico, comí demasiadas ostras el domingo. Pero mira, tú me has hecho pensar en eso, tengo ganas de ir a hacer caca." Va al w. c., y al cabo de un momento llama a su madre. En el pasillo Carine le pide a aquélla que me confirme que efectivamente tiene cólico desde el lunes, porque comió demasiadas ostras. Su madre lo confirma, asombrándose de que a una niñita, que además era anoréxica, puedan gustarle las ostras. Carine le pide a su madre que no se vaya a olvidar de darle los caramelos rosados para sus intestinos. La madre responde que no va a tener suficientes, porque Carine por lo general está estreñida. De regreso en el despacho, Carine continúa sus actividades en silencio. Al final de la sesión y como las dos nos dirigimos hacia la puerta del despacho, Carine se vuelve hacia mí, me lanza un "pedito" sonoro y, muy digna, se va.

54ª sesión: Carine comienza por dibujar un bosque por el que se pasean un ciervo, una cierva, un cervatillo y un *rabbit.* Asombrada de escucharla pronunciar esta palabra inglesa, la interrogo y ella me responde tranquilamente: "Sí, un *rabbit,* yo *speak english,* esta mañana estuve en Inglaterra, en Londres, tomé el avión yo sola, sin mis padres." Continúo observándola, esperando sus explicaciones, y ella se echa a reír y me explica: "Estoy en una escuela maternal piloto. Dos veces por semana, vamos a visitar a los niñitos ingleses y hablamos su idioma todo el día, la maestra también." Así que, esta mañana, ella ha "visitado" Londres. A las diez ha tomado té con leche y ha comido pasteles. Su discurso está esmaltado de palabras y de estructuras de frases inglesas. Me cuenta uno de sus días "ingleses". Sobre una pantalla desfilan imágenes del país visitado, que su maestra comenta en inglés, los niños deben repetir; luego, muy seriamente, me explica que le ponen una pequeña radio sobre el vientre y que ella debe hablar en un micrófono; luego le colocan unos auriculares y ella puede escucharse, con el objeto de corregir su pronunciación. Parece muy interesada y divertida por este ejercicio; después de Inglaterra, descubrirán también América, y trata de interrogarme acerca de mis conocimientos sobre los países anglosajones. Pero prosigue contándome que, al medio día, mientras que su padre y su madre hablaban entre ellos y ella no comprendía nada de lo que decían, les interrumpió para pedir *bread*. Ellos no comprendieron y ella se rió mucho. Intervengo: "Tú te has vengado, has hecho como ellos, has hablado una lengua extranjera." "Pero mis padres hablan francés, ya lo sabes." "Sí, seguro, pero la lengua de las personas grandes, tú debías estar muy furiosa de no entender nada y pudiste tener la impresión de que querían ocultarte alguna cosa." —"¿Qué podrían ocultarme? Cuando papá habla, es de sus negocios y eso me fastidia, me gustaría más que me preguntase lo que hago en clase."

55ª sesión: Encuentro a Carine en la sala de espera escribiendo "Noël", en el reverso de una tarjeta postal. Su madre le indica que no ha puesto la *e* en el lugar correcto, la ha escrito después de la *l*. Carine trae la postal al despacho, me la muestra y dice: "Ves, es una foto que ha sido tomada delante de una tienda de juguetes, es Papá Noël, yo y mi hijo." Y añade rápidamente: "Sobre todo, no me digas palabras nerviosas." Le pregunto qué palabras nerviosas son las que teme que yo le diga: "por ejemplo, que yo he dicho mi hijo, y no mi hermano, porque yo quisiera ser como mi mamá, tener a papá como marido y que él me pusiera un bebé dentro de mi vientre. Además, en esta foto, tengo medias de encaje como mamá." Continúa: "Estas ideas no tienen que distraerme, porque hoy tengo que trabajar muy seriamente. Necesito acordarme de las palabras que sé escribir: bosque, leñador, cierva, ciervo, cervatillo. Ya ves, es un trabajo serio: en ciervo y en cierva hay el mismo sonido "v" y, para ciervo, hay que pronunciar bien la "v" para no olvidarla, pero para bosque es más fácil, uno sabe en seguida que hay que poner una "b". Ella escribe estas palabras muchas veces y de repente dice: "Tú eres más vieja que yo, tu papá ha muerto, él está en el cielo, ha ido a encontrarse con el Niño Jesús. Yo me voy a hacer vieja, pero papá también envejecerá. Y yo jamás podré alcanzarlo. Dime: ¿es que las niñas pequeñas nunca pueden tener a su papá como marido, eh?" Yo le respondo "no". "Pero para tener un marido propio, ¿tienen que esperar hasta que su papá se haya muerto verdaderamente, o sólo que se haya muerto en su corazón?" Añade: "Ven, vamos a jugar al marido y la señora, tú te llamas Michel y yo Carine, y nos vamos a acostar." Me pide que me siente sobre el diván y viene a mi lado, pero se vuelve a levantar inmediatamente para ir a acostar a los niños, y luego otra vez para ir a apagar la luz; se pregunta si esta es una de las cosas que basta con "hacer como que se hacen", o que uno puede hacer "de verdad"; opta por la segunda solución y apaga la luz. Regresa, se sienta junto a mí, mira la habitación y dice: "Oh, qué desorden hay en la sala, es necesario que yo vaya a ordenarla." Le hago notar que verdaderamente se diría que tiene demasiado miedo de su deseo de quedarse a mi lado, su padre convertido en su marido. Se vuelve a sentar y observa: "Es cierto, eso puede muy bien esperar hasta mañana por la mañana, antes del desayuno arreglaré la casa." Aproxima su cabeza a la mía para darme "un beso de mariposa". Eso consiste en acariciarme la mejilla con sus pestañas, luego cierra los ojos y simula dormir. Al cabo de un momento de silencio, abre los ojos y me dice que ha oído un ruido: "Puede que sea un... lobo, pero yo no tengo que tener miedo porque tú tienes tu fusil grande, tú eres un marido cazador." "Por lo que parece, tú todavía necesitas que mamá venga a asustarte cuando tú ocupas su lugar junto a papá." Es ya el final de la sesión y antes de salir de la habitación me dice que es la mañana, y por lo tanto es el momento de ir a ver si Papá Noël ha traído juguetes a nuestros hijos. Se dirige a un rincón del despacho, que según ella declara es la chimenea, donde depositamos los zapatos: la hija ha recibido un bebé.

56ª sesión: Al tiempo de sentarse, Carine se lleva la mano al calzón y dice de un tirón: "Mi alcancía me pica, he perdido un diente. Mamá me llevó al dentista porque se quedó asombrada de que yo haya perdido un diente a los cuatro años y medio, aunque pronto ya tendré cinco años. El dentista dijo que eso no importaba nada porque el diente que está debajo, mi diente de niña grande, ya va a salir. Pero yo me pregunto si no estaré obligada a ir a la escuela grande, porque es cuando están en la escuela grande que las niñas y los muchachos pierden sus dientes de leche y les salen sus dientes verdaderos, y me molestaría mucho tener que dejar mi escuela de párvulos." Continúa: "No sé si voy a poner mi diente debajo de mi almohada para que el ratón me traiga un regalo. Tú sabes, los ratones son como Papá Noël, son los papás y las mamás. Mamá todavía no me ha dicho nada, fue mi primo el mayor, Eric, el que me contó que cuando uno pierde un diente, se pone debajo de la almohada y uno recibe un regalo. Cuando fui a dormir a su casa, él perdió un diente y tuvo un regalo." "Se diría que tú crees que para hacerte grande, tienes que perder alguna cosa, un diente, o un pajarito, y te preguntas qué es lo que yo te daría a cambio." Carine sigue: "Mira, hoy vamos a estudiar el número 5. Ya lo he estudiado en clase, y además, yo voy a cumplir 5 años. Te voy a dibujar cinco flores en un florero." A continuación, dibuja cuatro plátanos, y otro plátano más, solo, sobre una línea y me dice: "Ya ves, 4 + 1, eso hace 5, son 5 plátanos, y 3 pollitos en un rincón y 2 en el otro rincón, son 5 pollitos para la

mamá gallina. ¿Has comprendido bien? Ahora yo dibujo una ratona
grande con un bebé ratón dentro del vientre. Vaya, está sobre sus
patas y no acostado como otros." Se ríe y luego marca con el lápiz
algunos puntos en el vientre de la ratona: "Mira, él camina en el
vientre de su mamá, ve el agujero para salir, dice: ¡magnífico! ya
estoy un poco harto de estar ahí adentro, voy a tomar el aire. Entonces
sale, ve el sol, está muy contento, marcha a lo largo del cuerpo de su
mamá (que ella sigue con su lápiz), llega hasta su cabeza y dice:
Ey, esta es la cara de mi mamá, voy a besarla. Estoy tan contento de
haber nacido y de ver su cara. Y él va a besarla, pero la mamá
le dice: qué haces aquí, pilluelo. Yo no te di permiso para salir. Entonces la mamá abre su gran boca y se traga al ratoncito y él se
encuentra de nuevo en el vientre de su mamá." —"Así es que tú te preguntas si de verdad tu mamá y yo estamos tan contentas de que te
hagas una niña grande, ya que al salir del vientre de mamá es como
si tú le quitaras su pajarito. Quizá es por eso, por no contrariarnos,
que no tienes ganas de dejar tu escuela de párvulos." Carine responde:
"¿Sabes? De todas maneras, mamá no puede hacerme regresar a su
vientre, ya soy demasiado grande, y además eso no me gustaría nada."

57 sesión: A la última sesión antes de las vacaciones de Navidad,
Carine llega sosteniendo con precaución un paquetito con el que
entra en el despacho; lo abre y dentro hay dos bizcochitos. Me dice
que son para que merienden ella y su hermanito. Añade: "Voy a co-
merlo aquí." Come delicadamente, a pequeños bocados; mientras
come sigue hablando: está asombrada de haberse vuelto golosa, mientras que antes no le gustaba comer, ahora le encanta comer cosas
buenas y a menudo tiene hambre: "entonces uno puede pensar en
las cosas buenas que va a comer, y así da gusto dos veces, una vez
cuando uno lo piensa y otra vez cuando uno lo come". Termina su
bizcocho... le gustaría mucho comerse también el de su hermano,
pero verdaderamente eso no estaría bien, de todos modos lo va a pro-
bar un poquito con la lengua... nada más la crema, para ver si este
bizcocho tiene el mismo sabor que el suyo. Envuelve de nuevo el
paquetito y va a llevárselo a su madre. La escucho decir: "Sabes que
le di dos lamiditas al bizcocho de Bruno..." La madre no dice nada.
Carine regresa, toma una hoja de papel y me anuncia que va a dibujar
un jardín zoológico en el que habrá jirafas, elefantes y avestruces.
Mientras comienza a dibujar canta canciones de Navidad que aprendió en la escuela. En el momento de hacer las manchas cafés en la
jirafa, me hace notar que es necesario tomar un lápiz café, y asocia
sobre el hecho de que en la escuela ha recibido como regalo una muñeca negra y que, en su casa, va a pedir de regalo un excusado de
juguete para poder ver a sus muñecas haciendo caca. Le digo que,

decididamente, lo que tenemos en el vientre su mamá y yo le interesa mucho. Me responde: "Sí, me gustaría mucho ver tus cacas, tus bebés, tu zizí. Sí, ahora yo digo "zizí", zizí para todo el mundo, hay el zizí de las niñas y el zizí de los niños. Las niñas lo tienen dentro de su vientre y los niños lo tienen entre las piernas." Luego regresa a su dibujo y me pregunta de qué color va a hacer al elefante. Pero añade: "A ti no te da asco, a mí me gusta mucho hablar contigo de caca." —"Sí, eso te da gusto como si mi caca o mi zizí te entraran por el trasero." —"Sí, tu gran zizí me entra por el trasero como un supositorio." Después de un instante de silencio durante el cual sigue coloreando, añade inquieta: "Un supositorio hace daño en el vientre, después uno hace caca." —"Me haces pensar que no estás muy tranquila del placer que has tenido al recibir mi gran zizí en tu vientre y al sentirte tan fuerte como yo. Ahora me lo devuelves en forma de caca." Continúa dibujando y prosigue: "Bueno, pues no es como con papá, con él, qué es lo que recibo cuando digo mierda o caca. Recibo pescozones y nalgadas." —"Y sin embargo lo dices. Hay que pensar que, aunque los pescozones y las nalgadas te hagan daño, también te causan placer, como si entonces fuera tu papá quien te metiera su zizí por el trasero." "Oh, es verdad, es muy cierto, es justamente como dices." Pero inmediatamente se domina: "¿Pero qué es lo que has dicho?" "¿Qué es lo que has entendido?" "Que a mí me gusta recibir nalgadas de papá porque eso era como si yo tuviera su zizí en mi trasero... estás completamente loca. Ahora voy a hacer un osito, y ya no quiero escucharte más." Sigue dibujando hasta el final de la sesión.

58ª sesión: Carine toma una hoja de papel para escribir y me anuncia que en clase ha aprendido nuevas palabras. El libro en el que aprende a leer trata del bosque y los animales que lo habitan: ha aprendido la palabra "ardilla". Quiere escribir esa palabra, pero se equivoca, se da cuenta y no sabe qué letras debe poner. Termina por escribir las letras que se le ocurren, unas detrás de otras, y acaba haciendo un garrapato diciendo con tono muy deprimido: "No está demasiado mal para una niña de cinco años." A continuación escribe algunas palabras que ya escribió en las sesiones precedentes, pero esta vez lo hace incorrectamente y vuelve a terminar garrapateando y repitiendo la misma frase, frase que vuelve a decir al hacer un dibujo de una calidad muy inferior a la habitual, y una vez terminado el dibujo añade: "¡Ah, qué mierdecita!" Me vuelve a pedir más papel porque ya se terminó el del montón. Me levanto y voy a buscarlo, tomándolo de un paquete que está en uno de los estantes de la biblioteca. Ella me sigue con la vista y descubre un porta-folios. Me interpela: "Dame esa cartera, eso es justamente lo que mi maestra dice que hay que tener, y además me va a hacer falta el año próximo para ir a la escuela grande", y luego, señalando el armario de los juguetes: "Ese armario yo te lo presté, tienes que devolvérmelo, y si no me lo das vas a ver lo que voy a hacer." Toma la caja de lápices de colores que está sobre la mesa y se la mete en su calzón después de levantarse la falda. El sacapuntas, la goma, el carnet de citas y varios otros objetos van a reunirse con los lápices dentro del calzón. De esta manera tiene un vientre muy grueso, y la caja de lápices, colocada verticalmente, le da un aspecto bastante bisexuado. Se levanta y se pone detrás de la mesa para alejarse de mí y me provoca diciéndome que no podré ir a recuperar mis cosas porque no tengo derecho de desnudarla. Me siento en el diván y la siento muy hostil, muy cerrada y buscando pleito. Le doy una interpretación bastante larga, en la que trato de resumir todo lo que le he dicho en las sesiones precedentes: "Cuando piensa que su madre o yo misma, tenemos alguna cosa más de lo que ella tiene, estos lápices, estos libros, que son como los zizís de nuestros maridos o nuestros hijos, es como si le impidiéramos tenerlos, y por eso ella está furiosa contra nosotras. No tiene sino un deseo que es el de quitárnoslos. Pero entonces, se siente tan culpable, que cree que en ella misma no hay sino mala caca." Me escucha muy atentamente y hay un cierto tiempo de latencia durante el cual no dice nada. Luego saca de su calzón todos los objetos que había metido, los vuelve a poner en la mesa y se sienta en su lugar en la silla de costumbre. Coge una hoja de papel y dibuja: un bosque, una cierva, un cervatillo y un ciervo. Escribe los nombres, debajo de cada animal, y esta vez lo hace muy correctamente. Luego se pasa el dedo por su trasero, lo acerca a su nariz y me dice: "Huele muy bien, me gusta mucho oler mi trasero, y estoy segura de que tu trasero también huele muy bien. ¿Cuando tú eras pequeña también te olías así el trasero?" No espera mi respuesta y continúa: "Has oído, me eché unos cuantos peditos." Sigue dibujando y añade unos cuantos cervatillos bebés a la pareja del ciervo y la cierva.

59ª sesión: En la sesión siguiente, la encuentro en la sala de espera, muy hostil, no quiere venir y me dice cuando la voy a buscar: "Ya está, esta vez es en serio, no iré contigo." Tiene un pequeño esparadrapo en el extremo del ojo y la madre me advierte que la luna de miel entre ella y sus primos ha terminado, que desde hace dos o tres días pelean mucho y que el pequeño esparadrapo en su ojo es una de las consecuencias de sus batallas. Añade que sin duda ese estado de tensión que reina entre ella y sus primos debe haberla excitado, ya que desde hace algunos días Carine no duerme bien por la noche, llama a su madre cuando se despierta y tiene insomnios. La madre pregunta a su hija: "¿Sigues soñando con el lobo?" Carine se encoge

de hombros y dice: "Oh, no, el lobo está bien para los bebés, yo
sueño con algo muy diferente", y dirigiéndose a mí: "Vas a ver, no iré
contigo." Aguardo un poco en la sala de espera y finalmente ella
se levanta y viene arrastrando una pierna. Trae algunos libros bajo el
brazo. En el despacho, abre uno: se trata de una niñita que cuenta
historias a su hermanito para que se duerma. En cierto modo, hay
una niña que sueña. Carine me dice entonces: "Ah, yo me pregunto
con qué sueña esta niña, seguro que no tiene los mismos sueños que
yo." Durante toda esta primera secuencia Carine está muy tensa y de
nuevo tiene tics, aunque mucho más discretos que en la primera consulta. Sigue relatando sus historias, pero regresa a la niña que sueña
y me dice: "De todos modos te voy a contar uno de mis sueños: soñé
contigo, yo estaba muy contenta en mi cama, creía que tú ibas a venir
y que me ibas a besar y a arropar, tenía el corazón muy contento,
pero tú te inclinabas y sacabas de debajo de tu vestido una gran
jeringuilla para poner inyecciones, y me pinchabas con ella." Yo le
digo "que creo que ha soportado muy mal el placer que tuvo al imaginarse que yo le metía mi gran zizí por su trasero". Ella se echa
a reír: "Ah, bueno, si por lo menos hubiera podido soñar eso, eso me
hubiera dado mucho más gusto que la gran jeringuilla de las inyecciones. Pero tú sabes, si sueño con la jeringuilla de inyecciones, es
porque siempre he tenido doctores muy malos y en cuanto estoy enferma, en seguida me ponen inyecciones, pero, tú sabes, ¡tú no eres
un doctor tan amable!, porque mi otro sueño es también de un doctor
muy malo, porque ¿sabes qué cosa he soñado?, pues soñé que tú venías
por la noche a abrirme el vientre y que me sacabas mi bebé de mi
vientre, ¡tú no eres más que una gran malvada ladrona de bebé!"
Ella había traído su muñeca a esta sesión, pero la había dejado en la
sala de espera. Añade: "Tú siempre me dices que soy yo la que
quiero robarte tus bebés, pero en mis sueños, eres tú la que vienes
a robarme mis bebés." "Eso es porque tú eres como yo, tú tienes bebés,
yo te hago lo que tú quisieras hacerme a mí." Se encoge de hombros:
"¡Oh, es muy fácil decir eso! Bueno, ahora vamos a dibujar bebés."
Se levanta, va al escritorio, toma una hoja de papel y dibuja una
familia, un padre, una madre y un bebé que pone entre los dos, esa
podría ser Marie, porque Marie ya está empezando a caminar. Dibuja
otro grupo, su hermano, ella misma y su hermanita siempre apren-
diendo a caminar, y luego otra pareja: ella y su primo el grande con
el que se pelea, pero a quien dice amar enormemente. Siempre pone
a Marie entre ellos. La llevo otra vez donde su madre, ésta se levanta, le
pone el abrigo y coge la muñeca que está sobre uno de los sillones
de la sala de espera. Carine arranca la muñeca de las manos de su
madre y comienza: "Ladrona de bebé", pero se interrumpe y dice

a su madre: "Tomé el bebé porque no quiero (señalándome) que esta gran malvada ladrona de bebés se quede con mi muñeca."

60ª sesión: Carine y su madre llegan un poco retrasadas a esta sesión y cuando voy a buscar a la niña a la sala de espera, es ella misma quien se disculpa, diciéndome mientras se quita el abrigo, que su madre acaba de obtener su permiso de conducir, que pasó el examen y que ahora tiene un auto para ella. Es la primera vez que vienen así juntas y se equivocaron de camino a causa de un sentido prohibido, y eso es lo que las retrasó. Durante este discurso, la madre aprueba sonriendo. Cuando termina de hablar, Carine se sienta en uno de los sillones de la sala de espera y me advierte que no vendrá conmigo, pero apenas ha terminado la frase cambia de idea y decide venir, ya que quiere hablarme del auto nuevo. En mi despacho se sienta en el diván y me explica que su madre se ha decidido a conducir para venirme a ver más fácilmente. De esta forma ya no tienen que hacer un largo camino a pie, ni esperar el autobús, ni tomar el metro. Adopta un aire extremadamente conocedor y sagaz para describirme las características del automóvil, y me ensalza sus méritos en un tono un poco hipomaniaco. Su madre ya condujo el domingo, toda la familia fué a visitar a los primos y Carine se divirtió mucho con ellos. Pero cuando ella regresó a la casa, se quejó de dolor de vientre. Se quejaba de tal manera que llamaron al médico. Este vino, la examinó y dijo que era un cabito de su "tripa" que asomaba por el ombligo. Lo volvió a meter, pero le dijo a su madre que de todos modos algún día habría que decidirse a operarla y volver a coserle el ombligo, para que la tripa no se le salga más. Esta no es la primera vez que le sucede eso, y ahora ya saben bien que no se trata de apendicitis, es solamente su "tripa" que se sale y hay que volverla a meter para que no le haga más daño. Continúa diciéndome que "eso le hizo tener un sueño por la noche y que soñó conmigo. Yo le metía un bebé en el vientre por el ombligo y luego lo cosía bien fuerte para que no se saliera". Me explica que "con toda seguridad, ella estaba dormida, pero no solamente de verdad como uno duerme por la noche, sino con un medicamento para dormir, y por eso no había sentido ningún dolor. Fue más bien un buen sueño, ya que yo le daba un bebé". Continúa diciéndome "que además, ahora ella ya sabe cómo hacer para tener buenos sueños." Añade: "¿Quieres saber cómo?" —"Pues sí." —"Yo aprieto mi botoncito, ese que está encima del agujero del pipí, y eso hace como un timbre eléctrico, ring por todas partes, y la puerta se abre." Yo le pregunto: "¿Quién entra?" Me responde con un aire triunfante: "¡Papá! por la noche, cuando papá llega, antes de abrir él toca, entonces yo me precipito para ser la primera en besarle, mi hermano también quiere ser el primero, yo corro muy rápido por el corredor y como soy la más grande, soy yo la que llega primero. Cuando veo que va a ganar él, lo empujo contra la pared, paso, y yo soy la que besa a papá." Pero se interrumpe de golpe y me mira: "¿Qué es lo que yo iba a decir antes?" —"Me explicabas que por la noche, en tu cama, te tocabas tu botoncito y te imaginabas que papá entraba con su zizí en el corredor que hay en tu vientre, antes del cuarto de los bebés, justamente para depositar un bebé. Pero tú piensas que yo me pondré furiosa por el placer que tienes imaginando esas cosas, y por eso es que sueñas que eso se hace con una operación y además, dormida. Así tú no sientes nada y no tienes dolor, pero tampoco placer." Carine me ha escuchado muy atentamente y me me interroga: "¿Qué es lo que has dicho? ¿Tengo un corredorcito en mi vientre?" —"Sí." Se levanta y baila por el despacho golpeando con las manos y cantando: "Tengo un pasillito, tengo un pasillito, estoy contenta." Viene ante mí, mira su vientre y señalando con su dedo, dice: "¿Dónde? ¿Ahí? Claro, si el bebé sale por un agujero, entonces él va del agujero por donde salen los bebés, al lugar donde se ponen los bebés." —"Sí." Vuelve a bailar alrededor del despacho, luego se instala ante la mesa, toma una hoja de papel y declara: "Voy a dibujarme." Se dibuja con una cabeza, piernas, brazos y un vientre que tiene, en el medio, un útero y una vagina. Está absolutamente maravillada, toma esta hoja y la va a poner junto al dibujo de la cabra, dibujo que ella llama "de veras", y dice: "Ahora tendrá que quedarse ahí."

61ª sesión: Carine entra inmediatamente al despacho, se sienta en el diván y se queda mucho tiempo pensativa y sin decir nada. Lanza algunos suspiros, divaga y termina por constatar que verdaderamente no sabe de qué hablarme. Se levanta, camina sin rumbo por el despacho y va hacia el armario de los juguetes. Saca el bebé, le da de beber, le cambia los pañales, se pasea canturreando con la muñeca en brazos y luego la acuesta en la cuna. Saca del armario los demás juguetes y se interesa en ellos por primera vez. Toma dos vacas, llamando toro a una de ellas, un ternerito, dos caballos y un potrillo, un puerco y su puerquito, así como algunas barreras y un personaje femenino. Comienza a jugar con la vaca y el toro y los hace saltar uno sobre otro. Cuando le pregunto qué hacen, me responde: "Hacen cabriolas." Luego decide que todos los animales van a pasearse en fila. Primero coloca a los animales por familias, luego una familia detrás de otra y dispone barreras a lo largo de esta columna. Haciendo esto, canta una canción obviamente aprendida en clase: "Tres grandes reyes se iban de viaje." Los animales avanzan así, pero de pronto llueve y los corderos piden permiso a la granjera para entrar y no mojarse. La granjera dice que sí, todo el mundo puede entrar. Así que los animales corren hacia la granja. Fabrica la granja con hojas de papel. Pero la pareja de vacas no va a poder entrar, dice ella, porque están castigadas. De manera que el ternerito deja a sus padres y se va con sus amigos. Se va con su gran amigo el potrillo y así se consolará de no tener consigo a sus padres. Me dice además que es ya un ternero grande, un ternero que come hierba y no solamente la leche de su mamá, así que puede desenvolverse solo muy bien. A mi pregunta: "¿Por qué están castigados el toro y la vaca?", me responde: "hicieron tonterías". Le pregunto: "¿cuáles?". Me dice que no lo sabe. Intervengo: "Pues yo sí creo que lo sé; tú acabas de hacerles dar cabriolas, porque tú has pensado en realidad, en tu papá y tu mamá cuando están en la cama, tú estás muy furiosa cuando te dejan así sola, y ahora quieres castigarlos." Me dice: "Es muy justo lo que dices. Pero ahora, yo estoy menos furiosa, ya sé consolarme sola, cuando siento la cólera, pienso que he jugado muy bien con Bruno o Eric y que me gusta mucho hacer cabriolas con ellos."

62ª sesión: Cuando voy a buscar a Carine a la sala de espera, la encuentro sentada en su sillón habitual e inmediatamente me advierte que no vendrá, que esta vez es de verdad. Por el tono de su voz y su actitud, comprendo en seguida que efectivamente no vendrá si no consigo interpretar correctamente su negativa. Espero algunos instantes, la madre permanece pasiva algún tiempo y luego intenta discretamente convencer a su hija de que me siga, pero ésta opone un rechazo categórico. Esta negativa está manifiestamente sobredeterminada, y mientras busco la interpretación que pueda ser entendida tanto por la madre como por la hija, sin que yo traicione a ésta, Carine dice a su madre: "Bueno, ven tú también al despacho, mamá, así entenderás." Yo digo entonces a Carine que pienso que quiere mostrar a su madre que no hacemos ni decimos nada que ella pudiera condenar. Entonces Carine se enfurece y me dice que, seguro, ella no tiene malas ideas en la cabeza, que yo soy la fea, tengo un vestido horrible, soy una idiota, y poniendo a su madre de testigo, le dice: "¿Y verdaderamente quieres que me vaya con esta loca?" La madre se disculpa por la actitud de su hija. Termino por decirle a Carine que verdaderamente pienso que cree que yo me he vuelto muy peligrosa, que ella ha intentado verme como a un papá cariñoso que le pone un bebé en el vientre, y al mismo tiempo tiene miedo de que yo sea mala y le saque su cabito de tripa para castigarla por pensar en papá cuando ella toca su botón. La madre me responde: "Ah, Carine le habló de la visita del doctor, fue el domingo, quizá sea necesario operarla, pero yo no tengo ninguna prisa por hacerlo." Prefiere esperar a que la niña esté menos ansiosa. Mientras habla, se dirige a mí y a su hija a la vez; Carine se calma, pero no obstante dice a su madre: "Creo que hoy

hace falta que vengas." Digo a la madre que puede venir. Así que las
tres vamos a mi despacho. La madre se sienta en el sillón en el que
se instalaba al principio del análisis de su hija y Carine se queda
junto a ella. Las tres permanecemos silenciosas. Carine no juega. Es la
madre la que rompe el silencio, se dirige a mí y me dice que en
realidad no comprende la actitud de su hija hoy, ya que desde hace
algún tiempo está pasando por un período excelente. La madre ya no
encuentra dificultades para su educación, Carine es más obediente,
sólo muy rara vez hace rabietas. Luego la madre reflexiona: "Hizo
una, sin embargo, anteayer, a causa de su hermano." Se vuelve hacia
su hija y le pregunta: "¿Puedo contarlo?" Carine dice: "Sí." Entonces la madre cuenta que cuando el hermano, que ahora tiene tres años
y medio, coge los juguetes y los utensilios escolares de Carine, ésta se
encoleriza muy violentamente. Continúa diciendo que para ella Carine
se ha convertido en una agradable compañera, que charlan las dos,
que la madre encuentra a su hija viva y divertida, llena de salidas
ocurrentes. Se entienden bien. De tiempo en tiempo, Carine se muestra
un poco caprichosa, poco satisfecha con lo que la madre le da, pero
esos momentos duran poco y en general ahora es mucho más fácil
contentarla, ella es mucho menos exigente. Luego la madre parece
reflexionar y observa: "Sin embargo, hay un punto sobre el que no
nos entendemos bien las dos, es el trabajo escolar." La maestra
de Carine, pensando que la niña podría aprender a leer antes del
fin del año escolar y saltarse así el curso preparatorio, le pidió a la
madre que la hiciera leer por las tardes. Pero cuando la madre corrige
a Carine cada vez que se equivoca, esta última se enfurece. La madre
cede rápidamente, no queriendo recrear a propósito de la lectura lo
que había hecho a propósito de la alimentación. Me pregunta por qué
Carine reacciona de esta manera. Le respondo, dirigiéndome al mismo
tiempo a la niña, que ya hemos hablado de eso con Carine, pero que
ella sigue estando siempre muy inquieta de ver que su madre conoce
y posee más cosas que ella. Eso vuelve a su madre peligrosa para
ella, y para tener menos miedo, se ve obligada a imaginarse que ella
misma tiene todo lo que en realidad envidia a su madre. La madre
asocia diciendo que el padre no encuentra con Carine las mismas
dificultades, y que de ahora en adelante va a ser él quien la va a hacer
trabajar. Por desgracia, eso no puede hacerse muy regularmente.
Añade que Carine ya no es asustadiza, adora el agua, su madre la va
a llevar para que aprenda a nadar en la alberca. Ya sabe montar
en bicicleta muy bien, y quiere que le compren patines de ruedas,
y también quiere ir a un curso de danza. Carine interrumpe entonces a su madre: "Ahora ya puedes irte, ya quiero quedarme sola." La
madre se levanta y me dice que está muy contenta de haber hablado

conmigo hoy, que hacía mucho tiempo que no había tenido ocasión de hacerlo, y que eso le hacía siempre mucho bien. Carine pregunta asombrada: "¿A ti también te hace bien? ¿Acaso estás enferma?" La madre responde que no, pero que de tiempo en tiempo uno necesita consejos para educar a sus hijos. Cuando nos quedamos solas, Carine me dice que es muy cierto lo que yo acabo de decir en la sala de espera, que ella tiene miedo de mí, que también tiene miedo cuando piensa en su operación, ella quiere hacerse la valiente, pero en realidad tiene miedo. Añade: "Vamos a jugar al doctor." Carine será el doctor y yo seré la niña enferma. Naturalmente, hay que ponerme inyecciones. Y como quiere alzarme la falda para ponerme las inyecciones "muy arriba del muslo", vuelvo a darle una interpretación de su miedo de castración: "Tú tienes miedo de que yo te quite tu botoncito, tu corredor y todo lo que tienes en el vientre, para castigarte por haber imaginado que papá entraba en ti para darte un bebé." Muy excitada quiere cortarme la pierna con un gran cuchillo, y quiere que yo haga con las manos los gestos de un bebé recién nacido que busca a su mamá, ya que soy dos veces desgraciada, me explica ella, porque me cortan la pierna y porque mi mamá me deja sola. En efecto, en las clínicas de niñas, las mamás no pueden absolutamente entrar, ya que las niñas no tienen derecho de entrar en las clínicas donde las mamás tienen a sus bebés. Cuando Marie nació, Carine no pudo ver a su mamá, así que cuando a ella la operen, su mamá la conducirá a una clínica y la dejará completamente sola.

63ª sesión: Carine entra en mi despacho sin ninguna dificultad y se sienta en el diván. Tira hacia abajo del borde de su vestido, que le queda corto, y considera sus muñecas, ampliamente descubiertas por las mangas, que son también demasiado cortas. Observa que ha crecido mucho, lo que es cierto, y que este vestido le queda ya demasiado pequeño. Y sin embargo, dice, es un vestido que le compraron hace solamente unos pocos meses, al regreso de las vacaciones. Necesitaría uno nuevo. Y también un abrigo, porque el que tiene le queda estrecho, pero tendrá que esperar a que se termine el invierno, porque no le van a comprar ropas de abrigo en el momento en que va a comenzar el verano. También hace falta que el automóvil de su mamá esté un poco pagado. Asocia inmediatamente diciendo que, a pesar de todo, su mamá le compró los patines de ruedas. Ya sabe patinar, patinó ayer en la casa, en la cocina y en el pasillo. Los ha traído para patinar un poco en mi avenida, hay muchos niños que patinan aquí, los ha visto al salir de mi consultorio. Eso es lo que le dio la idea de pedírselos a su madre. Ayer, su hermano quiso quitárselos y ella trató de explicarle que cuando ella tenía tres años y medio, no tenía patines, pero ahora que ella tiene cinco años, ya puede, y él podrá patinar cuando tenga cinco años. Pero él no quiso escucharla, se puso furioso, y le dijo "mierda". Me dice que ella se rió y añade que ahora ella ya casi nunca dice malas palabras, sólo cuando está de mal humor. Pero ahora es su hermano el que las dice, y añade: "Es chistoso, a menudo por la mañana mi hermano está de mal humor y yo estoy muy alegre, y el día después es al contrario, yo estoy de mal humor y mi hermano muy alegre." Le digo que "ella cree que hay una sola caca y un solo zizí para los dos, y para mamá y papá, y para ella y para mí. Cada uno quiere quitárselo al otro, y uno es muy desgraciado cuando no lo tiene, y está muy furioso contra el que lo tiene, y por eso es que uno quiere quitárselo a los demás". Reflexiona mucho tiempo y acaba diciendo: "Pero papá no hace tantas historias para darle los centavos a mamá. Ayer, mamá no tenía más centavos para terminar el mes y le pidió a papá. Claro que papá le preguntó: ¿pero qué has hecho? Mamá respondió que ahora tenía que pagar la gasolina del coche, pero no dijo que había comprado una escobilla. Y yo tampoco dije nada porque me divierte mucho limpiar el auto los jueves por la mañana y los domingos. Pero papá respondió: es cierto, no lo había pensado, entonces te aumentaré." Después de estas observaciones, Carine quiere jugar a la maestra. Ella es la maestra y me va a hacer un dictado. El dictado tratará de la jornada de una mamá; me dicta las frases, pero al mismo tiempo escribe en una hoja las palabras o las sílabas que reconoce, como pretexto para ponerme modelos. Me dicta así: "mamá despierta a los niños, los levanta, los viste, les da de desayunar, los lleva a la escuela", me felicita calurosamente porque escribo muy bien, soy muy buena alumna, y continúa: "Mamá va al mercado, le ofrecen flores, regresa a casa y se ocupa en la cocina." Quiere escribir la palabra cocina (ya había escrito dos palabras enteras, escuela, alumno...) porque sabe escribirla, pero se equivoca y escribe: fábrica.[2] Se da cuenta, me mira y pregunta: "Pero he escrito fábrica ¿es eso lo que he escrito?, ¿es fábrica?" Apruebo, ella ha escrito fábrica. Entonces exclama: "Oh, la fábrica es para los papás, la cocina es para las mamás, otra vez volví a pensar en papá, pienso todo el tiempo, es fastidioso, me hace hacer faltas de ortografía."

64ª sesión: Carine comienza por hacerme el idílico relato del domingo último, que pasó con su padre. Su hermanito tenía la gripe y mamá tuvo que quedarse en casa para cuidarlo. Por la mañana fue de compras con su padre. Después del almuerzo, mamá dijo que no valía la pena privarla de su paseo y papá la llevó al bosque de Vincennes a patinar con sus patines de ruedas. Había una gran pista, papá

---

2 Juego de palabras intraducible. En francés, las palabras *cuisine* (cocina) y *usine* (fábrica), son muy parecidas. [T.]

quiso enseñarle a hacer la marcha atrás, pero es muy difícil y todavía no puede hacerlo bien. Me comunica su admiración por Peggy Fleming, la campeona olímpica de patín sobre hielo, que vio en televisión. De regreso, papá y ella se detuvieron en una pastelería para comprar la merienda y dar una sorpresa a mamá y a Bruno. Ella escogió un bizcocho, que es su postre preferido. Después de la merienda les contó cuentos a sus muñecas y luego jugó a las "vacaciones" con su hermano. Ese juego consiste en hacer como que se sube al tren que su hermano hace andar, ellos son el papá y la mamá y llevan a todas las muñecas a la playa o al campo. Se divirtieron mucho y se portaron muy bien, tan buenos que mamá estaba muy contenta y para premiarlos hizo tortitas para la cena. Pero añade absolutamente escandalizada, que su abuela, que estaba pasando la tarde en la casa, hizo una observación espantosa: ¡Carine y Bruno se portan tan bien que se creería que no hay niños! Carine se quedó horrorizada y exclama: "Así que, si uno es bueno, creen que no existe, así que no hay que portarse bien para que piensen que uno está vivo." Al acostarse por la noche habló de ello con su madre y ésta la tranquilizó: ella quiere a su hijita, tanto si hace ruido como si no. Cuando llevo a Carine donde su madre, le dice que acaba de contarme lo que dijo su abuela: cuando uno es muy bueno creen que no existe. Su madre me dice que, efectivamente, esta frase impresionó mucho a su hija, que estuvo inquieta toda la tarde y que obligó a su madre a repetirle muchas veces que sí existe.

65ª sesión: Carine se sienta en el diván y me interroga: "¿Tienes un televisor? ¿Has visto a Peggy Fleming, la campeona olímpica? Se va a casar, pero no sé si se casará con un patinador. Si se casa con un patinador, podrían patinar juntos y ser campeones los dos, como los rusos. ¿No has visto a los rusos?" Se pone a girar por el cuarto como un torbellino, describiéndome todas las figuras que hicieron los rusos patinando. Continúa: "Soñé que yo patinaba con papá. Me hacía girar en el aire, me volvía a atrapar y eso me gustaba mucho. Cuando yo era pequeña, él hacía eso de verdad, ahora no puede porque ya peso demasiado." Este sueño fue verdaderamente agradable. Se queda soñadora un momento y luego sigue con tono bastante deprimido: "Y luego vi un cuento en la televisión: Sebastián, era muy triste. Era triste cuando el papá decía: él está de más, no debía haber nacido. Sebastián lo oyó, así que como él estaba de más y no debía haber nacido, se fue a acostar en la arena al borde del mar, para que el mar se lo lleve y se muera. Felizmente el papá, al no ver a su hijo a la hora del desayuno, piensa que quizá oyó lo que dijo, y va corriendo en su caballo a buscarlo. Lo encuentra en la orilla del mar antes de que el mar se lo lleve y le da permiso para que crezca y monte a caballo." Le digo: "Me cuentas esta historia después de contarme un sueño en el que papá hacía contigo lo que piensas que hace con mamá. Estabas muy contenta, y como te sientes culpable de sentir ese placer, piensas que yo o mamá pensamos que decididamente tú estás de más. Por eso te pusiste tan inquieta cuando tu abuela te dijo que no existías para ella, el domingo pasado; realmente es como si ella te hubiera matado." Carine me responde: "Antes, cuando yo era pequeña, tenía miedo de morir y pataleaba (agita las piernas lo mismo que en la 49ª sesión después de contar el sueño de la roca), pataleaba para ver si todavía estaba viva." Se calla un instante y continúa: "Mi corazón hace tic-tic en mi almohada. Me gustaba mucho escucharlo porque así comprendía que estaba viva. Cuando uno duerme, ¡ya no oye que su corazón hace tic-tic!" Se queda de nuevo silenciosa y luego reanuda la historia de Sebastián, con un tono muy animado y mezclando muchos episodios.

66ª sesión: En la sesión siguiente, Carine se instala ante el escritorio, toma varias hojas de papel y me pide una regla. No tengo y me dice que no importa, que va a usar la caja de lápices como si fuera una regla. Traza varias rayas cuidadosamente y quiere escribir. Quiere escribir: "ella lava la vajilla". Le cuesta mucho trabajo escribir "ella" y se equivoca al colocar las letras "e" y "l", a veces pone demasiadas y a veces demasiado pocas, y por fin me pide ayuda. A continuación escribe fonéticamente y está muy contenta. Pero tropieza de nuevo en el sonido "illa" de vajilla, y dice: "Oh, mierda", lo que la hace reír mucho y quiere escribir la palabra "mierda", pero descubre que no sabe cómo hacerlo y me pide: "Ayúdame como antes, no tienes sino que deletreármela." Deletreo esa palabra. Ríe de nuevo cuando ve escrita la palabra mierda y corre a mostrarle la página a su madre. Oigo a la madre reír y que dice: "Bueno, ya estás satisfecha." Carine regresa en seguida y me dice que en clase tiene un libro verdaderamente muy "chistoso", en la página de las *p* se lee: pi, pipi, pis, pedo, etc. Piensa un momento y dice: "Y no hay más, no sé que otras palabras haya con *p*." Le digo: "Ah, cómo no, falta por lo menos una." Se ríe y me dice: "Oh, claro, papá, me estaba olvidando de él. Me olvidaba porque a él no le gustaría que yo dijera esas palabras, pero sería verdaderamente más divertido que él fuera como tú, que no se molestara cuando tengo ganas de decir malas palabras." Reflexiona un poco y añade: "Oh, cuando uno se vuelve grande, ya no dan ganas de decirlas. Me he fijado que mamá no las dice, dice solamente caramba, y en clase tampoco la maestra no dice ninguna, pero aquí yo me doy gusto." Y se pone a dibujar una jirafa. Hace una cerca alrededor de la jirafa y luego le pone encima un techo de paja para que no tenga frío. Luego hace un caminito para que la jirafa pueda salir, que vaya a pasear y a ver a las otras jirafas y a los otros animales. Se pone a colorear la jirafa y de pronto, cuando tiene tres lápices de largos diferentes en la mano, decide: "Ah, está el papá lápiz, la mamá lápiz y el bebé lápiz, se pasean juntos (los hace marchar sobre la mesa) los papás lápiz van uno junto al otro y de pronto la mamá lápiz dice: 'Pero me aprietas demasiado, Michel', y aparta al papá lápiz. Entonces el bebé lápiz ataca a la mamá lápiz y la manda a pasear junto con papá." Pregunto a Carine si sabe por qué ha hecho eso. Me responde: "Oh, sí, ya hemos hablado mucho de eso nosotras dos, tú me lo has explicado bien. El bebé lápiz estaba celoso como yo. Michel es mi papá, no me gusta verlo abrazar a mamá, y como yo quiero que papá me bese a mí y no a mamá, por eso mando a pasear a mamá." Continúa: "Como tengo miedo porque he mandado a pasear a mamá, pues entonces mando también a pasear a papá; pero entonces me quedo sola del todo. Bueno, y ahora, ya podemos ir a buscarlos." Baja de su silla, va a buscar los lápices que antes tiró sobre el tapete, toma los tres en su mano, coloca al bebé lápiz entre el papá lápiz y la mamá lápiz y los tres van de paseo todavía un rato.

67ª sesión: (última sesión antes de las vacaciones de Semana Santa): Carine dibuja huevos, explicándome que la víspera, en la clase de trabajos manuales, peparó y decoró huevos destinados a ser ofrecidos a sus padres. La maestra pidió que cada niño llevara dos cáscaras de huevo ya vaciadas. Primero les hizo hacer un soporte de cartón para el huevo, y luego llenaron las cáscaras de huevo con plastilina. No había que meter mucha, porque se podría romper la cáscara al hacerla penetrar, pero de todos modos había que meter bastante, porque de otra manera podrían romperse al decorarlos, si el huevo no quedaba bastante resistente al pasar los pinceles. Ella puso mucho cuidado y le salió muy bien, muchos niños rompieron uno de sus huevos. Después pegó unos ojos recortados en fieltro, un piquito de cartón, una corbata de lazo para los huevos destinados a los papás y un cuello redondo para los destinados a las mamás. Dibujó y coloreó los huevos.

68ª sesión: A su regreso de las vacaciones, Carine me cuenta que estuvo en una playa en Bretaña, hizo muy buen tiempo, se divirtió mucho, se bañó, pero era una lástima, no había rocas en esa playa. Repite esta frase con un tono muy nostálgico. Le hago notar que si no había rocas en la playa, no puede decirme que disfrutó mucho subiendo hasta el cielo con papá. Me mira asombrada y luego exclama muy conmovida: "Pero fue después de las otras vacaciones cuando yo te conté aquel sueño, tú recuerdas todo lo que dije, entonces tú me escuchas, tú me quieres. Yo me acordaré para siempre de todo lo que me has dicho, para siempre, hasta que yo tenga una niña mía."

Mira su mano en la que se derrite una tableta de chocolate que trajo para merendar, y comienza a comerla. Esta tableta está dividida en pequeños cuadritos, me da dos "porque me quiere mucho", y se pone a contar el resto de los cuadritos primero por hileras y luego por grupos: algunos están marcados con una flor y otros con una letra. Suma y multiplica las diferentes cantidades y resta los que nos hemos comido sin equivocarse. Satisfecha, Carine observa que conmigo lo comprende bien todo, hasta la aritmética. Termina la tableta de chocolate, se limpia las manos con una hoja de papel y me dice que en realidad sí había rocas en la playa, cuando el mar se retira deja grandes charcos al pie de esas rocas, y ella se divertía buscando quisquillas y cangrejos; eso le gusta mucho, hace cosquillas en las manos y en la planta de los pies. Me hace notar que ha dicho "cosquillas" y no "hacer cuchi-cuchi", como decía antes. Muy emocionada, recuerda que, en su sueño, los pelos de su papá le hacían cuchi-cuchi en la cara, quizá le gusta que las quisquillas le hagan cuchi-cuchi porque se parece a lo que le hace su papá, a papá le gusta hacerle cosquillas, dice que ella es cosquillosa porque ríe y patalea cuando él le hace cosquillas. Le gusta mucho decir "hacer cuchi-cuchi" porque son las palabras que usaba cuando era pequeña, pero ahora hace falta que aprenda a decir palabras de persona mayor.

69ª sesión: Carine llega con su muñeca y utensilios para hacer punto que su mamá le acaba de comprar. Me explica que le va a tejer un vestido a su hija. En una revista me muestra los modelos que puede realizar. Elige un vestido con tirantes, a rayas verdes y blancas, y comienza a tejer. Después de mucho rato, y como dice que tiene los brazos fatigados, me pide ayuda, me explica cómo debo sostener las agujas y se pone muy maternal, vigilándome y animándome. Después de algunos instantes vuelve a tomar su labor, pero me pide ayuda cada vez que tiene que cambiar para tejer con lana de otro color. Mientras teje, hace comentarios sobre el vestuario de su muñeca.

70ª sesión: Carine me habla mucho tiempo de los sucesos que han tenido lugar en París (estamos a principios del mes de mayo de 1968). Ha visto en la televisión "cómo los policías pegaban a los estudiantes con grandes bastones". Para ella, se trata de papás que no quieren que sus hijos aprendan tanto como ellos. Su madre tampoco le permite hacer todo lo que quisiera. Esta semana, no quería que Carine viera cierta película, pero su papá le dio permiso ya que se trataba de un film para niños. Carine me cuenta la película: se trata de una niñita que, por su astucia, demuestra ser más fuerte que cuatro bandidos.

Durante quince días Carine no viene a sus sesiones porque sus padres no han podido conseguir gasolina para el auto. Algunos días antes de que Carine reanude sus sesiones, recibo la visita de los padres. El padre tiene graves dificultades profesionales, debidas en parte a los recientes acontecimientos y se ve obligado a aceptar un trabajo en la provincia. Ambos me preguntan si, dados los progresos que han comprobado en su hija que, según ellos, está ahora completamente normal, habría algún inconveniente grave en interrumpir el tratamiento. En caso de que yo oponga una negativa formal, el padre no aceptaría ese empleo, pero me hace notar que ya lleva dos meses sin trabajo. Después de esta conversación me resulta difícil exigir a los padres que se queden en París. Si el padre no consigue encontrar otro trabajo inmediatamente, es de temer que haga a su hija responsable de este fracaso y de las dificultades financieras de la familia. De manera que expreso una aprobación condicionada, no ocultando mi preferencia por la continuación del tratamiento y pidiendo a los padres que, en todo caso, me traigan a Carine durante el mes de junio y después una o dos veces en el curso del invierno siguiente.

71ª sesión: Cuando regresa Carine me explica que no ha podido venir a verme antes porque sus padres no tenían gasolina. El último fin de semana, cuando de nuevo hubo gasolina, fueron a Bretaña a ver la ciudad donde su padre trabajará el año próximo, ya que deben dejar París. Los primos ya están instalados allá, y sus padres han conseguido una casa muy amplia con gran jardín. La escuela queda muy cerca, así que podrá ir sola. Sus padres la llevaron con ellos en este rápido viaje, porque querían saber si a ella le gustaba el lugar, manejaron toda la noche y ella fue durmiendo en el auto. Tras un pequeño silencio durante el cual se queda pensativa, me confiesa que está muy triste ya que al regreso encontró a su perrito muerto. Era un perrito que le había regalado su tía, era muy gracioso y se divertía mucho con él. Supone que murió porque la extrañaba durante su ausencia y se negó a comer. Su tía le dijo que tuvo una enfermedad que les da a los perritos muy chicos, pero ella no lo creyó. Le hago notar que quizá también ella, mientras estaba alejada de mí y ante la perspectiva de su partida definitiva, se siente muy desgraciada y que tiene miedo de morir porque ya no estaré a su lado para alimentarla. Me responde que "sí, se puso muy triste cuando sus padres le dijeron que se irían a París y que ella no vendría más a verme. Está contenta de hablar conmigo hoy, y observa que cuando está lejos de mí puede recordar mi rostro y lo que le digo, y que eso es un poco como si me llevara con ella". Le hago notar que "quizá de esa manera ella verifica que no me ha destruido a pesar de la cólera que siente contra mí porque yo la abandono". Carine me responde que no está descontenta de ir a Bretaña, ya que allá encontrará a sus primos y va a vivir muy cerca de la playa donde pasó las últimas vacaciones.

72ª sesión: Carine me cuenta que durante las últimas vacaciones de Semana Santa le sucedió una aventura muy chistosa. Quiso ir sola a buscar a sus primos para ir a la playa, ya que la casa de ellos no estaba muy lejos de la suya. Pero se perdió en el camino y un agente de policía vino en su ayuda. A continuación me cuenta tres diferentes versiones de este incidente, probablemente imaginario. Según la primera versión, el agente le preguntó su nombre y a continuación fue con ella de casa en casa para encontrar a sus padres. En la segunda versión, el agente la llevó al puesto de policía y allí bebió granadina y jugó a las cartas con todos los policías, esperando que sus padres vinieran a reclamarla. Y por fin, según la tercera versión, ella se perdió en un bosque, un agente la encontró y se la llevó a su casa, le dio de comer y la acostó en su cama, y sólo el día siguiente fueron al puesto de policía donde ella encontró a sus padres.

73ª sesión: Carine continúa con el tema anterior pero modificándolo nuevamente. Además, ya no presenta su relato como un suceso ocurrido realmente, sino más bien como una fantasía. Al estar paseándose, ella se habría perdido en un bosquecillo y ahí habría vagado durante cierto tiempo. Entonces habría encontrado a un niño de su edad, perdido igual que ella, habrían seguido juntos buscando el camino, pero la noche habría llegado. Carine prosigue su relato enriqueciendo con detalles los últimos episodios. Como los niños tenían hambre, decidieron cenar, y el niño fue a matar un conejito. Ella hizo una fogata y cocinó el conejo. Estaba muy bueno. Después vieron una casita, estaba vacía, pero tenían un cobertor y se acostaron cubriéndose con él, muy apretados uno junto al otro para calentarse, se hicieron caricias y empezaron a quererse mucho y durmieron muy bien. Al día siguiente, como habían pasado una noche muy agradable, decidieron casarse y partieron tomados de la mano. Al pronunciar esta palabra se pone a canturrear: "Tengo tu mano en mi mano", ha escuchado esta canción en un disco de sus padres y continúa, transformando el texto: "Tengo tu culo en mi culo." Me hace notar que, con toda seguridad, no diría nada de esto a sus padres ni a su maestra, pero que es mucho más verdadero que lo de "tengo tu mano en mi mano"; yo le he explicado muy bien que los papás y las mamás no se dan únicamente la mano, y que cuando las niñas piensan eso, es porque tienen demasiado miedo de pensar en los zizís y las alcancías. Pero por qué será que los papás y las mamás no dicen siempre cosas verdaderas a los niños; le molesta separarse de mí, porque yo siempre decía cosas verdaderas.

Carine regresa a su relato: los niños siguen su camino, pero sus padres, sus hermanos y hermanas, inquietos por no verlos, los buscan. Al fin los encuentran y demuestran su alegría por volverlos a ver. Los niños dicen que han sido muy felices juntos y que han decidido casarse y tener hijos propios. Pero los padres les dicen que no pueden casarse antes de saber leer, escribir y contar. Los niños piensan que efectivamente eso es necesario, y están dispuestos a esperar y a ir a la escuela, pero a una escuela mixta para no separarse.

2. ELABORACIÓN

Dejamos a nuestra joven paciente en el momento en que manifestaba su placer ante la idea de que su madre no pudiera comprender el sentido de las palabras cambiadas entre ella y su psicoanalista. Pero a continuación vamos a ver que no hay placer que no se pague con angustia. En la sesión 51 las palabras designaban representantes pulsionales, luego fueron catectizadas como tales, y esta condensación produjo a la vez nuevas resistencias y un nuevo progreso del yo. Más adelante discutiremos la forma de catexia de las palabras, cuya semántica no fue nunca alterada aquí por el juego de los procesos primarios, como se observa en las psicosis.[3]

Desde el inicio de la 52ª sesión, Carine parece completamente de vuelta del placer del diálogo secreto con su terapeuta. La elación narcisista, debida al movimiento identificatorio con ella, ha vuelto a actualizar los conflictos inconscientes. Está muy ocupada en anudar los cordones de sus zapatos y no parece dispuesta a abandonar este pretexto para retrasarse en ir a hablar "de cosas serias" con su psicoanalista. Termina por entrar al despacho, pero manifestando cierto mal humor. Después de una réplica acerca de su estado de ánimo gruñón, termina por decir que no tiene ganas de hablar. Obviamente, desde el final de la sesión anterior, hablar se ha vuelto angustioso. ¿Mostró a su madre demasiado claramente el placer que recibía? En efecto, las secuencias ulteriores aclaran algunos aspectos de la confusión de las fantasías pregenitales en la constitución del superyó, como introyección de la imago materna.

Para no tener que hablar ni soportar el peso del silencio, Carine dibuja. Primero es un dibujo simbólico, una casa y la niña se tranquiliza mostrando sus progresos técnicos, que le proporcionan un mejor control de sus afectos. La insistencia en la factura de los visillos y las cortinas, la cerradura que hay que poner en la puerta, hace pensar tanto en el control esfinteriano como en las formaciones reactivas contra su escoptofilia, con un grado de más en la organización de-

---

[3] S. Freud, *Lo inconsciente, loc. cit.*

fensiva, marcado precisamente por la simbolización. Gracias a este perfeccionamiento de su organización Carine logra salir de su mal humor, es decir, de su depresión; es el esbozo de un proceso que más tarde, cuando se desarrolle, constituirá la organización mental típica del período de latencia. La represión de los afectos se hace mucho más permeable después de que Carine manifiesta una satisfacción algo desmesurada al recibir una goma de su psicoanalista. Al hacer esta última un gesto que facilita sus defensas, provoca una satisfacción que hace recobrar a la niña sus emociones edípicas de la sesión anterior y, al mismo tiempo, su angustia. El dibujo se vuelve menos simbólico, Carine añade una niña al lado de la casa. La representación gráfica de los cabellos toma de nuevo un valor simbólico pero, esta vez, con una eficacia demasiado débil para reprimir los afectos. La oposición "inglesa-francesa" está muy sobredeterminada y hasta la 54ª sesión no comprenderemos a partir de qué "resto diurno" ha sido elaborada esta fantasía. Lo que podemos comprobar en este momento, es la emoción con la que Carine responde a su psicoanalista, cuando ésta le apunta que ella es francesa, componente de su identidad que parecía haber olvidado. La desproporción de esta reacción ("¡Me has comprendido! ¡Si no me hubieras comprendido sería espantoso, no hubiera podido hablarte más!") prueba la importancia de la actividad fantasmática inconsciente en comparación con la aparente falta de pertinencia en lo expresado.

Débilmente encubierto por el dibujo y sus diversos grados de simbolización, el contenido de la sesión concierne en realidad a las palabras de la psicoanalista y a las de la niña. Cuando la verbalización —por parte de ambas— permite un mayor control de los representantes de las pulsiones parciales, se produce un regreso fácilmente observable. No es absurdo suponer que tales movimientos marcan igualmente la evolución natural del psiquismo infantil. Las palabras tienen una catexia más allá de su especificidad semántica y representan simbólicamente los objetos primitivos buenos y malos, sin que por ello sea perturbada la relación significante-significado. Si no se controla semejante sobrecatexia, un proceso de inhibición puede llegar a perturbar el lenguaje. En los casos más extremos, la catexia de palabras en tanto que objetos parciales, está en el origen de la reorganización psicótica del lenguaje.

Escuchar a su psicoanalista pronunciar la palabra "francesa", constituye para Carine una prueba de que su psicoanalista no amenaza su integridad: obviamente, la angustia de castración no fue suficientemente reprimida bajo el efecto de la formación reactiva del dibujo, y esta angustia ponía en peligro su identidad.

La niña continúa su dibujo, y esta inglesita se vuelve cada vez más inquietante. La boca, que al principio sonreía, se abre y se llena de dientes amenazadores. Luego, Carine pierde su dominio del dibujo al representar ese otro símbolo fálico que son las piernas. De nuevo tiene que recurrir a la goma, se pone nerviosa y comienza a injuriarse a sí misma ante los representantes pulsionales que invaden su conciencia: "El papel va a morir", a fuerza de ser borrado. La psicoanalista relaciona con el contenido de su propio cuerpo los deseos agresivos expresados en esta fantasía. El resultado es que, ahora, es la psicoanalista quien recibe las injurias de Carine. "Como tú has hablado, eres una asquerosa..., una idiota." La interpretación es tan "mala" como la palabra "francesa" era "buena". La proyección permite a Carine, una vez más, organizar un juego con inversión de papeles: "Yo soy tu madre, tú eres mi hija", e inmediatamente imagina una escena en la que el control de esfínteres es una salvaguardia narcisista, esencial para la niña ante el peligro de la agresión materna ("tú no quieres darme tu caca"). A pesar de la intensidad de los afectos movilizados, Carine conserva el control de la situación. Porque, después de esbozar un gesto, agarrando la falda de la analista, se controla declarando: "Ah, es verdad, aquí no se viene a hacer las cosas ¡aquí se habla!" Esta recomendación de la "regla fundamental" del psicoanálisis jamás le había sido formulada. Carine la encontró sola, como una consecuencia evidente de tomar en cosideración la realidad psíquica en su dimensión específica.

En esta secuencia, apareció el control de la actividad mental, catectizado de la misma forma que el control de esfínteres. El uno y la otra aseguran el dominio de las excitaciones internas y la coherencia del yo, amenazada por la irrupción de movimientos pulsionales destructivos. En los siguientes desarrollos, el papel de defensa contra la depresión representado por este proceso es aclara, pero por el momento, Carine expresa su satisfacción con una cancioncita: "Tengo buena caca en mi cacatera."

El intermedio que sigue al fin de la sesión merece algunos comentarios. Comienza con un paso a la acción que, por su significación simbólica, muestra que Carine no ha recuperado todo el dominio del que alardeaba al término de la sesión. Se apodera del billete que saca su madre para pagar los honorarios. Finalmente, nada la tranquiliza. A la complicidad con la analista observada al final de la 51ª sesión, sucede una actitud inversa: Carine se declara inocente descargando sobre su psicoanalista toda la responsabilidad del erotismo anal expresado durante la sesión. Esta actitud proyectiva está en continuidad directa con lo que acaba de suceder con la psicoanalista. Constituye asimismo una ilustración de la inestabilidad de las identificaciones edípicas, pues la energía de las pulsiones parciales no está suficientemente elaborada por el yo. La niña no soporta la connotación agresiva, respecto a su madre, de su complicidad con la psicoanalista. El resultado, después de este paréntesis en el que la angustia de castración emerge hasta poner en duda su identidad, es una regresión anal de esta angustia. Entonces aparecen dos procesos defensivos contradictorios: la verificación del control esfinteriano y la proyección, respondiendo a la ambivalencia de la catexia de las heces.

Esta denuncia de la analista debe ser relacionada con la costumbre que Carine tuvo durante mucho tiempo, de salpicar su conversación con numerosos términos escatológicos, lo que le valía muchos reproches por parte de su padre.

Las sesiones siguientes mostrarán el destino de esta energía pregenital, destino particularmente decisivo para el futuro mental de la niña. Una parte importante de las contracatexias necesarias para las represiones secundarias del período de latencia, se organizará por la transformación de las pulsiones anales, trnasformación que debería poder seguirse ahora.

Por el momento, Carine continúa encontrando mala a su psicoanalista y resistiéndose a seguirla a su despacho.

Desde la 53ª sesión, Carine utiliza el papel a su disposición para confeccionar billetes de banco. Cada vez necesita más. Y mientras que en esta forma acumula estos signos de poder anal y regresa en un juego perfectamente controlado al *acting-out* del final de la sesión precedente, permanece resueltamente silenciosa. La interpretación subraya en forma gráfica este cierre voluntario de los esfínteres, comparándolo con el peligro de fractura que resintió con la interpretación de la sesión precedente. Tras una amenaza de agresión cuyo tono recuerda el estilo de los adultos cuando se dirigen a los niños groseros, la niña parece impresionada y pregunta a su psicoanalista cómo puede saber que ella está apretando las nalgas. Y, de golpe, toma conciencia de un cólico que la hará salir de la habitación.

La catexia anal del lenguaje sigue produciendo efectos cada vez más elaborados por el yo de Carine. Así es como, en la 54ª sesión, la oposición entre las palabras groseras y las palabras permitidas se transforma en confrontación entre la lengua francesa y la inglesa. Al mismo tiempo, el sentido transmitido por las palabras "ingleses" y "franceses" que nos intrigó en la 52ª sesión, se hace más comprensible. Carine mezcla palabras inglesas en su discurso, al comentar un dibujo que abandona rápidamente. Relata de forma pintoresca cómo le enseñan inglés en el jardín de niños, asociando esta lengua extranjera con las conversaciones de sus padres. Carine no los comprende. Como represalia, pide pan en inglés y los padres se sorprenden muchísimo. Esta asociación explica la sobrecatexia de la que hablamos antes. Finalmente, el francés se convierte en el símbolo de la escena primitiva, del diálogo atrayente e incomprensible de los padres, y el inglés, en el vehículo de la agresión de la niña en esta situación frustrante. Desde la sesión siguiente son las palabras sobrecatectizadas de la analista, las que de nuevo están con una modalidad de cambio en la que se condensan introyección y proyección. Dándose cuenta ella misma de que acaba de tener un lapsus ("mi hijo" en lugar de "mi hermano"), Carine le pide a su psicoanalista que no le diga "palabras nerviosas", palabras que ella misma enuncia sin dificultad después de atribuirlas a su interlocutora. Se muestra de nuevo capaz de identificarse con su analista, como ya lo había mostrado en la 51ª sesión, pero en este caso, es por medio de un rodeo proyectivo que es un principio de negación. Esto es lo que seguramente diría la psicoanalista si hablase, y no podemos dejar de estar impresionados por este procedimiento, encontrado más frecuentemente en el curso de los psicoanálisis de adultos, que en boca de una niña de cinco años. Igual que en el caso de un adulto, este procedimiento implica una toma de conciencia por las asociaciones que se siguen. Después de observar que, en una fotografía, ella tiene unas medias iguales a las de su madre, Carine intenta dominar la emergencia de afectos provocada por la interpretación que acaba de darse a sí misma. Oponiendo las "palabras nerviosas" a las palabras que aprendió a escribir en la escuela, se tranquiliza procurando recuperar el control de su manipulación. La niña vuelve a aplicar aquí una técnica derivada de la que vimos esbozarse en la 50ª sesión, cuando escribió la palabra "lobo" y comprobó que sólo era una palabrita de cuatro letras, que podía producir y abandonar. En el presente caso, el significado transmitido de esta forma está ligado menos directamente a los productos de su inconsciente. El placer del yo en el dominio del lenguaje, ya resulta ahora suficiente para tener valor de contracatexia en la represión de los afectos. Carine utiliza palabras aprendidas en la escuela, pero esta aportación exterior, cuya función es comparable al "resto diurno" de la formación de los sueños, no es indiferente, puesto que se trata justamente de animales, que además constituyen una familia completa. La posibilidad de reconstituir esta familia por medio de la misma formación reactiva que le permitió controlar el símbolo del pene anal (el lobo), permite a la niña contener los afectos penosos que le ocasionan sus pulsiones agresivas. Así es que deja de dibujar y se repite en ella un movimiento asociativo organizado bajo el efecto de las pulsiones edípicas, contrabalanceadas, desde la 51ª sesión, por el desplazamiento de la catexia del padre sobre el objeto parcial pene-pecho-heces y por las formaciones reactivas necesarias para el dominio de la angustia pregenital.

Carine aborda esta nueva evolución en forma muy sobredeterminada. Le pregunta a su psicoanalista si su padre ha muerto, pero esta pregunta es casi una afirmación. La continuación del texto muestra que esta es una manera discreta de decirle que ella ya está vieja y, por lo tanto, no lejos de la muerte. Pero esta vez la muerte de la madre no se menciona explícitamente, a tal punto está todavía la niña bajo la impresión de la agresión contra su madre ocurrida al final de la 51ª sesión. Y luego ella va al grano: su tristeza al tener que renunciar a casarse más tarde con su padre. Se declara necesaria esta renuncia por razones aritméticas y no para preservar a la madre. Pero, de golpe, el *insight* de la niña resulta notable: "Para tener un marido, ¿debo esperar a que mi padre esté muerto de verdad, o sólo en mi corazón?" Esta profesión de fidelidad filial es muy conmovedora, pero su texto está asombrosamente sobredeterminado. El padre representa a la vez el papel de objeto de amor y el de obstáculo para la realización de otros deseos libidinales procedentes del complejo de Edipo. La impresionante fórmula de duelo ("muerto en su corazón") nos conduce a la fantasía de incorporación y a la de la destrucción del objeto interno. Pero en esta ocasión se trata de una auténtica transferencia del efecto inicialmente destructivo en tanto que censor del superyó primitivo (ver las fantasías acerca del lobo en las primeras sesiones), del yo y de su transformación en actividad cognoscitiva. A todo lo largo de este psicoanálisis hemos visto los esbozos sucesivos, y en esta sesión se hace posible percibir la organización futura. En efecto, se produce un doble movimiento, por el que las formaciones reactivas correspondientes a las pulsiones pregenitales permiten finalmente al yo someterse al superyó definitivo. La introyección de este último se demuestra por la identificación con la imago materna, claramente manifestada, a pesar de que la madre no sea mencionada explícitamente en esta breve secuencia. La expresión "muerto solamente en su corazón" implica la comprensión por parte de la niña de una realidad psíquica, de la que tiene aquí un control mucho mayor que cuando se siente repleta de materias fecales.

Sin embargo, esta meditación sobre la renuncia cede pronto su lugar a un juego cuyo valor económico es evidente. Esta producción del yo evita la frustración de la espera, gracias al placer sustitutivo que procura. Carine pone de nuevo en escena una situación edípica ya representada a menudo, pero ahora puede identificarse con su madre gracias a una nueva integración de la angustia de castración, consecuencia directa de su nueva aptitud para realizar la catexia de los objetos internos. Esta vez la distribución es clara, la psicoanalista es el padre (y la niña le atribuye realmente el nombre de su padre), Carine es la madre (pero conservando su propio nombre). El padre y la madre se acuestan. Carine titubea entre fingir que apaga la luz (recordando una vez más la regla del juego que enunció ella misma) o apagarla de verdad. Termina apagando la luz, pero soporta mal este paso a la acción. Proyecta el desorden que acaba de causar sobre unos niños imaginarios que impiden de nuevo toda intimidad entre los padres. Carine debe levantarse para reordenar la habitación, luego vuelve a acostarse y en el momento en que cierra los ojos, simulando dormir, es dominada por una vieja fantasía. Escucha un ruido, es un lobo. Se tranquiliza diciendo que su marido tiene un gran fusil.

En este juego, la figuración de las proyecciones del superyó evoluciona en forma suficientemente clara para que podamos seguir la transformación en superyó del objeto interno catectizado por las pulsiones anales, y el desplazamiento en orden inverso (o regresivo) provocado por cada expresión de un deseo más evolucionado. En efecto, el juego de satisfacción edípica ha provocado fantasías prohibitivas: primero es la madre (para reparar el desorden causado por los niños, cuando la niña quiere tomar el lugar de la madre, incluso jugando). Luego el peligro está representado por el lobo, símbolo en el que ya subrayamos la significación de pene anal y que aquí está ligado al superyó materno. La continuación del juego testimonia un paso incesante de la catexia de los objetos parciales, a la de las imagos, desplazamiento cuya comprensión es necesaria para seguir la progresiva organización del yo y del superyó de la niña. Al lobo se opone el pene del padre que, simbolizado por el fusil, tiene una función tranquilizadora. Se deriva por lo tanto de la escisión del objeto parcial y se opone al objeto malo, que es el lobo, producto de la condensación del objeto parcial y de la imago de la madre peligrosa, producto ella misma de la identificación proyectiva de Carine, desembarazándose en el exterior de los representantes psíquicos de sus funciones agresivas. Carine puede ahora, gracias a este movimiento, evitar mencionar su rivalidad con su madre y concebir que necesita aguardar para tener un marido.

Esta imagen no tarda en ser escindida a su vez y Carine representa el papel de la madre que se despierta y quiere ver lo que Papá Noël (que procede también del lobo) ha traído a los niños: la niña ha recibido un bebé... La pareja lobo-Papá Noël deriva de una imagen poco diferenciada, más definida por los objetos parciales que le son atribuidos que por una función específicamente materna o paterna, y esto en el momento mismo en el que los progresos del yo de la niña le permiten una identificación edípica más precisa que nunca antes. Esta oposición habitual en la niña es un elemento que debemos recordar para la elaboración teórica acerca de la evolución de la sexualidad tanto en la niña como en el niño.

Al continuar el pene del padre representando un papel tranquilizador, en contraste con la angustia ligada a la introyección del pene malo, la contradicción entre estas dos tendencias vuelve a poner en actividad la angustia de castración. La hipótesis de la equivalencia de los órganos sexuales masculinos y femeninos, afirmada en la 19ª sesión y contradicha en la 21ª, resulta cada vez menos capaz de evitar en forma duradera la elaboración de esta fantasía. La regresión anal sigue siendo una posición defensiva todavía activa durante algún tiempo y cada vez que aparezca será generadora de progreso en la organización del yo.

En la 56ª sesión, Carine anuncia de un tirón al entrar al despacho de su analista: "Me pica mi alcancía, perdí un diente." Su madre se inquietó por esta caída del diente, un poco precoz, pero el dentista la tranquilizó. Sin embargo, Carine está preocupada: se está haciendo grande y quizá deberá dejar su escuela de párvulos. A cambio, no sabe si recibirá un regalo. Sabe perfectamente que el ratoncito no es más verdadero que Papá Noël, y que son los padres quienes hacen los regalos. Entonces la psicoanalista le interpreta su temor de que, al crecer, esté obligada a perder "un pajarito".

Esta interpretación implica inmediatamente la puesta en escena de un mecanismo de defensa que ya conocemos. La niña controla su angustia de castración verificando, por medio de una operación aritmética, su dominio interno amenazado por la psicoanalista, ya que la interpretación provoca una vez más la proyección de la fuente de peligro sobre la misma que la ha formulado. Ahora ya no se trata de poseer billetes de banco ficticios, sino de volver a sentirse igualmente segura demostrándose que sabe contar. El movimiento al nivel del yo remplaza entonces a la representación psíquica de la pulsión, progresión que precisamente encontramos en la serie: 1º, "tengo buena caca en mi cacatera"; 2º, amontonar dinero imaginario; 3º, encontrar placer en saber sumar. Conviene recordar aquí el adagio citado por S. Freud: "No se puede servir a dos amos a la vez",[4] ya que la actividad intelectual no se desarrolla bien más que cuando pierde temporalmente su función de formación reactiva, lo que todavía no es el caso con nuestra joven paciente.

Por el momento, Carine se contenta con negar que una totalidad pueda ser modificada por una amputación, mostrando a su psicoanalista todas las adiciones que suman cinco. Los ejemplos concretos no

4 S. Freud, *Allgemeines über den hysterischen Anfall*, en *Gesammelte Werke*, 1941, vii, pp. 235-240. *(Some general remarks on hysterical attacks,* trad. J. Strachey, en *The standard edition of the complete psychological works,* 1959, 9, pp. 227-234. *Generalidades sobre el ataque histérico,* en O. C., t. i, p. 961.)

son indiferentes por su valor simbólico (flores, plátanos, pollitos), incluso si provienen de ejercicios hechos en clase.

Después de este tiempo dedicado a recobrar la seguridad, Carine se pone a dibujar un ratón con un bebé en el vientre, regresando al curso asociativo precedente y manifiestamente integrando la interpretación que acaba de recibir. El bebé sale sin permiso, y a pesar de sus buenos sentimientos hacia su madre, que Carine le presta, la madre le hace volver a entrar tragándoselo.

A pesar de la precisión proporcionada por la psicoanalista, la niña asocia al contenido del cuerpo materno la pérdida del diente que acaba de sufrir y la angustia narcisista que va ligada a ella. A pesar de sus conocimientos racionales en este terreno, la teoría oral del embarazo es utilizada todavía como defensa o como expresión de su angustia ante sus deseos edípicos. La asociación entre la región vulvar y una amputación ("me pica mi alcancía, he perdido un diente") no ha sido en este caso sino una breve emergencia de la angustia de castración.

Al final de la sesión, la psicoanalista se conforma con subrayar que la fantasía del "ratoncito" es una negación tranquilizadora: Carine significa con ella que no tiene realmente tantos deseos de crecer y que está pronta a regresar a la primera amenaza (represalia oral) de la madre. La transferencia sobre la psicoanalista está expresada claramente. La psicoanalista está indicada directamente en el episodio en el que el ratoncito está contento de ver el rostro de su madre (cf. 35ª sesión).

La 57ª sesión comienza con una reflexión sobre el placer de desear que dobla el placer de consumir, a propósito de un bizcocho que come durante la sesión. El paso a la acción que consiste en comer en la sesión, es decir, en conservar en el interior de sí misma el alimento nuevamente catectizado, implica cierta reflexión sobre el placer de desear, o sea de guardar en ella el representante mental de la pulsión cuya satisfacción es diferida en realidad. Esta capacidad de internalización, así sometida al principio de realidad deriva, como ya lo hemos observado, del equilibrio relativo entre las fantasías angustiosas de incorporación y el dominio que hemos visto desarrollarse a partir del control de esfínteres. La posibilidad de renunciar a la realización de un deseo edípico sin depresión, depende del éxito del mismo movimiento, lo que Carine expresó claramente en la 55ª sesión, al esbozar ese trabajo de duelo en relación a su padre. Este proceso de internalización estimula de nuevo el desplazamiento de la catexia del objeto parcial internalizado sobre las zonas erógenas, mientras que la alternancia de las actexias pregenital y genital resulta cada vez más influida por la lucha edípica.

Por el momento, Carine asocia el placer de conservar el deseo a la temática anal. Dibuja una jirafa, insistiendo en la necesidad de hacer manchas cafés, y luego prosigue con el hecho de que ha recibido de regalo un bebé negro y que desea un pequeño W. C. para ver a sus muñecas "hacer caca". Una intervención de la psicoanalista, referente al interés de Carine por el vientre materno, interés desplazado aquí en la transferencia, provoca una asociación más precisa: "Sí, me gustaría mucho ver tus cacas, tus bebés, tu zizí", y explica inmediatamente cómo este interés por el pene de su psicoanalista no es incompatible con sus conocimientos racionales sobre las diferencias de los sexos. "Yo digo 'zizí' para todo el mundo, hay el zizí de las niñas y el zizí de los niños; las niñas lo tienen en el vientre y los niños entre las piernas" (repetición tímida y más diferenciada de la precedente teoría sobre la igualdad de los sexos).

Es entonces cuando la psicoanalista juzga necesario interpretarle el significado defensivo de la escoptofilia con respecto al deseo de incorporación, en forma de poder abordar el componente oral y anal del deseo de ser penetrada por ese pene, concedido aparentemente a las niñas tanto como a los muchachos, a los niños tanto como a los adultos. Hay en efecto cierta contradicción entre esta afirmación tranquilizadora de que todo el mundo está provisto igualmente, y el deseo de ver, que procede del deseo de tomar. La expresión de placer que sigue a la declaración de la niña acerca de la igualdad de los sexos, hace necesaria la elaboración del deseo de ser penetrada: "Tú no te enojas, a mí me gusta mucho hablar contigo de caca y de mierda." Esta observación es un retroceso inmediato, puesto que ya no contiene una alusión directa al pene, sino que las palabras son de nuevo catectizadas en tanto que objetos parciales (esta vez se trata del aspecto positivo de las pulsiones parciales representadas por las "palabras nerviosas").

La siguiente interpretación se refiere directamente al deseo de ser penetrada, subrayando el erotismo anal ligado a este deseo. La preocupación de evitar el aislamiento de las fantasías elaboradas en la sesión de los afectos conscientes de la niña, aislamiento ya esbozado por la sobrecatexia de las palabras, hace necesaria esta referencia a temas de sesiones ya antiguas. Recordemos en particular el placer anal evocado directamente por la niña en la 41ª sesión, en un movimiento dirigido hacia el objeto ("sería divertido hacer un 'pedito' juntas"), pero conservando en gran parte sus cualidades autoeróticas. La interpretación se refiere directamente a la psicoanalista, sin elucidar aquí la transferencia que, una vez más, está fuertemente sobredeterminada. Al principio de esta secuencia, el deseo de ver defecar al niño (las muñecas) es una referencia directa a la transferencia materna, ya que Carine ha subrayado a menudo que la adquisición del control esfinteriano era un asunto conflictivo que concierne a su madre, a pesar de que cierto desplazamiento erótico de este problema, en su relación con su padre, resultó tentador, pero fue violentamente prohibido por el superyó primitivo (ver a este respecto la 20ª sesión). En el momento presente esta prohibición es menos absoluta, pero esta pérdida parcial de la inhibición no da a Carine sino satisfacciones mitigadas. Y Carine hace alusión claramente a la transferencia paterna cuando declara: "Tú no te enojas...", puesto que es justamente su padre quien se enoja y quien no comprende toda la intención libidinal de la coprolalia de su hija respecto a él.

Esta ambigüedad aparece subrayada en el texto de la interpretación: "Eso te gusta, como si mi caca o mi zizí te entraran por el trasero." La equivalencia dada a las heces y al pene está destinada a permitir a la niña tomar conciencia claramente del desplazamiento en proceso primario del que hablamos antes. Además, esta interpretación hace alusión muy directamente al contenido de la 22ª sesión ("No quiero que me molestes con tu... gran caca").

Por el momento la niña no parece comprender, de esta alternativa, sino la designación del pene paterno, pero es cierto que inmediatamente lo asimila a un supositorio que le hará sentir el deseo de defecar. Este pasaje aclara la formación de ciertas fantasías encontradas en el adulto, fantasías sobre las que atinadamente J. Favreau ha llamado la atención (en particular en el Coloquio de la Sociedad Psicoanalítica de París *En relisant en 1966. Analyse terminée et analyse interminable).*[5] La catexia libidinal del objeto parcial sigue estando sometida al proceso primario, mientras que la organización del recuerdo preconsciente que se produce es retomada por el lenguaje. Este es por su naturaleza incompatible, salvo en un niño tan joven como nuestra paciente, o en los esquizofrénicos o en los sueños, con tales desplazamientos fijados por la función de oposición de los procesos secundarios. En un adulto no psicótico, una denominación puede derivarse de un desplazamiento, pero no puede representarlo en forma condensada. Un recuerdo de haber deseado ser penetrado por un pene fecal, puede ser el producto de estos procesos asociativos contradictorios.

Y la sesión se termina con una asociación en la que los afectos conscientes de Carine son nuevamente evocados, ya que ella constata que su psicoanalista acepta esta clase de palabras mejor que su padre, quien llega hasta a darle pescozones y nalgadas cuando ella habla de todo eso. La psicoanalista le muestra entonces la analogía entre el placer masoquista de ser azotado y el de la penetración anal, así como

---

[5] J. Favreau (conferencia inédita).

su componente edípico común. Carine comienza aceptándolo, pero luego se controla y termina por una vigorosa negación: "Estás completamente loca." Y hasta el final de la sesión se repliega en el dibujo de animales del zoológico. El dibujo de un osito le permite interesarse en construir un niño simbólico, tan deserotizado como le es posible (ver el papel del oso al despertar, después del sueño edípico de la 49ª sesión).

La 58ª sesión regresa al mismo estilo controlado. Esta vez se trata de escribir el nombre de los animales del bosque, lo que debería darle un mejor dominio de sus brotes pulsionales reprimidos que el dibujo del osito. Pero presumió demasiado de lo que ha aprendido en la escuela y fracasa en su tentativa. De golpe, su actividad gráfica se desorganiza y una exclamación: "¡Ah, qué mierda!" señala el retorno de lo reprimido. A partir de este momento se desencadena un movimiento regresivo, entrecortado de tentativas para restablecer la situación. Primero expresa sus reivindicaciones cada vez más imposibles de satisfacer, pero llenas de significado simbólico. Empieza pidiendo a su psicoanalista que le dé hojas de papel para dibujar, lo que es bastante razonable ya que ha utilizado toda la cantidad prevista para, en su desasosiego, ejecutar garrapatos. Luego reclama un portafolios (para cuando vaya a la escuela de los grandes) y por fin, el armario donde se guardan los juguetes (y en particular la muñeca que sirve de bebé). Una fórmula explica muy claramente el movimiento regresivo: "Yo te lo presté, debes devolvérmelo." El deseo de penetración que se manifestó en la sesión precedente ha provocado según toda la evidencia un temor a la venganza de la madre. Y hoy Carine protesta contra la realización de esta venganza, reclamando lo que su psicoanalista le ha quitado.

Entra entonces en un *acting out* de retorsión, metiendo como represalia (lo dice textualmente) dentro de su calzón todos los objetos que están a su alcance. Este gesto exhibicionista fálico es nuevamente el signo de la transformación, siempre potencial, de la fantasía de incorporación pregenital en el deseo del pene. Siempre actuando, se retira furiosa, afirmando que su psicoanalista no tiene de ninguna manera el derecho de desvestirla. Haciendo esto, utiliza en forma muy particular el carácter verbal de la relación psicoanalítica para obtener la impunidad del *acting out*.

La interpretación regresa entonces sobre lo ya dicho anteriormente, insistiendo acerca del sentimiento persecutorio de la niña con relación a la imago materna, y sus deseos agresivos hacia el contenido del cuerpo de la madre, desembocando en la fantasía de no poder incorporar sino objetos malos.

Bajo el efecto de estas palabras la niña se tranquiliza y vuelve a colocar en su lugar los objetos que había tomado. De nuevo empieza a dibujar y esta vez logra éxito en la empresa en la que había fracasado al principio de la sesión. Dibuja los animales simpáticos del bosque y nuevamente puede escribir sus nombres. Pero a los cinco años la serenidad intelectual es todavía precaria. Así es que no hay que asombrarse de un último paso a la acción, igualmente reparador: Carine pasa su dedo por su trasero y después de olfatearlo se declara satisfecha: su trasero huele bien. El de su psicoanalista también. Después de reconocer en esta forma los signos que le permiten luchar a la vez contra las tendencias depresivas y persecutorias verbalizadas por la interpretación, puede ahora esbozar un movimiento identificatorio de otra calidad, preguntando a su psicoanalista si cuando ella era una niñita también le gustaba el olor de su trasero.

La sesión se termina sobre un registro doble ya que, a un nivel muy elaborado, Carine completa la representación, despojada al máximo de agresividad, de la familia, mientras deja escapar algunos gases señalándolo con una evidente satisfacción. Los afectos agradables ligados a la zona erógena anal representan así un papel importante en la recuperación narcisista de este fin de sesión. Pero esto no es sino el inicio de un movimiento complicado cuyo desarrollo vamos a seguir.

Después de esta sesión Carine parece haber quedado tensa. Otra vez tiene insomnios, lo que su madre no acaba de explicarse. Como quiera que sea, en la 59ª sesión Carine se muestra hostil. Rehusa seguir a su psicoanalista. La madre aprovecha para señalar los problemas con el sueño, que se han vuelto a presentar, y pregunta a Carine si de nuevo ha soñado con el lobo. El recuerdo de este síntoma del principio del análisis irrita a la niña y de repente sigue a la analista después de proveerse de libros. Gracias a este acto para reasegurarse simbólicamente, puede relatar sus sueños que aclaran el temor que le inspira su psicoanalista. El primero es de una claridad impresionante. Carine ha soñado con su psicoanalista, que se inclinaba para besarla, y ella ya se sentía muy contenta cuando esta imagen se ha transformado. La psicoanalista saca una jeringuilla de debajo de su falda y le pone una inyección. Como podemos ver, el contenido manifiesto vuelve a tomar un tema viejo, aparecido desde la 10ª sesión y que siguió evolucionando hasta la 27ª. Después de haber descubierto que el pene paterno, catectizado de forma muy ambivalente como capaz de poner niños en el vientre de la madre y a la vez capaz de sacarlos, estaba representado por el símbolo de la jeringa, si bien ésta se derivaba también directamente del seno malo de la madre (en los primeros juegos de agresión con inyecciones), no había vuelto a ser utilizado. La interpretación referente al deseo de ser penetrada actualiza esta elaboración abandonada hacía mucho tiempo. La doctora que saca una jeringuilla de debajo de su falda es una condensación de la imagen paterna deseada y de la imagen materna vengativa. Carine asocia este producto de condensación a la pediatra que a menudo la ha tratado en forma cruel.

Este material onírico aclara igualmente el contenido de otro sueño en el que la psicoanalista aparecía con dos caras (35ª sesión). Pero después de haber asociado con los médicos malos que la curan, he aquí que Carine encuentra aún otro sueño que presenta como repetitivo y, a decir verdad, podemos preguntarnos si no se trata de una fantasía elaborada sobre la marcha, distinción que por lo demás no tiene ninguna importancia ya que, de todas maneras, este material es un valioso testimonio de la realidad psíquica de la niña.

Esta vez su psicoanalista le abre el vientre y le quita el bebé que ahí se encuentra. Añade: "Tú siempre dices que soy yo quien te quiere quitar tus bebés, pero en el sueño eres tú la que viene a robarme los míos."

Esta observación es una indudable alusión a la única interpretación en la que el deseo de *quitar* los bebés ha sido subrayado explícitamente y que se remonta a la 36ª sesión, es decir, a más de seis meses atrás. Es la segunda vez en poco tiempo que Carine menciona con precisión las interpretaciones de su analista en cuanto tales. Como la primera vez, se trata de palabras que se refieren a los bebés. En la 51ª sesión, en efecto, Carine había hecho notar a su psicoanalista que los libros eran como sus hijos, añadiendo: "¡Eso no lo invento yo, eres tú quien me lo dijo!" Entonces, Carine repitió el *acting out* de la 33ª sesión, pero en una forma muy controlada que daba prueba de los progresos de su yo.

Actualmente, Carine muestra que ha conservado la interpretación de su psicoanalista acerca de su deseo de tomar los bebés, y que ha introyectado bien sus palabras, como los bebés de la fantasía. Utilizando la fórmula repetitiva: "Tú me dices siempre", la niña muestra que ha guardado lo que le ha dado su psicoanalista y a continuación demuestra que puede servirse de ello para oponerse y atacar. Observemos de paso la transformación del uso dado por Carine a las palabras de su psicoanalista, desde la secuencia de las "palabras nerviosas" (55ª sesión) y aquella otra en la que la niña expresó su placer en intercambiar frases de erotismo anal. Al placer erótico ha sucedido un reforzamiento del yo.

Esta transformación de una parte del erotismo anal se desarrolla bajo la influencia de un movimiento del que hemos seguido la evolución desde la 32ª sesión, a partir del momento en que la psicoanalista pudo mostrar a la niña que sus pulsiones orales y anales no tenían sino un efecto destructivo, pero que las fantasías de incorporación podían representar un papel conservador. La interpretación de la ambivalencia de las pulsiones parciales subrayó igualmente el cambio de objeto, ya que fue mencionada la persona de la analista en su totalidad y no el contenido de su cuerpo... "Tú piensas que yo no podré dejarte cuando me tengas dentro de tu vientre." A partir de este momento Carine se interesa en la distinción entre destruir y conservar (a propósito de los bombones y el chicle), y el juego de la 36ª sesión, ligado muy directamente a la representación del parto, se termina en un *acting out* en el curso del cual Carine toma los lápices del cajón de su psicoanalista, lápices que quiere llevarse y que representan muy claramente a los bebés que quiere tomar, lo que se le subraya en esta interpretación con palabras que ella conserva cuidadosamente en la memoria.

Aquí no se trata de una simple metáfora. La introyección de las palabras de la analista sigue la dirección general esbozada desde las primeras sesiones del tratamiento por las tendencias identificatorias que hemos subrayado numerosas veces. Pero al comienzo de este psicoanálisis, la identificación con la analista provocaba la activación de fantasías inconscientes sádicas. Ahora, la transformación de los derivados de las pulsiones pregenitales se hace manifiesta: no solamente la preocupación de conservar neutraliza el componente destructivo de la pulsión, sino que el movimiento pulsional se convierte en la fuente de energía de la actividad del yo de la niña, sirviendo el dominio de los objetos internalizados y la necesidad de reconocerlos para producir la capacidad de evocar las palabras de la analista en su relación con las representaciones mentales y los afectos con ellas relacionados. El desarrollo del *insight* es la consecuencia de esta transformación.

Por otra parte, la observación de Carine es la prueba de un movimiento defensivo contenido en el sueño y casi expresado como tal en el comentario de la niña. La inversión proyectiva del sentido de la pulsión (la psicoanalista y la madre son las ladronas de bebés) permite a la niña expresar su angustia de castración en la forma que le es propia. La interpretación de la proyección no provoca sino una negación irritada "es fácil decir eso". Esas palabras no son el regalo reparador deseado. A continuación hace una serie de dibujos en los que se expresa claramente el deseo de apropiarse del bebé de su madre. Este dibujo no disminuye su tensión interna, como lo demuestra la serie de *acting out* de la sala de espera, después de la sesión. Carine toma rabiosamente su muñeca y trata a su psicoanalista de ladrona de niños, después de fallar en calificar a su madre.

Si regresamos a la intervención que fue el punto de partida de esta secuencia, podremos comprender las relaciones del complejo de Edipo de nuestra niña con las particularidades de su catexia del pene. El hecho de que su psicoanalista le haya verbalizado su placer ante la fantasía de ser penetrada por la "caca o el zizí" de su interlocutora, ha sido interpretado como un reproche y la psicoanalista ha sido catectizada como perseguidora por una proyección del superyó. El componente anal de la interpretación subraya el componente sádico del movimiento pulsional pero, en razón de la evolución antes descrita, Carine se ha sentido acusada de "tomar" el pene y de querer guardarlo. Y por un cambio mínimo de objeto, ahora trata de defenderse de querer tomar el bebé de la madre como vemos en la inversión del sueño. Este cambio de la pulsión tiene la ventaja de permitir la fantasía identificatoria de tener bebés en el vientre, y este aspecto del sueño es la realización de sus deseos edípicos. Pero el deseo de ser penetrada por el padre puede producir dos fantasías que implican riesgos de retorsión. La primera concierne al acto de tomar el pene (para guardarlo y no para destruirlo), la segunda la eliminación de la madre, transformación del deseo de destruir el contenido de su cuerpo. En la primera fantasía, el personaje peligroso, capaz de represalias, es o bien el padre (castrado por el deseo de pene de la niña), o bien la madre (privada del pene paterno), mientras que en la segunda es más claramente la madre a quien hay que temer. La elaboración de la angustia de Carine procede de la evolución de su identificación con la imago materna. Esta identificación trae consigo la necesidad de catectizar el objeto del deseo de la madre, bien se trate del padre, del pene del padre o del bebé. El equilibrio de las pulsiones libidinales y destructivas varía según el objeto catectizado. La constatación de la existencia de un pene en su hermano representó un papel importante en la organización privilegiada de este otro objeto de amor de la madre, que es el hermano, sobre el que las pulsiones sádicas pueden desarrollar sus brotes de forma mucho menos peligrosa.

Existen, sin embargo, relaciones muy estrechas entre el par de opuestos "atacar y destruir", "tomar y conservar", y el que opone la incorporación sádica del pene y el deseo de ser penetrada y de tener un hijo. Es necesario que el deseo de destruir sea neutralizado suficientemente por las pulsiones libidinales, para que las defensas narcisistas no vuelvan a ser movilizadas por las consecuencias demasiado angustiosas del deseo heterosexual. Si podemos concebir que el solo hecho de ser amada por otro hombre distinto del padre pueda permitir a una evolución semejante llegar hasta su propio término, no es menos cierto que el destino del primero de estos pares de opuestos representa un papel esencial en el dispositivo mental, que conducirá a una niña de cinco años a renunciar a la satisfacción inmediata de sus deseos, sin elaborar una fantasía de castración y sin que una reivindicación fálica se convierta en un polo de atracción demasiado perjudicial en el sistema de represión secundaria. La utilización por el yo de la energía de las pulsiones parciales para control de los objetos internalizados, es determinante para este aplazamiento, puesto que permite un placer del yo relativamente desprovisto de angustia. Este movimiento conservador va unido a una preocupación más marcada por restaurar la imagen materna.

En la 60ª sesión, el automóvil que acaba de comprar la madre, precisamente para poder acompañar a Carine a sus sesiones, proporciona la ocasión. La niña está muy orgullosa de su madre y se siente muy solidaria de ella, tanto en la ventaja que esta adquisición representa a sus ojos (recordemos que al principio del tratamiento Carine no podía circular sino en el auto de su padre) como en las primeras dificultades del tránsito de vehículos en París. Pero, por el contrario, la comunicación con la analista vuelve a hacerse peligrosa, como si los temas precedentes y la necesidad de reparar a la madre hubieran reavivado la escisión inicial, siendo de nuevo catectizada la analista bajo el golpe de una cierta desintricación pulsional. Así, Carine titubea en seguir a su psicoanalista, y relata un incidente que llega a punto para permitir una nueva elaboración de sus fantasías: padece de una hernia umbilical que a veces resulta dolorosa y que el domingo pasado tuvo que ser reducida.

El médico habló de operación. Carine asocia inmediatmente contando un nuevo sueño cuyo contenido manifiesto es lo contrario del precedente. Esta vez la psicoanalista le metía un bebé en el vientre, justamente por el ombligo. A continuación, la niña utiliza las mismas palabras empleadas para describir la operación proyectada, pero aquí las usa para explicar que, en el sueño, la psicoanalista recosía el ombligo para que el bebé no saliera. La niña termina su relato insistiendo sobre la anestesia que, en este sueño, había hecho indolora la operación.

Se muestra muy eufórica y declara que fue un buen sueño. Luego hace una nueva confidencia. Ahora ya sabe cómo obtener buenos sueños. Entonces describe su técnica de masturbación clitoridiana, en una formulación concentrada que conduce directamente a una alusión a la penetración y, en respuesta a una pregunta, al padre. Carine hace a continuación una descripción de sus deseos de un modo más elaborado, comparando el efecto de sus toques clitoridianos con el del sonido del timbre cuando su padre llega a casa por la noche: ella se precipita para abrirle y ser la primera que le bese.

La misma niña está un poco asombrada ante su flujo asociativo y de golpe se interrumpe preguntando: "¿Pero qué estoy diciendo?" La psicoanalista aprovecha para interpretarle el deseo de penetración por el padre ligado a la masturbación. Igualmente aprovecha para explicarle el temor edípico que ha producido la condensación del sueño y la necesidad de transformar el coito con el padre en una intervención quirúrgica, bajo la doble anestesia del sueño y de los "medicamentos para dormir".

En el curso de su interpretación, la psicoanalista emplea un lenguaje gráfico para ser comprendida claramente por la niña. En particular, utiliza los mismos términos de ésta ("Corro de prisa por el pasillo"), para explicar el deseo de ser penetrada. Estos términos introducen una noción que la niña todavía no posee claramente: la de la existencia de la vagina, tanto en su aspecto de órgano que sirve para la reproducción como en el de zona erógena. Hasta el momento presente, las fantasías de penetración no se diferenciaban en nada de la incorporación oral u anal. El texto de esta sesión muestra que se ha producido una evolución que es necesario tomar en cuenta. Esta evolución resulta perceptible a partir de dos elementos. Evidentemente, el primero no es muy demostrativo, ya que si estuviera aislado podría pensarse que tiene un valor defensivo; la fantasía de fecundación por el ombligo podría pasar por una formación reactiva para reprimir una oralidad o una analidad demasiado angustiosas. Pero el segundo elemento sí tiene un gran valor y aclara el primero. Consiste en la asociación del erotismo clitoridiano con la fantasía de penetración por el padre.

De ahí el tono un poco descriptivo de la interpretación, que no tiene ninguna ambición de explicación sexual. La niña parecía sensible a la idea de un pequeño corredor que le recuerda el cabito de tripa del que se habló al principio de esta secuencia. Esto provoca un movimiento elacional muy intenso. Hace un dibujo de sí misma poseyendo en su cuerpo útero y vagina. Dedica este dibujo a su padre, pidiendo que sea colocado junto al de la cabra (que en la 24ª sesión fue considerado como hecho por una niña que no tiene miedo de ser amada por su padre).

Si la fantasía del corredor prefigura la vagina, la catexia narcisista fálica de esta imagen ideo-verbal es clara. Este placer narcisista nuevo apoya la catexia objetal del padre.

Al principio de esta sesión, escuchando el relato del sueño, otro aspecto de su contenido latente atrae la atención. Después de una secuencia en el curso de la cual la imago materna resultó restaurada, este sueño contiene el deseo inconsciente de reparar los efectos de las pulsiones destructivas con respecto a los bebés contenidos en el vientre de la madre, deseo transformado por la inversión de su sentido en el curso de la elaboración onírica. Una interpretación inmediata hubiera corrido muchos riesgos de no conducir sino a una pequeña parte de su contenido. Tomando en cuenta la asociación que siguió al enun-

ciado, la interpretación subrayó los efectos de la identificación que
es consecuencia de la restauración de la imago materna. La elucidación de la transferencia paterna tuvo de golpe efectos diferentes de lo
que hubiera verosímilmente producido una explicación reiterada de
las consecuencias de la agresividad de la niña respecto al contenido del
cuerpo de la madre, reanudada a partir de la interpretación dada
en la 16ª sesión.

La sesión siguiente (61ª) es de una tonalidad diferente. Esta vez,
Carine no presenta dificultades para seguir a su psicoanalista. Se
queda un momento silenciosa, se da cuenta de ello ("Ya no sé qué
decirte"), y después de un rato de inacción, toma los juguetes que están
siempre a su disposición y de los que nunca antes hizo caso, a excepción de la muñeca y sus accesorios (biberón, cuna, etc.).

El cambio de estilo de la elaboración de las sesiones se debe generalmente a la necesidad que tiene el yo de reconstituir sus defensas.
Es una forma de no decir nada y de jugar un poco maquinalmente,
como si esta nueva actividad lúdica hubiera sido objeto de una catexia
limitada. En todo caso, no recuerda nada de lo que la joven paciente
ni la psicoanalista hayan dicho anteriormente.

Pero el "regreso de lo reprimido" no tarde en manifestarse por
una doble catexia del juego. Este comienza con las cabriolas ejecu-
tadas por una vaca y un toro (ella bautiza así a un juguete que igualmente representa una vaca). Luego coloca a los animales en hileras
y por familias, sin hacer ningún comentario. Una vez ordenado este
cortejo, canta una canción aprendida en la escuela que trata de los
Reyes Magos. No es posible saber si hay que ver aquí una asociación
con la navidad, ya que el juego se modifica. Empieza a llover, la
pastora permite que los animales entren en el establo, con la excepción de la vaca y el toro que están castigados. Carine no sabe la razón.
La ternera se consuela fácilmente de estar separada de sus padres y va
a jugar con su amigo el potrillo. Ella ya no necesita mamar, ya no necesita a su madre. De nuevo, la psicoanalista interpreta este juego
como representativo de la cólera de la niña ante el coito de los padres.
Carine asiente, y explica al mismo tiempo que ya no se enfurece, y que
principalmente piensa en sus amigos varones. Pero toda esta sesión
se desarrolla bajo el signo de una catexia un poco menor.

No debemos, pues, asombrarnos de ver que las resistencias no han
sido modificadas por este intercambio, practicado un poco de labios
para afuera por ambas partes. La culpabilidad edípica no ha sido
liquidada por la interpretación de la 60ª sesión. A la 62ª sesión, Carine
no quiere entrar sola, a pesar de la interpretación de esta resistencia en la misma sala de espera. Ante su madre, la psicoanalista le
muestra que, a pesar de sus esfuerzos para ver en ella a un padre bueno

que le da un niño, Carine sigue teniendo miedo de que sea mala
y le quite su "cabo de tripa". Esta intervención no tranquiliza inmediatamente a la niña (lo mencionará al final de la sesión), pero hace
hablar a la madre. Después de algunas frases sobre la perspectiva de la
intervención quirúrgica, que la madre asegura querer diferir lo más
posible, y puede que hasta evitarla... gracias al psicoanálisis, Carine
encuentra que sería conveniente que hoy su madre la acompañara al
despacho.

Entran juntas las dos, pero Carine permanece silenciosa e inactiva
y es su madre quien habla. Está muy contenta de poder hacerlo:
trata de los progresos de su hija, de detalles de su vida material, de
la oposición de Carine cuando su madre quiere hacerla leer (lo que
obliga a la psicoanalista a explicar que la niña no soporta que su
madre tenga más cosas que ella). Luego se trata de sus entreteni-
mientos y finalmente de un proyecto sobre unas clases de danza. Y sin
que pueda descubrirse nada en particular que sirva para explicar esta
modificación, de pronto Carine se encuentra suficientemente tranquilizada para decirle a su madre, diez minutos antes del fin de la sesión,
que ya puede regresar a la sala de espera.

La niña vuelve a tomar entonces los temas de la interpretación
dada en la sala de espera, interpretación a la que pareció que no
prestaba ninguna atención. Explica que realmente tiene miedo de la
operación "aunque se haga la valiente". Y aclara este temor por medio
del juego que organiza, en un ensayo poco eficaz para dominarlo, gracias a una nueva inversión de papeles. Carine es el doctor y la psicoanalista es la niña enferma. Pero un *acting* se mezcla inmediatamente
al juego. Carine quiere alzar la falda de la psicoanalista para ponerle
una inyección en lo alto del muslo. Entonces puede ser formulada una
nueva interpretación de la angustia de castración de la niña, tomando
el sueño en el que la psicoanalista sacaba una gran jeringa de debajo
de su falda, así como toda la secuencia posterior en el curso de la cual
Carine había comunicado sus prácticas masturbatorias y que había
suscitado comentarios edípicos genitales tan precisos. Esta vez, lo que
constituye la representación mental de la angustia de castración es
la pérdida de los órganos genitales, tal como fueron descritos en la
60ª sesión.

Desde hacía mucho tiempo, la amputación de un miembro era utilizada por Carine para representar simbólicamente la castración. En
la 49ª sesión, después del sueño edípico de la roca, Carine dibujó una
niña sin brazos ni piernas y declaró que ésta representaba "a una niñita
completamente sola", mostrando por esta fórmula condensada lo en-
tremezclados que están el deseo del padre y el deseo del pene, y el
apuntalamiento de las pulsiones narcisistas y objetales. Ella asoció

acordándose de una fantasía en la que imaginaba que su madre estaba muerta y que ella quería correr hacia su padre, pero que sus piernas ya no la obedecían. La zona erógena clitoridiana tiene aquí una doble representación simbólica: la pierna (o las piernas) y el "cabito de tripa". Se comprende entonces cómo la reivindicación fálica puede derivarse de la primera, en una fantasía de reparación, y que la imagen verbal "cabo de tripa", por las asociaciones que desencadena, conduce a la virtualidad de la catexia de la vagina. Pero estas dos representaciones simbólicas entrañan una catexia ambivalente caracterizada aquí por la pasividad. Existe en efecto una tercera imagen simbólica que toma a su cargo la representación mental de la pulsión sádica en su aspecto activo: es la jeringuilla que sale de debajo de la falda o que se clava, como también era la del pene malo del padre (ver en particular la 27ª sesión). Es este pene malo, materno o paterno, el que amenaza al buen objeto interno, productor de placer, y el juego por medio del que Carine intenta esquivar este peligro y reprimir la representación consciente, consiste en adoptar el papel de aquél o aquélla que es portador de la jeringuilla o del cuchillo.

La interpretación trata del peligro que amenazaba al "cabo de tripa". La reacción de Carine resulta demostrativa. Juega a cortar la pierna de la psicoanalista que representa el papel de la niña y que debe taparse los ojos para no ver la amputación. Así se encuentra confirmada la asociación de las tendencias escoptofílicas y de las pulsiones sádicas ya manifestada desde las primeras sesiones. Y además, la niña es separada de su madre. Así se ligan tres formas de castigo de los deseos edípicos. Pérdida de un miembro que simboliza al falo, pérdida de la vista y pérdida de la madre son los términos de una serie cuya unidad está asegurada por el desplazamiento de una misma catexia que pasa, de una parte privilegiada del cuerpo y de una actividad del yo, al objeto. El apuntalamiento de las catexias narcisistas y objetales resulta ahora más claro, ya que estos desplazamientos conciernen a objetos, vectores de displacer, unos constitutivos del yo y los otros exteriores a él. La descripción de estos desplazamientos generadores de afectos negativos, sabemos que representa un papel esencial en el sistema de Melanie Klein, en particular a propósito de la alternancia de los procesos de identificación proyectiva y de introyección. La catexia objetal libidinal no es posible en forma durable, de no ser que vaya acompañada por una cantidad suficiente de catexia positiva del yo, lo que no es realmente el caso de nuestra joven paciente.

El papel del superyó en el movimiento depresivo contra el que aquí lucha la niña, es igualmente comprensible. El mayor castigo que una madre pueda infligir a un niño es desaparecer, que es lo que hace particularmente angustiosos los deseos de muerte edípicos y portadores de amenaza de depresión. La fantasía imaginada por Carine es particularmente interesante. En el castigo que inflige a la niña está representado uno de los aspectos de la identificación con la madre. La niña está hospitalizada en un hospital para niñas pequeñas y las madres no tienen derecho de entrar, tal como ella misma no tenía derecho de entrar en la maternidad para visitar a su madre. He ahí un talión muy exacto que Carine inflige a esta desgraciada niñita que quiere suplantar a su madre, convertirse en la mujer de su padre y ser madre ella misma, y que paga así la nueva dignidad que le confiere su fantasía.

Después de esta secuencia desaparece la angustia de Carine ante su psicoanalista, y ya no pone dificultades para empezar sus sesiones. Debemos interrogarnos sobre el sentido de esta regresión, que sin duda ha sido provocada por las dos interpretaciones de su deseo de ser penetrada por el pene de la psicoanalista y por el del padre. Entonces la niña ha vivenciado a su psicoanalista como perseguidora, eclipsada momentáneamente la transferencia paterna por una doble proyección de imagos. Según la primera, ella era una rival celosa; según la segunda, ella atacaba el interior del cuerpo de la niña. El episodio de la hernia representó un papel precipitador, ofreciendo al yo de la niña los medios de figurar una representación mental de este peligro. El resultado fue una fase realmente depresiva, y finalmente la sesión más pobre en imágenes y en expresión de afectos la que es su más exacta representación (61ª sesión).

Las sesiones siguientes están marcadas por el desarrollo de un proceso de restauración antidepresiva que constituye un buen ejemplo del proceso neurótico. La temática edípica es la dominante, mientras que la fantasía de destrucción del objeto interno, elaborada como angustia de castración en las sesiones precedentes, está contrabalanceada por fantasías de introyección positiva, que refuerzan el narcisismo de la niña.

Al principio de la 63ª sesión, el humor de Carine es menos disfórico. Constata que ha crecido y que sus vestidos le quedan pequeños. Sin embargo, debe renunciar a la satisfacción inmediata de tener ropas nuevas. Así, este comienzo de sesión se sitúa bajo el signo de la ambivalencia con respecto a su identificación con una persona grande: su cuerpo ha crecido, su vestido es demasiado corto, su angustia de castración encuentra aquí un modo menor de expresión simbólica. Por otra parte su madre le ha comprado unos patines de ruedas, a pesar de que hay que hacer economías para pagar su auto. Poco a poco, sus frases adquieren un valor simbólico cada vez más nítido. Recordemos que este automóvil fue comprado para que la madre pudiera conducir a Carine a su psicoanálisis, pero también era un atributo del padre del que la madre se apropiaba. Los patines de ruedas son una reducción del mismo atributo y obviamente Carine les concede cierta importancia. Por ello no le resulta posible prestárselos a su hermanito y nuestra joven paciente se complace en encontrar pretextos razonables para rehusárselos. Asocia relatando cómo reaccionó él a la frustración que, a pesar de su carácter legítimo, tiene un indiscutible resabio de castración. El niño dice palabras gruesas, como ella misma las decía aun no hace mucho tiempo. Carine observa con interés este balance entre la coprolalia y el mal humor. Entonces la psicoanalista le interpreta esta secuencia en función de una fantasía inconsciente: en el coito de los padres no hay más que un solo pene para ambos y aquel que no lo posee está muy enojado contra el que lo tiene. La niña asocia inmediatamente sobre el dinero que su padre le da a su madre. Él protesta un poco, pero sin llegar a enfurecerse verdaderamente. En este momento hay un detalle que adquiere un valor simbólico suplementario: Carine piensa que su madre ha ocultado al padre la compra de una escobilla para limpiar el auto. Se siente tanto más cómplice de su madre por cuanto que ella misma utiliza con placer este pequeño utensilio que, al mismo tiempo que procede del deseo del pene anal, es también el representante de la formación reactiva que permite la represión de los efectos de las pulsiones anales.

La amenaza del retorno de lo reprimido causa una ruptura de la continuidad de la sesión. Carine organiza un juego, ella es la maestra y le hace hacer un dictado a su psicoanalista sobre un tema sin equívoco: la jornada de una mamá. Otro retorno de lo reprimido: Carine escribe fábrica en vez de cocina y esta vez ella misma interpreta su lapsus. Por más que se esfuerza en pensar en su madre, dice, su interés por su padre es más fuerte y le obliga a hacer faltas de ortografía, añade con ese asombroso *insight* que a menudo la caracteriza.

Así es como esta sesión se caracteriza por la emergencia de los efectos de deseos de dos órdenes: deseo de posesión del pene, con su componente anal, y deseos edípicos hacia el padre. La oposición entre estas dos series es sólo aparente. El tema del dinero que la madre recibe del padre y la interpretación del principio de la sesión permiten reconstituir su unidad. Hablando de los patines de ruedas, Carine expresa la fantasía de incorporación del objeto intercambiado por los padres. Por medio de esta incorporación simbólica ella puede identificarse con su madre, ya que también posee un objeto idéntico. Esta identificación por introyección del objeto parcial le permite recobrar, gracias a estos compromisos, la identificación secundaria con el objeto total. Este movimiento conduce a desear lo que la madre desea, a partir del origen común de estos objetos cuya posesión tiene un valor tal de restauración narcisista: es el padre quien da el dinero, es al padre

a quien la niña desea, igual que lo desea su madre. Este movimiento
de identificación provoca una ineluctable contradicción y determina un
ataque del superyó, visible en la necesidad de cortar la conversación
y organizar un juego en el que la niña se esforzará, no solamente por
representar un personaje maternal para negar su dependencia respecto
a esta imago, sino más aún en no pensar más que en su madre, lo que
quiere decir precisamente que sólo piensa en su amor por su padre,
como lo confirma el lapsus cocina-fábrica y su placer en tomar conciencia del mismo.

El idilio edípico prosigue en la sesión siguiente (64ª), y esta vez
es posible captar una parte del proceso a partir del cual se constituye el Ideal del yo de la niña, por la transformación del narcisismo,
opuesto a las tendencias depresivas en la reorganización edípica en
curso. El padre le enseña a patinar y, de pronto, Carine confía
a su psicoanalista su admiración por una campeona de patinaje de
quien se ha ocupado mucho la televisión. Esta imagen de patinadora
artística constituye una transición entre el objeto parcial fálico, que es
necesario poseer para agradar al padre, y la imagen de la mujer que
la niña anhela llegar a ser más adelante. Después tendremos que regresar sobre la significación de las bailarinas y de las piernas en el
simbolismo utilizado por nuestra joven paciente. La intensidad de los
deseos edípicos y las circunstancias que favorecen un acercamiento
satisfactorio al padre (ya que la madre debe quedarse en casa a cuidar al hermanito enfermo), acentúan por otra parte el temor inconsciente a la venganza materna, temor que se manifiesta en el relato
de un incidente revelador. Después de esos momentos felices, Carine se
portó tan bien que su abuela hizo un comentario aparentemente banal,
aunque denotaba probablemente cierta agresividad inconsciente. La
casa le pareció tan tranquila que hubiera pensado que los niños no
existían. Carine entendió esta frase como la negación de su propia existencia cuando ella no se mueve. Más aún que a ninguna otra edad,
a los cinco años existir es lo mismo que oponerse. Pero el comentario
de la abuela adquiere un sentido más preciso, cuando se le confronta
con la fantasía de escena primitiva, fantasía en la que el movimiento
de piernas de los patinadores representa un gran papel hoy día.

El patinaje artístico (esto sucede en pleno período de los juegos
olímpicos de invierno) sigue siendo utilizado en la sesión siguiente
(65ª). Se trata de la campeona ya citada (¿se casará con un patinador?), de los campeones de patinaje por parejas y de un sueño en el
que su padre la hace danzar como ha visto hacer en la televisión.
Pero ella hace la misma asociación que en la sesión anterior: esta vez
se trata de una telenovela. El héroe es un muchacho de quien su
padre ha dicho: "¡No debería haber nacido!" El muchacho intenta

suicidarse, pero su padre comprende lo que sucede y llega a tiempo para salvarlo. Esta asociación permite a la psicoanalista volver a dar a Carine una interpretación edípica, centrada en su deseo de ver desaparecer a su madre y sobre su temor de que su madre tenga un deseo idéntico a su respecto, como testimonia la profunda impresión que dejó a Carine el comentario de la abuela y la secuencia de la televisión, a continuación de las imágenes de patinaje en pareja y las fantasías que éstas provocaron.

Carine asocia directamente con un recuerdo de su primera infancia. Tenía miedo de morir y pataleaba para comprobar que estaba realmente viva. Y al decir eso agita nuevamente sus piernas, lo que es un *acting* muy significativo de las relaciones entre el miedo a morir y la angustia de castración. Perder sus piernas, símbolo fálico por excelencia, es menos angustioso que morir, pero esta fantasía defensiva vuelve a arrojar a la niña a la contradicción entre el deseo de poseer el objeto parcial y el de ser como la imagen completa, contradicción de la que la fantasía de ser como Peggy Fleming era, ya lo hemos visto, un intento de superación.

La sesión siguiente (66ª) es de un estilo completamente distinto, a pesar de la continuidad de su contenido.

Carine comienza pidiendo una regla para dibujar. Este deseo es frecuente en los niños en el período de latencia. Expresa su gran desconfianza respecto a los productos de su inconsciente y cierta incapacidad de su yo para controlar el efecto de las pulsiones. La necesidad de trazar líneas rectas corresponde al temor que sienten conscientemente ante la invención espontánea, no conforme a los cánones adultos, es decir, escolares. El trazo bien derecho representa cierta continuidad, que se opone a cualquier discontinuidad, símbolo de castración. Sin embargo, Carine está lejos de haber entrado en semejante fase. Pero en las sesiones anteriores ha sufrido tales agresiones de su superyó que no debe causarnos asombro verla reaccionar de esta forma.

Esta resistencia es un factor de regresión. El deseo de plegarse a las exigencias de su superyó y de aumentar el dominio sobre los objetos internos despierta un antiguo deseo de control esfinteriano. Primero éste se traduce por el deseo de escribir, después por la elección del texto a escribir (ella lava la vajilla), y finalmente por el placer de decir y escribir "caca", que es buena prueba de la calidad particular del deseo de retención, controlado en esta ocasión por el lenguaje oral y escrito.

Después de expresar una fantasía provocadora (dice tener un libro de lectura en el que todos los ejemplos hacen alusión, en un estilo familiar, a la actividad de los esfínteres), se declara una vez más muy satisfecha de la tolerancia de su psicoanalista y lamenta que su padre no se deje seducir en igual forma. El ciclo está cerrado. Carine ha encontrado el medio para recuperar la fantasía de posesión fálica (a partir del control esfinteriano), cuya finalidad es claramente la de seducir a su padre, en un movimiento cuyo punto de partida era, por el contrario, la preocupación de reprimir sus deseos edípicos para no ser muerta o castrada por su madre.

Este placer de decir palabras gruesas le parece hoy a Carine un poco infantil: los adultos no las dicen tanto. El deseo de posesión fálica se transforma en un modo simbólico. Carine quiere dibujar y dibuja una jirafa, esta vez sin ninguna mancha café. Luego se pone a jugar con los lápices y representa una verdadera escena edípica cuyo sentido comprende enteramente, relacionándolo con sus propios deseos.

Esta secuencia merece una atención especial. Carine expresa nuevamente su placer de decir palabras gruesas *ante* su psicoanalista, y nosotros hemos podido seguir desde la 20ª sesión la evolución de esta forma particular de satisfacción (ver en particular las sesiones 41ª y 57ª). A todo lo largo de este psicoanálisis hemos visto transformarse la fantasía de la posesión del objeto parcial pecho-bebé-heces-pene en compulsión coprolálica y después en este placer erótico de decir malas palabras. Al principio se trataba de controlar los objetos internos que representaban la posibilidad de agresión materna. Luego es el control mismo el que adquiere el significado de posesión del falo, en un movimiento libidinal dirigido hacia el padre. Decir palabras gruesas ante su psicoanalista se ha convertido en un sustituto de la satisfacción del deseo de seducir al padre. Si éste no ha comprendido en absoluto que ahí se trataba de una coquetería de su hija dirigida a él, ésta última parece por el contrario haber captado el aspecto paterno de su transferencia.

Este deseo de control se manifiesta más enérgicamente en la 67ª sesión. Carine consigue hablar solamente de su actividad escolar, pero en su relato comunica su habilidad para llenar de plastilina una cáscara de huevo cuando preparaban huevos de Pascua destinados a los padres. El padre y la madre tienen derecho a un huevo cada uno, específicamente decorado en función de su identidad sexual (por una simbolización un poco borrosa: corbata de lazo para los padres, cuello redondo para las madres). Y tras esta vuelta a la tranquilidad, Carine y su psicoanalista se separan para las vacaciones de Semana Santa.

El reencuentro está particularmente cargado de afecto. Después de algunas frases aparentemente benignas acerca de las vacaciones, Carine expresa, en tono muy enérgico, una lamentación de sentido un poco velado: no había rocas en la playa. La psicoanalista le responde que en ese caso ella no ha podido tener una intimidad muy satisfactoria con su padre, haciendo alusión al sueño que tuvo al regreso de las anteriores vacaciones de verano (cf.· la sesión 49ª). En el primer momento Carine intenta una negación, como si estuviera sorprendida por este acercamiento inesperado. Luego la invade la emoción ante la idea de que su psicoanalista recuerde lo que ella cuenta: "¡Tú recuerdas todo lo que te digo! ¡así que tú me escuchas! ¡así que tú me quieres!" Luego explica que ella recordará mucho tiempo lo que le dice su psicoanalista... hasta que ella misma tenga una hijita.

Esta secuencia permite apreciar la evolución de las identificaciones de Carine. La niña expresa con la mayor claridad la elación narcisista provocada por la atención de su psicoanalista (ver a este propósito los trabajos de B. Grunberger sobre la importancia del factor narcisista en la cura psicoanalítica.[6] Esta atención incondicional evoca para la niña lo que sería el amor de su madre si no existieran la ambivalencia pulsional y el conflicto edípico. La fantasía de narcisismo primario así recobrado se objetiviza inmediatamente, es decir que se transforma en fantasía de incorporación del pecho bueno, cuya perennidad acaba de ser verificada. "Puesto que tú me escuchas y así me pruebas que me amas, yo recordaré lo que tú me dices hasta que yo misma tenga una hijita" significa sin duda "más adelante yo tendré que ser una "madre buena" como tú y no una "madre mala" o más bien una "madre ambivalente como la mía", pero también: "Lo que tú me das (el pecho bueno) lo conservaré hasta transmitírselo a mi propia hija."

En seguida pasa a una especie de realización simbólica dando dos cuadritos de chocolate a su psicoanalista "porque la quiere mucho". Pero aquellos que crean en el valor curativo de la realización simbólica quedarán decepcionados: a pesar de la fuerte tendencia del yo de la niña a intensificar las catexias libidinales sobre su psicoanalista y a dejar de lado el efecto repetitivo de las pulsiones destructivas, la ambivalencia no tarda en manifestarse de nuevo en sus actos. Ese regalo lleva en sí el deseo de conservar que se manifiesta de forma muy elaborada. Ella hace un cuidadoso recuento de los cuadritos de chocolate, por categorías y luego en su conjunto, y sustrae las que acaba de regalar para recuperar el control sobre lo que le queda. Este movimiento agresivo hacia su psicoanalista tiene como conclusión una frase cuyo optimismo superficial no debe engañar al lector: "¡Contigo lo comprendo todo, hasta la aritmética!" Pensando que esto se dice después de una separación de quince días, su verdadero significado es: "sin ti, yo no comprendo nada".

[6] B. Grunberger, *Le narcissisme. Essais de psychanalyse,* París, Payot, 1971, 351 p.

Pero esta frase tampoco debe hacer que nos sintamos pesimistas. Es legítima una ligera inquietud acerca de su capacidad inmediata para aprender la aritmética, a causa de la proximidad aún demasiado grande de ciertos procesos cognoscitivos con los procesos defensivos. El control de los objetos internos disminuye considerablemente la dependencia de Carine respecto de los objetos externos, pero todavía no le da la capacidad de estar sola (cf. D. W. Winnicott).[7] La fantasía de la soledad está incluida probablemente en la de la conservación del "pecho bueno" hasta que Carine a su vez sea madre, y la niña ha empezado así a reprochar a su psicoanalista por haberla abandonado durante las vacaciones.

Desgraciadamente, ni la psicoanalista ni Carine sabían en este momento que algunos meses más tarde tendrían que volver a separarse. Por el momento Carine vuelve a encontrar recuerdos edípicos en el impulso de la ambivalencia recuperada. Finalmente recuerda que sí había algunas rocas en la playa, y que los camarones le hacían cosquillas, igual que los vellos de su padre en su sueño. Y la sesión se termina con consideraciones serias y teñidas de cierta nostalgia, acerca de su vocabulario y la necesidad para una niña ya grande, de hablar de cosquillas y no de "cuchi-cuchi".

Viene después una sesión más calmada (69ª) en la que Carine, decididamente "buena madre", teje para su muñeca y enseña a tejer a su psicoanalista, discreta forma de tenerla bajo su dominio.

La sesiones siguientes se desarrollan en la atmósfera particular del mes de mayo de 1968 en París, que resienten mucho, tanto la niña como sus padres, que encuentran grandes dificultades para conducirla a las sesiones.

En la 70ª sesión, Carine está muy excitada porque vio algunos combates en la televisión. Ella resume la situación en su estilo: "¡los policías son los padres que no quieren que sus hijos sepan tanto como ellos!" Después rectifica, es su madre la que no quiere. Su padre le permitió ver una película en la que una niñita resulta más fuerte que cuatro bandidos...

Durante dos semanas Carine no puede venir a sus sesiones porque su madre no consigue la gasolina necesaria para traerla. Pero durante esta interrupción un acontecimiento viene a modificar fundamentalmente la situación familiar. El padre de Carine se ve bruscamente obligado a aceptar un empleo en provincia. Los padres preguntan a la psicoanalista si la continuación del tratamiento de Carine es absolutamente indispensable, teniendo en cuenta sus grandes progresos. Pero

---

[7] D. W. Winnicott, *De la pédiatrie à la psychanalyse*, trad. J. Kalmanovitch, París, Payot, 1969, 373 p.

parecen dispuestos a renunciar a este proyecto, a pesar de la importancia que tiene para ellos, si la psicoanalista no lo autoriza formalmente. En el punto en que nos encontramos, ciertamente no habríamos elegido este momento para terminar el análisis y sólo podemos darnos la siguiente explicación. En ese momento no nos ha parecido posible formular una prohibición cuyas consecuencias negativas resultaban demasiado evidentes. No era posible exigir a los padres sacrificios excesivos, ni arriesgar el hacerles sentirse culpables inútilmente dándoles un consejo que muy probablemente no seguirían.

De modo que la psicoanalista les da una opinión matizada, lamentando no poder continuar el tratamiento, pero explicando que Carine ha hecho bastantes progresos para que sea posible esperar una evolución favorable.

Carine llega a la 71ª sesión bajo el impacto de esta separación inesperada, ligada a los acontecimientos recientes, y sabiendo que muy pronto tendrá que dejar a su psicoanalista. Comienza con un relato simbólico de la pérdida objetal que la amenaza. Su perrito murió durante su ausencia; se negó a comer porque ella no estaba. La interpretación trata del peligro que ella misma resiente al ser separada de su psicoanalista. La respuesta que da es muy notable, ya que muestra cierta capacidad de Carine para hacer el duelo por su psicoanalista. Carine explica que el recuerdo del rostro y las palabras de la psicoanalista le permite no estar demasiado triste por tener que separarse de ella. Así, sus propios pensamientos y la conciencia que tiene Carine de poder acordarse le parecen hoy una fuente suficiente de placer para soportar la pérdida de su psicoanalista. Incluso si el optimismo de esta niñita de cinco años no tarda en ser desmentido por los hechos, el proceso de introyección del que esta declaración es la expresión manifiesta, permite evaluar mejor que toda transformación sintomática, el efecto del proceso psicoanalítico (cf. cap. VIII).

La primera interpretación trató del aspecto depresivo de la separación, una segunda interpretación subraya ahora el aspecto defensivo de la fantasía de incorporación ligado al proceso de introyección, pudiendo limitar singularmente los efectos. Para verificar que en su cólera no ha destruido a su psicoanalista, Carine la reconstruye de esta manera. Esa cólera implicaba un proceso proyectivo antidepresivo: la psicoanalista es mala porque la abandona.

Esta segunda interpretación tiene un efecto inmediato. Aparentemente Carine cambia de tema. Se dice muy contenta de ir a la provincia, va a encontrarse con sus primos y va a ser como en las últimas vacaciones de Semana Santa.

Y este es el principio de una serie de fantasías que ocuparán las dos últimas sesiones (72ª y 73ª). Durante las vacaciones de Semana

Santa, Carine se habría perdido al querer ir sola a casa de sus primos. Este peligro, ligado a la soledad, es decir a haber sido abandonada por su psicoanalista, es el punto de partida de fantasías edípicas cada vez más elaboradas. Primero es un agente de policía el que la reconduce a su casa. Es necesario relacionar esta figura del "buen" policía con las de los "malos" policías que golpean a los estudiantes. La transición se encuentra en la historia de la película que su padre le ha permitido ver y en la que la heroína era una niñita "policía". En una segunda versión, el "buen" policía la lleva al puesto de guardia donde ella bebe granadina y juega a las cartas con los policías. En la tercera versión el agente la lleva a su casa y sólo al día siguiente la conduce a casa de sus padres. Una última versión nos deja perplejos, a tal punto parece destinada a demostrar el buen fin de este psicoanálisis: Carine se habría perdido en un bosque y allí encuentra a un niño, comen juntos, duermen juntos, deciden casarse, pero aceptan finalmente posponer este proyecto para más tarde (cuando sepan leer), a condición de que les permitan asistir juntos a una escuela mixta.

No deberíamos tomar al pie de la letra esta fantasía de latencia, cuya claridad es quizá bastante inquietante en sí misma. La asociación directa entre la renuncia a los objetivos sexuales inmediatos y las actividades cognoscitivas adquiere aquí un valor demostrativo, pero denota esa fragilidad que hemos descrito repetidamente, relacionándola con la proximidad de estas actividades nuevas con las fuentes pulsionales de las que brotan. Para tratar de precisar en qué consiste el proceso analítico en el niño, más adelante reanudaremos la evaluación del material de las últimas sesiones, sin olvidar la referencia anal de la última evocación de los placeres sexuales futuros (cf. cap. VIII). Por el momento contentémonos con interrogarnos sobre el matiz demasiado eufórico de estos adioses, preguntándonos si esta "perfección" en el trabajo del duelo no es el reflejo de una negación maniaca de ese mismo duelo. Sin embargo Carine expresa claramente que ella sabe lo que va a perder: contrariamente a la costumbre de los padres y las otras personas adultas, su psicoanalista le decía "cosas verdaderas". Más allá de una verdad sexual sin la barrera de las inhibiciones de los padres, Carine se refiere a su propia verdad, a sus propios conflictos y a su propio yo, y ahora es ya solamente con su propia vida psíquica como ella debe continuar este diálogo interrumpido. Únicamente el futuro podrá mostrar la parte respectiva de la identificación y de la incorporación maniaca en el desarrollo de la organización psíquica de la niña después del fin de su tratamiento, pero se puede afirmar que ella conservará un interés y una perspectiva suficientes ante sus producciones mentales para abordar los conflictos ulteriores con un gran margen de posibilidades.

APÉNDICE

Durante el año que siguió al fin prematuro de su análisis volví a ver a Carine una sola vez. Los padres continuaron mostrándose satisfechos de su hija, cuya adaptación a su nuevo ambiente y al inicio de los estudios primarios se realizaba sin problemas. Carine aprendió a leer y escribir sin dificultad y se manifestó feliz de mostrarme estas nuevas adquisiciones. Sin embargo, la frase que ella misma escogió para escribir: "El cartero te lleva mi carta", no es indiferente puesto que demuestra la necesidad que Carine tenía todavía de conservar unos lazos que la unieran a mí a pesar de nuestra separación.

Al final de nuestra entrevista y después de haberme hablado de su nueva vida, Carine verificó si el bebé de juguete seguía estando en su cunita y en el armario de los juguetes. También comprobó con placer que el biberón era el mismo con el que ella había jugado puesto que en su interior conservaba restos de su chicle.

Pero a mediados del año escolar siguiente los padres de Carine volvieron a ponerse en contacto conmigo. La familia había vuelto a mudarse y habitaba como antes en la periferia. El padre no había obtenido la situación que le habían prometido en Bretaña, y tuvo que aceptar un trabajo que le alejaba de la casa la mayor parte de la semana. Los padres soportaban difícilmente este ritmo de vida y aun empeoraba más las cosas el hecho de que Carine manifestaba violentamente su descontento cada vez que su padre regresaba a casa. Con su mal humor, su negativa a obedecer y sus cóleras, lograba estropear los fines de semana y los padres se deprimían. El padre, frustrado, actuaba en forma manifiestamente hostil hacia su hija. Durante la semana y en ausencia del padre, Carine estaba mucho más tranquila y no creaba dificultades ni en la escuela ni a su madre.

Durante su entrevista conmigo Carine se atribuyó la iniciativa de esta solicitud de consulta y la explicó de la siguiente forma: Haciendo alusión a un pequeño gesto compulsivo, que aparentemente había pasado inadvertido a sus padres y que consistía en lamerse la punta de los dedos, Carine declaró que les había explicado que era completamente inútil pedirle que no lo hiciera, puesto que le resultaba imposible evitarlo, pero que hacía falta que la trajeran conmigo para que yo le explicara el por qué de esa necesidad, lo mismo que, anteriormente, yo le había dicho por qué se chupaba el pulgar. Ella hacía ese gesto porque a menudo tenía la impresión de tener las puntas de los dedos "pegajosas" por los bombones que comía. Lo asocia con la cólera que le provocan las frecuentes ausencias de su padre y con las injurias que, a pesar de sus esfuerzos, no puede evitar prodigarle cada vez que regresa.

Ante la amenaza de pérdida del objeto, las pulsiones sádicas orales y anales de Carine han sido reactivadas y la culpabilidad que está ligada a ellas le hace sentir la necesidad de "lavarse las manos".

En ese momento nos pareció indispensable reanudar el análisis interrumpido, y Carine prosiguió su tratamiento al tiempo que se terminaba la redacción de esta obra.[1]

---

[1] Carine tenía entonces siete años y medio. La existencia de un síntoma obsesivo aislado no es rara a esa edad, y prueba una actividad neurótica de su yo que, a pesar de ser penosa, no es necesariamente de pronóstico negativo. Al hablarle a su psicoanalista —mientras que los padres parecen ignorarlo— demuestra que la transferencia no está liquidada, fenómeno sobre el que regresaremos más adelante.

La organización material del tratamiento de Carine sigue siendo difícil, y nos hemos sentido más preocupados que en la parte que hemos expuesto aquí. Sin embargo, el vivo recuerdo que Carine conservó de las primeras sesiones ha facilitado esta cura, y su *insight* ha seguido siendo más elevado que en muchos otros niños en el período de latencia, sin que por otra parte nos haya hecho sentir temores de una evolución psicótica. Actualmente, nuestra preocupación de verla organizar una neurosis obsesiva grave se ha disipado. Durante todo este período Carine no siempre ha sido una niña fácil. Ha movilizado las defensas de carácter de sus padres, quienes están sometidos a pruebas difíciles en su adaptación social y profesional. A pesar de las múltiples decepciones experimentadas por sus padres y sus inevitables consecuencias, Carine nos parece suficientemente armada para evitar desorganizaciones lamentables (noviembre 1971).

SEGUNDA PARTE

TEORÍA DE LA TÉCNICA

CAPÍTULO SÉPTIMO

EL PROCESO PSICOANALÍTICO

I. ESTABLECIMIENTO DE LA RELACIÓN PSICOANALÍTICA

1. NECESIDAD DE ELABORAR UNA TEORÍA DEL PROCESO PSICOANALÍTICO EN EL NIÑO

La exposición de la cura de Carine y la elaboración que la acompaña ponen en evidencia cierto número de transformaciones en el psiquismo de la niña. Desde las primeras sesiones hemos podido asitir a una transformación radical de la relación de la joven paciente con su psicoanalista, transformación que va unida a una reorganización profunda de su comportamiento familiar. Con la ayuda de esta verdadera revolución se organizó un largo trabajo que, a través de las contradicciones de las regresiones y de los movimientos progresivos, ha producido tales cambios que actualmente podemos pretender haber influido en forma profunda sobre la evolución mental de la niña.

¿Qué es lo que ha sucedido entre Carine y su psicoanalista para provocar semejante resonancia en su psiquismo? ¿Qué es el proceso psicoanalítico en el niño, y cómo distinguirlo de los efectos psicoterapéuticos y educativos?

La práctica del psicoanálisis de niños se extiende actualmente cada vez más, la de la psicoterapia está difundida en forma casi universal y sin embargo es raro encontrar en la literatura una definición correcta de la acción de esas diferentes técnicas.

En 1967, D. Meltzer, que es uno de los maestros de la escuela kleiniana contemporánea, publicó una obra muy interesante consagrada al proceso psicoanalítico en el niño y en el adulto.[1] Este estudio permite medir la distancia entre nuestras posiciones y, a pesar de ello, constatar algunas convergencias en nuestros puntos de vista. No insistiremos en la importancia concedida por Meltzer a los efectos de la escisión, ni en la descripción de las dificultades que presentan los pacientes para distinguir lo que es interno de lo que es exterior, sino mucho más sobre una de esas diferencias metodológicas que frecuen-

---

[1] D. Meltzer, *The psychoanalytical process*, Heinemann Medical Books, 1967; traducción española: *El proceso psicoanalítico*, Hormé, Buenos Aires.

temente crean dificultades de comunicación entre los psicoanalistas. Meltzer utiliza en forma bastante sistemática los elementos de fantasías inconscientes en tanto que conceptos, es decir como instrumentos de conocimiento, sin descuidar por otra parte los demás conceptos metapsicológicos (contrariamente a lo que tienden a subrayar ciertos censores del sistema kleiniano). Colocando en un mismo plano a fantasías, procesos y otros conceptos metapsicológicos, los kleinianos no hacen sino seguir el ejemplo dado por el mismo S. Freud, cuando muestra que el superyó es el heredero del complejo de Edipo, e incluso cuando ve en el ideal del yo el del narcisismo, pero no siempre es oportuno ir demasiado lejos en estas transformaciones. Resulta discutible asimilar la tópica psíquica a las distribuciones de las catexias de objetos fantaseados, cualquiera que sea el lazo de continuidad constituido por el concepto de objeto interno, ya que semejante asimilación no toma en cuenta la precocidad de los procesos secundarios. Si bien el proceso primario permite a las catexias libidinales y destructivas unificar los objetos exteriores e internos y los procesos mentales conductores de placer y displacer, los procesos secundarios, limitando precisamente esta libre circulación de afectos, oponen a los objetos los primeros componentes continuos del yo y del superyó. Esta misma oposición es indispensable para la constitución de fantasías de incorporación y de proyección identificativa. Por eso no podemos seguir a D. Meltzer en sus descripciones geográficas del niño al comienzo del proceso psicoanalítico, a pesar del gran interés que encierra su trabajo. Nosotros nos hemos esforzado siempre en distinguir, no solamente la expresión manifiesta del contenido latente, sino también los procesos que los organizan y los ligan. Este camino nos conduce a una concepción de la evolución psíquica en tanto que sucesión de contradicciones. No podemos definir al niño en el comienzo de su análisis, como lo hace Meltzer, como atrapado entre el deseo de extender las fronteras de su yo y el miedo a perderse. Aun reconociendo la justeza de este punto de vista, éste no adquiere significado en el niño que ya dispone del lenguaje, sino en función de la actividad de un yo ya evolucionado, que produzca fantasías para conservar la identidad del paciente y los límites rigurosos del *self*. El objeto de la metapsicología es precisamente el estudio de esas producciones.

No obstante estas reservas, es necesario reconocer a esa obra el mérito de constituir uno de los raros ensayos de sistematización del proceso psicoanalítico en el niño. Si creemos firmemente en la necesidad de elaborar una teoría de la técnica en psicoanálisis infantil —y también a propósito de la infinita variedad de prácticas psicoterapéuticas—, no por ello suponemos que exista una técnica capaz de ser enseñada y de la que bastaría con seguir las reglas para practicar tratamiento correctos. El piscoanálisis de niños, lo mismo que las psicoterapias, exige una posibilidad de invención y renovación que escapan a todo espíritu de imitación. Las palabras empleadas por el psicoanalista vienen de sus propias asociaciones, de los que Freud llamaba las imágenes ideo-verbales pertenecientes a su propio sistema preconsciente. Lo que se espera del análisis didáctico es encontrar esta libertad asociativa. La intervención resulta eficaz en la medida en que esas palabras provocan a su vez asociaciones en el paciente. No podría existir una interpretación estándar.

No por ello es menos cierto que debemos interrogarnos acerca de lo que sucede entre cada paciente y su terapeuta, ya que únicamente a partir de la elaboración de la práctica se ha desarrollado y seguirá desarrollándose la teoría psicoanalítica, mientras que es la teoría psicoanalítica la que permite al psicoanalista comprender e intervenir. El psicoanálisis de niños, como el de adultos, debe evitar el empirismo, bien sea en forma de improvisaciones injustificables o bien por la utilización de preceptos que provoquen equivocaciones al mismo tiempo que las disimulan. No es una técnica lo que se trata de describir. Los principios tácticos permiten generalmente tener una regla de conducta cuando se pierde de vista el objetivo estratégico, lo que sucede en la mayor parte de las actividades humanas. La práctica del psicoanálisis exige por el contrario que se tenga siempre en la mente la finalidad de la acción, o por lo menos una hipótesis útil sobre el proceso psicoanalítico.

La elaboración en psicoanálisis de niños es más incierta que en el de adultos, a causa del carácter limitado de la verbalización. Entre lo que el psicoanalista cree haber dicho o hecho, y la reacción perceptible del niño, existen trayectorias que no son expresadas, lo que obliga a reconstrucciones más amplias que en el caso del adulto para describir el proceso psicoanalítico. Esta dificultad hace aún más indispensable un examen crítico repetido de los conceptos teóricos utilizados en forma explícita o implícita.

Como subrayó recientemente H. Sauguet,[2] la definición del proceso psicoanalítico en el adulto no es nada fácil, y las incertidumbres que lleva consigo han contribuido a aumentar las confusiones acerca de la teoría de la técnica en psicoanálisis de niños. Las primeras formulaciones de Freud ayudaron a la constitución de sustratos ideológicos tenaces, sobre todo para aquellos que se han mantenido distanciados del movimiento psicoanalítico, y actualmente es posible encontrar el rastro en prácticas psicoterapéuticas muy alejadas del psicoanálisis

[2] H. Sauguet, Le processus analytique, en Rev. fr. Psychanal., t. xxxiii, 1969, núms. 5-6, pp. 913-927.

freudiano. La primera hipótesis enunciada por Breuer en 1895, según la cual "el histérico sufre de reminiscencias", dependiendo su curación de la toma de conciencia del recuerdo recuperado, ha influido durante largo tiempo a ciertos psicoanalistas de niños.

Durante un período histórico (terminado en 1920 con la publicación de *Más allá del principio del placer*), Freud puso el acento en la importancia del rechazo, internalizado en forma de conflicto entre libido e instintos del yo. La imprecisión de los conocimientos de la época sobre los primeros desarrollos del yo condujo a pensar que, en el niño, lo importante era disminuir este rechazo. Esta hipótesis constituyó al mismo tiempo un freno para la aplicación del psicoanálisis a los niños, porque se temía lo que podría suceder si se liberaba la fuerza instintiva. Por más que S. Freud mostró, a propósito de "Juanito", que éste no se convirtió en un perverso, los titubeos de H. von Hug Hellmuth reflejan una preocupación del mismo tipo. Como ya tendremos ocasión de señalar, actualmente estos problemas han sido superados. Sin embargo queda la idea, formulada más o menos claramente, de que cierta liberación instintiva puede tener un efecto benéfico y que la ausencia de represión externa durante el tiempo que duren las sesiones puede ser suficiente, y esto se encuentra aún, formulado o no, en multitud de prácticas.

La idea de que el proceso psicoanalítico deba conducir a hacer consciente lo que es inconsciente es una adaptación de la primera formulación, tomando en cuenta el abandono de la teoría del traumatismo patógeno, del desarrollo de las tesis acerca de la sexualidad infantil y de la elaboración de la metapsicología. En esta perspectiva, el proceso psicoanalítico se caracteriza por el retiro progresivo de la represión y su agente esencial es la neurosis de transferencia, que por su cualidad repetitiva actualiza las experiencias vividas anteriormente. La elucidación de esta neurosis de transferencia y de las resistencias que la acompañan, debe permitir simultáneamente la toma de conciencia del carácter repetitivo de los fenómenos mentales actuales, la reminiscencia y la reconstrucción del pasado vivido y su liquidación, dando al paciente su autonomía.

El concepto de "neurosis infantil" fue utilizado por Freud para describir la organización de ese pasado olvidado y vuelto a encontrar por el análisis de la neurosis de transferencia. El estudio de la neurosis infantil del "Hombre de los lobos"[3] representó un gran papel. no solamente en la evolución del psicoanálisis, sino también en la orien-

---

[3] S. Freud, *Aus der Geschichte einer infantilen Neurose* (1918); *GW*, vol. XII, pp. 29-157; *SE*, vol. XVII, pp. 7-122; *Historia de una neurosis infantil*, en *O.c.*, t. II, pp. 785-842.

tación actual de la psiquiatría infantil. Este concepto encuentra muy fácilmente su justificación en tanto que se mantiene en un plano descriptivo, ya se trate de la fobia de "Juanito", o de aquélla, pronto transformada en neurosis obsesiva, del "Hombre de los lobos". S. Lebovici y D. Braunschewieg[4] han reanudado recientemente el estudio clínico, insistiendo en la diferencia teórica fundamental que separa el concepto psicoanalítico de "neurosis infantil" de los síntomas neuróticos que provocan una consulta psicoanalítica para un niño.

Por el contrario, el estudio teórico del concepto de "neurosis infantil" ha suscitado numerosas controversias entre los psicoanalistas, y las posiciones de unos y otros a este respecto han tenido una repercusión directa sobre la teoría de la técnica que ellos preconizan, y sobre su concepción de lo que debería ser el proceso psicoanalítico en el niño. El psicoanálisis de niños, y en particular el psicoanálisis precoz, concierne precisamente a jóvenes pacientes que están atravesando el período de su vida durante el cual se supone que se está organizando lo que constituiría la "neurosis infantil" que encontramos en el psicoanálisis de adultos. ¿Es el psicoanálisis de niños la cura de esta "neurosis infantil" en el momento mismo de su organización? ¿Cuál debe ser el alcance de tal ambición, ya que hoy día es algo admitido por todos nosotros que existen lazos estrechos entre "neurosis infantil" y complejo de Edipo, y que uno y otro constituyen una contradicción fundamental que todo ser humano debe resolver de una u otra forma?

Este debate central comienza por una cuestión clave: el concepto de neurosis y al mismo tiempo el de cura psicoanalítica suponen la internalización del conflicto, es decir una contradicción entre el yo, el ello y el superyó. ¿A partir de qué fase o de qué proceso se puede hablar de internalización?

Por más que se pueda abordar la elaboración teórica acerca de la organización del psiquismo infantil más que en función de las enseñanzas obtenidas del proceso analítico, es necesario precisar según qué sistema conceptual será enfrentada la práctica psicoanalítica. Resulta necesario hacer aquí una breve referencia a las nociones fundamentales, si bien la discusión será abordada más completamente en el capítulo IX.

Melanie Klein describe la existencia de los objetos internos desde el principio de la vida psíquica. Por el contrario, otros psicoanalistas sitúan la internalización de los conflictos a partir de la fase de introyección del superyó, es decir en el acmé del complejo de Edipo, cuando se organiza el período de latencia. Anna Freud, participando en

4 S. Lebovici y D. Braunschweig, *À propos de la névrose infantille,* en *Psychiatr. Enfant,* París, PUF, 1967, vol. x, fasc. 1, pp. 41-123.

un simposio sobre la neurosis infantil en 1954,[5] pudo observar por esta
razón que el término de neurosis infantil había sido discutido durante
mucho tiempo, porque los conflictos atravesados en esta fase de la
evolución del niño no eran *completamente* internalizados. Si para
Melanie Klein esta cuestión no se plantea absolutamente en esta forma, la importancia que ella concede a los representantes psíquicos de
las pulsiones desde el comienzo de la vida, ha hecho decir a sus adversarios que descuidaba el concepto de neurosis infantil y, al mismo
tiempo, el complejo de Edipo. H. Nagera[6] piensa en efecto, retomando
una fórmula de Hanna Segal, que atribuir a la neurosis infantil una
función de elaboración defensiva contra las angustias depresivas y paranoides subyacentes es minimizar su papel esencial. Sin embargo, no
resulta evidente que considerar una etapa esencial de la evolución
como una posición defensiva, es decir, como organizándose en función
de una contradicción interna anterior, sea subestimarla, a menos que
uno esté en busca de situaciones "originales", lo que no sería nada
científico. La posición de los psicoanalistas de la Hampstead Clinic
toma en cuenta a este propósito las teorías de Hartmann, Kriss y
Löwenstein sobre la esfera sin conflictos del yo y, a partir de reflexiones muy convincentes en su comienzo, se empeñan en una dirección
en la que no es posible seguirles sin estar consciente de la opción
teórica que implica este camino. Nadie se atrevería a poner en duda
la proposición de H. Nagera, según la cual la evolución psicológica
resulta de la interacción entre los factores internos y externos, y todo
el mundo piensa que los avatares de la evolución, confrontados con
las exigencias pulsionales y el efecto organizador y reparador del comportamiento y de la vida psíquica de los padres, pueden tener un
efecto determinante en la organización de los conflictos. Ningún psicoanalista se atrevería a negar que el complejo de Edipo representa
un papel estructural esencial para el aparato psíquico. Pero la descripción de la neurosis infantil como una "tentativa para hacer entrar en
una sola estructuración, en una sola organización del más alto significado económico, todos los conflictos neuróticos precedentes de aspectos
posiblemente diversos, así como las insuficiencias de la evolución, con
todos los conflictos típicos del estadio fálico-edípico", no levantaría
ninguna discusión si no fuera porque implica la hipótesis, por otra
parte bien explícita, del carácter relativamente tardío de esta síntesis
organizativa. Esta sería considerada como la primera en la historia del

---

    [5] A. Freud, *Problems of infantile neurosis: a discussion,* en *The Psycho-
analytic Study of the Child,* 1954, vol. IX, pp. 16-71
    [6] H. Nagera, *Early childhood disturbances. The infantile neurosis and the
adulthood disturbances,* New York, International Universities Press, 1966; trad.
española, *La neurosis infantil,* Hormé, Buenos Aires.

niño en tender a esta unidad, y su realización necesitaría cierto grado de madurez de la esfera "no conflictiva" del yo.[7] Nosotros por el contrario tenemos todas las razones para pensar que la tendencia del aparato psíquico a resolver las contradicciones internas y a tender hacia una unidad que sin cesar es vuelta a poner en duda, se manifiesta desde el establecimiento de la relación objetal, desde que la continuidad pulsional hace catastrófica cualquier discontinuidad.[8] El desarrollo de la motricidad y del lenguaje, lejos de ser un hecho previo y "no conflictivo", está directamente influido por esas repetidas tentativas para resolver los conflictos primitivos que amenazan la continuidad del objeto y del *self*, es decir la continuidad del yo.[9] Ninguna de las actividades de este tipo, por más elementales que parezcan *a priori*, podría ser considerada como no conflictiva, sin renunciar a los elementos más valiosos del psicoanálisis de niños. Ninguna de ellas podría ser considerada como "parte constitutiva del yo", sin una peligrosa distorsión conceptual. El yo, el ello y el superyó son conceptos metapsicológicos que permiten explicar la puesta en tensión, la orientación y la catexia del aparato psíquico, y a partir de ahí su organización contradictoria, es decir, conflictiva (sin que el término "conflicto", claro está, implique una connotación patológica).

La discusión acerca de la importancia relativa de las primeras etapas del complejo de Edipo y del acmé del conflicto edípico en la organización del psiquismo, pone en tela de juicio el objeto de la ciencia psicoanalítica. Tiene una incidencia directa sobre la teoría de la técnica en psicoanálisis de niños. Según la respuesta que se dé a esta cuestión, se afirma o se niega la posibilidad de practicar auténticos psicoanálisis con niños pequeños. Por lo tanto, no es posible abordar el estudio del proceso analítico sin plantear esta cuestión previa.

La apasionada polémica levantada por las primeras formulaciones de Melanie Klein, reforzó ciertamente la gran desconfianza de los primeros psicoanalistas respecto del psicoanálisis de niños de cualquier edad. ¿Acaso Freud mismo no dio el ejemplo de esta prudencia a propósito de "Juanito", utilizando aquel procedimiento tan particular en el que el papel terapéutico principal estaba confiado al padre del niño? En aquel tiempo era corriente insistir en la confianza que el paciente debía sentir en su terapeuta, y parecía imposible y al mismo tiempo poco deseable que un niño pudiera sentir semejante confianza

[7] Cf. E. y J. Kestemberg, *Contribuiton à la perspective génétique en psychanalyse*, en *Rev. fr. de Psychanal.*, t. xxx, 1966, núms. 5-6, pp. 569-713.
[8] R. Diatkine, *L'enfant prépsychotique*, en *Psychiatr. Enfant*, vol. xii, fasc. 2, París, PUF, 1969.
[9] R. Diatkine, *Du normal et du pathologique*, en *Psychiatr. Enfant*, vol. x, fasc. 1, París, PUF, 1967.

hacia otras personas que no fueran sus propios padres. H. von Hug
Hellmuth, que fue la primera psicoanalista que se ocupó de niños en
forma sistemática, se mostró muy reservada en cuanto a las posibilidades de analizarlos.

La *Introducción al psicoanálisis de niños*,[10] publicada por Anna
Freud en 1927, ciertamente reflejaba ese estado de espíritu. El niño
era considerado como casi incapaz de someterse al psicoanálisis porque
no era capaz de organizar una transferencia. "Los primeros objetos de
afecto, los padres, existen aun en tanto que objetos de amor en la realidad, mientras que en el caso de los neuróticos adultos existen en la
imaginación solamente."[11] Sería interesante que un historiador del
psicoanálisis explicara por qué razones algunos psicoanalistas de esta
época no utilizan completamente las formulaciones de S. Freud acerca
de las contradicciones ligadas a la dualidad de los instintos.[12] Las manifestaciones hostiles de los niños hacia su terapeuta eran consideradas
como la consecuencia de su apego positivo a sus padres, y no como
una manifestación de la parte negativa de la transferencia. La ambivalencia se vuelve a encontrar, con una energía impresionante, en la
organización de los síntomas. La "alianza terapéutica" exige un mínimo
de elaboración interpretativa. Si a veces el niño puede desear conscientemente desembarazarse de un síntoma molesto, no puede sino mirar
con antipatía al terapeuta que le propone perder un beneficio tan con-
siderable como es el de tener a su madre a su disposición en tanto
que objeto contra-fóbico.[13]

[10] Anna Freud, *Einführung in die Technik der Kinderanalyse*, Wien,
International Psychoanalyse Verlag, 1927; trad. española, *Psicoanálisis del niño*,
Hormé, Buenos Aires.

[11] El concepto de objeto en la teoría psicoanalítica se presta a veces a confusión en la medida en que, por extrapolación a partir de su sentido estricto
de fuente de la satisfacción pulsional, se corre el riesgo de utilizar este mismo
término, para designar de forma permanente y extensiva a la persona real así
objeto de la catexia, "objeto" de amor o de odio en el sentido habitual del
lenguaje. Esa es una de las múltiples ocasiones en que se puede confundir la
expresión manifiesta y el contenido latente, peligro metodológico que subraya
de manera muy pertinente Anna Freud en su último libro *(Normalidad y patología en la niñez)*.

[12] En el curso del coloquio sobre el análisis de niños que siguió a la aparición del libro de Anna Freud, Melanie Klein hizo una enérgica crítica de las
posiciones de aquélla. Si la polémica de entonces está definitivamente superada,
la contribución de M. Klein pone en evidencia la importancia de los presupuestos teóricos para lo que ve o no ve el psicoanalista en lo que expresa su
paciente. En este sentido, a pesar de su tono apasionado, aquella crítica conserva todavía un gran interés metodológico.

[13] Ver a este respecto B. Bornstein, que da un ejemplo notablemente descrito de las maniobras tácticas que tienen por objeto crear la alianza terapéutica
a propósito del célebre caso "Frankie".

Por tanto, no debemos asombrarnos de la evolución de la escuela
de Anna Freud. En su reciente libro: *Normalidad y patología en la
niñez*,[14] subraya la preocupación de los psicoanalistas de niños que
practican el mismo "tipo de análisis" que ella, por afirmar "su fidelidad a los principios terapéuticos que observan en el análisis de los
adultos". Citando a este respecto un texto de E. Bibring (1954),[15]
ella recuerda la necesidad de no hacer uso de la autoridad, de eliminar
toda sugestión, de no intervenir en la existencia del niño y, finalmente, de "considerar el análisis de la resistencia y de la transferencia,
y la interpretación del material inconsciente, como los instrumentos
legítimos del proceso terapéutico". Este pasaje muestra la importancia
de la evolución de las ideas entre los psicoanalistas de esta escuela, después de la publicación de la monografía de Berta Bornstein. Pero la
reciente obra de J. Bolland y J. Sandler,[16] en la que se informa
del tratamiento de un niño de dos años, como ejemplo del trabajo de
registro, el Index de la Hampstead Clinic, saca a la luz todas las implicaciones técnicas, en el tratamiento del niño muy pequeño, de las
concepciones teóricas de este grupo de psicoanalistas, tal como anteriormente habíamos vislumbrado. Es innegable que se puede observar
cierto proceso en el curso de ese tratamiento, pero la táctica seguida
por el psicoanalista, tanto con respecto al niño como a su madre, está
muy alejada de la práctica psicoanalítica, a pesar del ritmo de cinco
sesiones por semana.

Provisionalmente podemos dejar aquí el problema teórico referente
a la internalización precoz de los conflictos, importante cuestión que
volveremos a encontrar en el capítulo IX, constatando que existen
menos inconvenientes para admitir, incluso en niños muy pequeños,
que el proceso psicoanalítico implica la aparición de cierta represión, que para postular la hipótesis inversa, lo que nos conduciría
a negar *a priori* toda posibilidad de análisis.[17] Esta represión se ma-

---

[14] Anna Freud, *Normality and pathology in childhood*, International Universities Press, 1965; trad. española de H. Nagera, *Normalidad y Patología en
la niñez*, Paidós, Buenos Aires, p. 27.
[15] E. Bibring, *Psychoanalysis and the dynamic psychotherapies*, en *American
Journal Psychoanalysis*. Ass, II, 1954, pp. 745-770.
[16] J. Bolland y J. Sandler, *The Hampstead Psychoanalytic Index. A study
of the psychoanalytic Case Material of a two year old child*, Nueva York, International Universities Press, Inc., 1965; *Psychanalyse d'un enfant de deux ans*,
París, PUF, en prensa.
[17] Es menos importante de lo que parece en un primer momento saber si
los conflictos son internalizados *completamente* o no, para decidir la "analiza-
bilidad" de un paciente. Una oposición demasiado tajante entre conflictos
internalizados y conflictos actuales encerraría a nuestra disciplina en un fata-
lismo que terminaría por tener inconvenientes comparables a la actitud de los
organicistas del siglo pasado. En efecto, admitir que a partir de cierto momento

nifestó, a todo lo largo del psicoanálisis de Carine, por la importancia y la precisión de los procesos defensivos y de la resistencia.

En el niño como en el adulto, el proceso analítico puede ser descrito como lo contrario de los procesos de organización de la neurosis o de la psicosis, utilizando una fórmula empleada por H. Sauguet en su *Introducción* al Coloquio de Lisboa en 1968. El ejemplo de Carine permite sostener seriamente el interés de esta hipótesis. Tenemos sin embargo, que hacer dos reservas. La primera debe tomar en cuenta el hecho innegable de que la represión es un fenómeno que en el niño permanece activo durante mucho tiempo. Un psicoanálisis precoz, o practicado en el período de latencia, no suprime la represión secundaria; únicamente modifica sus modalidades. Por lo tanto la terminación del psicoanálisis de niños no puede apreciarse en función de la extensión de la toma de conciencia de aquello que era inconsciente. A excepción de algunos recuerdos que hayan sufrido una catexia particular, el desarrollo de la cura cae en el mismo olvido que los acontecimientos conflictivos anteriores al período de latencia. La otra reserva es de orden más general. La aparición de la represión implica ya, junto a su aspecto tópico, importantes factores dinámicos y económicos. Las formulaciones que conciernen a la dualidad de los

la internalización es definitiva y desemboca en una estructura estable, conduce a no dar ningún valor determinante a las experiencias ulteriores del sujeto y a sus consecuencias dinámicas y económicas. Estas experiencias se considerarían únicamente como factores "precipitantes", término descriptivo útil pero que conserva cierta ambigüedad: en su límite extremo, podría tratarse de simples reveladores que no intervinieran directamente en la organización del funcionamiento mental. La experiencia muestra, por el contrario, interacciones más complicadas. En cada momento de la vida, las catexias exteriores están determinadas por las experiencias anteriores (es decir, por las catexias "internas") y por factores extrínsecos. Estos últimos no son fruto del azar, en parte son el producto de la actividad mental del sujeto. El placer y el displacer que provienen de estas nuevas catexias exteriores modifican el equilibrio de las catexias de los "objetos internalizados", lo que puede ocasionar reorganizaciones a veces importantes de la organización mental. Si el aparato psíquico no es capaz de resistir estas reorganizaciones, pueden entonces aparecer neurosis graves o psicosis. Esta propiedad integrativa depende de la organización anterior, pero no puede relacionarse en lo más mínimo con las nociones de "buena" o "mala" salud mental, según el lenguaje corriente. En el niño, igual que en el adulto, la oposición clásica entre "problemas reactivos" y "neurosis", cuyo valor didáctico es indudable, no permite ninguna dicotomía en el estudio teórico de los conflictos. En ningún momento de la vida psíquica es posible afirmar que la evolución no depende sino de la estructura interna del sujeto, afirmación que limitaría, entre otras cosas, las esperanzas terapéuticas. En este punto el niño no difiere del adulto más que en dos aspectos: la gama de posibilidades evolutivas es más amplia (lo que le hace correr riesgos mayores), su aparato psíquico —incluida la acción reparadora de los padres— demuestra una mayor plasticidad (lo que limita esos riesgos).

instintos y la tópica estructural, que resultan necesarias porque la
organización y la persistencia de los conflictos no podían explicarse
solamente por la oposición entre el principio de placer y el principio
de realidad, condujeron a S. Freud a modificar sensiblemente el enunciado de los fines estratégicos del psicoanálisis en el momento en que
escribió: "Wo Es war, soll Ich werden."[18] Entonces él era muy consciente del carácter infinito de semejante programa, que pone el acento
sobre las transformaciones dinámicas y económicas que debe obtener
el psicoanálisis. Y si las curas practicadas en niños muy jóvenes modifican su evolución ulterior, a pesar del olvido en el que ciertamente
caerán (salvo si el niño se convierte en, o sigue siendo, psicótico), no
puede ser sino en la medida en que las tomas de conciencia ocasionan
modificaciones dinámicas y económicas suficientemente importantes
para que los productos ulteriores de la actividad mental sean transformados.

El grupo parisino de psicoanalistas de niños, al que pertenecemos
y al que desde hace más de veinte años presta su impulso S. Lebovici,
tiene la particularidad de no contar entre sus miembros a ningún
discípulo directo de Melanie Klein ni de Anna Freud. Está compuesto
por psicoanalistas de adultos que tienen en común un gran interés por
el psicoanálisis de niños, al que consagran parte de su tiempo. Desde
muy pronto nos apasionamos por los descubrimientos de Melanie Klein,
sin sentirnos por ello comprometidos con su sistema metapsicológico
ni, por consiguiente, con la teoría de la técnica que de él se desprende.
En 1953 uno de nosotros, junto con S. Lebovici, esbozó una teoría
de las fantasías del niño[19] que precisaba las posiciones de nuestro
grupo en aquel momento. Esta elaboración se prosiguió después, en
función de nuestra reflexión teórica sobre la práctica del psicoanálisis
de niños.[20] El ejemplo de Carine nos permitirá exponer aquí nuestro
punto de vista actual, comenzando por poner de manifiesto a grandes
rasgos el proceso que se desarrolló ante nuestros ojos.

[18] S. Freud, *Neue Folge der Vorlesungen zur Einführung in die Psychoanalyse* (1933), *GW*, vol. xv; *SE*, vol. xxii, pp. 5-182; traducción española:
Nuevas aportaciones al psicoanálisis, en *O.c.*, t. ii, pp. 879-966.
[19] S. Lebovici y R. Diatkine, *Étude des fantasmes chez l'enfant*, en *Rev.
fr. Psychanal.*, t. xviii, 1954, núm. 1, pp. 108-154.
[20] Ver en particular: J. de Ajuriaguerra, R. Diatkine, García Badaracco,
Psychanalyse et neurobiologie, en *La psychanalyse aujourd'hui*, obra publicada
bajo la dirección de S. Nacht, Prefacio de E. Jones, 2ª ed. condensada, París,
puf, 1967, pp. 313-374 (trad. española: *El psicoanálisis, hoy*, t. ii, Miracle,
Barcelona); S. Lebovici, *La relation objectale*, en *Psychiatr. Enfant*, 1961,
vol. iii, fasc. 1, pp. 147-226; R. Diatkine, *Agressivité et fantasmes d'agression*,
en *Rev. fr. Psychanal.*, París, puf, 1964; R. Diatkine, *Du normal et du pathologique dans l'evolution mentale de l'enfant*, *op. cit.*

2. HIPÓTESIS PATOGÉNICA Y PROCESO PSICOANALÍTICO

En el capítulo I, mostramos en qué nos parecía inquietante la organización mental de la niña. La incapacidad de sus defensas fóbicas para focalizar sus inhibiciones amenazaba con perjudicar notablemente su desarrollo mental ulterior. El desplazamiento de la catexia libidinal sobre las actividades secundarias del yo, indispensable para el desprendimiento edípico, corría el riesgo de verse comprometido por las mismas restricciones que le imponía la intensidad de las inhibiciones. Nos encontrábamos ante una situación que según nosotros respondía al esquema típico de la patología mental: el efecto y los productos de un cierto modo de funcionamiento se convierten a su vez en generadores de ese mismo modo de funcionamiento. La insuficiencia de los procesos secundarios no hace entonces sino reforzar la regulación en procesos primarios, lo que agrava esta insuficiencia. Ante ciclos de este tipo está justificado utilizar el concepto de "prepsicosis", a causa de la incapacidad de tales estructuras para hacer frente a las exigencias futuras, sin correr el riesgo de una reorganización fundamental.

Para el psiquiatra de niños, es verdaderamente importante tratar de reconstituir cómo ha podido llegar hasta ahí esta niña. Desde este punto de vista, las investigaciones catamnésicas sistemáticas, con observación directa de las interacciones entre la niña y su medio, muestran la gran variedad de situaciones, de respuestas reparadoras y de ocasiones fallidas. Sin embargo, la observación no tendría más que un interés limitado, sin un sistema conceptual coherente que permita cierta capacidad de elección entre la multitud de hechos observables, estando las transformaciones de este sistema dirigidas por las contradicciones que se revelan en el curso de las diferentes formas de práctica (de tratamiento y de observación en particular).

La investigación anamnéstica, a la que se ha atenido la psicoanalista, proporciona informaciones tan valiosas como difíciles de tratar. A través de cierta versión del pasado vivido por los padres, es como podemos reconstituir la historia de la joven paciente. Lo que los padres puedan decir, en un momento dado del dramático proceso en el curso del cual se enfrentan a un psiquiatra de niños, constituye un dato que tiene importancia en sí mismo, pero no aporta sino elementos indirectos para una reconstitución patogénica del pasado.

En la biografía de Carine, no hay ni enfermedades de la primera infancia, ni separación, ni frustración precoz. No se descubre ningún error grave en la educación.[21] El conocimiento progresivo que fuimos

---

[21] En el capítulo IX volveremos sobre el tema de la importancia teórica de esta constatación. Las fantasías angustiosas de Carine no son el producto de

teniendo de los padres nos permitió hacernos una idea de la forma
en que había evolucionado la relación padres-hijos. La madre fue
educada con bastante severidad, lo mismo que su marido. Después
del nacimiento de Carine (su primera hija, recordémoslo), la madre
se adaptó bien a la niña que, al principio, no le planteaba problemas
difíciles. Por el contrario, los caprichos habituales del final del segundo
semestre la encontraron desprevenida y la angustiaron fuertemente.
Fue entonces cuando empezó a reaccionar como su madre había hecho
con ella, aunque sintiéndose incómoda en este papel que no le sentaba.
La introducción de esta defensa de carácter, ligada a un conflicto mal
liquidado, le hizo modificar y "distanciar" su catexia de la niña, en un
período en el que justamente la actitud reparadora de la madre
es indispensable para permitir al niño luchar contra sus tendencias
depresivas y desarrollar en este sentido la actividad de su yo. Ante el
aspecto rápidamente catastrófico del insomnio, de la anorexia y de las
fobias, y también a causa de la experiencia del nacimiento del segundo
hijo, el comportamiento de la madre volvió a cambiar notablemente.
Su culpabilidad la condujo a proporcionar a la niña tantos más beneficios secundarios cuanto que entonces tenía la tendencia a verse a sí
misma, niña maltratada, en su hija. El padre siguió esta evolución con
gran simpatía por su mujer pero, por una parte, la rigidez de su educación le empujaba a animarla en su severidad, mientras que por
otra parte su actividad profesional le obligaba a quedarse un poco
fuera de estos conflictos (si bien el insomnio de la niña tuvo una
incidencia directa en su vida).

Estas hipótesis patogénicas tienen un carácter indiscutiblemente
especulativo. Además, son muy incompletas, ya que son muy pocas las
cosas que podemos reconstruir acerca de la evolución del inconsciente
de los padres y de sus actitudes con respecto a Carine, a partir de su
concepción hasta la crisis que provocó la primera consulta. Todos
estos elementos son indispensables, si se quiere discutir seriamente la
génesis de una estructura.

Contentémonos con afirmar que semejantes construcciones no inter-
vinieron para nada en nuestra decisión terapéutica, y que no tuvieron
ninguna incidencia sobre el psicoanálisis de la niña. Solamente toma-

la elaboración de recuerdos traumáticos; sus padres jamás la han amenazado.
No es menos cierto, sin embargo, que cada niño puede encontrar en frases
aparentemente anodinas (si bien a veces pueden expresar el deseo inconsciente
de quien las profiere) material con el cual organizar un recuerdo traumático.
El incidente, inadvertido o rápidamente olvidado por los adultos, representa
entonces un papel idéntico al del "resto diurno" utilizado en la elaboración
de los sueños. Carine nos ofreció un ejemplo demostrativo durante su psicoanálisis, interpretando una frase hecha pronunciada por su abuela (cf. cap. VI,
p. 191, 64ª sesión).

mos en cuenta el diagnóstico estructural, tal como lo definimos anteriormente, comprendiendo no sólo la organización psíquica y las catexias (la relación objetal es una de sus dimensiones), sino también sus efectos y la acción de estos efectos sobre la estructura mental. La apreciación de la actitud de los padres no interviene aquí sino en la medida en que hubiera podido constituir una contraindicación de la cura; si bien más tarde será necesario vigilar para que no obstaculice la evolución de la niña, problema que no se ha presentado durante la fase del tratamiento expuesta en esta obra.

La indicación y la conducción de una cura no deben inspirarse en hipótesis patogénicas en el sentido que habitualmente se les da en medicina. Se trata de movilizar una organización en la medida de lo que resulte utilizable en el momento de la acción. La práctica psicoanalítica, como por lo demás la práctica psiquiátrica, obedece a un aforismo muy frecuentemente utilizado en otros terrenos: "el hilo se rompe por lo más delgado". ¿Debemos preguntarnos lo que el niño "vivió" cuando era lactante, desde el comienzo de su vida, o debemos interrogarnos acerca de las circunstancias que le condujeron a no poder responder a una solicitación o una exigencia exterior? Estas dos posiciones extremas y opuestas coinciden en el mismo error que consiste en no tener en cuenta la importancia de la fantasmatización, ni de la especificidad de la metapsicología, en tanto que aparato conceptual del psicoanálisis.

No es que el psicoanálisis sea una ciencia sin relación con otras formas de conocimiento; nosotros creemos en particular que las observaciones directas más diversas, desde las de Juanito y el niño de la bobina[22] hasta los trabajos de los psicólogos genetistas contemporáneos, proporcionan indicaciones muy útiles, a condición de que reconozcamos con precisión los límites metodológicos.[23]

3. PRIMEROS CONTACTOS ENTRE LA JOVEN PACIENTE Y LA ANALISTA. SITUACIÓN PSICOANALÍTICA, PRIMER Y SEGUNDO TIEMPOS.

En ocasión del primer examen, Carine se mostró totalmente incapaz de interesarse en nada fuera de su temor, fuertemente aumentado por la visita al consultorio de la psicoanalista.[24] Durante las primeras sesiones

[22] S. Freud, *Jenseits des Lustprinzips*, 1920, SE, vol. XVIII, pp. 3-64; trad. española: *Más allá del principio del placer*, en *O.c.*, t. I, pp. 1083-1126.
[23] Cf. sobre este tema el muy completo estudio de J. y E. Kestemberg, *Contribution à la perspective génétique en psychanalyse*, *op. cit.*
[24] No insistiremos en la descripción del material puesto a disposición de la niña. Los medios utilizados, variables a gusto del analista, deben ser suficientes

describimos sucesivamente: *a)* las consignas enunciadas por la psicoanalista; *b)* la reacción negativa de la niña al permanecer aferrada a su madre, utilizándola como personaje contra-fóbico, como lo hacía habitualmente contra todo "extraño" fobógeno; *c)* la actitud de espera y de atención de la psicoanalista —y secundariamente de su madre— no respondiendo ninguna de las dos a la oposición de la niña, oposición habitualmente mal tolerada por el medio o por los extraños; *d)* la incapacidad de la niña para dominar la angustia provocada por la falta de respuesta de esta extraña, que provoca el abandono de la actitud inicial y la organización de un juego, rigurosamente compuesto, lo que permite afirmar que estaba igualmente rigurosamente determinado. Este rigor en la composición del juego inicial es la prueba de la catexia inmediata de la psicoanalista por la proyección sobre ella de la imagen mala de la madre. Si la escisión del objeto y la persistencia sin matices de la fobia del "extraño" son la señal de un sistema defensivo muy antiguo, esta proyección no es de ninguna manera específica de la situación psicoanalítica, ni tampoco el signo del establecimiento de cualquier relación psicoterapéutica. Es la forma habitual en que la niña catectiza una situación nueva proyectando inmediatamente sus objetos internos sobre el recién venido que entra en su campo y que es así "asimilado" de forma repetitiva; *e)* ya vimos antes que "detrás" de la catexia negativa de la psicoanalista existía una catexia positiva inconsciente, cuyo desarrollo era de la mayor importancia.

Que esta catexia inmediata sea calificada de transferencia, con el pretexto de que su objeto es un personaje capaz de comprender el contenido latente, amenaza con ocasionar una evaluación errónea de los desarrollos posteriores y que se les atribuya equivocadamente un valor terapéutico.[25] Eso sería utilizar en sentido contrario el fructuoso descubrimiento de Freud[26] y de Ferenzi[27] que establece que la transfe-

para permitir al niño organizarse en esta situación nueva. Un exceso de austeridad, con el pretexto de obligar al niño a expresarse lo más posible en palabras, como si se tratara de un psicoanálisis de adulto, amenazaría con aumentar la angustia y provocar *acting out* más numerosos, sin gran provecho para el desarrollo del análisis. El exceso contrario, al ofrecer al niño placeres excepcionales, provoca satisfacciones regresivas difícilmente analizables.

[25] R. Diatkine, *L'apport de la psychanalyse à la thérapeutique des psychoses*, en P.-C. Recamier, *Le psychanalyste sans divan. La psychanalyse et les Institutions de soins psychiatriques*. Con la colaboración de R. Diatkine, S. Lebovici y Ph. Paumelle. Y con la ayuda de P. Béquart, L. Carretier, S. Ferraresi-Taccani y D. Masson, París, Payot, 1970, pp. 15-42.

[26] S. Freud, *Bruchstück einer Hysterie-Analyse* (1905), *GW*, vol. v, pp. 163-286; *SE*, vol. vii, pp. 7-122; trad. española: *Análisis fragmentario de una histeria* (Dora), en *O.c.*, t. ii, pp. 605-657.

[27] S. Ferenczi, *Transfert et introjection*, en *Oeuvres complètes*, t. i, pp. 1908-1912; trad. española: *Sexo y psicoanálisis*. Hormé, Buenos Aires, 1959.

rencia analizada en el psicoanálisis no es sino un caso particular de un proceso más general. En este cuadro extensivo, la especificidad de la transferencia no debe ser considerada accesoria.

La articulación de la primera fase de inhibición, y de la evolución defensiva que la siguió a causa de la actitud de la psicoanalista, constituye el tema inicial sobre el que se desarrollará el proceso psicoanalítico. No es por casualidad que encontramos la incapacidad de Carine para contener su inhibición y para organizarse ante su angustia. El juego puesto en práctica por Carine para manejar la situación testimonia la capacidad de su yo para producir formaciones reactivas. Hemos subrayado todas las significaciones defensivas de este juego (cf. cap. II) que, según nosotros, permite a la niña reprimir las representaciones psíquicas de las pulsiones activadas por la situación.

Esta hipótesis de represión activa en una niña de tres años y medio tiene incidencias técnicas evidentes: a esa edad precoz, la interpretación resulta indispensable, pero hay que evitar el "análisis silvestre" y estudiar el efecto dinámico y económico de las intervenciones.

A pesar del éxito parcial de la represión, la naturaleza muy primitiva de la reacción del yo de la niña durante estas primeras sesiones debe ser subrayada, en la medida en que la actividad del yo se transforma por la elaboración interpretativa. Ni siquiera a los tres años y medio es un juego común el de descalzar a su madre y apropiarse de sus zapatos y su bolso. Aunque no haya ninguna duda en la conciencia de la niña sobre el carácter lúdico de su papel de "señora", se trata igualmente de una reacción actuada en gran parte para oponerse a la invitación de la analista de que utilice los juguetes y para recobrar, ante esta extraña, una actividad familiar. Esta producción compleja no resulta eficaz durante mucho tiempo, sin embargo, y la reaparición de las tendencias depresivas pone en marcha otro juego igualmente mezclado con *acting:* Carine arroja la muñeca a la papelera después de injuriarla.

Estas formaciones reactivas tienen un carácter regresivo, siendo en gran parte actuadas, aunque dejando persistir cierta comunicación: aíslan relativamente a la niña de la psicoanalista tanto como de su madre, y no le permiten ninguna elaboración nueva.[28]

Como lo recordamos en el capítulo II, una variedad importante de estas defensas en circuito cerrado han sido descritas por Melanie Klein[29] con el nombre de defensas maniacas, directamente ligadas

---

[28] A propósito de tales organizaciones adquiere todo su valor la noción de "distancia objetal" utilizada por Maurice Bouvet.

[29] M. Klein, *Una contribución a la psicogénesis de los estados maníaco-depresivos* (1934), en *Contribución al psicoanálisis*, Hormé, Buenos Aires, pp. 253-278.

a la posición depresiva, atravesada, según ella, por el lactante en el
segundo semestre de su vida. Estas permiten al sujeto negar su dependencia respecto al objeto exterior, al mismo tiempo que su terror a los
objetos internos. Tales defensas se encuentran frecuentemente en los
psicoanálisis de niños y de adultos. D. W. Winnicott[30] y Hanna Segal[31]
han estudiado sus aspectos y su organización en estudios sistemáticos.
D. W. Winnicott ha insistido particularmente en la organización de un
"falso *self*" que puede resultar de su acción predominante. Uno
de nosotros volvió a utilizar recientemente esos conceptos en la comprensión de estructuras prepsicóticas.[32]

El comportamiento de Carine, reacción defensiva actuada más que
verdadero juego, del que tuviera la niña el control completo, produce
efectivamente una falsa identificación total, sin matices ("yo soy una
señora") e inmediatamente negada. En tanto que respuesta actuada,
es una negación improductiva, intermitente y finalmente conserva-
dora de la angustia y de las tendencias depresivas, como lo demuestra
la alternancia de las dos secuencias. Lo mismo que la primera inhibición, es el signo de la posible organización de un punto de fijación.
Asistir a este juego no hubiera tenido ningún efecto terapéutico. Esperar
un efecto de abreacción hubiera sido un error técnico y una equivo-
cación teórica que actualmente ya nadie comete.[33]

4. ESTABLECIMIENTO DE LA SITUACIÓN PSICOANALÍTICA. ACTITUD
DE LA PSICOANALISTA Y ATIPIAS DE LA CURA DE CARINE.

Desde este momento serán virtualmente posibles tres actitudes:

a] La primera será una actitud activa. Hemos subrayado que las
primeras palabras de la psicoanalista hicieron alusión a su situación,
tal como hubiera podido comprenderla un adulto, y se refirieron
a ciertas consignas del tratamiento. No parecieron interesar a la
niña, pero ya hemos mostrado cómo, en realidad, su comportamiento
actuado fue una reacción negativa a este respecto. Hubiera sido posible continuar por este camino y, para crear a cualquier precio la

    [30] D. W. Winnicott, *Collected papers*, Tavistock Publications, 1958; trad.
francesa de J. Kalmanovitch, *De la pédiatrie à la psychanalyse*, París, Payot,
1969.

    [31] H. Segal, Notes on Symbol Formation, en *Int. J. Psycho-Anal.*, 1957,
vol. XXXVIII, parte VI.

    [32] R. Diatkine, *L'enfant prépsychotique*, *op. cit.*

    [33] Ver en particular: A. Freud, *Normalidad y patología en la niñez*,
op. cit.; E. Bibring, *Psychoanalysis and the dynamic psychotherapies*, *op. cit.*

alianza terapéutica,[34] mostrar a la niña que los juguetes que se le proponían eran más interesantes, por ejemplo, que los objetos de los que se servía en su juego-*acting*. Ciertos psicoterapeutas utilizan con este fin juguetes o juegos que ejercen cierto poder de seducción sobre los niños, bien se trate de juegos de guiñol, de casas de muñecas, o de juegos de pinturas, de agua o de arena, permitiendo así a sus jóvenes pacientes encontrar en sus consultorios placeres habitualmente prohibidos.

En ocasiones Anna Freud ha insistido acerca de la ausencia de sufrimiento en muchos niños que son llevados por sus padres a un psicoanalista o más bien a un psiquiatra. Desde un punto de vista clínico, es importante recordar esta proposición; ha permitido hacer grandes progresos a la psiquiatría infantil. Desde el punto de vista psicoanalítico, esta opinión merece algunos comentarios. Si Carine no viene por su propia iniciativa al psicoanalista, eso no quiere decir que no sienta cierto malestar (observación que haríamos igualmente a propósito del caso "Frankie" —descrito por Berta Bornstein— o del de la niñita citada por Anna Freud en 1926, que en la primera sesión preguntó si podían hacer salir al demonio que tenía dentro de sí). Si se tiene en cuenta el efecto de los síntomas en la organización de las relaciones objetales, es necesario reconocer que la situación de Carine no es fundamentalmente distinta de la de un adulto que desarrolla resistencia para conservar aquello de lo que se supone que quiere desembarazarse. Hacer a un niño más "consciente de su enfermedad", como lo expresaba Anna Freud, o "crear un conflicto entre su síntoma y la realidad" (Berta Bornstein), eran ciertamente proposiciones interesantes, pero que prestaban una fuerza discutible a los estados de conciencia, al mismo tiempo que ocasionaban un peligroso deslizamiento de sentido a propósito de la palabra "realidad".[35] La resisten-

---

[34] Anna Freud ha renunciado hace mucho tiempo a las prácticas de seducción que anteriormente recomendaba para crear la alianza terapéutica (cf. en particular *Normalidad y patología en la niñez*).

[35] Esta concepción educativa de la realidad, substituyendo al concepto de realidad utilizado por S. Freud (como, por ejemplo, en *Los dos principios del suceder psíquico*), es el hilo conductor de la exposición de Berta Bornstein, por otra parte muy notable. El caso "Frankie" fue durante mucho tiempo uno de los raros informes publicados sobre psicoanálisis de niños. Es tanto más interesante para nosotros puesto que presenta más de un rasgo común con la historia de Carine. Cuando la psicoanalista se presenta a la niña como la persona todopoderosa que le va a permitir prescindir de su madre, es decir infligirle una frustración contra la cual, *por el juego del principio de realidad,* sus síntomas la protegen, o como la persona que puede, si así lo quiere, permitir que su madre la acompañe, ella está tan segura de proporcionar al niño una ayuda real, que considera secundaria la catexia ambivalente masiva que esas palabras pueden desencadenar y no ve ninguna alusión transferencial en la

cia al proceso analítico no proviene sino muy excepcionalmente de una mala voluntad *consciente* del paciente. En la medida misma en que este proceso se opone a las tendencias a la repetición y a la "viscosidad" de la estructura inconsciente del paciente, debemos preguntarnos cómo puede el trabajo analítico llegar a semejante trastrocamiento: el deseo consciente de sanar no sirve para gran cosa, desgraciadamente. Por lo tanto, no perdamos tiempo en convencer al niño de tal necesidad, puesto que es tan difícil apreciar la conciencia que él tiene de su padecimiento.

De forma general la necesidad de seducir al niño, de presentarse como "adulto bueno", abarca diferentes órdenes de preocupaciones, sin contar los deseos inconscientes de los terapeutas, de los que no hablaremos aquí. Puede ser el deseo inmediato de entrar en relación con un niño, y de lograr que se quede en el consultorio del terapeuta, sin sus padres. Otra intención resulta a veces manifiesta: la de obtener las confidencias del niño y así poderle proporcionar las informaciones que le niegan los padres o sus otros educadores. Aquí encontraremos esos restos, derivados bastardos de las primeras hipótesis del psicoanálisis, que anteriormente señalamos y que son insidiosamente tenaces. A menudo todo sucede como si se supusiera, a estas alturas, que el niño trata de expresar alguna cosa que sus padres no han querido escuchar, o de hacer algunas preguntas (sobre la sexualidad) que los padres no han querido responder. El niño, que se ha vuelto desconfiado por el fracaso de sus primeras tentativas de comunicación con sus interlocutores naturales, se vería entonces obligado a hablar en lenguaje secreto, y el psicoterapeuta se esfuerza en demostrarle que él sí es capaz de comprenderle. No hay nada que añadir a la crítica que ya en 1927 hizo Melanie Klein a este modo de acercamiento al niño, pero debemos constatar que tales presupuestos teóricos han persistido largo tiempo.

La evaluación del aspecto negativo de la transferencia no debe acarrear una subestimación de su componente libidinal positivo. Gracias a ciertos arreglos, Carine se queda en la sesión y se muestra a la psicoanalista. Si bien sería arbitrario asimilar este exhibicionismo a un deseo de comunicar pensamientos ocultos, su desconocimiento conduciría a torpezas técnicas y errores teóricos. Como explicaremos en el capítulo IX, una de las primeras organizaciones defensivas ocasiona-

fantasía que se organiza inmediatamente. Asimismo recordamos el muy particular efecto de esta preocupación por la realidad en la técnica utilizada en las últimas sesiones: la psicoanalista termina por explicar a su joven paciente que, si continúan sus anomalías de comportamiento, será necesario internarlo en un hospital para niños locos. Semejante actitud educativa puede a veces ser necesaria, pero no es posible considerarla como psicoanalítica.

das por la continuidad objetal es la posibilidad de desplazar la catexia negativa sobre un tercer personaje (escisión e identificación proyectiva), pero este proceso no debe su valor defensivo sino a la condición de ser acompañado por un cierto desplazamiento de catexia positiva ("edipificación"). Melanie Klein explica la catexia positiva inmediata del psicoanalista por la necesidad de encontrar una relación con el "pecho bueno", lo que podría ser considerado como una formulación próxima a la nuestra, si no implicara una referencia a la situación original constituida por la fase esquizoparanoide. Más adelante discutiremos la necesidad de esta elaboración teórica (cf. cap. IX).

No debemos disimularnos que ciertas acciones reeducativas o pedagógicas utilizan, con toda inocencia y cierto éxito, un procedimiento comparable a la seducción. El efecto psicoterapéutico es fácilmente verificable, puesto que las modificaciones obtenidas sobrepasan, en ciertos casos afortunados, la zona restringida en la que se situaban sus objetivos. El fortalecimiento del superyó, consecuencia inevitable de tales actitudes, se compensa entonces por la aportación de técnicas adaptadas que dan al yo del niño nuevos medios y nuevas modalidades de placer. En ese caso, el efecto moralizador no ocasiona ninguna regresión lamentable. Esta posibilidad de acción encuentra sus límites en la prevalencia de los procesos repetitivos y por esta razón semejante actitud no era aconsejable con Carine.

Si el proceso educativo se opone punto por punto al proceso psicoanalítico, demostrar a Carine más adelante que estaba enferma, oponer sus fantasías a una "realidad" hubiera sido seguirle el juego a su masoquismo inconsciente y frenar toda posibilidad de evolución de la situación psicoanalítica.

b] Otra actitud posible hubiera sido la de satisfacerse con los efectos producidos en la niña por la falta de respuesta a sus provocaciones, y contar con la nueva experiencia así vivida, para hacerle reconocer que no todos los adultos extraños son necesariamente peligrosos. Tal descubrimiento hubiera tenido en seguida un efecto favorable en la organización del psiquismo de la niña, poniendo en evidencia la inutilidad de sus costosas precauciones. Este esquema es el de muchas psicoterapias que representan un papel muy eficaz en numerosas situaciones evolutivas del niño. Se trata en esos casos de posiciones de equilibrio inestable, en las que no están definitivamente establecidas las contracatexias defensivas que ocasionan ciclos repetitivos. La posibilidad de establecer una relación nueva, corta el exceso de catexia narcisista, generadora de dificultades actuales y eventual punto de partida de fijaciones patógenas. La toma de conciencia de la calidad particular de esta relación no es indispensable para que resulte eficaz; sin embargo, no son inútiles las interpretaciones en la medida en que son la prueba de la neutralidad y de la particular atención del terapeuta.

Deliberadamente, la psicoanalista adoptó otra actitud. Lo que habíamos comprendido de la estabilidad repetitiva del funcionamiento mental de Carine, nos permitía prever que una técnica puramente psicoterapéutica resultaría ineficaz. Bajo el efecto de la compulsión de repetición, probablemente la situación se hubiera deteriorado y la experiencia hubiera perdido todo valor correctivo. En el psicoanálisis de Carine, la función "formación reactiva" del juego se mostró más eficaz que la de transgresión provocativa (confirmando nuestra impresión diagnóstica inicial, pero lo importante es lo que sucede en la sesión y no lo que se haya podido predecir antes de comenzar la curación).

En esta situación particular eran previsibles dos eventualidades. Según una de ellas tendría éxito la represión esbozada, gracias a esta formación reactiva y al juego inicial sucedería una desaparición de la catexia libidinal aparente de la situación y de la psicoanalista, desapareciendo todo placer y, finalmente, los movimientos pulsionales agresivos habrían terminado por dominar, ocasionando probablemente una negativa de la niña a venir a las sesiones. La otra eventualidad habría consistido en un regreso más rápido de lo reprimido. No estando equilibradas las pulsiones sádicas por una agresión venida del exterior (es decir por una actitud educativa restrictiva y punitiva), la angustia habría provocado entonces una agitación creciente, así como agresiones que a menudo sobrepasarían el margen de tolerancia de la psicoterapeuta. Si ésta se viera obligada a formular prohibiciones, al hacerlo "seguiría el juego" a su joven paciente y se saldría de la actitud inicial. Y si, por el contrario, evitara reaccionar, el carácter cada vez más insólito del desarrollo de las sesiones produciría un retiro de la catexia, haciendo ilusoria la acción psicoterapéutica de la experiencia.

c] Instituyendo una relación psicoanalítica era en efecto como se tenían mayores posibilidades de modificar la organización mental de la niña y de permitir que evolucionara la situación.

Calificaremos de relación psicoanalítica la que es capaz de transformar el proceso repetitivo en proceso psicoanalítico.

No sería posible describir una técnica psicoanalítica por su aspecto formal. Cada acción del terapeuta debe encontrar su explicación teórica, aun cuando su puesta en escena sea en gran parte intuitiva. Ningún procedimiento práctico, por más importante que sea, puede erigirse en regla que se justifique a sí misma.

En el tratamiento de Carine, dos condiciones formales atípicas atraen justamente la atención:

1º Somos muy conscientes del carácter un poco escandaloso de nuestras palabras, cuando describimos el proceso psicoanalítico a partir de una cura que se desarrolló con una frecuencia de una sesión por semana. En el curso de discusiones recientes, en una reunión de psicoanalistas europeos, se recordó que el psicoanálisis se desarrolla a un ritmo de cinco sesiones por semana y que de otra forma no se puede hablar sino de psicoterapia psicoanalítica.

Digamos ante todo que no recomendaríamos a nadie practicar el psicoanálisis de niños tomando como modelo la cura de Carine y contentándose con sesiones tan espaciadas. Eso sería acumular las oportunidades de fracaso, y finalmente de pérdida de tiempo, tanto para la niña y su familia como para el psicoanalista. También convendría discutir en qué condiciones los encuentros tan infrecuentes son susceptibles de tener cualquier efecto psicoterapéutico.

Dicho lo anterior, la elaboración teórica de ese aspecto formal de la técnica psicoanalítica exige reflexión. La necesidad de una sesión cotidiana ha sido admitida desde hace mucho tiempo como una evidencia, en la medida misma en que así era como practicaba S. Freud: "Yo consagro a cada uno de mis pacientes una sesión cotidiana, a excepción de los domingos y los días de fiesta legales, lo que significa por lo general seis sesiones por semana. Para los casos ligeros, y para aquellos cuyo tratamiento ya está muy avanzado, bastan tres horas por semana."[36] Después de recordar que ni el psicoanalista ni el enfermo tienen interés en disminuir el número de las sesiones, Freud hace dos observaciones: la primera es una alusión a lo que él llama la "corteza" del lunes. Esta expresión estaba entonces muy extendida entre los psicoanalistas y la encontramos en S. Ferenczi[37] y todavía recientemente en Meltzer.[38] La reorganización particular de las resistencias suscitada por el intervalo de 48 horas, no se considera que perjudique al psicoanálisis, lo mismo, por otra parte, que el intervalo de 72 horas introducido por los psicoanalistas anglosajones fieles al principio del *weekend*. Por el contrario, hemos escuchado a menudo a estos últimos hablar con mucho interés de las reacciones de sus pacientes ante esta frustración regular. Desde este punto de vista, la frecuencia de las sesiones debe ser estudiada en función del equilibrio placer-frustración que adopta cada cura psicoanalítica para cada paciente. Sin embargo,

[36] S. Freud, *Zur Einleitung der Behandlung* (1913), *GW*, vol. VIII, pp. 454-478; *SE*, vol. XII, pp. 123-144; trad. española: *La iniciación del tratamiento*, en *O.c.*, t. II, pp. 426-436.
[37] S. Ferenczi, *Analyse discontinue* (1914); en *Oeuvres complètes*, t. II: *Psychanalyse* II; trad. española: *Análisis discontinuo*, en *Contribuciones al psicoanálisis*, Hormé, Buenos Aires.
[38] D. Meltzer, *El proceso psicoanalítico*.

está claro que el punto de vista económico no puede ser planteado aisladamente para regular este difícil problema técnico.

En el mismo texto, Freud esboza un comentario que podría servir como punto de partida a una teoría de la sesión cotidiana: "Cuando las sesiones están demasiado espaciadas, se corre el riesgo de no marchar al mismo paso que los incidentes reales de la vida del paciente y ver al análisis perder contacto con la realidad y desviarse por caminos laterales." La evolución de la técnica psicoanalítica, desde los últimos cincuenta años, ha conducido a los psicoanalistas a interesarse más en la organización del discurso del paciente que en los sucesos que relata, y podríamos preguntarnos si la ambición de controlar todo lo que concierne a la vida "real" del paciente no es actualmente una preocupación que se presta a discusión. Y sin embargo no es posible considerar como caduco ese comentario que es, en el texto citado más arriba, la única justificación de la sesión cotidiana.[39] Pero no es únicamente en función del factor cuantitativo que resulta deseable estudiar esta "pérdida de contacto con la realidad" que amenaza a los análisis de sesiones demasiado espaciadas. Existen pacientes en quienes los procesos de aislamiento son particularmente lentos de analizar. Toda una parte de su vida psíquica puede ser puesta de lado activamente durante las sesiones. Es el caso de los pacientes en los que predomina la resistencia a la transferencia y que descartan todo lo que les parece que estorba la expresión de su deseo hacia el psicoanalista, bien se trate de recuerdos o de cualquier otra representación ideoverbal. Si el psicoanalista se atiene a un número insuficiente de sesiones semanales, favorece esta resistencia, expresión manifiesta de un proceso de escisión muy primitivo. El aislamiento de un proceso fantasmático en la cura responde entonces a la descripción de Freud citada anteriormente.

Glover, a propósito del espaciamiento de las sesiones, estudia el tiempo máximo que dura, según él, el efecto dinamizador de un sueño sobre el trabajo psicoanalítico. Ese tiempo le parece limitado a 48 horas, y de ahí concluye que las sesiones no deben estar más espaciadas. Este argumento parece singular cuando nos referimos al análisis del sueño de "el Hombre de los lobos" y si recordamos la prodigiosa elaboración hecha por Freud sobre un sueño de repetición encontrado

[39] Recordemos a este propósito que Glover, a pesar de su espíritu crítico bien conocido y su legítimo deseo de desechar las prácticas rutinarias y empíricas injustificadas, piensa que es legítimo no descender a menos de cinco sesiones de cincuenta minutos por semana. Piensa que toda disminución es sospechosa, aunque sólo fuera porque amenaza con servir al interés del facultativo; E. Glover, *The technique of psychoanalysis*, Londres, Baillière, Tindall and Cox, 1955; trad. fran. de C. Laurin, *Technique de la psychanalyse*, París, PUF, 1958, 484 p.

en los recuerdos de infancia del paciente. El modelo de trabajo psicoanalítico de Glover es ciertamente diferente de los conceptos actuales
acerca del proceso analítico; sin embargo, todos los que practican el
psicoanálisis creen en la necesidad de sesiones frecuentes y, antes de
regresar a la niña, es necesario recordar la justificación más evidente
de esta práctica.

Aparte de la resistencia por la transferencia citada anteriormente,
en la que la continuidad de una sesión a otra va a la par con un
proceso de aislamiento, la discontinuidad temporal puede ocasionar
la exclusión de importantes procesos asociativos del discurso del paciente. Toda una parte del trabajo de elaboración escapa entonces al
análisis y amenaza con volverlo imposible. Esto es lo que sucede casi
siempre en esas psicoterapias de sesiones espaciadas en las que un
efecto a distancia, a menudo críptico, es lo único que se busca deliberadamente. El espaciamiento relativo de las sesiones en la cura
psicoanalítica, no es posible sino cuando el proceso psicoanalítico está lo
suficientemente avanzado para que el nuevo modo de elaboración
del yo del paciente y su *insight* se hayan desarrollado de forma difícilmente reversible.

En psicoanálisis de niños, el problema de la frecuencia de las
sesiones debe ser estudiado en función de parámetros específicos. La
experiencia muestra la asombrosa facilidad con la que ciertos niños
pueden encadenar y restablecer la continuidad entre sesiones espaciadas por razones fortuitas, si ha pasado algo verdaderamente importante para ellos en la sesión precedente. Es una constatación que renovamos a menudo en el curso de exámenes clínicos preliminares y que
demuestra, si eso fuese aún necesario, que una exploración clínica no
es jamás anodina. Si esta continuidad muestra la importancia de las
catexias inmediatas de un adulto capaz de tomar en consideración
el yo de un niño, no demuestra que un proceso evolutivo particular
(el proceso psicoanalítico) pueda entablarse en tales condiciones.

Por otra parte, el proceso de aislamiento citado anteriormente
a propósito de adultos se produce frecuentemente en el niño, que
tiende fácilmente a organizar una relación fantasmática con su psicoanalista, descartando toda referencia al pasado o a lo actual.[40] La
experiencia de nuestro grupo de trabajo, además de la lectura de textos
psicoanalíticos, nos ha confirmado en la idea de que la frecuencia de
las sesiones no tiene una influencia unívoca sobre esta resistencia y que
no puede ser eliminada sino gracias a una elaboración apropiada.

Dos factores representan un papel determinante. El primero es

_____

[40] Esta importante cuestión volverá a ser tratada más ampliamente en este
mismo capítulo.

particularmente difícil de evaluar. Concierne al placer narcisista del niño, provocado por la actitud del analista durante las sesiones y la actividad de los procesos repetitivos tendientes a reproducir la pérdida del objeto. En ciertos niños, la verificación de la permanencia del objeto necesita muy poca experiencia "real", mientras que para otros esta verificación y la elaboración interpretataiva que necesariamente forma parte de ella, obliga a un trabajo de cierta densidad temporal. El segundo factor es específico del psicoanálisis de niños y se refiere a la naturaleza de lo expresado. El contenido manifiesto de las sesiones se caracteriza por su aparente discontinuidad. El juego, el dibujo, la historia contada, las reflexiones, al principio fragmentadas, referentes a los acontecimientos de la vida cotidiana, se suceden en función de una serie de rupturas cuyo valor defensivo es a veces claro y que pueden llegar hasta el acto verdadero. Estas formas defensivas son el testimonio de la actividad de un proceso regresivo cuya eficacia no está limitada al psiquismo del niño, ya que amenaza con influir fuertemente al psicoanalista. Siendo el contenido latente el único lazo entre las producciones del niño, la continuidad de aquél tiene algunas posibilidades de ser perdida de vista por el analista si las sesiones no son lo bastante frecuentes. Él ya no percibe sino instantáneas que no puede poner en su lugar en el desarrollo del proceso psicoanalítico. La coherencia de la elaboración interpretativa puede entonces verse comprometida seriamente por esta sumisión del psicoanalista a las resistencias del niño.

Esta evolución desfavorable no se produjo en el curso del psicoanálisis de Carine, a pesar de su ritmo muy atípico, al punto de que hemos elegido este caso, después de haberlo expuesto en un seminario, para ilustrar nuestra reflexión sobre el proceso psicoanalítico en el niño. Esta elección no implica de ninguna manera, repitámoslo, que seamos partidarios del espaciamiento de las sesiones, sino todo lo contrario. Pero de todas formas indica que no debemos atenernos a criterios empíricos y formales para estudiar lo que sucede en una relación terapéutica. En una reflexión crítica consagrada a la obra de Meltzer, *The psychoanalytical process*, J. Gammil[41] expresa la opinión según la cual "en una cura limitada a dos veces por semana, la transferencia recoge difícil e incompletamente todos los elementos de las etapas precoces". Tal afirmación es difícil de discutir, tanto más cuanto que se refiere al sistema un poco particular de Meltzer. La práctica demuestra que la actividadad de los procesos considerados por Melanie Klein como los más primitivos es localizable a menudo desde la pri-

[41] J. Gammil, *Réflexions critiques sur "Psychoanalytical process"*, en *Rev. fr. Psychanal.*, 1970, 34, pp. 167-171.

mera sesión, en lo que uno puede comprender de la catexia del analista por el niño. Lo único que debe ser discutido es la posibilidad de transformar un proceso repetitivo en proceso analítico.

Las condiciones de vida de los niños en Francia y de muchas familias de la región parisiense hacen a veces muy difícil la organización de curas psicoanalíticas en condiciones convenientes, y la historia de Carine (cuya familia habitaba en un barrio muy alejado) es un ejemplo entre muchos otros. Quizá hubiera sido posible hacer presión sobre la madre para que viniera más a menudo, y lo discutimos en varias ocasiones. Pero esta medida no parecía carecer de inconvenientes para el equilibrio entre Carine y sus padres y de una manera más general para el conjunto de la vida familiar (no olvidemos los efectos del tercer embarazo de la madre y el nacimiento de un bebé sobre la organización material del acompañamiento de la niña). La cura parecía desarrollarse de forma interesante, de manera que no nos pareció necesario utilizar el poder que confiere la angustia de los otros a quien ejerce la profesión de terapeuta. Y lo hemos hecho con la conciencia tanto más tranquila cuanto que a veces no nos ha parecido ver rastro de proceso analítico en relaciones de curas seguidas según el ritmo tradicional.

2⁹ Una segunda atipia es la presencia de la madre durante las primeras sesiones. Esta situación se encuentra a menudo con niños pequeños y con frecuencia plantea arduos problemas. Recordemos el caso de "Ruth" citado por Melanie Klein. Ruth, de cuatro años y medio de edad, se parece en ciertos aspectos a Carine: tenía la misma fijación a su madre y el mismo temor a los extraños; como nuestra joven paciente, prefería manipular los objetos de la persona que asistía a las sesiones en vez de interesarse en su psicoanalista. Sabemos cómo Melanie Klein tuvo que aceptar la presencia de la hermana de la niña para que ésta quisiera entrar en el despacho de su terapeuta. Melanie Klein precisa a este respecto que ella no recomendaría jamás semejante práctica, sino como último recurso. Nosotros compartimos esta opinión. Es bastante excepcional que una madre se comporte de forma tan positiva como la madre de Carine. La hermanastra de Ruth, aunque había sido psicoanalizada, conservó durante todo el tiempo que su presencia fue necesaria, una actitud de desafío hacia Melanie Klein, repitiendo infinidad de veces que ésta no lograría nunca ganarse la confianza de la niña. Esta disposición es frecuente en las madres, a pesar de su deseo aparente de que su hijo sane. La satisfacción consciente o inconsciente que ellas obtienen de esta situación, prueba del apego de su hijo, viene a compensar la herida narcisista infligida por la necesidad de someter a aquél a un psicoanálisis. Y no es raro verlas actuar de tal forma que se realice su deseo inconsciente de que la cura fracase.

Si las maniobras de seducción son incompatibles con el desarrollo de un psicoanálisis, una prueba de fuerza lo es igualmente. Ciertos psicoanálisis serían imposibles si adoptáramos una posición demasiado rígida. Sucede a veces que se puede resolver rápidamente la situación, pero el ejemplo de Carine muestra que en ocasiones es necesaria una elaboración relativamente larga. De ahí la necesidad de dar interpretaciones ante la persona que acompaña al niño, lo que no deja de plantear algunos problemas. Dar interpretaciones *ante* una madre (o un padre), es dar esas interpretaciones *a* esa madre o ese padre. Y como en un psicoanálisis de niños, tanto como en un psicoanálisis de adultos, uno no debe preocuparse más que del desarrollo del análisis del paciente, no siempre es posible vigilar para que las palabras del analista no sean interpretaciones "silvestres" para los padres. En realidad, es la actitud profunda, consciente e inconsciente, del psicoanalista con respecto a este testigo la que le da, en los casos afortunados, el tacto necesario y le hace encontrar las palabras que convienen.

Ciertas interpretaciones dadas ante los padres pueden constituir una verdadera violación del secreto absoluto al que todo psicoanalista está obligado con su paciente, cualquiera que sea su edad. Esto no simplifica un problema ya de por sí difícil.

Después del examen de estas dos atipias formales, podemos proseguir en nuestro estudio de la instauración de la relación psicoanalítica. Nos proponemos demostrar que es el comienzo de la elaboración intrepretativa el que engrana el proceso psicoanalítico, y que las primeras interpretaciones tienen un efecto determinante sobre su desarrollo ulterior.

5. ESTABLECIMIENTO DE LA SITUACIÓN PSICOANALÍTICA
(CONTINUACIÓN). TERCERA ETAPA: LA PRIMERA INTERPRETACIÓN.

Ya hemos mostrado (cap. II) que las primeras producciones del niño pueden ser consideradas como formaciones reactivas, que permiten la represión de los productos pulsionales (representaciones, afectos, deseos y temores que le están vinculados), movilizados por la situación y la negativa del psicoanalista a entrar en el sistema defensivo, esencialmente proyectivo, del niño. Aquéllas no constituyen un intento de comunicar, sino más bien un rechazo a dejarse invadir, a causa del psicoanalista, por los brotes del inconsciente.

La actitud específica del analista ha desencadenado así la acción de los procesos inconscientes y preconscientes que tienden a organizar un nuevo equilibrio incluyendo a este personaje insólito. *La actividad interpretativa es la que debe impedir que este equilibrio se estabilice, de manera que el niño no reconstruya una relación persecutoria repetitiva.*

La interpretación debe ser estudiada, no solamente en su papel tópico, sino también en sus efectos dinámicos y económicos;[42] tanto como la actitud del analista, las interpretaciones son una parte indisociable del proceso psicoanalítico.

Entre todas las intervenciones del analista, la primera interpretación adquiere un valor particular, ya que debe permitir al paciente, niño o adulto, entrever qué beneficio hasta entonces insospechado puede obtener de la relación con su psicoanalista. El provecho libidinal debe ser suficiente para que el retiro de las contracatexias, que aseguren su energía a la represión, sea posible. Si no sucede de esta manera, la intervención tiene un valor de traumatismo contra el que el paciente tiene que organizarse, bien sea aumentando la intensidad de sus proyecciones y no resintiendo al analista sino como objeto persecutor, o bien intentando englobar en una actividad ritual, igualmente llena de sentido, es cierto, pero de dudosa estabilidad.

No siempre es posible encontrar la intervención justa que permite la apertura de un proceso analítico satisfactorio. Mientras que en el psicoanálisis de adultos la paciencia es aconsejable hasta que se presenta la situación conveniente, el psicoanalista de niños no tiene la misma serenidad ante el tiempo que se desliza. Hasta que da sus frutos la primera intervención, el niño no espera nada del tratamiento, del que no conoce, una vez explorados los juguetes o demostrados sus talentos pictóricos, sino los aspectos desagradables, cada vez más penosamente resentidos a medida que se intensifican las proyecciones. La actividad del yo tiende a transformar la elación narcisista, provocada por la atención permisiva, en experiencia negativa, volviendo así al joven paciente de lo nuevo insólito a lo mejor conocido (al menos para los niños que ya han organizado puntos de fijación patógena).

Para responder a estas necesidades, ¿cuál debe ser la primera interpretación?

Esta cuestión comprende dos partes:

1] *¿Acerca de qué producto manifiesto debe tratar la interpreta-*

---

[42] Esta verdad primordial ha sido reconocida desde hace mucho tiempo por el psicoanálisis de adultos. O. Fenichel atribuye a S. Rado la primera contribución sistemática al aspecto económico de las interpretaciones. La tentativa y el fracaso de W. Reich contribuyeron ciertamente a aclarar este problema, que fue tratado en forma original por M. Bouvet. Todos los psicoanalistas de niños han adoptado este principio a su manera, pero la aplicación que hacen de él no aparece siempre claramente en sus escritos.

ción? ¿Es el juego un discurso? En la práctica del análisis de adultos, es costumbre no tomar en cuenta sino lo que es *dicho* por el paciente, y no interpretar en lo absoluto su comportamiento. Uno de los principios fundamentales de la técnica psicoanalítica es el de impedir toda descarga actuada para favorecer la rememoración, la elaboración verbal y la verbalización.[43]

Hemos insistido en el hecho de que Carine no le decía nada a su psicoanalista y en todo caso no quería decirle nada. Dar desde ese momento una interpretación ¿no es arriesgarse a interpretar lo que ha sido actuado, es decir caer en una práctica que se ha mostrado ineficaz con los pacientes adultos?

Además, esta cuestión se plantea en un doble nivel. Al rehusarse activamente a entrar en comunicación con la psicoanalista, dándole a entender indirectamente con su comportamiento que no quería tener ninguna relación con ella, Carine estaba en una situación de *acting out* caracterizada, situación clásicamente poco propicia para la menor toma de conciencia,[44] y que no estimularía a ningún psicoanalista experimentado a dar interpretaciones.

En un segundo nivel, el sistema defensivo de Carine nos hace volver a encontrar la cuestión que durante largo tiempo ha dominado todas las discusiones acerca del psicoanálisis de niños: la de si el juego es una producción interpretable, y cómo podemos distinguirlo de las descargas actuadas.

Melanie Klein identificándose en este solo punto con H. von Hug Hellmuth, estimaba, desde su primera comunicación en 1923, que el juego podía remplazar a las asociaciones libres, débiles en el niño. Desde entonces ha repetido a menudo "que la interpretación puede y debe comenzar desde que el niño deja entrever sus complejos, bien sea en sus juegos, sus dibujos o sus fantasías, o bien por el conjunto de su comportamiento".

Si la significación simbólica del juego y sus relaciones con las fantasías inconscientes no son discutibles en la actualidad, los límites entre

    [43] S. Freud, *Erinnern, Wiederholen und Durcharbeiten* (1914), *GW*, vol. x, pp. 126-136; *SE*, vol. xii, pp. 147-156; trad. española: *Recuerdo, repetición y elaboración,* en *O.c.,* t. ii, pp. 437-442; J. Rouart, *Agir et processus psychanalytique.* L'acting out *dans sa relation avec la cure et dans ses aspects cliniques,* en *Rev. fr. Psychanal.,* t. xxxii, 1968, núms. 5-6, pp. 891-988.
    [44] Incluso en los pacientes psicóticos, la interpretación, a pesar de las esperanzas de los neófitos, no podría reducir los *acting out* y debe más bien ser dada al paciente una vez superada la fase de regresión que provocó la emergencia del acto. D. W. Winnicott, al describir las actitudes que debe tomar el psicoanalista ante las regresiones psicóticas desarrolla una posición del mismo orden *(Les aspects métapsychologiques et cliniques de la régression au sein de la situation analytique,* en *De la pédiatrie à la psychanalyse, op. cit.).*

aquél y el comportamiento actuado del niño durante la sesión no son
jamás precisos. Y la asimilación pura y simple de los actos del niño
a las palabras dirigidas por el paciente adulto a su psicoanalista no es
necesariamente cierta. Si en psicoanálisis de adultos es desaconsejable
interpretar el comportamiento de los pacientes, es porque la experiencia analítica no se desarrolla fuera de la relación analítica, sino en
el cuadro particular y específico de esta relación. Tomar en cuenta
los sucesos relatados por el paciente, en lugar de interrogarse acerca
de lo que determina su relato, es valorar el contenido aparente del
discurso, en detrimento del contenido latente.

El paciente adulto, como recordamos anteriormente, debe esfor-
zarse para no actuar, sino dejar libre curso a sus procesos mentales
y traducir en lenguaje esta actividad mental. Es cierto que el descubrimiento psicoanalítico no se hizo únicamente gracias a las asociaciones verbales, y que el comportamiento de los enfermos durante la
sesión fue utilizado para comprender la organización de su inconsciente.
¿Acaso no fueron la mímica particular y los gestos de los histéricos en
crisis o en hipnosis los que pusieron a Freud en el camino de la comprensión del contenido latente de sus síntomas? Pero, al paso que se
desarrollaba la técnica analítica, fue resultando que el tomar en cuenta
los comportamientos durante la sesión tenía grandes inconvenientes:
era un estímulo para actuar, lo que no podía tener sino un efecto
desfavorable en la capacidad del paciente para captar los movimientos
inconscientes. El *acting out* va a la par con la ausencia de *insight*.

La interpretación del comportamiento puede, además, dar al paciente el sentimiento de estar acorralado y de no contar con ningún
"terreno" en el que no se sienta perseguido. El principio técnico según
el cual hay que dejar a las defensas el tiempo para constituirse, en
forma de no desorganizar brutalmente al paciente en el equilibrio
de sus contracatexias, corre el riesgo de no ser jamás respetado, si
mostramos sin cesar al paciente que, aun cuando él cree no decir nada,
incluso cuando no sigue las consignas del tratamiento, el psicoanalista-
perseguidor le adivina más aún de lo que él mismo es capaz de hacerlo.
El análisis sistemático de las defensas del carácter, propuesto hace
tiempo por W. Reich, procede del mismo principio y sus resultados
fueron poco envidiables.

Ante un niño que aborda a su terapeuta con sentimientos en los
que predomina el temor —y así es como comienzan generalmente la
mayoría de los psicoanálisis de niños—, la primera intervención no
puede tratar sino de un material esencialmente defensivo. Cómo impedir que el diálogo entablado por este adulto sea comprendido como:
"tú no quieres hablarme, pues bien, tanto peor, yo soy más fuerte
que tú, ¡y te voy a demostrar que tú me dices algo de todas maneras!"

En sus últimos escritos, Anna Freud[45] considera siempre que "divertirse con juguetes, dibujar, pintar, poner en escena y representar sus fantasías" no son de ninguna forma sustitutos de la asociación libre y que, de todas maneras, el niño *actúa* en lugar de hablar. Pero la "asociación libre" difícilmente puede continuar sirviendo como modelo de referencia, dada la complejidad de los procesos asociativos en los pacientes adultos, cuyos discursos, al principio, pueden igualmente ser asimilados a formaciones reactivas.

El juego no puede ser asimilado ni al discurso ni a la acción. La retención de la acción destinada a satisfacer inmediatamente el deseo, es el efecto más claro de la transformación del principio de placer en principio de realidad. Entre los procesos mentales, que permiten al sujeto no vivir el displacer peligroso al que le conducirían, bien la sola alucinación de la satisfacción de la necesidad, bien la descarga motriz inmediata,[46] el juego tiene en los niños un lugar privilegiado. Les permite conocer muy precozmente placeres sustitutivos que ocupan un gran lugar en la organización de las estructuras sucesivas. Como ya hemos apuntado, se trata de un compromiso que contiene a la vez cierta satisfacción pulsional y la negación de esta satisfacción. Gracias a esta negación, el juego permite un paso desde la pasividad impuesta por la debilidad del niño, a una actividad y una autonomía indiscutibles, a condición de permanecer dentro de los límites de una convención tácita entre niño y adulto. Por otra parte, muchos conflictos se actualizan por la transgresión de esos límites y el psicoanálisis de Carine cuenta numerosos ejemplos de ello.

Las actividades lúdicas de la joven paciente testimonian la existencia de un sistema complicado de identificaciones "fraccionadas". D. W. Winnicott ha mostrado que los objetos "transicionales", por más que representan el pecho o el objeto de la primera relación, no son ni objetos internos, ni objetos externos. No se encuentran bajo "control mágico" como los "objetos internos", ni fuera del control del sujeto, como lo está la verdadera madre. Esta cualidad particular de sustituto del objeto, que no se confunde con él en ningún momento de la evolución de la relación objetal, se encuentra en el juego que sigue insensiblemente, como lo hace observar Winnicott, a las "actividades transicionales". Pero el juego se recatectiza secundariamente desde el comienzo del segundo año, en función de las primeras identificaciones del niño con las imagos "totales" de los padres, aunque conservando al mismo tiempo su calidad particular de sustituto reconocido

---

[45] Anna Freud, *Normalidad y patología en la niñez.*
[46] S. Freud, *Formulierungen über die zwei prinzipen des psychischen Geschehens* (1911), *GW*, VIII, pp. 230-238; *SE*, XII, pp. 218-226; trad. española: *Los dos principios del suceder psíquico*, en *O.c.*, t. II, pp. 495-498.

como tal, o de representante de múltiples significados pero jamás confundido con aquello que representa.

En el ejemplo frecuentemente citado del niño de la bobina descrito por S. Freud *(Más allá del principio del placer)*, ciertamente la bobina representa a la madre que aparece y desaparece, y de la que el niño juega a tener el control, pero también representa al niño mismo, cuya suerte está en manos del adulto, al que se identifica, en la medida en que este juego le permite pasar de la pasividad infantil a la actividad inicialmente propia de la imagen materna. Los procesos secundarios repesentan también un papel predominante en la organización del juego infantil. Durante mucho tiempo éste es el fruto de una elaboración proveniente del yo del niño. Y la valoración del juego por las interpretaciones no es de ninguna forma factor de regresión.

El juego se desarrolla como una actividad autónoma, en el curso de la cual el niño tiene el control de diferentes personajes cuya acción se entremezcla como en una fuga para muchos instrumentos. Este provecho narcisista permite precozmente al niño catectizar al adulto en una forma nueva, bajo el encubrimiento de esa modalidad lúdica. El nuevo estado de dependencia que resulta de ello se traduce, entre otras cosas, por la notoria incapacidad de los niños para jugar solos. Respondiendo a esta nueva demanda es como el psicoanalista de niños entra fácilmente en contacto con la mayoría de sus jóvenes pacientes, facilidad a la que no le falta su contrapartida. Muy pronto el niño no se contenta con jugar ante su psicoanalista, organiza juegos en los que hay que representar varios papeles y le pide que juegue con él. Así fue como hizo Carine, implícitamente desde la sexta sesión, y explícitamente desde la octava.

Sería tentador permanecer impasible. Jugar con el niño no constituye una herramienta terapéutica. Es una etapa necesaria en algunos casos, etapa que no podríamos superar sin una elaboración que puede ser larga.[47] Una actitud inmóvil, calcada sobre la del psicoanalista de adultos, no es fácil que sea soportada por el niño, que la ve como un rechazo. Solamente provoca una regresión del yo y *acting out* sin beneficio para el proceso psicoanalítico. Cierta participación en el juego indica que se toman en consideración las producciones del niño y eso contribuye a afianzar la catexia de su yo, así como la atención analítica provoca por sí misma una cierta elación narcisista en el adulto.[48]

[47] *La psychanalyse des enfants.* Simposio de la Federación europea de Psicoanálisis, Ginebra, 1970, en *Psychiatr. Enfant,* xiv, I, 1971, pp. 5-81.
[48] Cf. Grunberger, *loc. cit.*

Esta obligación particular del analista de niños es causante de numerosas dificultades que nunca hay que perder de vista. Jugar participando suficientemente, sin por ello "hacerle el juego" (Fenichel),[49] es decir sin reforzar el sistema defensivo, exige cierta libertad interior y la facultad de no perder nada de la capacidad de analizar, a pesar de la contribución desacostumbrada de la motricidad personal del analista.

Todo lo que antecede explica que podamos indicarle a un niño el juego como forma de expresión, por más pequeño que sea aquél, dándole las consignas del tratamiento y que, muy a menudo, el joven paciente se ponga a jugar sin que sea necesario invitarle a ello. El niño se cree tan dueño de sus juegos como el adulto de sus palabras. Mostrarle que su juego tiene significados no le causa una herida narcisista demasiado grande, puesto que tiene el sentimiento consciente, aunque sea ilusorio, de poder modificarlo como lo desee. Desde este punto de vista el juego se diferencia del comportamiento, producto directo de las defensas más inconscientes y menos modificables voluntariamente del yo, única forma de arreglo posible para un paciente que se siente tanto más injustamente atacado por toda observación que se le dirija, cuanto que no puede actuar de otra forma.

En el curso del psicoanálisis de Carine, el juego se diferencia cada vez más claramente de lo "actuado" por el efecto del proceso psicoanalítico, y la niña toma conciencia de ello al punto de hacerlo observar, en la 52ª sesión, en un juego en el que ella representa el papel de la madre que quiere sentar a su hija, representada por la psicoanalista, en el orinal. Después de esbozar e inmediatamente reprimir el gesto de alzar las faldas de esta última, exclama: "¡Ah! es cierto, aquí no se hacen las cosas, aquí se habla de ellas."[50] Ya hemos subrayado que tal consigna no había sido nunca formulada en estos términos por la psicoanalista.

2] *¿Qué parte del contenido latente debe ser interpretada?* Las cualidades particulares del juego, tal como acabamos de describirlas, y que nos autorizan a considerar que estas producciones del yo de los niños pueden ser objeto de interpretación, son al mismo tiempo susceptibles de estar en el origen de una forma de resistencia frecuente en psicoanálisis de niños. Como, según nosotros, las primeras interpretaciones deben ser formuladas con la preocupación de no favorecer el excesivo desarrollo de esta resistencia, es conveniente que nos expliquemos ahora.

En el curso del psicoanálisis de un adulto, conocemos su comporta-

[49] O. Fenichel, *Problèmes de technique psychanalytique*, París, PUF, 1953, 141 p. (*Problemas de técnica psicoanalítica*, edic. Control, Buenos Aires.)
[50] Cf. p. 148.

miento exterior a través de su discurso, cuyas restricciones y compulsiones son los signos de la transferencia, objeto del conocimiento analítico y de la elaboración interpretativa. Una de la defensas que se encuentra con mayor frecuencia es la tendencia a disminuir las tensiones ligadas a la catexia del analista por medio de desplazamientos sobre objetos externos, más manipulables que éste. Resulta así una forma de resistencia muy común en el psicoanálisis de adultos: en lugar de interesarse en la elaboración de los productos de su inconsciente, el paciente habla de los problemas que le presentan los demás, de una manera más o menos proyectiva.

Una de las dificultades específicas en el psicoanálisis de niños se refiere a una disposición inversa: hasta llegar a la adolescencia, los jóvenes pacientes hablan de su vida cotidiana con parsimonia y discontinuidad. Paradójicamente, en el período del análisis precoz, antes que la organización del superyó adopte su forma definitiva, es cuando el niño se muestra más locuaz a este respecto, pero el ejemplo favorable de Carine no puede ser generalizado y esta resistencia puede ser igualmente precoz. En la mayor parte de los casos, sobre todo un poco tardíos, las producciones del niño durante la sesión permiten reconstituir bastante fácilmente sus fantasías inconscientes, pero tienden a aislar al tratamiento de las experiencias cotidianas. Este mecanismo de aislamiento puede esterilizar insensiblemente el proceso psicoanalítico, transformándose la relación con el psicoanalista en un nuevo síntoma que representa su papel en el equilibrio del psiquismo del niño, pero que lo estabiliza. Para evitar que semejante resistencia se constituya de forma duradera, son posibles dos tácticas. La primera consiste en tratar de obtener una disminución de la angustia interpretando el contenido latente de la producción del niño. El retiro del aislamiento en tanto que proceso defensivo debería seguir al alivio provocado por la toma de conciencia de la fantasía inconsciente. Esta actitud reposa en cierta experiencia práctica y sobre la hipótesis teórica según la cual las fantasías inconscientes son producidas principalmente por las primeras fases de la organización mental. Si admitimos esta hipótesis, la articulación de las fantasías inconscientes y de la catexia actual de los padres actúa en un solo sentido, incluso en el psicoanálisis precoz; este aislamiento no constituiría una resistencia muy importante.

La opinión expresada anteriormente acerca del significado defensivo de las producciones del niño nos impide seguir completamente a Anna Freud, cuando piensa que: "el juego simbólico del niño durante la sesión no descubre solamente sus fantasías; al mismo tiempo es su manera de tomar parte en los sucesos familiares corrientes...".[51]

[51] Anna Freud, *Psicoanálisis del niño*, Hormé, Buenos Aires.

Si tales sucesos tienen una influencia en la elaboración del juego, no son sin embargo comunicados al analista por este medio, ya que el juego participa más de la elaboración de las fantasías que de la del pensamiento. Y en general el rastro del suceso actual es ignorado por el niño, por más que resulte evidente para el psicoanalista. Los incidentes más anodinos se ordenan en el curso de la sesión, en función de la parte, aunque sea muy mínima, de la catexia que ellos conducen y que les da un sentido en la transferencia.

El grupo de psicoanalistas parisinos que trabaja con S. Lebovici se ha interrogado acerca de las razones de la repetición a veces muy larga de juegos idénticos durante psicoanálisis de niños. Nos hemos preguntado si el proceso de aislamiento tiene una influencia directa en la repetición de la producción fantaseada y si no es producido por un fenómeno de escisión del objeto y del yo, ligado a un retorno del yo del niño a un modo de funcionamiento muy regresivo. Los autores kleinianos han mostrado los papeles que representa la escisión del objeto en la mayor o menor "permeabilidad" del aparato psíquico, y esta observación nos parece llena de interés. La contra-actitud del psicoanalista no es enteramente extraña a la organización de esta escisión y de esta forma particular de resistencia.

No siempre es fácil impedir que se instale una situación que muy pronto tiende a eternizarse: el niño aporta un material muy rico en dibujos, juegos y fantasías; el contenido latente es muy claro para el psicoanalista y las implicaciones transferenciales son evidentes; el niño reacciona a las interpretaciones modificando sus posiciones fantaseadas profundas. Y sin embargo, no parece sino que lo que sucede le concierne sólo muy débilmente, fuera de manifestaciones bastante globales de placer o de desagrado. Este contraste es el que evoca una escisión del yo. El niño presenta a su psicoanalista un "falso *self*", con producciones "interesantes", que derivan de sus fantasías inconscientes, claro está, pero sin reconocerlas jamás como suyas, sin que nunca se manifieste ningún fenómeno parecido al *insight*. Nosotros pensamos que esta regresión era provocada por la acentuación de la agresión del superyó, tanto más sádico cuanto que no estaba formado, en la niña, sino por la introyección de objetos parciales persecutorios, y no por la de una imago parental total, con la que el yo de la niña hubiera podido identificarse.[52]

Hemos experimentado la solidez de las formulaciones de Melanie Klein, cuando muestra la necesidad de interpretar rápidamente la transferencia negativa. En un segundo tiempo nos hemos interrogado sobre los efectos de las interpretaciones llamadas "profundas" dadas

[52] Ver a este respecto los capítulos III, IV, V y IX.

sin tardanza para calmar la angustia del niño. Los textos de Melanie Klein merecen cierta reflexión. "Yo creo, en efecto, que el analista no debe temer las interpretaciones profundas al comienzo de un análisis, puesto que el material que proviene de las capas profundas del psiquismo resurgirá y se elaborará a continuación. Como dije ya, la interpretación en profundidad tiene como único fin el de proporcionar una salida al inconsciente, calmar la angustia que ha despertado y abrir así el camino al trabajo del análisis."[53] "Las manifestaciones de transferencia negativa son una indicación imperiosa de interpretación; ésta atenúa la transferencia negativa conduciendo los afectos que la acompañan a la situación y a los objetos con los que estaba ligada originalmente."[54] Contrariamente a lo que es tradicional aconsejar para el análisis de adultos, en el que se comienza por abordar las zonas más superficiales del psiquismo, "las más vecinas al yo y a lo real",[55] Melanie Klein piensa que con el niño, una interpretación que no alcanza "las profundidades de donde provienen a la vez el contenido y la angustia, o en otros términos, evita la región donde se ecuentra la resistencia más fuerte y deja subsistir la angustia ahí donde es más intensa y más visible, semejante interpretación no tendrá ningún efecto, o no servirá sino para provocar resistencias más vivas, que luego no conseguirá vencer".[56] Y las obras de Melanie Klein están salpicadas de ejemplos de primeras interpretaciones referentes a los deseos agresivos del niño hacia el contenido del vientre de la madre y en particular de su deseo de devorar el pene del padre incorporado por la madre identificado con el pecho. Así es como ante el material de juego de la niña de tres años y tres meses que ella llama "Trude", después que la niña arranca un hombrecito de una carreta, que ha querido rasgar un libro de estampas para retirar la imagen de un hombre tocado con un gran sombrero, e imaginado que un perro había desordenado los cojines por toda la habitación, todo esto durante la primera sesión, Melanie Klein le interpreta inmediatamente su deseo de suprimir el pene paternal a causa del mal que inflige a la madre. A Peter, de tres años y nueve meses de edad, le da en la segunda sesión una interpretación, justificada por el material y que resume fielmente el contenido latente de la sesión: él ha pensado que su padre

---

[53] M. Klein, *Die Psychoanalyse des Kindes*, 1932; *The Psychoanalysis of children*, 3ª ed., Londres, The Hogarth Press, 1949; trad. española: *El psicoanálisis de niños*, Hormé, Buenos Aires, p. 42.

[54] *Ibid.*, p. 33 [40].

[55] S. Freud, *Über "wilde" psychoanalyse* (1910), *GW*, vol. viii, pp. 118-125; *SE*, vol. xi, pp. 221-227; trad. española: *El psicoanálisis "silvestre"*, en *O.c.*, t. ii, pp. 407-410.

[56] Melanie Klein, *ibid.*, p. 37 [43].

y su madre se meten sus cosas por detrás, que eso es lo que hizo nacer a su hermanito y que él querría hacer lo mismo a su padre y a su madre. A Ruth, de cuatro años y tres meses, Melanie Klein le muestra que las canicas y monedas que la niña guarda cuidadosamente en una bolsa, representan a los niños en el vientre de la madre, a los que Ruth desea ver encerrados para no tener ya ni hermano ni hermana.

Más allá de las variaciones en el texto de las fantasías inconscientes interpretadas, en todos estos ejemplos se encuentra una primera constante: todas las interpretaciones tratan del contenido latente más angustioso, según el principio claramente expresado en el pasaje citado antes. Probablemente todos los psicoanalistas están de acuerdo acerca de la imposibilidad de evitar la elaboración rápida de esta angustia sin correr el riesgo de falsear definitivamente la relación analítica. Pero esta elaboración plantea múltiples problemas, tanto tácticos como teóricos.

Actualmente es igual de difícil conformarse con la metáfora tópica de "profundidad" utilizada por Melanie Klein, metáfora espacial que nos remite a una dimensión temporal (la interpretación "profunda" concierne a las fantasías más "arcaicas"), que satisfacerse con la fórmula gráfica: "salida al inconsciente". Con toda seguridad, ésta no traduce la teoría de la técnica kleiniana, aunque no fuera sino en razón de su connotación catártica. Los efectos de la interpretación no se limitan a la toma de conciencia de su texto: son múltiples y cada vez deben ser evaluados cuidadosamente. A veces sucede que los efectos inmediatos más evidentes no son conscientes (modificación del contenido latente por el desarrollo de un proceso inconsciente), y todos los psicoanalistas estarán de acuerdo con Melanie Klein cuando dice que "durante algún tiempo los niños no parecen asimilar conscientemente las interpretaciones".

Los ejemplos de Melanie Klein, citados más arriba, tienen otro carácter común: la interpretación de la transferencia negativa consiste en verbalizar primero los representantes psíquicos inmediatos de las pulsiones destructivas, es decir, subrayar en primer término los deseos inconscientes sádicos del niño. La necesidad de permitir al yo del niño adquirir un mejor control de las pulsiones desintrincadas nos parece poco discutible, nosotros nos hemos interrogado sobre la mejor táctica a utilizar. Conectar la angustia y la culpabilidad del niño a sus fantasías sádicas no es una operación simple. El problema consiste en cómo evitar que la interpretación de la transferencia negativa venga a aumentar la proyección del superyó primitivo sobre el psicoanalista y que no se refuerce la función defensiva del juego, lo que explicaría el aislamiento y la repetición descritos anteriormente.

Si el riguroso determinismo de las primeras sesiones permite afirmar, como lo hemos hecho en repetidas ocasiones, que aquéllas deben
ser comprendidas como el efecto manifiesto de un contenido latente,
es esencial preguntarse acerca del proceso que mantiene inconsciente ese
contenido latente, es decir acerca de la organización de la represión
y de las contracatexias que ayudan a mantenerlo. Aquí nos volvemos a encontrar con la discusión que concierne a la internalización
precoz de los conflictos. Toda intervención que no tome en cuenta la
estructuración precoz del aparato psíquico corre el riesgo de provocar
el proceso de aislamiento, que no es sino una transformación relativa
de la represión.

    La primera intervención debe tener por efecto el modificar la ten-
sión a la que está sometido el yo del niño, ante las repetidas agresiones
de su superyó, del que ya hemos subrayado el carácter a la vez incon-
cluso y sádico. En su aspecto metapsicológico, este objetivo ha sido
definido hace mucho tiempo. Melanie Klein veía en el acercamiento
entre los objetos internos "buenos" y "malos" el proceso fundamental
de la asimilación del superyó por el yo.[57] "Si esta adaptación fundamental en la relación entre el yo y el superyó no se realizó suficientemente en el primer desarrollo, una de las tareas esenciales del
proceso psicoanalítico es darle al paciente la capacidad de realizarla
retroactivamente... En la situación fluctuante de la transferencia, las
imágenes internas y externas ('buenas' y 'malas') que rigen primitivamente la evolución del superyó y la relación objetal son transferidas
sobre el psicoanalista." Pero la cuestión urgente, cuando Melanie Klein
escribía esas líneas, consistía en demostrar que era esencial analizar la
transferencia negativa, tanto como la transferencia positiva, y sobre
todo no eliminar la expresión por la preocupación de llevar "buenas
relaciones" con el niño, y por eso esta hipótesis de trabajo no se ha
desarrollado más allá en sus textos. No se trata sino de "el análisis de las primeras etapas de la evolución, sin descuidar el de las
etapas posteriores". ¿Debemos contar con la ambivalencia inmediata
de la catexia del analista, para que la verbalización por este último de
los deseos inconscientes sádicos permita al yo modificar su situación
de dependencia frente à un superyó todavía mal organizado en imago
parental total? Esta cuestión es tanto más importante por cuanto traduce en términos de objetos introyectados toda la problemática de la
identificación edípica ante el deseo de incorporación de los objetos
"parciales" (pecho-pene-bebé-alimento-heces), y de la integración de

_____

[57] Melanie Klein, *Algunas conclusiones teóricas sobre la vida emocional
del lactante,* en *Developments in psychoanalysis;* trad. española en: *Desarrollos
en psicoanálisis,* Hormé, Buenos Aires, pp. 177-208.

las pulsiones pregenitales en provecho del yo y de las pulsiones genitales.

Toda relación objetal comporta un aspecto activo y un aspecto pasivo. La catexia negativa de la psicoanalista por Carine comprende a la vez deseos sádicos y sobre todo fantasías de retaliación. Estas últimas son organizadas por el yo de la niña como comportamiento provocador, del que ya subrayamos el componente masoquista. Como el deseo defensivo masoquista no ha sido satisfecho, se ha organizado lo que hemos llamado los primeros desarrollos de la cura.

La experiencia muestra que no es indiferente verbalizar al niño uno u otro de esos dos aspectos en la *primera intervención*. Naturalmente, la elaboración ulterior debe tratar sobre los efectos de las pulsiones libidinales y destructivas en la relación objetal en sus dos aspectos. Pero nuestra práctica del psicoanálisis de niños nos incita cada vez más a creer que obtenemos la mayor ventaja cuando abordamos a un niño demostrándole que podemos ayudarle a remplazar el temor que le inspiramos, por una elaboración de la que su yo tendrá un control mejor. No se trata aquí de hacer algunas promesas, en las que un niño, lo mismo que un adulto, no puede ver sino el carácter falaz. El paciente, al comienzo de un psicoanálisis, no tiene ninguna idea del nuevo placer del yo que encontrará en la curación; por lo tanto, es absolutamente superfluo intentar describírselo. Hay que encontrar la intervención útil que se lo haga descubrir.

Ya hemos mostrado, en el capítulo II, cómo la explicitación de la agresión del superyó primitivo de la niña permitió a su yo otro modo de funcionamiento, distinto de los procesos primarios de proyección y de introyección, poco eficaces para ella en la lucha contra la angustia y la depresión.[58] La modificación del juego que siguió a esto es el signo de una posibilidad nueva del yo de Carine para hacerse cargo de los derivados pulsionales. Ya no se contenta con apropiarse, en su juego-*acting*, de los objetos de su madre, símbolos de los objetos parciales de esta última, o con arrojar a la "basura" aquella muñeca cuyas múltiples significaciones hemos estudiado, ella se imagina que va a buscar a su marido (su padre) y la emergencia de sus deseos edípicos toma la forma de un juego, que ahora se diferencia de lo actuado más que en las sesiones precedentes. Al mismo tiempo, la bipartición de las catexias se modifica y Carine juega con los objetos de la analista como con los de su madre.

El contenido latente de esta transformación del juego de la niña debe ser comprendido como el desarrollo de la tendencia libidinal positiva descubierta desde la primera sesión. De ahora en adelante,

[58] Cf. p. 35.

jugar con las cosas de su madre permite a Carine mostrar que puede interesarse en el objeto de amor de aquélla. Zapatos y bolsa son atributos de valor simbólico, que representan las fuentes de satisfacción y de poder propias de la madre. La catexia de estos atributos como objetos buenos, es decir, de la misma forma que el yo-placer de la niña, ayuda a neutralizar la catexia de los "objetos malos", es decir la agresión del superyó primitivo.

Hemos visto proseguirse la elaboración interpretativa. En la 5ª sesión, una segunda intervención completó la primera y aclaró su complejo de Edipo en su forma más elemental. A continuación de esta segunda intervención se produjo una mutación espectacular: Carine sintió el deseo de contarle su sueño a "su" psicoanalista.

Esta transformación profunda es el comienzo de una larga evolución que hemos seguido a todo lo largo del desarrollo de la cura y que volveremos a encontrar más adelante en nuestro estudio del proceso psicoanalítico. Puede estar caracterizada por la capacidad creciente del yo de la niña para identificarse con la psicoanalista que le da las interpretaciones, precisamente en la medida en que éstas han comenzado a abrirle nuevas posibilidades en su lucha contra las agresiones del superyó. Esta tendencia está en contradicción con los elementos proyectivos movilizados por toda acción que disminuya el efecto de las contracatexias. Si la primera intervención implica un acercamiento a la psicoanalista (Carine toma sus zapatos, en vez de parecer ignorarla como antes, y el contenido latente de esta producción lúdica es el deseo nuevo de introyectar a la psicoanalista), la segunda implica negaciones violentas, primer término de una larga serie, que testimonian la proyección inmediata del superyó primitivo sobre la psicoanalista. Esta contradicción es utilizable por la psicoanalista precisamente a causa de su componente identificatorio.

La tendencia identificatoria estimula la catexia libidinal de la psicoanalista y por esto mismo desplaza sobre ella, reforzándolos, los conflictos repetitivos provocados en la niña por toda catexia objetal.

Como subrayamos anteriormente,[59] la relación transferencial en el curso de un psicoanálisis comprende específicamente ese deseo de identificación (con las promesas de *insight* que contiene) y las catexias conflictuales y regresivas que estimula. Solamente la elaboración de esta situación transferencial puede llegar a una transferencia de energía del superyó al yo, suficiente para permitir al sujeto afrontar los deseos y las identificaciones edípicas, sin que las regresiones ligadas a los efectos de las pulsiones parciales le obliguen a replegamientos patógenos por su duración.

[59] Cf. cap. II.

Melanie Klein ha expresado a menudo la opinión siguiente: "solamente en las últimas etapas del complejo de Edipo hace su aparición la defensa contra las pulsiones libidinales; en las primeras etapas la defensa se dirige contra las pulsiones destructivas que las acompañan."[60] Apoyaba esta opinión en un pasaje de *El malestar en la cultura*, en el que Freud describía la transformación de la agresividad en culpabilidad, desde el momento en que, habiendo sido reprimida, carga el superyó. Hoy en día esta proposición debe ser discutida en la medida en que está directamente ligada a principios técnicos de los que nuestro grupo se ha apartado un poco.

Conviene empezar por situar esta proposición en el contexto polémico de su época: se trataba de mostrar que existían otras fuentes de angustia, más primitivas, que la represión de los deseos incestuosos, tales como aparecían en el complejo de Edipo en la fase fálica. Al mismo tiempo, Melanie Klein describió las etapas precoces del conflicto edípico, y en particular los núcleos precursores del superyó, derivados de las primeras introyecciones.

¿El diferente destino de la energía ligada a los elementos que componen la pulsión reprimida (mientras que la del componente destructivo, refuerza al superyó, el componente libidinal se encuentra al servicio del yo y se transforma en síntoma)[61] justifica que, en las primeras interpretaciones de la transferencia negativa, no sean verbalizadas sino las pulsiones destructivas dirigidas hacia los objetos parciales, y que el complejo de Edipo no sea mencionado sino bajo la forma del deseo sádico de apropiarse del pene del padre en el interior del cuerpo de la madre?

Semejante enfoque, llevado al extremo, no sería compatible sino con una concepción lineal de la evolución y de las regresiones, bastante impropia para explicar las múltiples contradicciones observadas en el desarrollo del proceso psicoanalítico. Cualquiera que sea la reconstrucción que hagamos de las primeras etapas de la organización mental (volveremos a ver este punto en el capítulo IX), cualquiera que sea la importancia que atribuyamos a estas primeras etapas para explicar el aspecto particular de la evolución ulterior, corre el riesgo de razonar como si el paciente estuviera *ahora* organizado de un modo arcaico.

Para este punto de vista la observación de Carine es muy demostrativa. En su reacción negativa inicial hacia su psicoanalista, sobre la que inmediatamente ha proyectado la imagen de la "madre mala",

<hr>

[60] Comunicación de 1929, texto repetido en las diferentes ediciones de *El psicoanálisis de niños, op. cit.*

[61] S. Freud, *Das Unbehagen in der Kultur* (1930), *GW*, vol. XIV, pp. 421-506; *SE*, vol. XXI, pp. 64-145; trad. española: *El malestar en la cultura*, en *O.c.*, t. III, pp. 1-67. Especialmente p. 59.

Carine se apropia de las pertenencias de su madre, símbolos de los objetos contenidos en su cuerpo. Pero al mismo tiempo, juega a ser una señora, y el efecto de la primera intervención le permite completar su juego: ella es una señora (explícitamente, o casi, su madre) que va a buscar a su marido (su padre) a la oficina. Existen por lo tanto dos órdenes de fantasías y dos órdenes de deseos complementarios y contradictorios. Como hemos observado a todo lo largo de nuestro comentario, la angustia ligada al efecto de las pulsiones parciales y a las fantasías de incorporación refuerza la culpabilidad edípica y frena la identificación con la imago materna y la introyección definitiva del superyó. De ahí resulta una dependencia excesiva del yo a ese superyó, efectivamente heredero del componente destructivo de las pulsiones parciales, y todas las consecuencias que hemos descrito anteriormente (regresión por una parte, inhibición por otra). Evidentemente no se trata de hacer una elección deliberada entre los términos de una contradicción que es en sí misma el objeto del análisis precoz. Pero no es evidente que la precedencia acordada a una de las fantasías exija que comencemos por interpretarla aisladamente sin tomar en cuenta las actividades mentales más evolucionadas.[62]

Como el lector ha podido ver, la interpretación esbozada en la 3ª sesión y completada en la 5ª no trató sino de los deseos de ser como la madre cerca del padre, y no hizo ninguna alusión a las fantasías de la niña referentes a los "objetos parciales" de la madre, claramente representados sin embargo por sus pertenencias y por la muñeca. Nuestro grupo de trabajo no ha llegado a esta práctica, sensiblemente diferente de la técnica preconizada por Melanie Klein, sino después de recorrer un largo camino, del que ya hemos descrito algunas etapas.

En sus metáforas temporo-espaciales, Melanie Klein parece "localizar" la angustia "al nivel" de las experiencias más arcaicas al mismo tiempo que las capas más "profundas" de la psique. "Una interpretación que no alcanza las profundidades de donde provienen a la vez el contenido latente y la angustia, o que, en otros términos, evita la región donde se encuentra la resistencia más fuerte y deja subsistir la angustia allá donde es más intensa y más visible, no tendrá ningún

---

[62] La existencia en el niño de un lenguaje normalmente constituido implica un sistema de identificación secundario de naturaleza edípica, por más frágil y precario que sea. Ciertamente es diferente la actitud que se debe adoptar con niños psicóticos que han fracasado por completo en la edificación de semejante sistema, pero de todas formas debe tomar en cuenta los diferentes niveles de funcionamiento del paciente.

Cf. sobre este tema las pertinentes críticas metodológicas de J. Arlow, en *Conflicts, régression et formation du symptôme*, en *Rev. fr. de Psychanal.*, xxvii, 1963, núm. 1, pp. 31-52.

efecto en el niño, no servirá sino para provocar resistencias más vivas..."[63] Sin este estilo gráfico, a menudo indispensable para convencer del interés de nuevos descubrimientos, pero susceptible a la larga de hacer confundir la imagen y el objeto de conocimiento, sería más justo decir que la fantasía de destrucción de las imagos paternas y del sujeto es la que provoca la angustia, por el efecto de las pulsiones parciales reactivadas por la no-resolución del conflicto edípico. En otros términos, no es posible adscribir la angustia a un nivel evolutivo cualquiera: sobreviene bajo el efecto de la contradicción entre dos sistemas a la vez incompatibles e inseparables, lo que nos hace regresar a la clásica proposición: "el yo es el verdadero lugar de la angustia" (S. Freud, *Inhibición, síntoma y angustia*).

A partir de este aspecto de su teoría, Melanie Klein jutifica la necesidad de establecer la situación psicoanalítica por interpretaciones que se refieran a las fases más arcaicas de la evolución (posición esquizo-paranoide y posición depresiva). Es en función de esta elaboración teórica de su práctica que postula la existencia de una fase muy precoz que representa un papel original, la fase esquizo-paranoide. Más adelante reanudaremos la discusión de esta parte importante de la teoría kleiniana. El psicoanálisis de Carine es ejemplo de la utilización de una técnica diferente que condujo a la constitución de una situación psicoanalítica clara.

Tratar la contradicción entre las catexias de objetos totales y de objetos parciales, comenzando por analizar el fracaso de la forma más evolucionada del complejo de Edipo (para el joven paciente, claro está), y elucidar en seguida las fantasías de incorporación y de proyección identificatoria en función de esta misma forma, produjo efectos suficientemente importantes en el desarrollo de la cura para que nos sintamos con derecho a elaborar otras formulaciones acerca de las relaciones respectivas de las posiciones depresiva y esquizo-paranoide y del complejo de Edipo (cf. cap. IX).

Nadie discutirá a Melanie Klein cuando resume de esta manera lo que debe realizar el proceso psicoanalítico: "...no basta con penetrar hasta esas profundidades para hacer desaparecer la angustia que ellas ocultan, o para dispensarnos de explorar las capas superficiales del psiquismo y analizar, a ese nivel, el yo del niño y sus relaciones con la realidad". Ahora vamos a examinar cómo es posible realizar un programa totalmente comparable y mostrar que el acceso a la angustia por su trasposición edípica más evolucionada no impide ni la elaboración de las fantasías inconscientes pregenitales, ni la de su influencia sobre las más elaboradas actividades del yo.

---

[63] Melanie Klein, *La psychanalyse des enfants*, op. cit., p. 37.

EL PROCESO PSICOANALÍTICO

II. LA ELABORACIÓN INTERPRETATIVA Y SUS EFECTOS

Una vez establecida la situación psicoanalítica y habiéndose desarrollado la relación transferencial, el proceso psicoanalítico comienza a evolucionar. Pero la tendencia espontánea del yo del paciente es la constitución de nuevos ciclos repetitivos que conducen a una especie de estancamiento, al cabo del cual la catexia libidinal del psicoanalista por el niño puede finalmente desaparecer. Más bien que ver en ello el efecto *inmediato* de un principio fundamental, *directamente* ligado al instinto de muerte, un examen atento de esta situación y de las medidas que permiten evitarla puede proporcionarnos algunas enseñanzas acerca de su determinismo. Como en el psicoanálisis de adultos, la preocupación de no permitir que se establezcan tales situaciones "interminables" es uno de los principios de la técnica en psicoanálisis de niños. Como para los adultos, la liquidación de esas situaciones no debe depender de maniobras externas no psicoanalíticas. En psicoanálisis de niños, la compulsión de repetición tiene sus coordenadas particulares.

La tendencia a la repetición de las producciones fantamáticas (que ya hemos relacionado con el aislamiento y la escisión del objeto) no se desarrolla de forma igual en todos los análisis de niños. Si es difícil separar exactamente las diferencias de actitud y de táctica en los terapeutas, no por eso existe menos, según nuestra experiencia, una relación entre esa forma de defensa y el equilibrio de las pulsiones parciales y de las pulsiones genitales (lo que va de acuerdo con el sentido de la hipótesis, citada con anterioridad y generalmente admitida, de que la repetición procede del instinto de muerte, caracterizándose las pulsiones parciales por el predominio del componente destructor).

Por un efecto idéntico al que estudiamos para las primeras sesiones, a todo lo largo del análisis es la elaboración interpretativa la que permite evitar que la situación se paralice de nuevo. Esta es tanto más indispensable cuanto más intensas sean las fijaciones pregenitales. Contribuye a impedir que la catexia del analista participe en la constitución de nuevos síntomas. Estos, forma rígida de "neurosis de transferencia", despojarían rápidamente a la relación psicoanalítica de su potencial evolutivo, que en gran parte proviene de la contradicción fundamental de la relación transferencial (cf. cap. VII). Para disminuir el displacer resultante de esta contradicción y calmar la angustia, el yo del joven paciente elabora fantasías, cuya forma manifiesta no es indiferente, puesto que testifica el modo de actividad de esta instancia en constante reorganización a esa edad y en el curso de un psicoanálisis: discursos, dibujos, juegos, relatos de sueños. El contenido latente es el desarrollo de las fantasías inconscientes; aquí nos conformaremos con situarlos comparándolos con el contenido latente de los sueños de pacientes adultos. Pero será necesario utilizar los datos recogidos a todo lo largo de esta exposición para delimitar con mayor precisión ese último concepto,[1] cuya definición y utilización siguen estando en el centro de las discusiones teóricas del psicoanálisis, discusiones en las que nosotros hemos dejado de ver las implicaciones técnicas.

En una cura tan ejemplar como la de Carine, las producciones de la niña se enriquecieron rápidamente. Lo que no era aparente sino a través de una representación simbólica muy condensada y sobredeterminada, se aclaró en una evolución cada vez más evidente. El interés ambivalente de la niña por su padre y por su pene, en el que ya vimos variar la calidad fantasmática según que ese objeto parcial fuera el atributo del padre o el contenido del cuerpo materno, y la catexia no menos ambivalente y complementaria de la madre se manifiestan en fantasías cada vez más "desarrolladas". Nunca es posible discernir una evolución lineal, puesto que las fantasías que se relacionan con las imagos conducen siempre a fantasías que conciernen a los objetos parciales. De esta constatación descriptiva se derivan consecuencias técnicas y teóricas que de ahora en adelante volveremos a encontrar continuamente.

Así es como el enunciado del simple deseo de tomar el lugar de la madre junto al padre[2] es completado en seguida por la niña con la evocación agradable de las palmaditas que su padre le da en las nalgas,[3] en asociación con un material onírico. El juego que viene a continuación es la manifestación del fortalecimiento de los ataques del superyó,[4] por lo que la psicoanalista se ve obligada a explicar el temor de Carine a las represalias, provocado por sus deseos de muerte hacia su madre. Los efectos de esta intervención son dobles. De la negación que la sigue inmediatamente, se deriva una asociación sobre las expe-

[1] Cf. cap. IX.
[2] Cf. cap. II, 3ª y 5ª sesiones.
[3] Cf. cap. III, 6ª sesión.
[4] Cf. cap. III, 8ª sesión.

riencias pasadas y todavía actuales de la niña durante sus noches agitadas, lo que prueba un movimiento progresivo del yo. Esta última tendencia se continúa cuando Carine dibuja para controlar mejor su temor,[5] pero el desgarrar la imagen del lobo es la expresión manifiesta de la actividad acrecentada de las pulsiones parciales, ante las que el yo de la niña ya no puede organizarse. La psicoanalista le interpreta entonces su fantasía de persecución por el pecho de la madre que se ha vuelto "malo" bajo el efecto de los ataques de la niña,[6] luego, en una forma un poco elíptica, trata de su posición depresiva cuando Carine se maltrata tal como desea maltratar a su madre.[7] Después de una interrupción durante un período de vacaciones, el material vuelve a adoptar un giro edípico evolucionado, como si el problema debatido no se situara sino al nivel de las identificaciones secundarias (como en las primeras sesiones, se trata nuevamente del deseo de tomar el lugar de la madre junto al padre). Pero rápidamente el componente pregenital de los deseos de la niña por el pene del padre confundido con el bebé en el vientre de la madre se hace explícito, en una temática que sigue siendo edípica: es la secuencia de la "lechuga rizada" que comentamos ampliamente.[8]

Este breve resumen de las principales intervenciones de la psicoanalista muestra que la elección deliberada de reducir las primeras interpretaciones al cuadro edípico, no ha causado un empobrecimiento del material, sino que, por el contrario, ha permitido el despliegue de las contradicciones entre identificaciones primarias y secundarias, entre los movimientos pulsionales pregenitales y genitales. Aparentemente no hemos perdido nada por no seguir el perentorio consejo de Melanie Klein acerca de la necesidad de dar precozmente una interpretación "profunda".

Una vez admitido lo anterior, debemos preguntarnos qué es la elaboración interpretativa, a partir del momento en que ya han sido interpretados los principales elementos de las fantasías inconscientes. El papel del psicoanalista no se limita a revelar a su paciente el sentido inconsciente de su discurso, o de lo que tiene lugar cuando se trata de un niño, sino más bien consiste en permitirle encontrar un modo de funcionamiento mental menos restrictivo y encauzar su futuro hacia posibilidades evolutivas menos estrechas. Si el predominio de las pulsiones parciales hace difícil la solución del complejo de Edipo, no por ello deberíamos deducir que el psicoanálisis de niños tiene como tarea la de evitar toda forma de regresión. La idea de que la inter-

---

[5] Cf. cap. III, 9ª sesión.
[6] Cf. cap. III, 10ª sesión.
[7] Cf. cap. III, 11ª sesión.
[8] Cf. cap. IV, 15ª sesión.

pretación de las "teorías infantiles" de la sexualidad debería suprimir el efecto de las pulsiones parciales, y al mismo tiempo las regresiones, no se justifica teóricamente ("los viejos dragones de otro tiempo no han muerto", decía Freud). ¿Pero no es cierto que aquella idea se encuentra implícitamente en muchas prácticas empíricas del psicoanálisis de niños, en las que se trata la fantasía inconsciente como si se tratara de un equivalente del "recuerdo olvidado" de los histéricos de Breuer y de Freud, y como si su explicación debiera bastar para hacerlo desaparecer? ¿No se declaró Freud contra semejante modo de pensar cuando describió, en *Análisis terminable e interminable*,[9] el asombro de aquellos cuyos pacientes no estaban perfectamente curados, a pesar de haber "analizado todo"?

La tendencia a las regresiones forma parte del funcionamiento psíquico normal, como lo recordaba R. Barande en una introducción a un coloquio sobre este tema.[10] En el curso del psicoanálisis de Carine, ha sido subrayado el efecto progresivo para el yo de ciertas regresiones del ello, y eso no hace sino confirmar una importante deducción de S. Freud, hecha según los análisis de adultos.[11] Uno de los objetivos de la elaboración interpretativa es el de modificar las consecuencias intrapsíquicas de las regresiones y de la reactivación, incluso temporal, de las pulsiones parciales, en forma de evitar que la energía instintiva no derive demasiado hacia contracatexias destinadas a mantener reprimidos los representantes psíquicos de las pulsiones parciales. Estas contracatexias fortalecerían la catexia primitiva de los objetos internalizados y contrarrestarían el proceso de identificación secundaria (precozmente iniciado y difícilmente acabado), que permite la resolución del complejo de Edipo. La activación de las pulsiones parciales no hace más que exaltar las defensas contra el sadismo y el masoquismo. Favorece la catexia del objeto parcial mal diferenciado, tanto si su representación forma parte de la fantasía de incorporación o de proyección en el cuerpo del otro. Fundamentalmente, esta catexia no está ligada —y de ahí la equivalencia alimento-pecho-pene-bebé-heces— mientras que la identificación edípica y la elección objetal edípica exigen una posibilidad de catexia ligada. La sobredeterminación de la producción de símbolos (dientes, garras, agujas de inyeccio-

⁹ S. Freud, *Die endliche und die unendiliche Analyse* (1937), *GW*, vol. xvi, pp. 59-99; *SE*, xxiii, pp. 216-253; trad. española: *O.c.*, t. iii, pp. 540-572.

¹⁰ R. Barande, *Le problème de la régression*, en *Revue française de Psychanalyse*, t. xxx, 1966, núm. 4, pp. 351-420.

¹¹ *Die Disposition-zur Zwangsneurose. Ein Beitrag zum Problem der Neurosenwahl* (1913), *GW*, vol. viii, pp. 442-452; *SE*, vol. xii, pp. 317-326; trad. española: *La disposición a la neurosis obsesiva*, en *O.c.*, t. i, pp. 989-993.

nes) se continúa incluso, en cierta medida, por la equivalencia "paja-rito"-"alcancía". La no pertenencia específica de estos objetos a uno u otro de los personajes del trío, refuerza la angustia edípica tanto como es estimulada por ella.

Estas disposiciones dan cuenta de la dirección en la que se empeña espontáneamente toda relación humana, particularmente la de un niño con un adulto, que consiste en un intercambio sadomasoquista, que permite al sujeto verificar la eficacia de sus contracatexias y mantener una relación objetal segura. Una buena relación educativa puede uti-lizar con provecho esta tendencia natural, pero el proceso analítico no puede evolucionar sino a condición de no jugar semejante juego. En el capítulo precedente vimos las reacciones de la niña ante la neutralidad de la analista al principio de la cura. La persistencia de esta actitud, gracias a la elaboración interpretativa, permite a la niña hacer la experiencia de la continuidad de esta relación objetal y de esta nueva posibilidad de introyección. Sólo gracias a este elemento nuevo es posi-ble la disminución cuantitativa de la catexia narcisista (comprendiendo la de los objetos internalizados y las contracatexias), y que los procesos secundarios pueden adquirir una nueva eficacia.

Cierto número de proposiciones resumirán nuestros puntos de vista generales acerca de las condiciones en que se desarrolla la elaboración interpretativa.

PROPOSICIÓN 1. *La elaboración interpretativa no implica una elección entre las interpretaciones de "material arcaico" (pregenital o pre-edí-pico) y las que tratan de posiciones más evolucionadas (genitales o edípicas), sino que es el análisis de las contradicciones entre los deri-vados de las pulsiones parciales (con la desintricación pulsional que las caracteriza) y los deseos más integrados, entre las identificaciones pri-marias y las identificaciones secundarias. La angustia del niño es la consecuencia de la elaboración insuficiente de esta contradicción, y no puede considerarse como determinada por uno de esos términos en par-ticular.*

La elección del "nivel" de las interpretaciones ya fue abordada a propósito de la primera interpretación (cap. VII). La contradicción aparente entre el principio clásico (interpretar lo "próximo" a la con-ciencia o lo "próximo" al yo) y el precepto kleiniano que valora las interpretaciones "profundas" (en el "lugar" mismo de la angustia) sirve de modelo para muchas controversias. Semejante elección es dis-cutible en sí misma. Valorar ciertos aspectos del material en detrimento de otros (bien sea el más regresivo o el más evolucionado) puede con-ducir a favorecer las resistencias o a provocarlas.

Las primeras interpretaciones edípicas dejaron de lado provisionalmente la simbolización de los objetos parciales de las primeras sesiones,
pero las asociaciones que siguieron demostraron claramente la intrincación del complejo de Edipo y las pulsiones parciales (sueño y juego
del lobo). Por lo tanto las interpretaciones cambiaron de registro, pero
tomando siempre muy en cuenta esta intricación.

Así es como privar del alimento y prohibir el amor del padre se
colocan en un mismo plano, pero esta analogía, que no fue inducida
por la interpretación, es subrayada por la niña en una respuesta que
aclara el paso de la catexia del "pecho bueno" al complejo de Edipo
invertido: "Yo no quiero leche, yo deseo que mamá me quiera..."
Esta asociación adquiere todo su sentido en función de ese contenido
latente particular que asocia al padre con el contenido del cuerpo materno, lo que nos reconduce a la problemática kleiniana de las fantasías
edípicas primitivas (cf. cap. IX), mientras que la aparición del hermano
en el material asociativo viene a confirmar este punto de vista: "Quiero
que mamá me quiera a mí y no a Bruno" podría no ser comprendido
sino en tanto que expresión de celos banales de un hermano menor.
El proceso psicoanalítico implica a menudo la inversión del orden aparente de los factores. La repartición que supone el nacimiento del
siguiente niño, no basta por sí sola para explicar la formulación
abrupta, el "todo o nada" expresado aquí, ni el lugar de esta protesta
en el encadenamiento asociativo. Para hacer comprensible la secuencia, es necesario intercalar la fantasía del "pecho malo" perseguidor
(a eso condujo la interpretación dada en la 10ª sesión) y la necesidad
defensiva de organizar la fantasía de un "pecho bueno" deseable. Bajo
el efecto de la elaboración interpretativa, la igualdad "pecho bueno"-
padre se transforma en analogía falo materno-falo paterno, según la
impresionante fantasía de la "lechuga rizada".

El efecto de los productos de la regresión sobre la situación fantasmática que la provoca, no deja de tener interés. El temor a la madre
rival no se supera sino por la identificación con ésta, identificación
cuyas modalidades son múltiples y no tienen el mismo efecto (desde
la identificación secundaria que modificó el equilibrio del yo y del
superyó hasta las falsas identificaciones de las defensas maníacas).
Pero la regresión por reactivación de la persecución del "pecho malo"
es incompatible con la identificación secundaria. Ella amenaza con
aumentar la angustia primitiva y con no dejar otras posibilidades
que defensas maníacas o formaciones reactivas complicadas que absor-
ban toda la energía libidinal. Este contra-efecto del producto de la
regresión sobre la fantasía inicial, debe influir en la táctica interpretativa. Carine piensa que su madre no la quiere y que sí quiere a su
hermano (o por lo menos que este es el peligro que corre) a partir

de la rivalidad edípica y de la fantasía del pecho malo que de ahí se deriva. Las interpretaciones edípicas dadas al comienzo del psicoanálisis no implicaban ningún juicio sobre el "nivel" de organización del psiquismo de Carine. Desear a su padre y desear inconscientemente la muerte de la madre no significaba en ninguna forma la liquidación de las fantasías pregenitales, sino el esbozo de un movimiento que conduce a la reorganización de esas fantasías. El carácter más evolucionado de una parte del material fantasmático no autorizaba a tratar el aspecto pregenital de las fantasías inconscientes como producto de una regresión secundaria de carácter defensivo. No sentíamos ningún deseo de "arrastrar" a nuestra joven paciente hacia una organización que nos pareciera más conveniente, en una dimensión normativa. Nuestra práctica en el psicoanálisis de niños nos ha conducido a dos consideraciones complementarias que representan un papel importante en nuestra técnica y en nuestra elaboración teórica: 1º, tan precozmente como sea instituido el tratamiento psicoanalítico, existe una organización edípica elemental, caracterizada por el deseo de ser como el progenitor del mismo sexo y poseer el mismo objeto de amor;[12] 2º, solamente en este cuadro se expresan las fantasías angustiosas referentes a la integridad corporal y derivadas de las pulsiones parciales. Como ya lo hemos señalado, éstas fijan el complejo de Edipo en su forma más angustiosa, mientras que su transformación en angustia de castración o en reivindicación fálica abre el camino a identificaciones secundarias que permiten un nuevo equilibrio entre el yo y el superyó.

Esta constatación podría enfrentarse a la hipótesis de una fase de relaciones objetales duales, pre-edípica, pero en sí misma no constituye un argumento decisivo. Las regresiones, incluso en los niños más pequeños, no suprimen las organizaciones más recientes, que constituyen el cuadro de referencia de las imágenes ideo-verbales utilizadas para expresarlas. Las regresiones temporales o formales en el curso del psicoanálisis no son un regreso puro y simple a un estado anterior, sino el predominio de formas anteriores de pensamiento y de deseos que contrastan con las formas más recientes. Más adelante volveremos a hablar de la necesidad de semejante fase.

Es más importante mostrar la continuidad del material, en su aspecto contradictorio, acentuado por la heterogeneidad de las producciones manifiestas de la niña y la coherencia de la transferencia en sus diversos aspectos, que preocuparse por un plan preestablecido, de un orden lógico preferencial en la sucesión de las interpre-

[12] Unicamente los tratamientos precoces de niños atacados de autismo infantil plantean problemas diferentes.

taciones. Mediante toques sucesivos, las interpretaciones se dirigen sobre la activación de las pulsiones parciales por los deseos edípicos y sobre el fracaso de la fase fálica y de las identificaciones secundarias por esta misma activación.[13] Esta elaboración implica la reducción de la asociación en forma de proceso primario, ligando los objetos parciales buenos y malos en la serie pecho-alimento-heces-bebé-pene. El predominio progresivo del proceso secundario permite, gracias a la limitación de la circulación de las catexias, la elaboración de teorías sexuales que no pongan en peligro la continuidad de las imagos y del yo. Así, Carine constituye progresivamente su propia identidad de niña. La elaboración de la fantasía de castración no apareció aquí como una fase específica de la condición femenina, lo que confirma numerosas observaciones análogas. En el capítulo IX estudiaremos las consecuencias teóricas de esta constatación.

La envidia —para usar un término de Melanie Klein— del pecho materno y del pene del padre deja a Carine desarmada ante la fantasía de escena primitiva. Son los padres los que poseen los objetos deseables de los que ella se siente privada. Es porque le faltan esos objetos que su padre no se interesa en ella. Su denominación es ambigua. Carine sabe que existe una diferencia anatómica entre ella y los muchachos. Por eso es que el padre, representado en un dibujo en la 21ª sesión, está en un barco junto con un muchacho, que es lo que envidia nuestra niña. Pero bien pronto vamos a ver que la realidad del pene de los muchachos es un poco puesta en duda en su elaboración fantasmática. La asombrosa fantasía edípica acerca de los colores (24ª sesión) muestra la precocidad con la que aparece el placer de entregarse a fantasías conscientes, disminuyendo el contratiempo de no ser la esposa del padre.

El sueño y la fantasía de las brujas castradoras, entre otras cosas, se elaboraron igualmente como defensas contra esta posición depresiva. La afirmación jubilosa acerca del tamaño de sus heces, el largo del papel que utiliza, es una defensa para negar su sentimiento de que le falta algo, en tanto que persona en la primera infancia, y no específicamente como niñita. La fantasía del pene anal se organiza en este movimiento defensivo. Si Carine, algunas sesiones más tarde, lo iden-

---

[13] Mostrar a un niño las contradicciones entre sus diferentes modos de funcionamiento mental, entre fantasías antagónicas, entre los aspectos, incompatibles y que no obstante se determinan mutuamente, de la catexia de una misma persona, no debe jamás conducir a formular interpretaciones demasiado largas. Cuando se estudia el texto de las interpretaciones dadas en psicoanálisis que se han desarrollado en forma satisfactoria, es fácil ver que aquéllas han sido siempre relativamente breves, no tratando sino de un aspecto a la vez, y que es el conjunto de su sucesión lo que ha producido el efecto deseable.

tifica con el pene paterno, en una forma un poco ambivalente (22ª sesión), las numerosas negaciones de la diferencia entre los sexos —a edad igual— merecen algunas reflexiones. Un "pajarito" se dibuja como una "alcancía", su madre tiene también un "pajarito" y su padre tiene también un bebé en el vientre. El contexto muestra que esta negación está claramente orientada hacia el deseo del objeto parcial muy valorado pero poco diferenciado. En el comentario a la 15ª sesión (cap. IV), mostramos el papel de las fantasías inconscientes en el súbito interés manifestado por Carine hacia el pene de su hermanito.

Podemos ahora ir más lejos en nuestra elaboración. Carine evoca el cuidado con el que verifica que el pene de su hermanito sigue estando ahí, en un movimiento de negación, porque la psicoanalista le ha interpretado su necesidad de negar el deseo de incorporar el pene paterno, como lo habría hecho su madre, según la fantasía inconsciente que es el contenido latente de esta sesión. Si sacamos de su contexto esta breve secuencia, podríamos ver, en esta verificación de la no-castración del hermanito, la prueba de la existencia de la fantasía inconsciente que sigue: cuando ella era pequeña, tenía un pene (como Bruno), ella ha sido privada de ese pene y espera que la misma desgracia le suceda a Bruno. Semejante hipótesis dejaría de lado una parte importante de lo que ha sucedido. También sería poco satisfactorio admitir que es el descubrimiento de la existencia del pene en el hermanito, confrontada con la ausencia de este órgano en ella misma, lo que habría tenido por sí solo un valor traumático. Carine vio siempre los órganos sexuales de su hermano y ese movimiento de curiosidad actual no puede explicarse sino por la actividad psíquica del momento, bajo el efecto combinado del comienzo del psicoanálisis y el embarazo de la madre. El único hilo conductor se encuentra en el desarrollo de la sesión. Más bien que negar su deseo ambivalente de incorporar el pene paterno, Carine responde afirmando la integridad de su hermano, y ese desplazamiento en la negación introduce una defensa suplementaria, al mismo tiempo que aporta un argumento de peso para dar validez a la interpretación. Ese proceso tiene otras ventajas aparte del paso de un objeto muy prohibido a un sustituto con el cual está admitida cierta familiaridad.

Interesarse en la diferencia anatómica entre su hermano y ella disminuye la angustia de la diferencia, en cuanto a la posesión del objeto codiciado, entre los padres y ella. Como lo demuestra claramente el juego de la 20ª sesión, el recuerdo de haber visto cambiar los pañales al hermanito induce la asociación pene-heces. Poseyendo el control de esfínteres, no se siente desfavorecida por su destino anatómico, mientras que esta diferencia, minimizada y controlada así entre hermano y hermana, le permite afrontar mejor la desigualdad de destino entre padres e hijos. Este acercamiento defensivo podría volverse contra su primera dirección y dar por el contrario a la diferencia de los sexos una significación deprimente, difícilmente reversible una vez organizada. Lo que nos importa aquí es reconocer en la curiosidad de Carine, frente al pene de su hermanito, su estatus defensivo entre las primeras tendencias epistemofílicas de la niña.

En la 19ª sesión, la fantasía de las brujas de larga nariz le es interpretada como el testimonio 1º del deseo de poseer el objeto fálico para seducir al padre; 2º de su temor a ser castrada por la psicoanalista, en castigo o más bien como obstáculo a sus deseos edípicos. Ahí se trata, en efecto, de la expresión *in statut nascendi,* de la angustia de castración en el conflicto edípico. En este preciso momento del psicoanálisis, el temor a ser castigada por sus deseos eróticos hacia el padre toma una forma precisa: ella va a ser privada de la parte de su cuerpo que le procura placer, zona erógena que ella se representa como idéntica en ella y en su padre. En la expresión manifiesta de esta fantasía, uno de los personajes es una "mujercita" que podemos considerar como su representación. El otro es un hombrecito, que al mismo tiempo es más grande que la bruja de los grandes dientes. Vemos ahí el producto de la condensación de una representación del padre, de su talla y al mismo tiempo adulto. La explicación de semejante elaboración se encuentra en el deseo de Carine de ser grande cuanto antes. La zona erógena del uno y de la otra está representada por una larga nariz, pero sólo la de la mujercita ha sido cortada. Este respeto por el símbolo del pene paterno está sobredeterminado, pero no obstante sigue habiendo ahí la expresión de un cierto deseo del pene y al mismo tiempo de la precariedad de esta fantasía. La ambigüedad de los personajes es tal que se pueden ver dos versiones de contenido latente, expresándose en una misma condensación. La fantasía de destrucción del falo materno coexiste junto al temor de ser castrada por la madre, en castigo a sus deseos eróticos hacia el padre. Esta concomitancia introduce la noción del carácter evolutivo de las fantasías inconscientes, tesis que retomaremos más adelante (cap. IX). La angustia de castración esbozada aquí se articula con la satisfacción referente al tamaño de las heces y al control anal. De esta articulación y de su devenir depende entre otras cosas la organización en una forma durable de una futura reivindicación fálica, posibilidad evolutiva que no tiene nada de ineluctable para Carine, tal como aparece en su análisis.

Si son necesarias numerosas interpretaciones referentes a temas vecinos, lo que precede demuestra que no se trata de una repetición, por parte de un psicoanalista que pisaría los talones de las resistencias del niño, ni de una redundancia, en la vana esperanza de que la acumulación así obtenida levante la represión y obligue al paciente a reconocer lo bien fundado de las interpretaciones. Muy por el contrario, se trata de un largo trabajo, que cada vez debe tomar en cuenta la modificación transferencial provocada por cada intervención, y sus consecuencias sobre el equilibrio de las contracatexias del paciente. Un buen ejemplo de esta elaboración nueva de temas ya abordados en la cura puede encontrarse en la 32ª sesión (cap. v). Las contradicciones entre las formas más primitivas de la catexia objetal y las posiciones edípicas más evolucionadas, se traducen por la fantasía acerca de la luna y los ojos de la niña, y también por la evocación de su padre observándola dormir a través de un agujero en la pared. Pero esta vez la relación entre el sadismo, el control anal y el par contrastado exhibicionismo-escopofilia resulta comprensible; conocemos las consecuencias de esas interacciones sobre la evolución futura de las tendencias epistemofílicas en el período de latencia. La influencia de las fantasías puestas entonces en actividad por la relación transferencial no encontrará su expresión sino muchas sesiones más tarde (sueño de la psicoanalista con dos caras, en la 35ª sesión), mientras que la catexia anal de esta última se expresará en forma más cruda en la 41ª sesión.

Estas múltiples contradicciones pulsionales tienen una influencia directa sobre las fluctuaciones de la transferencia, observables por las variaciones en la producción de la niña en el curso de las sesiones. Su contrapartida se sitúa en la necesidad que tiene la niña de encontrar, con mayor o menor facilidad, el placer en la relación con su psicoanalista, placer que le permite afrontar la angustia transferencial. Pero sería artificial y a menudo peligroso elucidar en cada intervención esas variaciones transferenciales. Muchas de esas observaciones de contenido aparentemente limitado son formuladas sin aclaración de la transferencia, lo que por otra parte no debe conducir a dejar de preguntarse por qué la niña produce tal material ante su psicoanalista, lo mismo que uno debe siempre apreciar los efectos de sus propias palabras.

PROPOSICIÓN 2. *Cada intervención del psicoanalista modifica el equilibrio de la relación transferencial.*

Para el psicoanalista de niños, como para el psicoanalista de adultos, sería tranquilizador poderse imaginar que es el soporte de la proyección de una imago paterna bien definida. Gracias a tal reducción, podría creer posible una versión simplificada de "experiencia emocional correctiva", comparable a lo que en alguna ocasión propuso F. Alexander. Pero la práctica del psicoanálisis de niños, tanto como la del de adultos, no se presta en absoluto al esquematismo: no se trata de ser ni un nuevo padre, ni una nueva madre, lo que elimina los problemas morales de los primeros tanteos. Hablar de transferencia paterna o materna puede significar una comodidad de lenguaje, pero no debe conducir a la escotomización de otra parte de la transferencia. Desde el comienzo de la cura, hemos visto a la psicoanalista ser la aliada del yo de la niña, al mismo tiempo que era el lugar de la proyección de su superyó. El estado inacabado de esas dos "instancias" no disminuye en nada las contradicciones que eso implica, y se podría seguir la evolución del proceso psicoanalítico estudiando sus transformaciones.

En los desarrollos que preceden, hemos insistido sobre todo en la introyección de la analista en su papel nuevo y específico (en función de su actitud y de sus palabras). Hemos mostrado que el placer que se derivaba reforzaba el componente libidinal de la catexia banalmente desplazada sobre él. Esta catexia libidinal es una proyección de los objetos internos "buenos", formulación que no nos parece nada criticable, si nos atenemos a la estricta definición metapsicológica del objeto (cf. cap. IX). El yo, lo mismo que el superyó, al definir un modo de funcionamiento mental heredero de un proceso identificatorio, se diferencia del superyó por su papel específico en el equilibrio placer-displacer. Su efecto de para-excitación lo convierte en una fuente secundaria de placer. Si el destino de esta nueva fuente es el de no depender para nada de otros, no es sino a través de un largo camino como esta autonomía se desprende de la dependencia de la catexia por los demás. Esta evolución está marcada por el juego combinado, renovado sin cesar, de proyecciones e introyecciones. Las maniobras de apropiación de la analista que señalaron las primeras sesiones están también caracterizadas por la proyección del yo en la analista, como lo prueba ese movimiento que se inicia con "yo te voy a contar mis sueños" y que adquiere su forma confirmada en la expresión "mi amiga".

Nos encontramos ante un material muy cercano al que hizo a Melanie Klein elaborar el concepto de identificación proyectiva, estando representado el aspecto negativo por la "señora-lápiz", testigo de la proyección en la analista del objeto perseguidor, objeto parcial cuya transformación en imago desembocará en la organización del superyó definitivo. En el capítulo IX discutiremos las implicaciones teóricas de esta constatación, sin separarnos por el momento del análisis clínico de ese proceso.

A la vez fuente de placer y obstáculo para el placer, la psicoanalista es, por esa razón, inmediatamente catectizada en la forma de esos dos personajes que constituyen junto con el sujeto la situación trian-

gular del complejo de Edipo. En el psicoanálisis de Carine, los significados ambiguos de los juegos simbólicos iniciales lo han demostrado
ampliamente.[14] Uno de los efectos de las interpretaciones será el de
subrayar uno de los aspectos de la transferencia, mientras que el otro
es reforzado a veces por esta única elucidación. La interpretación
siguiente debe entonces subrayar este movimiento. Expresar un deseo
prohibido infunde temor en el niño y refuerza la proyección del superyó sobre quien así denuncia una transgresión.

La simetría entre objetos proyectados buenos y malos no se prolonga en absoluto. Ya nos hemos referido (cap. vii) a la formulación
freudiana según la cual el componente libidinal de las pulsiones
parciales reprimidas se transforma en síntomas, mientras que el componente destructivo se transforma en culpabilidad, reforzando la energía
del superyó.[15] En el psicoanálisis de Carine, la proyección identificatoria del objeto perseguidor es factor de regresión. Esta se caracteriza
por el desplazamiento (en proceso primario) de la catexia negativa del
objeto total hacia el objeto parcial, y así es como Carine emplea dos
términos cuya simetría no es casual: "mi amiga" para expresar un
aspecto del componente libidinal de la transferencia, "señora-lápiz"
para expresar el otro aspecto. Esta valoración de una parte, llena de
significación simbólica destructiva, en el todo, podría, si se prosiguiera,
desencadenar un proceso de escisión del yo, muy parecido al descrito
por Freud en la organización fetichista. Puede tener un destino diferente y ser el punto de partida de síntomas fóbicos ulteriores.

Según su texto y su contexto, una interpretación puede también
contribuir a disminuir una prohibición y contener la promesa de una
satisfacción pulsional. El psicoanalista se convierte en la fuente de un
nuevo placer para el yo y, a causa de esto, en objeto de una catexia
erótica acrecentada, bien sea a nivel de su persona entera, o a nivel
del contenido de su cuerpo, estando representados a menudo los objetos
parciales por sus palabras, buenas o malas. Una interpretación puede
también reforzar esta prohibición y lograr que el niño desplace sobre
el analista la catexia negativa del progenitor que, de una u otra
forma, se opone en sus fantasías inconscientes a la satisfacción pulsional. La transferencia puede tomar así un aspecto manifiesto materno
o paterno, sin que eso sea una indicación de sus componentes latentes.
Ciertamente, el sexo del psicoanalista no es indiferente en la mayor

[14] Un proceso muy comparable sostiene el establecimiento de la transferencia en los pacientes adultos, como lo mostró B. Grunberger en otros términos. Las condiciones materiales de la cura, sobre las que insistió I. Macalpine, no
hacen más que favorecer la elaboración de la transferencia, pero no pueden ser
consideradas como si representaran un papel determinante (cf. cap. ii).

[15] S. Freud, *El malestar en la cultura.*

parte de los desarrollos de la fantasmatización, pero no es determinante de la calidad de la transferencia.

El tomar en consideración el efecto de las interpretaciones sobre el régimen de proyecciones e introyecciones, permite seguir los avatares de la transferencia y la evolución del yo de la niña. Permite avanzar más en la comprensión de consejos técnicos expresados con frecuencia en términos metafóricos (interpretaciones profundas o por el contrario cerca del yo, etc.). Una de las cuestiones más controvertidas del psicoanálisis de niños consiste precisamente en la delimitación entre la interpretación útil y la interpretación "silvestre". En la cura psicoanalítica de adultos, la aparición de nuevas asociaciones es un criterio útil, incluso cuando domina el proceso primario. Si la alianza terapéutica inherente al proceso psicoanalítico está suficientemente establecida, la verbalización por el paciente del más inesperado encadenamiento asociativo, provoca un movimiento interrogativo y una nueva movilización del yo. En los casos afortunados, se obtiene a continuación un mejor dominio de los derivados pulsionales, es decir un aumento de *insight*. Por el contrario, desde este punto de vista lo actuado puede considerarse como el signo de una falsa maniobra. En el niño, la situación es diferente. Cada intervención ocasiona una modificación asociativa, que se debe localizar con cuidado, pero que no puede ser considerada por el psicoanalista como un *satisfecit*. Si el siguiente dibujo, o el juego que se va a desarrollar (un cambio en el modo de expresión siempre es significativo), proporcionan nuevos datos para la comprensión del inconsciente del niño, tanto pueden ser el signo de un progreso del proceso psicoanalítico, como la expresión de una resistencia que será difícil vencer.

El momento de la interpretación es función de la apreciación de lo que en seguida será el funcionamiento mental del paciente. Mostrar a un niño el sentido de lo que él hace, el insoportable deseo inconsciente contra el que lucha, sin darle el medio de utilizar para fines menos desagradables la energía pulsional así liberada, corre el riesgo de provocar descargas actuadas y de hacer desaparecer toda posibilidad de *insight,* aun cuando el *acting out* se caracteriza por la repetición de comportamientos sólo comprensibles para el psicoanalista. El joven paciente debe siempre poder encontrar una posibilidad de introyectar a su psicoanalista como objeto bueno al mismo tiempo que objeto perseguidor, si no queremos que, de una u otra forma, la sola actividad de su yo sea orientada hacia un rechazo masivo del terapeuta y de sus palabras.

Hasta la 14ª sesión, la elaboración interpretativa trata de los diferentes aspectos de las fantasías agresivas de Carine con respecto a su

madre, revividas con su psicoanalista bajo diversas formas; y cada
vez más se subrayan los deseos sádicos de la niña, en relación con
la situación edípica positiva. No regresaremos a los detalles de esta
evolución, comentados en los capítulos II y III. Son un ejemplo bastante
claro del fortalecimiento de los dos aspectos de la transferencia bajo
el efecto de las interpretaciones. En la 14ª sesión, un elemento nuevo
atrae nuestra atención. Carine organiza un juego de personajes representando una familia. Ella se atribuye el papel de madre y da a su
psicoanalista el papel de padre. Esta distribución de papeles no tiene
sino un valor de contenido manifiesto. No hay que confundirla con
la transferencia, que es el contenido latente.[16] Sin embargo, no es
indiferente que Carine haya dado el papel de padre a su terapeuta
y que la catexia libidinal positiva del padre se haya desplazado así
sobre la psicoanalista. Este es el signo de una posibilidad mayor
de identificarse a su madre. Al "otro", en tanto que fuente de placer, se le reconoce el poder de representar el papel de padre. Este
tímido ensayo (cuyo fracaso —aun en el juego— es relacionado por
la psicoanalista con la proyección del superyó materno en la transferencia) no es sino uno de los componentes de un movimiento complejo,[17] pero su efecto no es nada desdeñable. La fantasía expresada
en la sesión siguiente es su consecuencia directa. El esbozo de realización lúdica de los deseos edípicos, transferidos sobre la psicoanalista,
organiza la fantasía inconsciente de incorporar el pene del padre, tal
como lo sitúa la niña en el vientre de la madre. Esta representación
psíquica de la pulsión, tan débilmente reprimida bajo la máscara de
su representación simbólica, provoca una emoción erótica indiscutible.
Esta emoción es suficiente para necesitar una negación del deseo
acompañando al placer de hablar de él ("Yo no comí lechuga
rizada..."). De nuevo, es la transferencia materna la que sin embargo es subrayada por la interpretación del complejo de Edipo. El resultado es la expresión de toda una serie de fantasías sádicas con
respecto a los objetos contenidos en el cuerpo de la psicoanalista.[18]
La intepretación precedente estaba basada en la necesidad de permitir
al yo de la niña una menor sumisión a su superyó primitivo: al mismo
tiempo, indiscutiblemente la niña ha situado en su cuerpo y en el de la
psicoanalista un contenido pene-alimento-bebé tan peligroso el uno
como el otro. Dos asociaciones proporcionan una expresión manifiesta
a esta fantasía inconsciente: un sueño (un tigre le araña el vientre

---

[16] M. Klein, *La personificación en el juego de los niños* (1929), en *Contribuciones al psicoanálisis*, Hormé, Buenos Aires, pp. 191-200.
[17] Cf. cap. IV, p. 59.
[18] Cf. la 16ª sesión, p. 57.

con sus garras) y el juego asociativo que le sigue (ella toma el papel del tigre y ataca a su psicoanalista).

La carga erótica de la actitud de la niña al exponer esta "teoría sexual" debe ser subrayada. El destino de esta emoción erótica depende del estilo de la elaboración interpretativa y no es en absoluto indiferente, para la evolución de la cura, que sea reprimida y aislada de la representación ideo-verbal, o que se haga consciente y que se relacione correctamente con la elaboración fantaseada. Cuanto más ligado está el erotismo a las pulsiones parciales, más tiende el componente agresivo de esas pulsiones a introducir una nueva escisión en el proceso psicoanalítico. Esta escisión puede llegar a la producción, en sesiones, de fantasías caracterizadas por su organización puramente simbólica, lo que finalmente conduce a la represión de toda referencia directa a una emoción erótica o a una zona erógena. El cuerpo toma entonces una forma totalmente abstracta, es un lugar, un concepto que permite todo lo más distinguir lo que es interno de lo que es externo. A menudo no le es más fácil a un adulto hablarle a un niño de este aspecto de su vida psíquica íntima, que a un niño verbalizar lo que sucede dentro de él en este aspecto. Así es frecuente ver establecerse a este propósito un acuerdo tácito para una resistencia común, que refuerza considerablemente el proceso de aislamiento que reconocimos anteriormente como una de las resistencias específicas del psicoanálisis de niños. Por ello, aquí era importante retomar en el texto de la interpretación la palabra que representaba el erotismo ("cuchi-cuchi"), lo que tenía la ventaja de mostrar a la niña la identidad de la catexia del alimento, del contenido del vientre de la madre y del pene del padre.

Esta preocupación por permitir a la niña ordenar, sin que su yo pierda el control, sus emociones eróticas vividas como tales, conduce a la psicoanalista a utilizar a menudo la técnica inicial, es decir a mostrar a la niña la persistencia de su temor a la represalia materna en la transferencia. Entonces se hacen visibles los dos efectos de esta táctica: Carine se pone a hablar de sus sensaciones eróticas de forma cada vez más precisa, desde la evocación de sensaciones agradables al contacto de los pelos de su padre hasta las sutilezas de su erotismo anal[19] y de sus placeres clitoridianos,[20] todavía cada vez a propósito de sus sentimientos amorosos hacia su padre, lo que aumenta la importancia de la transferencia positiva paterna. El placer de poder utilizar libremente, con su psicoanalista, palabras de fuerte carga eró-

[19] Ver por ejemplo el capítulo VI, p. 153, 57ª sesión.
[20] Cf. cap. VI, p. 157, 60ª sesión.

tica (es importante subrayar que ésta sea anal[21] más frecuentemente
que genital), conduce a la niña a considerarla como un sustituto paterno; pero, de principio a fin del psicoanálisis de Carine, la transferencia paterna no es sino un componente de la transferencia, no es
nunca la transferencia en su totalidad. Este componente está estimulado por la larga elaboración del miedo a la madre, de los deseos
sádicos de la niña a su respecto, y de la transformación de las fantasías
inconscientes ligadas a sus deseos (introyección y proyección del "pecho
bueno" y del "pecho malo") en fantasía de castración y en problemática de la reivindicación fálica.

Esta ojeada a la transferencia nos permite ahora responder, con
algunos datos suplementarios, al problema de la posibilidad de analizar a niños muy jóvenes. No se trata de negar el papel esencial
representado por los padres en su evolución. La capacidad de organizar una transferencia materna o paterna, a pesar de sus imprecisiones
y fluctuaciones, pone en evidencia la importancia de la internalización
precoz.

Nosotros pudimos elaborar las primeras sesiones en función de la
existencia precoz de una estructura, en la que el yo y el superyó,
salidos de los estados primarios de identificación, estaban fuertemente
diferenciados y opuestos. Las imagos parenterales no son en absoluto
superponibles a los padres, en su materialidad. Ni los animales feroces,
ni las brujas son metáforas malignas utilizadas por Carine para cari-
caturizar irrespetuosamente a los miembros de su familia; son símbolos
que representan objetos inconscientes. Tendremos que interrogarnos
acerca de qué es lo que se puede reconstruir de la historia de un
inconsciente tan precozmente organizado —intemporalidad no significa anhistoricidad, sino más bien se trata de una historia diferente
de la que parecía manifiesta (cf. cap. ix). Aquí consideramos que la
catexia de los padres se organizó por este sistema precoz de imagos,
cuya actividad es localizable finalmente desde la institución de la relación objetal —o de la fase depresiva en la terminología kleiniana—.
Su papel organizador debe comprenderse por el efecto reestructurador
de la permanencia de las catexias de ellos en la niña, lo que al mismo
tiempo permite imaginar cómo podían ser traumatizantes.

En su origen, la relación transferencial y la relación educativa
tienen un proceso común: la proyección de las imagos internalizadas, por más provisionales e imperfectas que sean. Una y otra no
son tratadas de la misma manera, y en ningún caso deben serlo. La
elaboración de la relación transferencial no conduce a suprimir las
relaciones de la niña con sus padres, sino a modificar la catexia angus-

---

[21] ¡Desde la 20ª sesión! Cf. cap. iv, p. 61.

tiosa de las imágenes internalizadas. En ello no hay diferencia fundamental, al menos en el plano teórico, entre el psicoanálisis de niños
pequeños y el de adultos.[22]
Nos resta estudiar las modalidades de estas transformaciones.

PROPOSICIÓN 3. *El proceso psicoanalítico modifica el régimen de las
fantasías inconscientes, por una acción que le es específica. Llamare-
mos régimen de fantasías inconscientes a los intercambios de catexias
de los que son el origen. En otros términos, el proceso analítico modifica la economía de los puntos de fijación y las interacciones respectivas
entre las formaciones del sistema inconsciente y las del preconsciente,
convirtiéndose las actividades nuevas del yo en fuentes de placer más
estables.*

Estas formulaciones se derivan directamente de lo que antecede,
pero ahora importa reunir los elementos en forma condensada, en
razón de sus implicaciones tácticas y teóricas.

Si el material recogido en el curso del psicoanálisis de Carine se ha
enriquecido progresivamente, y si las asociaciones de su sistema de fijaciones y de regresiones con el conjunto de su actividad mental se han
aclarado, eso no se ha debido solamente a que, disminuyendo su temor
a su psicoanalista, Carine ha podido decir más, acerca de un "material"
psíquico al que se supone dotado de una existencia propia, independiente del proceso relacional. El análisis de las resistencias implica
bastante más que un mejor conocimiento del inconsciente, implica una
transformación de éste. Semejante modificación por el hecho mismo
de la observación ha servido a veces a los adversarios del psicoanálisis
para negar el carácter científico de éste,[23] pero nosotros consideramos
por el contrario que aquélla constituye uno de los objetos fundamentales de nuestra disciplina. Todavía será necesario delimitar con mayor
precisión este movimiento.

Las fantasías inconscientes de Carine —contenido latente de sus
producciones— son a primera vista de la mayor banalidad y más adelante tendremos ocasión de volver a examinar el hecho de que son las
fantasías inconscientes de todo el mundo, constatación cuyas conse-

[22] En la práctica, la acción traumatizante de los padres no puede ser des-
deñada, ya que, cuando menos, amenaza con encerrar al niño en una posición
defensiva que puede ser el único modo de funcionamiento mental posible. Según
que se piense poder modificar o no, de forma temporal o durable, la actitud
de los padres (ésta remite a menudo a las defensas de carácter más cargadas de
catexia), el psicoanálisis del niño será posible o imposible.
[23] Ver sobre este tema la intervención de H. Kohut en el Simposio sobre
las fantasías inconscientes.

cuencias teóricas veremos después (cap. IX). Esta banalidad implica cierta constancia. En un examen más atento de las sesiones, tal como el que acabamos de realizar, aparece que el yo de la niña trataba de forma diferente las representaciones pulsionales del ello. Nos proponemos demostrar que esta evolución implicaba, a pesar de cierta fijeza temática, lo que podríamos denominar un cambio de régimen de las fantasías inconscientes, es decir una modificación de la dramatización ligada a las transformaciones de la atracción ejercida por la represión primaria sobre las representaciones preconscientes. La transformación de las fantasías inconscientes, contenido latente de las producciones de la niña, bajo el efecto del proceso psicoanalítico, pone en evidencia una de sus cualidades fundamentales, diferenciándolas de las pulsiones y de los representantes pulsionales. Las fantasías inconscientes son el producto de una dramatización determinada por la contradicción entre la intemporalidad del inconsciente y las variaciones dinámicas y económicas provocadas por las modificaciones de las catexias externas e internas. Desde este punto de vista, no hay diferencia de naturaleza entre los efectos del proceso psicoanalítico y la elaboración fantasmática de la vida cotidiana. Solamente que la orientación y la elaboración deben ser diferentes, lo que da al proceso psicoanalítico su originalidad fundamental. Regresaremos sobre esta tesis en el capítulo IX.

En los párrafos precedentes, hemos visto evolucionar las posiciones de Carine, en función del complejo de Edipo, y hemos seguido esta evolución a través de los avatares de sus identificaciones primarias y secundarias. Las contradicciones entre la introyección y la proyección de zonas particularmente cargadas de catexia y el deseo de identificarse con su madre en tanto que persona, se tradujeron al principio por fantasías de incorporación cuyos efectos pudieron ser localizados al comienzo del análisis. El deseo inconsciente de devorar el contenido del cuerpo de la madre estaba acompañado por la fantasía, igualmente inconsciente, de la muerte de su madre. Los derivados manifiestos de estas posiciones fantasmáticas inconscientes eran los síntomas y la inhibición en el juego. Estas disposiciones defensivas permitían cierta represión, pero eran doblemente ineficaces, puesto que no dejaban a la niña ninguna tregua, y sobre todo no tenían ningún poder modificador sobre las fantasías inconscientes. Por esto, ellas participaban en la organización de puntos de fijación de la libido.

El compromiso en la situación analítica abrió una salida, según un proceso que examinamos de cerca; la aclaración del temor a la venganza materna, asociada a la atención particular de la que se benefició la niña, alivio al yo de ésta en su actividad de "para-excitación" con respecto a los derivados pulsionales y a la presión del superyó. A causa de esto, la psicoanalista se convirtió en fuente de placer —o en todo caso de disminución del displacer. Esto es lo que nos ha permitido interpretar las transformaciones de este período como la expresión manifiesta de un movimiento combinado de proyección del yo de la niña sobre la analista y de introyección de las palabras del análisis. La modificación económica que siguió a continuación cambió el régimen de las fantasías inconscientes, aunque no fuera más que por la inversión de las relaciones respectivas entre la catexia de los objetos parciales y la de las imagos. De una forma un poco esquemática, podemos describir esta transformación en los siguientes términos: al principio, la triangulación edípica, cuya indiscutible existencia subrayamos desde las primeras sesiones, estaba organizada por la fantasmatización inconsciente ligada a los objetos parciales, mientras que, en un segundo tiempo, es el cuadro edípico el que organiza las catexias de los objetos parciales y de las zonas erógenas. El deseo de apropiación destructiva respecto del contenido del cuerpo de la madre —lo que Melanie Klein describe con el nombre de "envidia", concediendo una fuerza particular a los ataques sádicos contra el seno materno, elaboración acerca de la cual discutiremos más adelante— se transforma en deseo por el padre, deseo del pene del padre, deseo de tener un hijo del padre, con todas las variaciones que comprenden las configuraciones del conflicto edípico. Todos esos deseos hubieran permanecido inconscientes a no ser por la elaboración interpretativa, pero más allá de esta toma de conciencia, el psicoanálisis provocó una elaboración cuyos efectos son más durables que el solo levantamiento de la represión.

Si las identificaciones secundarias pudieron así estar en el origen de una reorganización, fueron las variaciones transferenciales, que estudiamos en el párrafo precedente, las que ocasionaron modificaciones de las catexias internas. El concepto de objeto interno encuentra aquí su justificación en el juego de las identificaciones y del deseo. Ser como, es en principio desear como. Las fantasías inconscientes son el efecto siempre renovado de esta ecuación contradictoria. La nueva relación que fundamenta el proceso psicoanalítico modifica el equilibrio de esta contradicción, mientras que el aparato psíquico manifiesta una tendencia natural a anular y suprimir esta relación, cualesquiera que sean los beneficios narcisistas que ella parezca aportar.

Como tendremos ocasión de ver cuando estudiemos la organización del inconsciente del niño, el concepto de fantasía inconsciente suele ser muy discutido. Las críticas de Glover sobre las concepciones metapsicológicas de Melanie Klein están presentes todavía en la memoria de todos. Las fantasías inconscientes son presentadas como el producto de una tendencia a cosificar el "contenido del inconsciente". Lo que antecede demuestra que permaneciendo cerca de la práctica de la cura, ese contenido latente del material no puede ser comparado en nada con los vestigios encontrados, en niveles de profundidad proporcionales a su antigüedad, por una arqueología estratigráfica cualquiera del espíritu, para usar una imagen favorita de Freud. Se trata, por el contrario, de una producción siempre actual, bajo el efecto combinado de las pulsiones y del yo, en equilibrios y estructuras siempre renovadas. La capacidad de regresión está siempre presente, mientras que el poder de organizar formas nuevas está limitado a veces por los sistemas autoalimentados de la patología mental.

PROPOSICIÓN 4. *Las modificaciones de equilibrio de la relación transferencial provocan modificaciones de la actividad del yo.*

No reiniciaremos aquí las muy importantes discusiones acerca de las relaciones entre los procesos de fantasmatización y los procesos de pensamiento, suscitadas en particular por los trabajos de Bion.[24] Aquí nos limitaremos al estudio de los efectos de las modificaciones de la relación transferencial y del régimen de las fantasías inconscientes sobre la actividad general del yo. La simbolización y las actividades cognoscitivas son interesadas directamente por esta transformación.

A todo lo largo del psicoanálisis de Carine, las relaciones del juego y de la acción se han modificado. Al principio del juego constituía en sí mismo un *acting out,* puesto que era una forma de no entrar en relación con la psicoanalista y de rechazar lo que se le proponía. "Jugar a ser una señora" era una forma de realización de deseo muy próxima al proceso primario. Luego la relación de Carine y su psicoanalista se modificó y el juego cambió de función: se convirtió en un medio de demostración voluntario. Carine muestra a su psicoanalista cómo era el lobo de su sueño. La distinción entre Carine y el lobo es tanto más clara cuanto más complicado es el deseo inconsciente que es el contenido latente del juego (simbolizando el lobo entre otras cosas al padre y sus atributos, objetos de amor y también de identificación). La oposición semántica entre Carine y el lobo limita la circulación de los afectos; cuando este efecto de los procesos secundarios se debilita, la niña se agita y pasa al acto en el mismo juego.[25] La incapacidad para mantener reprimida una cantidad suficiente de afectos es la responsable, pero esta regresión formal no puede existir sino cuando el juego ha adquirido su forma específica. Es muy notable constatar que

---

[24] W. Bion, *Elements of psychoanalysis,* Londres, Heinemann, 1963, 110 p. (trad. española: *Elementos de psicoanálisis,* Hormé, Buenos Aires).

[25] La niña intenta arañar y morder a la psicoanalista desde la 5ª sesión. Después la golpea con el lápiz (desde la 16ª sesión).

este distanciamiento secundario de los movimientos y de los representantes pulsionales se observa desde la primera interpretación, y podemos relacionarlo con el fenómeno de introyección de la analista.

En el mismo orden de modificaciones rápidas del funcionamiento del yo, debemos colocar la diferenciación hecha por Carine en la misma época entre su madre y su psicoanalista. Después de la fase negativa del comienzo, el primer acercamiento se hace de un modo muy primitivo: la niña manifiesta su interés en su psicoanalista por un desplazamiento lo menos diferenciado posible: toma sus pertenencias igual que hacía con las de su madre. Eso dura poco y en seguida se establece una oposición entre su madre y la psicoanalista. Mientras su madre continúa asistiendo a las sesiones, Carine no le pide jamás que participe en el juego ni que represente un papel, contrariamente a lo que hubieran podido dejar prever las primeras sesiones.

La capacidad discriminatoria está ligada a la mayor o menor eficacia de los procesos secundarios y a la catexia de los objetos en su totalidad en el seno del conflicto edípico, mientras que los desplazamientos en procesos primarios referentes a la serie pecho-pene-bebé-alimento-heces, después de haber frenado más o menos la utilización de clasificaciones semánticas, necesitan modos de expresión más elaborados, una vez situadas esas clasificaciones. Los cambios de papel en el curso del juego durante la sesión son un buen ejemplo. Son tanto más utilizados como procesos defensivos cuanto más precisa es la individuación de la niña y de sus personajes familiares. En la 6ª sesión, el lobo, personaje por lo demás perfectamente onírico, es el producto de una condensación cuyos elementos hemos estudiado en el capítulo III. El juego del lobo, en el que los personajes están mal diferenciados, está caracterizado ya por la inversión de los papeles, siguiendo un modo de elaboración muy cercano a los procesos primarios del sueño. Ya mostramos que en ese momento dominaban los elementos primarios de la identificación, y que la inversión de los papeles era la expresión manifiesta elaborada a partir de las fantasías de incorporación y de proyección. A medida que se iba desarrollando el proceso psicoanalítico, las distribuciones de los papeles fueron haciéndose más complicadas y más sutiles, y los cambios propuestos por la niña prueban el predominio de la discriminación secundaria y el mejor control de su yo ante la presión del ello y los ataques del superyó.

La irrupción de la acción no hace sino aumentar la significación. Es a la vez muy erotizada y muy culpabilizada, ya que al comienzo interviene cada vez que se manifiestan los efectos de las pulsiones sádicas dirigidas contra la analista: juego del lobo, juego del tigre, juego de las inyecciones, que no pierde su sospechoso realismo sino bajo el efecto de una larga elaboración interpretativa. Cuando, por primera vez (36ª sesión), la niña solamente finge inyectar a su psicoanalista, en lugar de darle un picotazo con el lápiz, Carine hace al mismo tiempo un interesante descubrimiento: "Ey, es cierto, las mamás tienen un vientre muy grueso cuando están esperando un bebé", como si, al mismo tiempo, relacionara por primera vez el reciente embarazo de su madre con las fantasías de incorporación del objeto parcial, sin embargo denominado claramente: pene, heces, bebé o alimento (lechuga, bombones, goma de mascar) en el curso de todas las sesiones precedentes.

En la elaboración que condujo a este mejor control, recordemos la observación de Carine acerca de las imágenes de animales salvajes, "por suerte es un libro, no pueden moverse, si no, ¡yo tendría miedo!" (21ª sesión). Ya mostramos, en el comentario a esta sesión (cap. IV), las implicaciones, a la vez edípicas y anales, de esta nueva capacidad para limitar la circulación de las catexias.[26] Este movimiento adopta una forma dramática impresionante en la 33ª sesión, en la que precisamente la reacción actuada se había referido a los libros y papeles que simbolizaban a los hijos de la psicoanalista. La confrontación, materializada por los daños *visibles,* de una reacción primitiva y de una producción mucho más elaborada por el yo, fue particularmente penosa para la niña, y provocó una reacción depresiva espectacular. Este tema se repitió en los mismos términos, pero en una forma lúdica perfectamente controlada, durante la 51ª sesión (cap. V). Bajo el efecto de la elaboración combinada del complejo de Edipo y de las fantasías pregenitales, el yo de la niña puede ahora responder con una actividad puramente mental al empuje de las pulsiones parciales, a cada intento de regresión. El movimiento progresivo que responde a las regresiones anales está fuertemente apoyado por la relación positiva con el padre, reactivada en la transferencia como acabamos de subrayar. Carine aprende a manejar los símbolos de la escritura para adquirir un mejor control anal y lucha así contra su temor a perder sus objetos internos. Aprende al mismo tiempo a controlar la angustia

---

[26] En la 50ª sesión, Carine utiliza de nuevo este mismo proceso mental, dando prueba de un acrecentado dominio. Después de un sueño de realización erótica con su padre (sueño de la roca de la 49ª sesión) y de la evocación de la angustia de castración bajo una forma en la que la articulación de la catexia fálica con las fantasías pregenitales aparece claramente, la niña representa el papel de una maestra mostrando a sus alumnos un "lobo-imagen", del que no es necesario tener miedo. Los derivados del control anal son utilizados así como procesos defensivos contra la angustia ligada a una organización edípica más evolucionada. La imagen no tarda en transformarse en palabra. La niña hace escribir la palabra "LOBO", afirma que eso le da todavía menos miedo, pero inmediatamente trata a este escrito como a un objeto, diferente de la imagen por una escisión de la catexia...

ligada a la fantasía de ser privada del objeto privilegiado. Así encuentra la posibilidad de ser amada por su padre. Es este último quien a continuación le enseña a dibujar las partes del cuerpo con volumen, y a distinguir así los órganos sexuales masculinos y femeninos. El fortalecimiento de la transferencia edípica positiva da un sentido electivo a los progresos del yo bajo el efecto de las regresiones anales. El peligro de organizar una neurosis obsesiva depende del desenlace de esta evolución.[27]

La observación de Carine permite sin embargo reconstituir la intervención de las pulsiones parciales anales en la organización del yo. En el capítulo VI, a propósito de la 52ª sesión, observamos la estrecha relación entre el control de esfínteres, la coprolalia y la identidad. La proyección de las heces en la psicoanalista ("tú eres una mierda", etc.), provocada por una observación acerca del deseo de hacer morir a una niñita, procedente de la imago materna, conduce, algunas sesiones después, a una escena edípica. La psicoanalista debe representar el papel de padre. Ya se habían representado numerosas escenas idénticas. Pero es interesante comparar la fantasía elaborada en este momento con el contenido de sesiones anteriores. El pene fecal de la 22ª sesión, expresado entonces en términos claros ("¡tú me molestas con tu gran caca!"), se repite en una forma simbólica y en función de una escisión que permite a la niña un mejor control de sus afectos. En el exterior, la niña imagina un lobo amenazante, producto de la condensación entre el superyó materno y el pene malo (procedente él mismo del pecho malo materno). En el interior, el pene está simbolizado por un fusil del padre, fusil cuya presencia tranquiliza a la niña. A partir de la escisión del objeto se elabora una discriminación semántica acentuando el carácter ligado de la catexia de las imágenes ideoverbales preconscientes.

El placer discriminatorio así constituido aumenta la capacidad de la niña para distinguir la realidad psíquica de una cierta realidad exterior, lo que refuerza la identificación con la psicoanalista que da las interpretaciones. Estando esta función ligada además a la significación transferencial de la analista, en tanto que soporte de la imago parental, semejante movimiento contribuye a afirmar la posición de la niña en el conflicto edípico, al mismo tiempo que le permite adquirir cierto *insight*. Las regresiones psicóticas están caracterizadas precisamente por la reactivación del aparato semántico por las catexias primarias: las palabras pierden su valor discriminatorio para no ser ya sino representaciones simbólicas indiferenciadas de objetos parciales. A pesar de su aspecto favorable, la evolución de Carine no está exenta

<hr />

[27] S. Freud, *La disposición a la neurosis obsesiva, op. cit.*

de tales regresiones, que toman entonces un valor de resistencia. "No me digas palabras nerviosas", dice Carine en la 55ª sesión, después de un lapsus que la había trastornado un poco: "no me digas que he dicho 'hijo' en vez de 'hermano' ".

El recuerdo de la interpretación evocada con pertinencia, provoca aquí un efecto desagradable y, para disminuir el displacer, la niña atribuye a la analista palabras que ese día no ha pronunciado, reduciéndolas a un objeto parcial malo que rechaza de esta manera, habiendo integrado el sentido perfectamente. Esta regresión no es duradera y la rapidez de su resolución, más que una diferencia en la naturaleza del proceso, es la que permite diferenciar en este momento la organización mental de Carine de una estructura psicótica. Esta capacidad para transformar la negación en *insight* depende aquí de la calidad de la transferencia, es decir del equilibrio relativo entre las identificaciones primarias (y las fantasías destructivas con ellas relacionadas) y las identificaciones secundarias, y por lo tanto, finalmente, de la evolución del complejo de Edipo.

PROPOSICIÓN 5. *Aunque las fantasías inconscientes a las que se refiere tengan sus raíces en el pasado, en el psicoanálisis de niños pequeños la interpretación se expresa en presente. El retiro de cierta represión no está acompañado de rememoración sino en débil medida.*

Los únicos acontecimientos pasados a los que Carine hace alusión en su psicoanálisis conciernen, bien a sus miedos antiguos, bien a las palabras de la analista. Ni en uno ni en otro caso se trata de recuerdos olvidados y vueltos a recobrar, sino de una referencia a un pasado consciente y relativamente reciente. Es cierto que esta posibilidad de asociar sobre sucesos anteriores no es desdeñable, puesto que demuestra la nueva capacidad de la niña para dar un sentido continuo a sus experiencias vividas. Desde este punto de vista, tales asociaciones se asemejan a un proceso que generalmente consideramos análogo a la rememoración en el adulto: en el curso del psicoanálisis, un recuerdo, al que el paciente concedía un valor menor, se carga de significaciones olvidadas y recuperadas por la elaboración psicoanalítica.

En psicoanálisis, la rememoración es efectivamente la contrapartida de la represión secundaria que ocasiona la amnesia de los primeros años de vida. Como observaba M. de M'Uzan en una introducción todavía inédita a un Seminario del Instituto de Psicoanálisis de París (enero de 1970), la "neurosis infantil" puede ser considerada como la historia de ese pasado olvidado, tal como la ha elaborado el paciente. Nosotros creemos que esta elaboración es indisociable del proceso de represión secundaria. La falta de rememoración de los recuerdos olvi-

dados en el niño pequeño confirma las opiniones clásicas del psicoanálisis, referentes al papel de la introyección definitiva del superyó, al
declinar el complejo de Edipo, en esta organización del preconsciente.
Por lo tanto no nos asombraremos al encontrar la misma particularidad en muchas relaciones de psicoanálisis precoz. Puede suceder
que se relacione el contenido de una sesión con un suceso que creemos
importante para el niño y que conocemos por una investigación
anamnésica (nacimiento de un hijo más joven, muerte de un miembro
de la familia, alejamiento de un pariente, etc.). A decir verdad, esta
maniobra es más psicoterapéutica que analítica. Raramente resulta
eficaz para retirar la amnesia o para enriquecer las asociaciones. Por
el contrario, representa una prueba del interés que siente el terapeuta
por el paciente y así fortalece la elación narcisista de la cura.

La actualidad, en tanto que dimensión específica de las fantasías
inconscientes, es una consecuencia directa de la intemporalidad
del inconsciente. La falta de rememoración de las experiencias vividas
anteriormente al desarrollo del lenguaje consigue dar un papel mayor
a la reconstrucción, tal como S. Freud lo describió en un artículo de
gran alcance teórico, en 1938 *(Construcciones en psicoanálisis)*. En
el capítulo IX encontraremos las consecuencias teóricas de este aspecto
del análisis antes del período de latencia. El debate acerca de las
fantasías inconscientes y la organización precoz del inconsciente queda
abierto en general, a causa de este aspecto particular del psicoanálisis
precoz: el psicoanalista reconstruye los conflictos inconscientes de los
primeros años de vida y no intenta de ninguna manera que su joven
paciente recupere el recuerdo.

PROPOSICIÓN 6. *Solamente cuando las modificaciones en el funcionamiento del yo, observadas en el curso de la cura, se generalizan y son
eficaces fuera de la presencia del psicoanalista, se puede considerar el
poner fin al psicoanálisis. El proceso identificatorio necesario para esta
generalización se establece por el análisis del complejo de Edipo y de
la angustia de castración, siendo esta última el producto de la elaboración del conflicto entre la angustia depresiva y las defensas narcisistas.*

Si el *insight* y esta forma particular de interesarse en la realidad
psíquica están directamente ligados a los efectos más apreciables del
proceso psicoanalítico, nosotros los hemos visto derivar de la elación
narcisista de la cura y de la introyección del psicoanalista. La contrapartida de la ganancia libidinal es el temor a perder el objeto proyectado sobre este último, y la compulsión a tratar de perderlo, lo
que amenaza al mismo tiempo las nuevas tendencias del yo. Estos dos
procesos son inmediatamente incluidos en el conflicto edípico, tanto

en su dimensión fálica como en las regresiones pregenitales que se derivan. Las primeras sesiones estuvieron señaladas por mutaciones muy importantes, pero aquellas estaban ligadas al establecimiento de esta relación a la vez nueva y totalmente insólita. Una interrupción después de algunas sesiones, al implicar la pérdida del objeto, hubiera ocasionado otras modificaciones, probablemente perjudiciales para la niña. La elaboración interpretativa no tuvo sino un efecto tópico. Nuevos procesos mentales sustituyeron a la inicial compulsión de repetición, caracterizada por el predominio de la identificación proyectiva en el sistema defensivo. Sin una modificación de este régimen, toda separación hubiera significado destrucción y negación de toda experiencia positiva.

No se puede considerar la interrupción del tratamiento sino hasta que esta problemática deja de ser actual, cuando la introyección de la función analizadora del analista no está completamente amenazada por los avatares de las identificaciones edípicas.[28]

Desde este punto de vista, las sesiones que hemos reunido en el capítulo vi son perfectamente demostrativas. En el título, un poco reductor, que hemos dado a esta secuencia, hemos insistido en la evolución de la actividad de las pulsiones parciales en la elaboración del yo. Ahora debemos desarrollar esta fórmula un poco elíptica.

Desde la 52ª sesión, el entrelazamiento de la angustia de castración, directamente ligada al complejo de Edipo, con el peligro de ser totalmente destruida, apareció en el contenido latente de la secuencia de la "niña inglesa". El calificativo "inglés" se refiere a una parte privilegiada del cuerpo de la niña,[29] y podemos considerar que la valoración de esta parte, de la que es lícito hablar, es el producto de la simbolización de las zonas erógenas y del contenido del cuerpo (lo que confirma la sucesión de las asociaciones). La oposición "inglés-francés" reúne posesión de una parte privilegiada (a la vez falo y contenido del cuerpo) e identidad, no siendo aquélla finalmente sino la prueba

---

[28] Observemos a este propósito que este proceso de generalización se observa en toda modificación del funcionamiento del yo. En el curso de los aprendizajes y las reeducaciones, el único criterio para juzgar la eficacia de la acción del facultativo es que el sujeto adquiera la capacidad para generalizar cuando es sólo una práctica de la que se le han mostrado algunos aspectos particulares. Así es como un niño empieza a saber leer cuando, a partir de algunos ejemplos que el pedagogo le ha mostrado, se apropia de esta nueva actividad y descubre por sí mismo todas sus aplicaciones. El valor privilegiado del psicoanálisis consiste en poner en evidencia las implicaciones narcisistas de esta transformación, así como los obstáculos conflictivos que amenazan con hacerla fracasar.

[29] Se refiere a los tirabuzones que en francés se llaman *anglaises* (ingleses). [T.]

semántica de la existencia, opuesta a la muerte. Es precisamente con una fantasía de muerte con la que se relacionan las reacciones tan vivas —bien sean positivas o negativas— de la niña ante las palabras de su analista. El control de esfínteres aparece entonces como una actividad del yo, propia para controlar la angustia de castración, las angustias depresivas y de una forma más general, los efectos de las pulsiones sádicas anales exacerbadas por el conflicto edípico. Con todo, la niña sigue dependiendo de su psicoanalista, en esta actividad defensiva tan precozmente ligada sin embargo a las defensas narcisistas más antiguas. Cada vez que descubre que la psicoanalista se acuerda de lo que ella le ha dicho, es decir, que ha retenido analmente lo que la joven paciente le ha dado, se produce una elación narcisista muy particular. Esta oposición entre destrucción y retención se había esbozado desde mucho tiempo antes en lo que concierne a las pulsiones orales (morder y conservar), pero ahora es proyectada en la psicoanalista tanto como internalizada.

La evolución de los representantes de las pulsiones parciales, que permiten seguir en particular la integración en el yo de las pulsiones sádicas anales, plantea el problema de las relaciones entre las fantasías inconscientes, las fantasías conscientes expresadas en la sesión que permiten la interpretación de las fantasías inconscientes, por una parte, y los procesos mentales de otra parte. En su especificidad, el psicoanálisis toma en consideración la actividad fantasmática del paciente, pero tiene como ambición —como mostramos anteriormente— modificar los modos de funcionamiento mental a partir de la elaboración de las producciones fantasmáticas en la transferencia. Aquí, la sobrecatexia de las palabras permite comprender estas interacciones de las que hemos señalado los efectos en las proposiciones que anteceden. Después de haber reaccionado a las palabras de la psicoanalista en función de su aportación agradable o desagradable y de haber declarado "tú no eres idiota, me has comprendido", y luego "como tú has hablado, eres una asquerosa, ¡una mierda!", Carine controla los afectos violentamente movilizados en esta secuencia, organizando un juego. La psicoanalista representa el papel de una niña que, conservando su control esfinteriano, se opone a las exigencias de su madre. Al mismo tiempo se manifiestan dos series asociativas. La primera concierne al recuerdo de la convención tácita de lo que se hace en la sesión, es decir de la retención de la acción gracias a la palabra, que representa el proceso de "mentalización" ("Ah, es cierto, aquí no se hacen las cosas, aquí se habla"). La segunda concierne a las dificultades actuales en sus relaciones con su madre, y en particular al carácter a la vez defensivo y provocador de su coprolalia.

Las palabras y los pensamientos son objeto de catexia como el contenido físico del cuerpo. El placer de Carine en no sentirse anatómicamente disminuida en relación con su hermano, gracias al control esfinteriano que no posee este último, es económicamente idéntico a la satisfacción de guardar y evocar recuerdos, tanto como a la de retener la acción.

No obstante, este control narcisista está contrabalanceado por la angustia edípica. El placer erótico anal está estrechamente relacionado con el control de esfínteres. Si la prohibición edípica inhibe ese placer, el destino del control del pensamiento resulta fuertemente afectado, bien sea en el sentido de la inhibición intelectual o en el de una transformación demasiado masiva del placer libidinal en una contracatexia obsesiva. Por el contrario, una salida diferente puede no afectar sino moderadamente la catexia de las actividades cognoscitivas, sin dejar de estar cargada de consecuencias para el futuro de la niña: es la organización de una fantasía de castración asociada a la reivindicación fálica. Esta posición fantasmática inconsciente permite en efecto afrontar la angustia edípica sin que se desarrolle en lo inmediato una inhibición demasiado manifiesta. Los efectos moderadores sobre la vida amorosa no se harán sensibles sino al comienzo de la edad adulta. Recordemos aquí que la elección entre estos diferentes caminos no se produce de una vez por todas. Si hay momentos fecundos en el curso de los cuales la organización psíquica se encauza en cierta dirección —y el acmé del complejo de Edipo delimita seguramente uno de ellos—, siempre pueden producirse modificaciones y regresiones. El objetivo estratégico del psicoanalista de niños es el de dejar abiertas las posibilidades evolutivas, impidiendo a la organización psíquica comprometerse en situaciones irreversibles. No se trata de poder afirmar que después del análisis se desarrollará una evolución considerada como ideal.

Ya hemos descrito (cf. cap. vi) el camino que condujo a Carine a recordar las palabras de su psicoanalista para negar en un primer momento y en seguida para controlar, una interpretación edípica que ella se dio a sí misma (55ª sesión). Esta elaboración la conduce a expresar su pesar por no poder casarse con su padre y a la cuestión referente al duelo de aquél: ¿debe aguardar a que su padre haya muerto para poder tener un marido, o basta con que haya "muerto en su corazón"? El malestar provocado por esta eventualidad de la resolución del complejo de Edipo provoca un nuevo juego: Carine representa el papel de la madre, los hijos perturban la intimidad de los padres, el pene del padre está doblemente simbolizado de forma ambivalente, pero en compensación la niña recibe un bebé de juguete, tercera forma simbólica del objeto parcial codiciado, aceptable tanto para su yo como para su superyó. Este movimiento progresivo es frágil por naturaleza y las sesiones siguientes se caracterizan por las regresiones provocadas por el entrelazamiento de los deseos edípicos, de la problemática anal y de la reivindicación fálica. La ambivalencia de la catexia de la analista provoca en muchas ocasiones el rechazo de la niña a venir a las sesiones y se expresa de forma muy gráfica en los sueños de la 59ª sesión (la analista la inyecta con una gran jeringa que saca de debajo de su falda, o bien le abre el vientre para sacar un bebé) y de la 60ª (o, por el contrario, la analista le pone un bebé en el vientre). La angustia de castración alternando con el deseo de penetración pasiva vuelve a plantear la cuestión de la introyección de la analista que da las interpretaciones, y al mismo tiempo el nuevo funcionamiento del yo, ligado al desarrollo del *insight*. La ambivalencia de la transferencia da entonces un relieve particular a la doble proyección de las imagos sobre la psicoanalista: madre buena y mala en una relación anal, padre y madre en la relación edípica más evolucionada.

Esta elaboración desemboca en la organización de fantasías masturbatorias que Carine describe claramente a su psicoanalista en esta misma 60ª sesión. El placer clitoridiano resuelve por el momento la angustia de castración. Se relaciona con el deseo de ser penetrada por el padre, pero, en el movimiento que describimos, una frase de la niña adquiere una resonancia particular: "Ahora ya sé cómo hacer para tener buenos sueños." El sustituto fantasmático de la satisfacción edípica puede ser puesto en marcha activamente por la niña, y puede hablarle de ello a su psicoanalista, a causa de la catexia transferencial, y a pesar de esa catexia. El control de ese placer es una etapa importante en la catexia secundaria de las producciones mentales y resulta antagónica de la angustia de castración, como lo prueba la 62ª sesión. A pesar de todas las vicisitudes de las sesiones siguientes, el placer secundario del recuerdo, cargado de catexia en tanto que representación mental, permite al mismo tiempo aceptar la espera de la realización edípica y la separación de la psicoanalista, sin que una regresión venga a provocar la inhibición del funcionamiento mental. Como muestran las últimas sesiones, la elaboración del complejo de Edipo es la que da a Carine los medios para evitar esta regresión.

En el curso del capítulo vi, mostramos que no había que caer en la ilusión de la evolución lineal, ni tomar al pie de la letra las fantasías de *happy end* producidas por Carine antes de la separación (72ª y 73ª sesiones). La reaparición de cierto componente maniaco fue la señal de innumerables reorganizaciones provocadas por la interrupción un poco inopinada del tratamiento. ¿Debemos ver ahí la prueba de la incapacidad de la niña para evolucionar sola, o podemos considerar esta reacción, indiscutiblemente matizada, como de un

alcance limitado que no compromete el futuro? Si estamos decididos
a no hacer intervenir elementos de apreciación heterogéneos (tales
como que la niña juega bien, se adapta bien a la escuela y se entiende
bien con sus pequeños compañeros, para no mencionar sino los criterios proporcionados a veces por los autores más célebres), la evaluación final de un tratamiento de niño es indiscutiblemente difícil. Sin
embargo no es imposible, a pesar de la falta de ese elemento fundamental que es la organización genital de la vida sexual, en la apreciación de los resultados del psicoanálisis de adultos. La referencia
anal de la última canción no es de ninguna manera indicio de una
teoría sexual inquietante. Es solamente la prueba de una movilidad
de la catexia de las zonas erógenas todavía importante. La suerte aún no
está echada y la partida está lejos de haberse perdido.

Hay aquí dos factores que reclaman nuestra atención.

El primero está condensado en la fórmula de la niña: "Tú recuerdas lo que te digo, así que tú me escuchas, así que tú me quieres. Yo
siempre recordaré lo que tú me dices, siempre, hasta que tenga una
hijita mía." La catexia de los pensamientos procede de la introyección
de la psicoanalista y forma parte del proceso que permite a la niña
posponer para más tarde, y pensar en desplazar sobre otros la realización del deseo edípico.

El segundo está constituido por la proximidad todavía demasiado
importante de los procesos cognoscitivos con las pulsiones y el sistema
defensivo que ellas determinan. A esa edad no existe actividad del yo
que esté definitivamente sublimada, si bien podríamos preguntarnos
si, en el adulto, la oposición entre la sublimación y las formaciones
reactivas no es clara sino en momentos privilegiados. Mientras tanto,
Carine está en una situación en la que es todavía difícil "servir a dos
amos a la vez". Todos los niños abordan la escolaridad en esta ambigüedad. Un exceso de angustia pregenital provoca una negación de
las producciones mentales y una inhibición de la actividad simbólica
necesaria para las primeras adquisiciones escolares. Carine no está en
ese caso, pero su actividad mental está todavía demasiado erotizada
para estar al abrigo de los contragolpes de sus procesos defensivos.

CAPÍTULO NOVENO

EL INCONSCIENTE DEL NIÑO Y LA CONSTITUCIÓN
DEL COMPLEJO DE EDIPO

> Entre las doctrinas de Tlön, ninguna ha merecido tanto escándalo como el materialismo... Para facilitar el entendimiento de esa tesis inconcebible, un heresiarca del siglo undécimo ideó el sofisma de las nueve monedas de cobre... *El martes, X atraviesa un camino desierto y pierde nueve monedas de cobre. El jueves, Y encuentra en el camino cuatro monedas, algo herrumbradas por la lluvia del miércoles. El viernes, Z descubre tres monedas en el camino. El viernes de mañana, X encuentra dos monedas en el corredor de su casa.* El heresiarca quería deducir de esa historia la realidad —*id est* la continuidad— de las nueve monedas recuperadas... *Es lógico pensar que han existido —siquiera de algún modo secreto, de comprensión vedada a los hombres— en todos los momentos de esos tres plazos.* El lenguaje de Tlön se resistía a formular esa paradoja; los más no la entendieron. Los defensores del sentido común se limitaron, al principio, a negar la veracidad de la anécdota...
>
> J. L. BORGES, *Tlön Ugbar Orbis Tertius.*[1]

I. PREÁMBULO: EL INCONSCIENTE DEL NIÑO SE ORGANIZA MUY PRECOZMENTE POR LA CONTRADICCIÓN ENTRE EL COMPLEJO DE EDIPO Y LOS DERIVADOS DE LAS PULSIONES PARCIALES

Al comienzo de su psicoanálisis Carine tenía tres años y medio de edad. Sus padres estaban entonces inquietos por las perturbaciones de su sueño y de su alimentación. Ciertos aspectos de su comportamiento recordaban las fobias, cuyo resultado era imperfecto en lo que concierne a la limitación de la angustia, pero cuya organización se reveló muy pronto como ligada a las disposiciones contradictorias de su aparato psíquico. Estas contradicciones explicaban igualmente el insomnio y la anorexia. Si cierto número de deseos y de temores eran conocidos por la niña, la mayor parte de ellos no lo eran, lo mismo que no eran conscientes las interrelaciones de esos diferentes movi-

[1] En *Nueva antología personal,* Siglo XXI, México.

mientos psíquicos. Las rápidas modificaciones de la sintomatología, provocadas por la instalación de la situación psicoanalítica, no podrían proporcionar una explicación global por la evocación de un retiro de inhibición atribuible a un fenómeno de condicionamiento, ya que semejante formulación dejaría de lado lo que hemos observado de más específico, el riguroso determinismo de las producciones de la niña y su articulación con la actitud y las intervenciones de la psicoanalista. De manera que no es imposible afirmar que la sintomatología de esta niña de tres años y medio era ya la expresión manifiesta de *conflictos inconscientes.*

La psicoanalista no tomó ninguna medida de tipo educativo y no dio ningún consejo a los padres acerca de la forma de tratar esta anorexia, este insomnio y estos temores. Su movilización por el efecto de las primeras sesiones permitió deducir, sin gran temor a equivocarse, que esos conflictos inconscientes no eran una reacción a estímulos actuales venidos del exterior (agresiones o seducciones) y que desaparecerían al comienzo del tratamiento. Se trata por lo tanto de *conflictos internalizados,* es decir, de contradicciones entre tendencias propias de la niña.

Esta constatación no implica en lo absoluto que el psiquismo de esta niña no esté ya sometido en parte al efecto organizador de sus catexias exteriores, objetales, y de sus consecuencias dinámicas y económicas. Todos los trabajos de psicoanalistas contemporáneos ponen en evidencia la existencia de una relación mediata entre los conflictos psíquicos inconscientes del niño y la organización mental de sus padres.[2] Nos falta añadir cierta corrección a nuestra afirmación de que la analista no modificó las condiciones de vida de Carine: ciertamente los padres cambiaron su comportamiento, sin siquiera darse cuenta, por el solo hecho de que su hija entrara en tratamiento. Además la madre sacaba cierto partido de las sesiones a las que asistía. Pero esta corrección no invalida nuestra conclusión, ya que ese movimiento no puede ser considerado como una transformación radical de uno de los términos del conflicto.

Hemos dado un sentido al contenido latente de las producciones de Carine en función del complejo de Edipo y de su oposición con las fantasías elaboradas a partir de las pulsiones parciales (cap. VIII). Si la niña estaba completamente consciente de su amor por su padre, si no veía ningún mal en que este amor implicara una buena dosis de erotismo (cf. 6ª sesión), es porque toda otra parte de la fantasía edípica le era inconsciente. Los derivados pulsionales que implicaban

[2] Cf. entre otros S. Lebovici y J. McDougall, *Un cas de psychose infantile,* París, PUF, 1960.

una fuerte carga destructiva no se manifestaba más que por el efecto indirecto de formaciones reactivas destinadas a garantizar su inaccesibilidad a la conciencia, bien se tratara de deseos de muerte respecto de su madre, de sus deseos destructivos respecto del contenido de su cuerpo, de su deseo de tomar el pene de su padre o de ser penetrada por éste (cf. 8ª, 15ª, 16ª sesiones). Los destinos diferentes de esas dos series de derivados pulsionales no se reúnen sino en el momento de la introyección definitiva del superyó, bajo la forma de la imago parental total, que da su estructura terminal a los elementos primitivos del superyó. En el período de latencia, el movimiento pulsional tierno, en el que el erotismo está unificado por la coalescencia de las pulsiones parciales y genitales, provoca la culpabilidad, así como los deseos de muerte, cuando no es reprimido o transformado en síntomas.

Si podemos admitir que el amor de Carine por su padre era la consecuencia de la identificación de la niña con su madre, y había sido naturalmente reforzado por el legítimo interés que su padre le provocaba, no había nada que permitiera explicar por una influencia exterior la importancia de las fantasías destructoras. Ni cuando nosotros la conocimos ni nunca antes había sido amenazada ni castigada Carine *por* amar a su padre. Ya señalamos que fue educada severamente hasta el nacimiento de su hermano, pero si esta severidad representó un papel en la organización de las fantasías destructoras descritas en los capítulos precedentes, no constituye sino un factor tomado en una red de sobredeterminación capaz de dar al rigor materno su sentido fantasmático, o sea la represalia con relación a los efectos psíquicos de las pulsiones destructivas edípicas.

Las primeras sesiones del psicoanálisis de Carine proporcionaron la ocasión para un desarrollo en el que el contenido manifiesto estaba rigurosamente predeterminado por coacciones inconscientes que demostraban una organización estructural ya complicada y estable. Las producciones de la niña en la sesión fueron consideradas por nosotros como *formaciones reactivas* y tratadas como tales. Bajo el efecto de la elaboración interpretativa, estas coacciones se modificaron, mientras que se hacían conscientes un cierto número de deseos, de los que la niña no había tenido conocimiento hasta entonces, o cuyas relaciones con otras actividades psíquicas ella no percibía. Como todavía recientemente escribió Anna Freud, "el inconsciente se revela tan rigurosamente aislado de la conciencia en el niño como en el adulto".[3] En una

_____
[3] Anna Freud, *Normalidad y patología en la niñez (Normality and pathology in childhood,* Int. Univ. Press, 1965); Anna Freud insiste muy acertadamente en el papel de las formaciones reactivas para el conocimiento del inconsciente del niño.

niña tan pequeña, esta constatación, admitida corrientemente hoy en día, no deja de presentar ciertas dificultades teóricas.

La elaboración interpretativa incluyó tomas de conciencia entremezcladas con resistencias específicas al proceso psicoanalítico, que hemos descrito en el capítulo precedente. Esas resistencias, por las modalidades de su construcción y de su liquidación, testimoniaban ya la existencia de una actividad psíquica inconsciente, la *represión*,[4] que podemos considerar como el reverso del proceso psicoanalítico. De esta manera, los representantes psíquicos de las pulsiones, en nuestra niña, obtienen su cualidad de ser inconscientes de un trabajo mental específico. Bien se trate de la represión de productos pulsionales movilizados por la situación psicoanalítica o del aislamiento, los medios defensivos que se desarrollan en las sesiones demuestran la internalización de los conflictos inconscientes, así como la organización de síntomas e inhibiciones.

Carine no fue víctima de ninguno de los errores educativos ni de los traumatismos que conoció "Juanito" (amenazado porque se masturbaba), y el "Hombre de los lobos" (sometido a diversas seducciones). La precocidad de los conflictos inconscientes, a pesar de los progresos de la educación y la aparente corrección de los errores del pasado, fueron seguramente un argumento de cierto peso para la elaboración de la teoría de la dualidad de los instintos, teoría que precisamente asigna un origen interno al conflicto fundamental, aquél cuya existencia es necesaria para explicar a continuación todos los demás. La teoría del instinto de muerte, como todos sabemos, ha sido acogida en forma diversa por los psicoanalistas. La escisión no se ha hecho realmente entre aquellos que siguieron a Freud en sus formulaciones de 1920 a 1923, y aquellos que encontraron inútil este nuevo concepto, sino más bien entre los que pensaron llegar hasta el fondo de las perspectivas así abiertas (Escuela de Melanie Klein) y los que, en el cuadro teórico de la dualidad de los instintos, se orientaron hacia investigaciones sobre la génesis del yo, en parte como reacción contra el vértigo provocado por Melanie Klein, sin dejar por eso de explorar las vías abiertas por S. Freud (Escuela de H. Hartman y de Anna Freud).

Estas divergencias de opinión tuvieron consecuencias muy directas sobre el conjunto de la teoría y de la práctica psicoanalítica. Aquí no se trata ni de hacer una elección entre dos escuelas, ni de la posibilidad de adoptar una actitud ecléctica, cuyo vacío teórico tendría inmediatamente las más lamentables consecuencias en la práctica. Aquí

4 Cf. cap. III, p. 52.

cada uno debe proseguir su propia elaboración teórica, si es que quiere evitar la incoherencia o la rutina empírica.

El origen infantil del inconsciente no es verdaderamente negado por nadie, pero las dificultades comienzan desde que se trata de definir con algún rigor los conceptos de inconsciente y de origen o de trazar los límites de la infancia. En 1937, S. Freud describió una vez más, como uno de los efectos buscados por el psicoanálisis (de adultos), el de poder "remplazar gracias a un fortalecimiento del yo, la solución imperfecta del período infantil, por una liquidación correcta".[5] Esa "solución imperfecta", como sabemos, es el residuo mal integrado del complejo de Edipo, modelo por excelencia de ese conjunto de deseos inconscientes que han seguido activos desde la infancia. Una cura psicoanalítica precoz, como la de Carine, permite estudiar este período infantil en el momento de su organización. Actualmente la literatura psicoanalítica es bastante rica en ejemplos de curas practicadas con niños todavía más pequeños, y "Juanito" parece un personaje ya muy evolucionado al lado de aquéllos. Según las posiciones teóricas de los que informan de esos tratamientos, y no en función de la edad del paciente, el lector se encuentra confrontado a un material que ya tiene una historia o puede tener, por el contrario, la impresión de que los conflictos se constituyen delante de él. Las profundas diferencias en la forma de abordar a los niños, según que el psicoanalista sea kleiniano o influido por Anna Freud, explican esta divergencia y, a pesar de todo el camino recorrido por esta última, dejan todavía abierto el debate introducido por las críticas que formuló Melanie Klein en 1927.[6]

Reconocer la organización edípica de los conflictos inconscientes de Carine no aporta en sí ninguna novedad para la comprensión del psiquismo infantil. En la teoría psicoanalítica clásica, es precisamente la edad que tenía nuestra joven paciente al comienzo de su cura lo que organiza el complejo de Edipo, cuando el niño aborda la fase fálica edípica. La Escuela de "psicoanálisis genético" describe con cierto rigor la sucesión de las fases anteriores, preedípicas, manteniéndose fiel de esta manera a las descripciones iniciales de S. Freud. En la última obra de Anna Freud encontramos una enumeración de esas fases.[7] La fase de constancia del objeto es seguida por la "relación ambivalente de la fase sádico-anal preedípica (masculino) con la madre (que) precede a la relación edípica con el padre".

Por lo tanto necesitamos debatir la cuestión siguiente: el conflicto edípico que se nos ha mostrado como el contenido latente del

---

[5] S. Freud, *Análisis terminable e interminable, op. cit.*
[6] Melanie Klein, *op. cit. Cf.* cap. VII.
[7] Anna Freud, *Normalidad y patología en la niñez, op. cit.*

material elaborado en las sesiones por Carine, ¿estaba en vías de organizarse ante nuestros ojos, respondiendo esencialmente sus particularidades al peso de las fijaciones organizadas en las fases en las que la díada madre-hijo debía ser tomada en consideración, o nos encontramos ante una organización edípica que tiene ya su propia historia? El clásico "cambio de objeto", que muchos consideran como una transformación indispensable para la constitución del complejo de Edipo en la niña pequeña, ¿estaba en camino de producirse en Carine al comienzo de su cura?

Nuestra comprensión del proceso analítico no nos incitó a dar a la relación dual madre-hijo un estatus privilegiado de fase "anterior" a la organización edípica. Las regresiones, que marcaron ciertos momentos del proceso psicoanalítico, modificaron el equilibrio de las catexias primitivas (ligadas a las pulsiones parciales) y de las catexias secundarias, pero jamás provocaron el resurgimiento o la nostalgia de una relación primitiva de la niña con su madre, relación en la que la ambivalencia no provendría sino de la naturaleza de la pulsión sádico-oral o sádico-anal, pero que no sería ni estorbada ni organizada por la catexia de un tercer personaje. Semejante manera de concebir esta evolución no tendría en cuenta las relaciones muy precisas (aunque no fuera más que por el juego de los procesos primarios) entre el objeto parcial y total, relaciones apreciables desde la primera sesión (ver, en particular, la sobredeterminación de los símbolos en el juego de la señora). Admitir que el placer narcisista en una relación dual no estaba perturbado, en el espíritu de Carine, sino por los efectos de la constatación reciente o actual de que su madre no la amaba exclusivamente, sino que también sentía interés por su padre (y por su hermano), no hubiera explicado las estrechas relaciones entre el contenido del cuerpo de la madre, los atributos de ésta y la imago paterna. Esta hipótesis hubiera supuesto una ruptura en la evolución, suposición que nada hace necesaria ni justifica. Esta hubiera tenido una incidencia directa sobre la táctica: hubiera sido necesario buscar las particularidades de la pareja parental susceptibles de explicar la evolución desarmónica del aparato psíquico de la niña, minimizando, por el contrario, el papel determinante de la organización ya internalizada. Su corolario hubiera sido la afirmación del carácter parcial de la internalización, considerada entonces como un obstáculo para el establecimiento de una transferencia auténtica, lo que hubiera conducido a no tomar en consideración cierto número de signos que nos han permitido aprehender las tensiones inconscientes citadas más arriba.

Por el contrario, constatar que existe, en el niño pequeño, una organización mental ya encerrada en un sistema que tiene su coherencia interna, no simplifica el problema teórico del psicoanálisis precoz, ni tampoco el otro, más general, de la organización infantil de los conflictos inconscientes. Nosotros hemos utilizado, en repetidas ocasiones, el término de formación reactiva, para designar el proceso que permite, *in situ*, la represión de productos de pulsiones estimuladas *hic et nunc* por la situación psicoanalítica. Pero esta situación ha sido comprendida por nosotros, a pesar del carácter muy parcial de la rememoración, como el efecto de una tendencia a la repetición de situaciones *anteriores*, confrontada con la originalidad de la respuesta de la psicoanalista. Decir que esas experiencias "originales" fueron vividas *además* (con los padres) y no anteriormente, no es satisfactorio, puesto que, en un mismo momento, síntomas, inhibición y comportamiento exterior tenían ya una historia, no pudiendo explicarse su carácter repetitivo solamente por la actualidad.

La impresión de "historicidad" que se desprende del psicoanálisis de Carine, ¿no está ligada al método mismo de la interpretación psicoanalítica? Los argumentos clínicos invocados antes permiten responder a esta cuestión, puesto que en realidad el funcionamiento mental de la niña, tal como lo hemos observado al comienzo de la cura, se había organizado anteriormente. Recordemos que el estudio anamnésico, al utilizar los recuerdos evocados por los padres, no nos proporciona todas las claves necesarias para la comprensión de esta organización.

La continuidad del *self* y del objeto, el concepto de memoria, la organización de un lenguaje implican necesariamente una cierta "historicidad" puesto que las experiencias siguientes se organizan en función de una adquisición anterior. Una excepción confirma nuestro punto de vista. Todos los psicoanalistas que han intentado la psicoterapia con niños atacados de autismo infantil precoz en su etapa inicial, es decir antes de que se constituya una relación de objeto auténtico y que se plantee el problema del lenguaje, jamás han tenido la impresión de encontrarse ante un pasado organizado. Como mostró uno de nosotros,[8] no es sino a partir de la reorganización psicótica secundaria cuando se desprende cierta dimensión temporal.

Considerar como imprecisos los límites de la infancia no es una ocurrencia chistosa: un debate siempre abierto consiste en discutir lo que podríamos llamar el comienzo. Debate sospechoso por el mismo interés que suscita. La historicidad despierta la necesidad de interrogarse acerca de los orígenes, tendencia que se encuentra en los mitos y las religiones y que, como subrayó J. Gillibert, reúne las preocupa-

---

[8] J. de Ajuriaguerra, R. Diatkine, D. Kalmansson, *Les troubles du développement du langage au cours des états psychotiques précoces*, en *Psychiatr. Enfant*, París, puf, vol. iii, fasc. 1, pp. 1-65.

ciones teológicas en un deseo humano de negar la muerte. Cuando tales preocupaciones se presentan en una reflexión que pretende ser científica, es necesario examinar seriamente sus efectos sobre las formulaciones teóricas que se deriven. El mismo S. Freud estuvo siempre preocupado por una búsqueda de los orígenes, desde las primeras hipótesis acerca del "traumatismo patógeno", hasta el concepto —fundamental para la teoría psicoanalítica— de la "neurosis infantil". Esta evolución representó un importante papel en sus descubrimientos hasta los desarrollos de *Más allá del principio del placer*, considerados en parte por él mismo como especulativos, pero que hacen remontarse la fuente de los conflictos hasta las propiedades específicas de la materia viva. Esta ampliación del concepto de instinto, que implica su permanencia y su calidad de innatos, no es incompatible con la hipótesis de la existencia de situaciones originales o de procesos primitivos (bien se trate de "proceso primario" —ver a este propósito el reciente trabajo de C. Chiland—[9] de "represión primaria", de "narcisismo primario" o de "escena primaria") de los que está, por así decirlo, jalonada la obra de Freud. Pero aquí sólo se trata de indicaciones, en las que la temporalidad está más implícita que precisa. La preexistencia temporal es presentada a menudo como una pura ficción, aclarada como tal a propósito del proceso primario en numerosos textos, siendo lo importante la contradicción entre proceso primario y proceso secundario y no pudiendo ser considerado aisladamente ninguno de los términos de esta contradicción.[10]

Es una perogrullada enunciar que la evolución es al mismo tiempo continua y discontinua en sus etapas. Las dificultades empiezan cuando se trata de dar un valor correcto a las reorganizaciones que marcan esta continuidad. La hipótesis de las situaciones originales puede influir directamente en la técnica psicoanalítica, si lo esencial de la cura se convierte en la rememoración o la reconstrucción de esas experiencias privilegiadas, indispensables —pero también suficientes para algunos— para el éxito del psicoanálisis. Análogos reproches han podido formularse con respecto al psicoanálisis kleiniano, a causa del peligroso movimiento reductor que podría desarrollarse si se concediera un valor demasiado exclusivo a las fases esquizo-paranoides y depresivas en las "interpretaciones profundas".

El postulado de la continuidad de la evolución puede implicar una facilidad para llenar las lagunas de nuestros conocimientos, remitién-

---

[9] C. Chiland, *En relisant les textes de Freud sur la compulsion de répétition: théorie de la clinique et spéculation philosophique.* Comunicación en el Coloquio de la Sociedad Psicoanalítica de París, junio de 1969.

[10] Ver en particular S. Freud, *Lo inconsciente,* cap. VI; trad. española, *O.c.,* t. I, p. 1074.

donos a un pasado todavía más inexplorable, lo que no entra en el sistema explicativo utilizado. Se trata entonces de la proyección de los orígenes en las primeras semanas de la vida, en el nacimiento, en la vida fetal, y más lejos aún, a través de los rastros "filogenéticos". Las hipótesis que conciernen a la memoria ancestral,[11] aunque más "científicas" en apariencia, al invocar la constitución y la herencia deben ser criticadas desde el mismo punto de vista a este propósito. Nadie niega la transmisión de importantes mensajes por la vía cromosómica, pero vale más no invocarlos por comodidad.

La ambición del psicoanálisis de niños es hacer retroceder los límites de lo comprensible y responder en parte a ciertas cuestiones

[11] Durante el Coloquio de la Sociedad Psicoanalítica de París consagrado a las fantasías (París, 20-21 de diciembre de 1970), André Green hizo observar que no era más justificado, desde un punto de vista estrictamente científico, suponer la existencia de rastros mnémicos ancestrales que negarlos *a priori.* Sin duda esta opinión es inatacable, pero no debe permitirnos facilidades demasiado grandes en nuestra reconstrucción. La hipótesis de los recuerdos ancestrales fue planteada por S. Freud *(Introducción al psicoanálisis)* en el ardor de su controversia con Jung y para refutar la teoría de los arquetipos. Los recientes descubrimientos de la biología molecular en el terreno de la genética nos han dado seguramente a todos el sentimiento de que existen posibilidades de transmisión hereditaria, insospechadas hasta ahora. Sin embargo sigue siendo necesario explorar a fondo las enseñanzas obtenidas de la evolución, mientras esperamos que la genética nos proporcione otros informes. En términos distintos, Francois Jacob expresa una opinión muy cercana a propósito del "programa" genético ("Modelo tomado en préstamo a las calculadoras electrónicas"). Ese programa tiene la particularidad de determinar la producción de propiedades constitutivas del organismo, "es decir de órganos encargados de ejecutar el programa". "Por otra parte, no todo está fijado rígidamente por el programa genético. Muy a menudo, aquél no hace sino establecer los límites a la acción del medio, o incluso dar al organismo la capacidad de reaccionar, el poder de adquirir un suplemento de información no innato... a medida que se complican los organismos y que se acrecienta la importancia de su sistema nervioso, las instrucciones genéticas les confieren potencialidades nuevas, tales como la de recordar o aprender" (F. Jacob, *La logique du vivant,* p. 18, París, Gallimard, 1970, 354 p. trad. española: *La lógica del viviente,* Laia, Madrid.) El método psicoanalítico permite abordar con algún rigor el estudio de ese "suplemento de información no innato", gracias al sistema conceptual que le es propio. No es evidente que exista una identidad estructural entre los dos órdenes de información (innata y no innata), lo que permitiría suponer la hipótesis de un recuerdo ancestral, organizador de la fantasía inconsciente primitiva. Por el momento, podemos conformarnos con considerar como organizados por el programa transmitido genéticamente el funcionamiento nervioso neo-natal y los procesos de maduración que concurren a su evolución, siendo el resto sometido muy rápidamente a la influencia exterior, es decir a esta capacidad nueva de adquirir un suplemento de información. La observación directa de los lactantes en función del comportamiento materno aporta argumentos irrefutables.

planteadas por el psicoanálisis de adultos. En *Análisis terminable e interminable*, S. Freud se interroga acerca de las razones por las que ciertos psicoanálisis se desarrollan mejor que otros. Invoca un "factor constiucional" ("pulsiones excesivamente poderosas, que se niegan a plegarse al yo"), y un "factor traumático". "Cuanto más poderoso es el primero, más fácilmente conduce el traumatismo a una fijación y estorba la evolución." Este entrelazamiento de factores se deduce de la elaboración indirecta a partir del análisis de adultos. Sin embargo, en el mismo texto, S. Freud corrige así esta primera formulación: "Sea cual fuere la importancia decisiva que pudiera tener, desde el principio, el factor constitucional, ello no nos impide pensar que un fortalecimiento de las pulsiones sobrevenido más tarde en la vida pueda producir efectos análogos. Sería conveniente entonces modificar los términos y remplazar la palabra 'constitucional' por la palabra 'actual' y hablar de la fuerza actual de las pulsiones." El desarrollo que sigue muestra que Freud nos remite al equilibrio relativo entre el yo y las exigencias pulsionales, cuando habla de la fuerza de las pulsiones. Pero nosotros debemos preguntarnos si la organización de las sucesivas estructuras en el niño no nos proporciona una valiosa clave para reducir aún más la extensión de esta zona oscura, que se disimula detrás del término "factor constitucional". He aquí una seria razón para estudiar las formas de organización del inconsciente del niño pequeño y para llevar más lejos nuestra elaboración teórica a partir del psicoanálisis de Carine, ejemplo entre muchos otros, tanto más utilizable pues nos ha permitido un intento de ordenar una teoría coherente de nuestra técnica.

II. LAS FANTASÍAS INCONSCIENTES DE FREUD A MELANIE KLEIN

SU FORMA DE ORGANIZACIÓN: ESTUDIO CRÍTICO DE LA TEORÍA KLEINIANA ACERCA DE LAS "RELACIONES OBJETALES FANTASEADAS" Y LA RECONSTITUCIÓN DE LA FASE ESQUIZO-PARANOIDE

1. *Algunos problemas teóricos acerca de la organización psíquica durante los primeros años de vida*

Toda discusión referente a la organización de los conflictos precoces podría comenzar con un comentario de un pasaje de Freud, extraído también de *Análisis terminable e interminable:* "Todas las represiones se producen en la primera infancia y son medidas de defensa primitiva tomadas por un yo débil e inacabado. Más tarde no habrá nuevas represiones, pero las antiguas subsistirán, y el yo continuará sirviéndose de ellas para controlar los instintos. Los nuevos conflictos serán regulados por lo que nosotros llamamos "post-represiones" (o represiones secundarias).[12]

Esta posición es la consecuencia lógica de la que citamos anteriormente acerca del "imperfecto desenlace" del período infantil. El concepto de represión primaria debe ser reexaminado hoy en día en función de los nuevos conocimientos proporcionados por el psicoanálisis de niños. Desde el punto de vista del psicoanálisis de adultos, este concepto está ligado al de "neurosis infantil", es decir a la represión del producto de una primera organización conflictiva. Esta toma su forma definitiva cuando está terminada la constitución del superyó al término del complejo de Edipo. A partir de esta reorganización es cuando el niño empieza a ser capaz de acordarse de ciertos sucesos de su vida en el curso del análisis, rememoración que se opone a la amnesia infantil, que es el efecto más fácilmente observable de esta nueva actividad represiva. La "neurosis infantil", contenido latente de las producciones del adulto en el curso de un psicoanálisis, está organizada por esta represión, en una forma que podemos considerar como definitiva a pesar de su relativa precocidad. El estudio de las etapas preparatorias, es decir de la represión tal como apareció al comienzo del análisis de Carine, no presenta menos interés, en la medida en que permite comprender las diversas modalidades de esta organización nueva, establecidas en parte desde el período de latencia. Si la práctica psicoanalítica nos ha hecho considerar las producciones de Carine como formaciones reactivas, destinadas a mantener inconscientes los movimientos pulsionales y las representaciones reprimidas, nos es necesario comprender cómo se ha organizado este proceso represivo.

En el importante análisis metapsicológico de 1915, S. Freud escribió que lo reprimido no constituye sino una parte del inconsciente y que, además, diversos procesos son por naturaleza inconscientes. En particular las pulsiones y los "movimientos pulsionales"[13] no pueden en ninguna forma hacerse conscientes. No son conocidos por el paciente sino hasta que su representación psíquica se hace consciente, bajo el

---

[12] Se trata en realidad de una antigua idea de Freud, ya expresada en *El presidente Schreber* (1911), *Lo inconsciente* (1915), *La represión* (1915), *Inhibición, síntoma y angustia* (1926). En 1937, Freud utiliza un nuevo término: *Nachverdrängung*, mientras que en los artículos anteriores emplea el de *Nachdrängen*. El contexto muestra claramente que no se trata de un nuevo concepto.

[13] S. Freud, *Die Traumdeutung* (1900), *GW*, vol. II-III; *SE*, IV-V; *La interpretación de los sueños*, en *O.c.*, t. I.

efecto del proceso psicoanalítico. Estas formulaciones no son discutibles
en absoluto, puesto que se desprenden de una correcta definición de
los conceptos. En la práctica del psicoanálisis de adultos, esta distinción
entre pulsiones, "movimientos pulsionales" y representantes psíquicos
de las pulsiones no ofrece dificultades, ya que los dos primeros términos
designan conceptos elaborados a partir del tercero, resultando este
último de una elaboración más inmediata a partir de los datos manifiestos de la cura.

La catexia de los representantes psíquicos de las pulsiones —es
decir la articulación misma de la pulsión con su representación mental— evoluciona en función de los procesos primarios y secundarios,
que determinan el carácter inconsciente o preconsciente. La teoría
psicoanalítica ha sufrido pocas modificaciones en este punto desde las
formulaciones de 1915 *(Lo inconsciente)* que reanudan la conceptualización del capítulo VII de *La interpretación de los sueños.*

El problema se complica en cuanto se trata de examinar el conjunto de la actividad psíquica inconsciente desde el punto de vista de
la evolución. Las dificultades encontradas en este aspecto arriesgarían
con apartar la investigación teórica en psicoanálisis de este tipo de
preocupaciones, pero no es absolutamente posible considerar las contradicciones internas de la vida psíquica fuera de cierta perspectiva
histórica sin abandonar de hecho el punto de vista dinámico. De modo
que debemos formular otra cuestión, complementaria de las precedentes: ¿Cómo y por qué proceso se organizan los representantes
psíquicos de las pulsiones? ¿Se trata de representaciones reprimidas en
razón de su catexia primitiva, o bien son el producto de un proceso
totalmente distinto, a partir del cual se organizaría la represión primaria?

A pesar de su carácter aparentemente abstracto, esta cuestión trae
consigo respuestas muy importantes para la orientación del psicoanálisis. Autores kleinianos y antikleinianos se refieren indistintamente a la
ortodoxia freudiana, si bien adoptan posiciones profundamente diver-
gentes tanto en la teoría como en la práctica, por lo cual no es
inútil empezar recordando algunos puntos de referencia esenciales
en la evolución del pensamiento de S. Freud. Se trata nada menos
que de la discusión sobre la organización del inconsciente y sobre la
naturaleza de lo reprimido. Si la historia del pensamiento de S. Freud
concerniente a la teoría de los instintos es bien conocida, la sucesión
de sus opiniones acerca de los representantes psíquicos de las pulsiones, los contenidos latentes de los sueños y los síntomas, los deseos
inconscientes y las fantasías inconscientes, es más difícil de seguir. La
teoría de los instintos puede ser considerada en sí misma como una

conceptualización al segundo grado de la teoría del deseo inconsciente, contenido latente del sueño.

El concepto de representante psíquico de las pulsiones puede relacionarse con una proposición teórica de *La interpretación de los sueños* (1899). Si la realización del deseo inconsciente (infantil) es el contenido latente del sueño, los primeros deseos del niño pueden ser descritos como la realización alucinatoria de la satisfacción. Después de haber "adoptado la ficción" de un aparato psíquico primitivo organizado según el modelo del arco reflejo y que descarga la excitación por medio de una respuesta motriz, Freud supone que la acumulación de la excitación "es experimentada como desagradable, y provoca la actividad del aparato psíquico con vistas al apaciguamiento... Nosotros hemos llamado deseo a esta dirección del aparato psíquico de lo desagradable a lo agradable... En principio desear ha debido ser una actividad alucinatoria debida al recuerdo del apaciguamiento... Pero esta alucinación, si no se desea mantenerla hasta el agotamiento, se revelaba incapaz de hacer cesar la necesidad". De ahí la necesidad de la intervención del proceso secundario, que sustituye a los cuidados maternales para evitar que el proceso primario tenga un final desastroso.[14]

Si bien estas dos proposiciones tienen una articulación lógica clara (el primer esbozo de deseo es una alucinación de la satisfacción, el sueño es la realización alucinatoria de un deseo infantil, elaborada por los procesos primarios y secundarios), no pueden sin embargo ser confundidas. Cada una de ellas implica, a niveles de organización diferentes, la posibilidad de memorizar, es decir la existencia de una actividad mental inconsciente. Desde este punto de vista, la teoría de las pulsiones no hace más que aportar una mayor coherencia al concepto de deseo y, como tendremos ocasión de subrayar, la noción de permanencia de la pulsión, concepto mayor de la teoría freudiana del inconsciente, constituye un valioso instrumento para nuestro estudio. No obstante, si bien las formulaciones de S. Freud concernientes a la producción de los sueños no provocan ninguna controversia entre los psicoanalistas, las que conciernen al deseo en tanto que alucinación de la satisfacción, en el niño muy pequeño, han sido el punto de partida de importantes divergencias.

Melanie Klein hace sufrir una sensible transformación a la definición —un poco fenomenológica— propuesta por Freud. Ella considera obvio que "alucinación de la satisfacción" significa "alucinación del objeto".[15]

[14] S. Freud, *Los dos principios del suceder psíquico, op. cit.*
[15] En realidad, las opiniones de Melanie Klein se fueron precisando lentamente, desde el artículo de 1928 *(Los estadios tempranos del conflicto edi-*

Al recuerdo del paso de lo desagradable a lo agradable —sin que
sea cuestión entonces de "fuente" de la satisfacción, ni de "locali-
zación" externa o interna— se sustituye, en la teoría kleiniana, un
sistema —necesariamente fantaseado, puesto que el aparato percep-
tivo-motor no tiene todavía suficiente actividad— que implica una
distinción del origen, externo o interno con relación al sujeto, de la
satisfacción. Así fue como Hanna Segal escribió: "El concepto (de
Freud) de realización alucinatoria del deseo presume un yo capaz
de formar una relación de objeto fantaseada."[16] Las dos formulaciones
complementarias de *La interpretación de los sueños* se encuentran
así confundidas en una sola, por la hipótesis de la precocidad o de la
calidad de innata de la relación de objeto fantaseado.

Constatar la transformación de un concepto freudiano no debe
implicar necesariamente un rechazo dogmático de esta transformación.
Pero este movimiento se convierte en una señal en la evolución de
la teoría psicoanalítica. Conviene examinarlo preguntándonos si tal
inflexión es necesaria, si es posible, y si no implica una revisión teórica
mucho más amplia de lo que parece a primera vista.

Si el concepto de fantasía inconsciente tiene un lugar menos central en la metapsicología freudiana que en la teoría kleiniana (lo que
hace decir a Hanna Segal que Freud no elaboró sus puntos de vista
sobre el origen de las fantasías inconscientes, ni sobre la fase del desarrollo a la que éstas pertenecen), no es difícil descubrir su evolución
en la obra de Freud.

La alucinación de la satisfacción, cualquiera que sea el nivel de
organización de la representación que no tarda en ser incluida, conduce directamente a la fantasía consciente, al sueño diurno, articu-
lándose entonces el proceso secundario con el proceso primario. El
contenido latente del sueño, en tanto que representante de un deseo
inconsciente de origen infantil, prefigura el concepto de fantasía inconsciente.

Es en 1908 cuando aparece de forma explícita el concepto de fantasía inconsciente ("fantasías histéricas y su relación con la bisexualidad"). Su necesidad se desprende del desarrollo de la teoría de los
instintos,[17] a partir de la cual el concepto de "deseo" inconsciente ya
no es suficiente para describir los representantes psíquicos de las con-

pico, en *Contribuciones al psicoanálisis*), hasta 1946 *(Nota sobre algunos mecanismos esquizoides*, en *Desarrollos en psicoanálisis*).

[16] H. Segal, *Introduction to the work of Melanie Klein*, Londres, Heinemann, 1964; trad. española: *Introducción a la obra de Melanie Klein*, Paidós,
Buenos Aires.

[17] La primera edición de *Tres ensayos sobre la teoría de la sexualidad
(Una teoría sexual*, en *O.c.*, t. i) apareció en 1905.

tradicciones internas del inconsciente. En ese texto, Freud asigna dos modos de formación de las fantasías inconscientes: o bien han sido siempre inconscientes, se han formado en el inconsciente, o bien fueron antiguamente fantasías conscientes, sueños diurnos que han caído en el inconsciente a causa de la represión. En este texto de 1908, Freud se interroga acerca de la naturaleza del proceso represivo, sobre el movimiento pulsional que puede producir este efecto. Si el problema de la represión primaria y de las represiones secundarias no fue tratado entonces, ya se dibujaba la problemática conducente a la tópica estructural. Pero en ese texto aparecía claramente que las fantasías inconscientes están directamente ligadas a los movimientos pulsionales sexuales y a sus representantes psíquicos. Esta noción se precisó en 1911.[18] La posibilidad de satisfacción auto-erótica permite a los instintos sexuales evitar en un primer tiempo la frustración y el cambio de régimen, producido por la transformación del principio de placer en principio de realidad. El período de latencia está considerado como productor de un efecto idéntico, al separar las pulsiones sexuales del objeto edípico. La capacidad de elaborar fantasías conscientes ("alucinatorias") se describe, en forma general, como una "actividad de pensamiento que permanece independiente de la prueba de la realidad y que está sometida solamente al principio del placer".

No hay necesidad de precisar la calidad inconsciente o consciente de este "fantasear, que comienza ya en los juegos infantiles, y que ulteriormente se transforma en ensoñación", mientras que se desarrolla en la fase entonces considerada como preedípica. Cierta concepción de la fase autoerótica de la evolución libidinal, tal como aparece precisada en los textos freudianos de este período, remite a más tarde la represión de este fantasear y de sus productos. La crisis edípica es considerada entonces como el punto de partida de la organización inconsciente de las fantasías: "Cuando más tarde, ellos (los instintos sexuales) comienzan a encontrar un objeto, esta evolución sufre inmediatamente una larga interrupción durante el período de latencia."[19] Las ensoñaciones del niño en el período de latencia, cuando existen, se producen independientemente "de los objetos reales", dijo Freud en el mismo texto. Pero su contenido latente está manifiestamente constituido por las fantasías inconscientes. La hipótesis, que somete únicamente al principio del placer las fantasías que permiten a los instintos sexuales alcanzar cierta satisfacción, está ligada a la teoría en la que la contradicción fundamental es la que opone libido e instintos del yo, principio de placer y principio de realidad. Los límites de esta teoría

---

[18] S. Freud, *Los dos principios del suceder psíquico,* en *O.c.,* t. I.
[19] *Ibid.*

aparecerán, haciendo necesarias las revisiones de 1920 sobre la dualidad de los instintos y la tópica estructural. Este esquema, relativamente simple, de la organización de las fantasías inconscientes, es puesto en duda inmediatamente, tanto por la elaboración teórica como por la experiencia.

En efecto, en 1908 Ferenczi[20] describió el proceso de introyección para definir la facultad de catexia particular del enfermo neurótico. "...mientras que el paranoico proyecta al exterior las emociones que se han vuelto penosas, el neurótico trata de incluir en su esfera de interés una parte tan grande como le es posible del mundo exterior, para hacerla objeto de fantasías conscientes o inconscientes." El concepto de objeto internalizado, en toda su ambigüedad, se perfila ya en este texto. En 1915, S. Freud elabora aún más este concepto. Después de haber definido el amor como la relación del yo con las fuentes de placer, y de considerar que, durante la fase de "narcisismo primario", o más bien de autoerotismo, "el yo no tiene necesidad del mundo exterior", admite en seguida que bajo la influencia del "instinto de conservación", "saca de él sus objetos" y "...no puede evitar... resentir desagradablemente las excitaciones pulsionales internas".[21]

Bajo el dominio del principio del placer, y para recuperar el estado de placer narcisista primitivo, el yo introyecta al objeto fuente de placer, y rechaza el que, dentro de sí mismo, era fuente de displacer. La aproximación de estos dos pasajes muestra que a continuación de ese proceso de introyección, es necesario considerar esta nueva capacidad para encontrar una fuente de placer "dentro" bajo varios aspectos: catexia del yo en tanto que proceso (y en particular en tanto que "para-excitación"), catexia fantaseada de una fuente de placer análoga al objeto exterior (objeto internalizado), fantasía de la satisfacción (como precisa Ferenczi, fantasías conscientes o inconscientes). Estos tres modos de descripción se refieren al mismo objeto pudiendo convertirse en una fuente de confusión tanto como en un instrumento de conocimiento muy valioso.

La experiencia viene sin embargo a complicar las hipótesis freudianas sobre la organización de las fantasías inconscientes.

Las reflexiones de S. Freud acerca de "la escena primaria" que constituye el contenido latente del sueño del *Hombre de los lobos* y que resume la neurosis infantil del paciente, dejan suponer que el proceso de fantasmatización, en tanto que organización inconsciente del recuerdo, puede aparecer muy pronto. Igualmente la oposición

---

[20] S. Ferenczi, *Transferencia e introyección*, en S. Ferenczi, *Sexo y psicoanálisis*, Hormé, Buenos Aires.
[21] S. Freud, *Los instintos y sus destinos*, en *O.c.*, t. I, p. 1055.

(a pesar de las semejanzas) entre el erotismo preedípico y el del período de latencia puede perder toda nitidez,. cualquiera que sea la respuesta que se pueda dar a la importante cuestión planteada por S. Freud a este respecto, cuestión a la que él responde afirmando: "...es imposible que ella (la escena primitiva) sea otra cosa que la reproducción de una realidad vivida por el niño". Cuando se relee el capítulo v de este texto y las notas añadidas por Freud en las ediciones sucesivas, parece que, en su espíritu, debió encontrarse siempre cierta actividad perceptiva en el origen de las fantasías, pero que su elaboración puede aparecer precozmente (desde el 2º año para el "Hombre de los lobos").

Aproximadamente en el mismo período, se completaron los puntos de vista precedentes sobre el erotismo pregenital (S. Freud, 1916,[22] K. Abraham, 1916).[23] La catexia del objeto, al confundir pene, heces, bebé, pecho, viene a complicar singularmente la oposición entre el autoerotismo y la catexia objetal edípica. Como demuestra un texto de 1915, la opinión según la cual los instintos sexuales encuentran durante largo tiempo una satisfacción autoerótica es revisada de forma importante: "una parte de las pulsiones sexuales, se prestan a esta satisfacción autoerótica y pueden sufrir la evolución ulterior que hemos descrito, bajo la dominación del principio de placer. Las pulsiones sexuales, que en principio exigen un objeto, y las necesidades eróticas imposibles de satisfacer las pulsiones del yo complican naturalmente este estado de cosas y preparan la evolución por venir".[24]

En el momento en que el enriquecimiento progresivo de los elementos de la práctica analítica viene a completar la elaboración teórica concerniente a la formación de fantasías inconscientes (oposición entre "represión primaria" y ensoñaciones reprimidas secundariamente, entre fantasías organizadas desde el principio en el inconsciente y fantasías vueltas inconscientes por un fenómeno de catexia y de atracción por la represión primaria, formando parte del sistema ICS de la primera tópica),[25] es cuando Freud elabora la teoría de la dualidad de los instintos (1920) y de la tópica estructural (1923).

[22] S. Freud, *Über Triebumsetzungen, insbesondere der Analerotik* (1917), *GW*, vol. x, pp. 402-410; *SE*, vol. xvii, pp. 127-133; trad. española: *Sobre las transmutaciones de los instintos y especialmente del erotismo anal*, en *O.c.*, t. i, pp. 999-1003.

[23] K. Abraham, *La primera etapa pregenital de la libido* (1916), en *Psicoanálisis clínico*, Hormé, Buenos Aires, pp. 189-212.

[24] S. Freud, *Triebe und Triebschicksale* (1915), *GW*, vol. x, pp. 210-232; *SE*, vol. xiv, pp. 117-140; trad. española: *Los instintos y sus destinos*, en *O.c.*, t. i, pp. 1035-1044.

[25] S. Freud, cf. en particular *El presidente Schreber. Observaciones psicoanalíticas sobre un caso de paranoia ("demencia paranoides")*; *La represión*.

2. *Las perspectivas abiertas por las teorías de Melanie Klein*
   y los nuevos problemas que plantean

Gracias a estas reorganizaciones teóricas, Melanie Klein descubre un campo prácticamente inexplorado hasta entonces: se hace posible utilizar el método psicoanalítico para interpretar el juego de niños cada vez más pequeños. Superando de golpe los límites que se había trazado H. von Hug- Hellmuth, desde 1921 Melanie Klein está cada vez más estimulada por la importancia de lo que demuestra cada uno de los casos de niños que ella analiza (lo que nos remite a nuestras palabras del comienzo de este capítulo): por más precoz que sea el análisis de los niños pequeños, el inconsciente está ya estructurado por el complejo de Edipo.[26] El sistema kleiniano no adopta sin embargo su forma particular sino en 1934, con la publicación de *Una contribución a la psicogénesis de los estados maniaco-depresivos*. Desarrollando considerablemente los trabajos de Abraham a la luz de los datos del psicoanálisis de niños, Melanie Klein lleva las consecuencias teóricas y prácticas del concepto de la dualidad de los instintos hasta la perfección de un sistema que merece el examen más atento.

A propósito de los conceptos de fantasías inconscientes y de objetos internos, la teoría kleiniana es a la vez la más provechosa para el psicoanálisis y la más discutida, no sin alguna razón, por los psicoanalistas no kleinianos. Del descubrimiento de las formas precoces del complejo de Edipo se desprende la necesidad de tomar en consideración la existencia de procesos mentales que tienen muy pronto efecto de "yo" y de "superyó". Estas formas muy precoces de identificación implican la obligación lógica de construir un sistema de relación que permita justificar su existencia. Al introducir el concepto de "identificación proyectiva", Melanie Klein da el predominio a los procesos instintivos, endógenos y centrífugos, lo que no está en contradicción con la teoría de *Más allá del principio del placer*. Pero los desarrollos siguientes deben ser discutidos con la preocupación de distinguir lo que es el sistema conceptual indispensable de lo que puede y debe ser puesto en duda.

Melanie Klein, para explicar la precocidad de la organización conflictual del inconsciente de los niños pequeños, continúa en el sentido esbozado por S. Freud y K. Abraham, a propósito de los objetos pregenitales. Aquí se sitúa la transformación teórica que mencionamos anteriormente: ella supone que la realización alucinatoria de la satis-

---

[26] Melanie Klein, *Los principios psicológicos del análisis infantil* (1926), en *Contributions to psychoanalysis, op. cit.*

facción implica la alucinación del objeto, es decir que no hay satisfacción sin objeto, mientras que el deseo no es sino la expresión mental de la pulsión,[27] considerada como activa en su forma definitiva e intemporal desde el comienzo de la vida.

En la teoría kleiniana definitiva (1945), la relación con el objeto existe desde el nacimiento, así como las pulsiones. "A menudo he expresado mi idea de que las relaciones objetales existen desde el comienzo de la vida, que el primer objeto es el pecho de la madre, que se escinde para el niño en un pecho 'bueno' (gratificador) y un pecho 'malo' (frustrador). Esta escisión desemboca en una separación del amor y el odio. A continuación he indicado que la relación con el primer objeto implica su introyección y su proyección, y que así, desde el comienzo, las relaciones objetales están modeladas por una interacción entre la introyección y la proyección, entre los objetos y la situación interna y externa. Estos procesos participan en la construcción del yo y del superyó, y preparan el terreno para la aparición del complejo de Edipo, en la segunda mitad del primer año."[28] Según este sistema teórico, el niño conoce desde su nacimiento el temor a la destrucción, a causa de la transformación de la pulsión de muerte en angustia de persecución por parte de un universo hostil. La relación con el pecho materno tiene de entrada un valor defensivo contra esta angustia, por su naturaleza ambivalente ligada a la satisfacción del componente libidinal de la pulsión oral y a la proyección de la pulsión destructiva. La escisión del objeto parcial es reforzada por la satisfacción alucinatoria del deseo: "En este estado la frustración y la angustia que provienen de diversas fuentes son descartadas, el pecho exterior perdido es recuperado, y el sentimiento de tener el pecho ideal en el interior (de poseerlo) es reactivado. Podemos así suponer que el niño alucina el estado prenatal, del que siente nostalgia. El pecho alucinado es inexhaustible, por lo que la voracidad es momentáneamente satisfecha. Pero, tarde o temprano, el sentimiento de hambre conduce al niño hacia el mundo exterior, vuelve a tener la experiencia de la frustración, con todas las emociones que ella suscita."[29]

Este es el punto de partida de la organización de las fantasías

[27] El concepto de objeto es inseparable del de pulsión en la metapsicología freudiana, en particular desde los textos de 1915.

[28] M. Klein, *Nota sobre algunos mecanismos esquizoides* (1946), en Klein, M., Heiman, P., Isaacs, S., Riviere, J., *Developments in Psychoanalysis*, Londres, The Hogarth Press y The Institute of Psycho-Analysis, 1952; trad. española: *Desarrollos en psicoanálisis*, Hormé, Buenos Aires.

[29] Melanie Klein, *Algunas conclusiones teóricas sobre la vida emocional del lactante,* en *Developments in Psychoanalysis, op. cit.,* trad. española, pp. 177-203.

inconscientes y de su efecto defensivo contra la angustia de persecución y las consecuencias de lo que M. Klein llama "envidia". Por esta función defensiva es por lo que el concepto de fantasía inconsciente se diferencia del de representación psíquica de las pulsiones que, en su aspecto elemental, no trae consigo ningún efecto dinámico distinto del movimiento pulsional con él relacionado. En esta relación de objeto fantaseado, M. Klein ve el primer núcleo constitutivo del superyó. La separación entre la metapsicología de M. Klein y la teoría freudiana aparece aquí claramente. La satisfacción alucinatoria fue siempre considerada por S. Freud como el efecto más primitivo y el más elemental de la tendencia del aparato psíquico a disminuir las tensiones internas (principio de placer), y la contradicción que implica introduce la oposición proceso primario-proceso secundario, a partir de la cual el yo se constituye. La teoría del instinto de muerte no modifica sensiblemente esta concepción, sino que la completa para explicar que todos los procesos mentales no pueden comprenderse enteramente por la tendencia del aparato psíquico a la disminución del displacer.

La capacidad de alucinar la satisfacción pasada introduce la oposición actividad-pasividad, estando el recuerdo, pronto asociado al autoerotismo, relativamente a la disposición del sujeto, mientras que, por otra parte, éste permanece totalmente pasivo en la espera de la satisfacción futura de la necesidad. La oposición "yo"-"no-yo" es secundaria respecto a aquel primer par contrastado, así como la actividad defensiva más elaborada que se deriva de él. El yo se identifica en seguida como aquella actividad que permite al niño ser menos dependiente respecto de un objeto exterior, y que no se constituye sino en el fracaso del proceso primario. Al postular la catexia, desde el nacimiento, del objeto fantaseado (que ella llama inmediatamente el pecho, porque sabe que el niño mama) introyectable, proyectable y escindible, Melanie Klein propone una solución radical telescopiando las frases y suponiendo implícitamente como elemento inmediato, si bien fantaseado, este límite del "yo" y del "no-yo", inseparable de los conceptos de introyección y de proyección. No es inútil recordar aquí que, para Freud, es la permanencia de la actividad pulsional la que funda esta oposición entre lo desagradable que viene de adentro y la agresión exterior. Esta distinción es fácil cuando un cierto control motor, que precisamente falta durante mucho tiempo al lactante, permite al sujeto experimentar el carácter intermitente de la fuente exterior desagradable.

La alucinación de la satisfacción, a pesar de su intermitencia inicial y la movilidad de las catexias propia del proceso primario, introduce una distinción entre lo que es interno al sujeto y que se recrea acti-

vamente en él, y lo que es externo y pasivamente esperado. La introyección es el resultado (y no el punto de partida, como lo postula
Melanie Klein) de este proceso.

El examen de las teorías kleinianas estaría incompleto si no tuviéramos en cuenta ciertas formulaciones contemporáneas de la discusión
de 1943 en la Sociedad Británica de Psicoanálisis.

Debemos a S. Isaacs cierto número de proposiciones teóricas precisas que presentaremos esquemáticamente de la siguiente forma:

1] la actividad de las pulsiones libidinales y destructivas es contemporánea del comienzo de la vida del ser humano;

2] en función de la ley de "continuidad genética", no existe en
ningún momento de la evolución una pulsión sin representante psíquico;

3] "los primeros procesos psíquicos, los representantes psíquicos de
las pulsiones libidinales y destructivas, deben ser considerados como el
verdadero principio de las fantasías" (S. Isaacs).[30]

S. Isaacs considera este principio de "continuidad genética", que
permite la reconstitución de lo que precede a lo observable y a lo ana-
lizable, como el "instrumento concreto de conocimiento" más útil del
método psicoanalítico, asimilándolo al método utilizado por S. Freud
para descubrir la sexualidad infantil a partir del psicoanálisis de adultos (y particularmente de la interpretación de los sueños): "...toda
fase dada se desarrolla por grados a partir de las fases precedentes
de una forma que puede ser conocida a la vez en su línea general
y en sus detalles específicos".[31] Bajo esta forma, tal proposición no
provoca objeciones. No sucede lo mismo con la proposición siguiente.
A la pregunta: "¿están las fantasías activas en el niño en el momento
en que las pulsiones correspondientes dominan por primera vez su
conducta y su experiencia, o bien parecen hacerse activas de forma
retrospectiva cuando él puede formular su experiencia?", S. Isaacs
responde: "los hechos sugieren claramente que las fantasías entran
en acción junto con las pulsiones de las que ellas surgen", y más
adelante: "...las fantasías no nacen del conocimiento organizado
del mundo exterior, su fuente es interna, está en los movimientos pulsionales".

Si nadie pone en duda que cada fase del desarrollo del niño prepara
la fase siguiente, hecha necesaria por las contradicciones que rompen el
equilibrio precedente y determinan así nuevas estructuras, la afirmación de la preexistencia, en iguales relaciones de oposición, de ele-

---

[30] S. Isaacs, *Naturaleza y función de la fantasía*, en Klein, M., Heiman, P.,
Isaacs, S. y Riviere, J., *Developments in Psychoanalysis*, Londres, Hogarht Press,
1952; trad. española: *Desarrollos en psicoanálisis*, Hormé, Buenos Aires.
[31] S. Isaacs, *ibid*.

mentos definidos por el análisis de un sistema que se organiza más
tarde, debe suscitar algunas reservas, en la medida en que este camino
indiscutiblemente hace correr el riesgo de caer en un realismo psicológico muy criticable. La referencia a la bellota y al roble que no deja
de hacer S. Isaacs es un poco inquietante a este respecto, y nos remite
además a la preocupación de la búsqueda de los orígenes, preocupación
que igualmente criticamos antes. El silogismo de S. Isaacs es ciertamente una justificación teórica a posteriori del sistema metapsicológico
kleiniano, y Melanie Klein, en todo caso en sus escritos, muestra que
la elaboración de estos conceptos reposa sobre un análisis de datos
clínicos poco discutibles, ampliamente reproducidos por ella misma
y por los autores kleinianos en los trabajos que han servido de introducción a la discusión de 1943 en la Sociedad Británica de Psicoanálisis.

Sin embargo, esta tentativa lógica tiene para nosotros un gran
mérito: subraya una dificultad teórica que no podríamos dejar en
suspenso. Las dos proposiciones: "las pulsiones no son conocidas sino
por sus representantes psíquicos" y "las pulsiones son de orden biológico y su principio activo se encuentra en toda manifestación de la
vida", introducen una discontinuidad lógica en la definición misma
del concepto. La primera proposición define la pulsión en su especificidad de concepto metapsicológico, la segunda es una extrapolación
cuya legitimidad es precisamente el problema, pero que modifica fundamentalmente ese carácter metapsicológico del concepto. La calificación de "concepto límite", a menudo utilizada a propósito de las pulsiones, no hace más que subrayar esta discontinuidad.

Si nos atenemos provisionalmente a la estricta definición metapsicológica del concepto de instinto en psicoanálisis, la calidad de innata
de la libido y del instinto de muerte no puede ser postulada de primera
intención, a menos que esta hipótesis permita explicar lo que se
observa, o ver lo que todavía no ha sido visto. La "ley de continuidad
genética", o más bien su utilización intuitiva por Melanie Klein, antes
de que fuera formulada, aportó frutos indiscutibles. Explica la continuidad observable desde la catexia de un objeto exterior *permanente*
hasta el complejo de Edipo y justifica que éste pueda encontrarse en
los psicoanálisis más precoces de niños, y de una forma masiva en los
psicóticos de todas las edades, cualquiera que sea la importancia
de las fijaciones pregenitales. ¿Justifica semejante éxito la hipótesis
según la cual las relaciones objetales fantaseadas existirían antes de
que se constituya la permanencia objetal, es decir desde el nacimiento?

Reanudaremos esta discusión a partir de la interacción de las posiciones depresiva y esquizo-paranoide. El sistema metapsicológico kleiniano es bien conocido. La posición esquizoparanoide ocupa en él un

lugar importante en la medida en que el proceso defensivo principal es la escisión del objeto con sus consecuencias: identificación proyectiva y proyección.[32] Como mencionamos anteriormente, en el sistema kleiniano, el proceso primario conduce a la satisfacción alucinatoria por la introyección del "pecho bueno", cada vez más separado del "pecho malo" perseguidor. Este proceso representa un papel esencial en la negación[33] y también en la represión primaria. El carácter más o menos absoluto, o por el contrario permeable, de la represión, depende de la evolución de esta fase que se desarrollaría en los primeros meses de vida. La posición depresiva corresponde al establecimiento de una relación con personajes cuya permanencia se reconoce. La ambivalencia —siendo el mismo objeto a la vez bueno y malo, amado y odiado— es la angustiosa consecuencia de la continuidad. El proceso defensivo descrito más arriba se acompaña de otras defensas ya más complicadas. El complejo de Edipo se organiza, tal como se descubre en los psicoanálisis más precoces. Las defensas maniacas y el proceso de reparación entran en acción, con sus características propias, para luchar contra la angustia depresiva.

Las dificultades comienzan cuando Melanie Klein sitúa *en el tiempo* (los primeros meses de vida), *antes* de que se constituya la posición depresiva, la disposición del aparato psíquico susceptible de explicar las vicisitudes: la posición esquizo-paranoide.[34] Por medio de esta reconstrucción teórica ella llena un cierto hiato que hemos podido constatar en las primeras descripciones de S. Freud entre la aparición no *fechada,* pero probablemente muy precoz, del deseo, fenómeno psíquico, alucinación de la satisfacción de la necesidad bajo el efecto del proceso primario y en función del principio de placer, y el reconocimiento de la continuidad del objeto exterior, lo que ya implica

---

[32] Esta posición es muy semejante a la formulación de Freud al introducir la introyección y la proyección en el sistema defensivo del niño *(Metapsicología,* 1915, *op. cit.).* Sin embargo hay dos diferencias esenciales en el último texto: este proceso defensivo es necesario para el establecimiento de la relación objetal contrastante con el estado narcisista primario, y además se trata de proyección y no de identificación proyectiva, concepto que supone una oposición entre un continente y un contenido.

[33] Sabemos todo el partido sacado por Melanie Klein al artículo de S. Freud, *La negación.*

[34] Reconocemos ahí una disposición de espíritu que nos es familiar, puesto que anteriormente insistimos en nuestra convicción, desde el comienzo del psicoanálisis de Carine, de que nos encontrábamos ante un sistema organizado anteriormente. La opinión de Melanie Klein, al considerarse animada por el mismo espíritu de S. Freud cuando descubría en el adulto la neurosis infantil, nos resulta por esta razón perfectamente comprensible, pero puede que ésta sea una razón más para examinar muy de cerca a dónde nos conduce la idea, a veces vertiginosa, de la precocidad de la organización psíquica.

proceso secundario y principio de realidad, es decir un cierto funcionamiento del yo. En *Inhibición, síntoma y angustia*, S. Freud llamó la atención sobre la angustia del lactante ante el rostro del extraño. Sacó importantes conclusiones sobre la asimilación de la pérdida de la percepción del objeto a la pérdida del objeto, lo que implica desde ese momento (que tampoco está situado en el tiempo) una participación del yo en la formación de la angustia. Pero conviene notar de pasada que, en ese texto de 1926, S. Freud no parecía considerar que la ambivalencia de la catexia materna, ni sobre todo el complejo de Edipo, estuvieran implicados en este proceso: "Más tarde,[35] la experiencia enseña que el objeto puede permanecer presente, pero volverse malo para el niño; desde entonces, la pérdida del amor por parte del objeto se convierte en un nuevo peligro y una nueva condición determinante de la angustia, mucho más duradera." Es interesante constatar que psicoanalistas que partieron de principios teóricos opuestos han llegado a considerar que esta reacción, prueba del reconocimiento de la madre como fuente continua de satisfacción, denota un estado de organización mucho más importante de lo que dice S. Freud en ese texto. Melanie Klein ve en la fase depresiva el punto de partida de la organización del complejo de Edipo y en esto se mantiene coherente con la teoría psicoanalítica (¿no es al complejo de Edipo que alude S. Freud en el "más tarde" de la cita anterior?). Una de las autoridades del "psicoanálisis genético", R. Spitz, describió, con notable espíritu de observación, la angustia ante el rostro del extraño como el "segundo organizador" del aparato psíquico. Sin embargo, para Spitz, como para todos los investigadores de la Escuela de Anna Freud o de Hartmann, el complejo de Edipo no se organiza sino mucho más tardíamente, después de una larga fase de evolución y de diferenciación del ello y del yo.

Los psicoanalistas de una y otra escuela también parecen estar de acuerdo en reconocer la importancia de lo que se organiza en el segundo semestre de vida, si bien dan valores muy diferentes a esta organización precoz. ¿Pero es necesario proyectar la *fase* esquizoparanoide en los primeros meses de vida del lactante, puesto que admitimos la existencia de un lazo contradictorio e indisociable entre las *posiciones* depresivas y esquizoparanoides? Hemos visto que aquí se trata de uno de los aspectos fundamentales del proceso analítico: el de la interacción permanente del complejo de Edipo y de las fantasías ligadas a las pulsiones parciales.[36]

---

[35] Esta diferencia existía en la teoría freudiana desde los primeros escritos, y ya lo subrayamos más arriba a propósito de *Los dos principios del suceder psíquico.*

[36] Cf. cap. VIII, proposición 1.

El desarrollo del pensamiento kleiniano, impulsado por el descubrimiento de las etapas precoces del complejo de Edipo, se apoya en las formulaciones de Freud concernientes al instinto de muerte y su intrincación con la libido. Parece como si Melanie Klein hubiera querido llevar hasta sus últimas consecuencias la tesis expuesta principalmente en *El problema económico del masoquismo*. Pero ella introduce una dimensión que está ausente en el texto freudiano, en la medida en que ella *fecha* el momento en que la libido vuelve la pulsión de muerte hacia el objeto externo y sitúa ese momento en los primeros días de vida. Esta modificación es importante, por cuanto Freud tiene cuidado de dar un carácter intemporal a las relaciones respectivas entre "Principio de Nirvana", "Principio de placer" y "Principio de realidad".[37] Melanie Klein no se conforma con imaginar como una "ficción" esta fase durante la cual la libido modifica la pulsión destructiva (como hizo Freud al imaginar a un lactante sometido únicamente al principio de placer, en *Los dos principios del suceder psíquico)*, sino que ella deduce su existencia a partir de la contradicción mencionada anteriormente y de la hipótesis del carácter innato de los instintos (libido e instinto de muerte). Fue apoyándose sobre tal construcción teórica que se escribieron los artículos titulados: "Algunas conclusiones teóricas acerca de la vida emocional del lactante" (1943)[38] y *Envidia y gratitud* (1957).[39] Por el contrario, el intento de utilizar los datos de observación directa ("Observando la conducta de bebés" [1943][40]) no aporta ningún hecho demostrativo de la anterioridad de una "fase" esquizo-paranoide, aparte de la constatación de que existe cierta organización psíquica precoz, lo que actualmente nadie pone en duda. La atribución de ciertas inhibiciones alimentarias a la angustia de persecución no es posible más que si consideramos sabido lo que justamente se trata de verificar.

Al leer a Melanie Klein, es posible dejarse engañar por el lenguaje casi fenomenológico que emplea para describir de forma gráfica lo que "siente" el pequeño lactante por el pecho bueno o malo. Hanna Segal observa con justeza que sería un gran error suponer "que en el nacimiento, el yo se parece, en cualquier grado que sea, al yo de un lactante bien integrado de seis meses, y todavía menos al de un niño o un adulto completamente desarrollado". Personalmente, nosotros tendríamos cierta tendencia a seguir esta dirección, pero posiblemente

---

[37] Más adelante reanudaremos la discusión acerca del punto de vista diacrónico a propósito del concepto de narcisismo primario.

[38] M. Klein, en *Desarrollos en psicoanálisis*.

[39] M. Klein, *Envy and gratitude*, Tavistock Publications, 1967; trad. española: *Envidia y gratitud*, Paidós, Buenos Aires.

[40] M. Klein, en *Desarrollos en psicoanálisis*, pp. 209-237.

rebasando el alcance que Hanna Segal ha querido darle. Los elementos
que preparan la organización de una estructura tienen un valor completamente diferente antes o después de que ésta se organice. El avance
psicoanalítico debe evitar un doble peligro: el rechazo a imaginar un
funcionamiento mental muy precoz, y la proyección antropomórfica,
describiendo lo que es anterior con conceptos que no se aplican sino
a partir de una estructura ulterior (lo que amenaza con inducir la ley
de "continuidad genética").

Ahora debemos regresar al procedimiento que permite reconstituir
el pasado a partir de las sesiones de análisis de niños o de adultos,
procedimiento gracias al cual los autores kleinianos aportan lo que
ellos consideran una prueba clínica de la extrema precocidad de las
relaciones de objeto fantaseado. Esta parte muy importante de la elaboración kleiniana nos interesa aquí directamente. Ya hemos recordado
el importante papel representado por estas reconstituciones en la investigación psicoanalítica, así como la naturaleza particular de estas
construcciones cuando conciernen al comienzo de la vida, puesto que
no se plantea la posibilidad de que ellas permitan al paciente acordarse.[41] Esto no constituye un obstáculo infranqueable. Hacia el fin de
su vida, Freud mostró que esta ausencia de rememoración podía ser
compensada por la convicción de la verdad de la construcción "que,
desde el punto de vista terapéutico, tiene el mismo efecto que un
recuerdo recobrado".[42] Pero si la escisión, la identificación proyectiva
y la introyección pueden ser instrumentos útiles para la comprensión
de la producción del paciente en el curso de la sesión, y para captar el
desarrollo de la transferencia, la utilización de estos conceptos en
la interpretación será diferente según que veamos en ellos el efecto de la
tendencia a la repetición de un *estado* arcaico, que el paciente debe
rememorar o del que, si eso no es posible, debe aceptar la reconstrucción, o un proceso defensivo inseparable del cuadro estructural en el
que se desenvuelve. La primera hipótesis conducirá, llevada al extremo,
a proporcionar precozmente al paciente interpretaciones preedípicas,
incluso excluyendo a veces la catexia de zonas erógenas. La segunda
hipótesis tiende a justificar, por el contrario, la táctica que nosotros
seguimos en el psicoanálisis de Carine.

Desde el comienzo del psicoanálisis de Carine, el concepto de identificación proyectiva estaba presente en nuestra mente. Regresemos
una vez más a la elaboración de la primera sesión. Cuando Carine
arroja con rabia la muñeca en la papelera, tratándola de "hija mala"

---

[41] Ver también a este respecto la reciente obra de S. Viderman, *La construction de l'espace analytique*, París, Denoël, 1971, 344 p.

[42] S. Freud, *Konstruktionen in der Analyse* (1937) (Construcciones en
análisis); *GW*, vol. xvi, pp. 43-56; *SE*, vol. xxiii, pp. 257-269.

y añadiendo que la única suerte que merecía era la de ser arrojada a la basura, hubiera sido posible considerar ese juego como la manifestación de la identificación proyectiva. Hubiéramos podido interpretárselo diciéndole que era la parte mala de ella misma la que ella no quería, y a la que introducía violentamente en el basurero de la analista, es decir en el cuerpo de ésta considerada como mala. En parte, esta forma de ver las cosas hubiera estado conforme con lo que comprendimos de esta secuencia. En efecto, en el juego de la señora, realizado tomando los zapatos y el bolso de su madre, nosotros vimos una formación reactiva destinada a mantener reprimidos los movimientos pulsionales, las representaciones y los afectos movilizados por la nueva situación. En esta formación reactiva, los zapatos y la bolsa de la madre simbolizan "objetos buenos" de los que ella desea apropiarse. Este proceso de escisión y de introyección completa el efecto económico de la identificación proyectiva, de la que es indisociable. El conjunto del juego, incluyendo la proyección de la "parte mala" de Carine en la "mala psicoanalista", actúa como "para-excitación", lo que caracteriza la puesta en actividad violenta de un yo ya muy organizado.[43] En este contexto, la secuencia de la muñeca debe ser entendida como poseedora de un efecto particularmente activo para controlar los afectos depresivos, que el juego de la señora, expresión de defensas maníacas, no lograba vencer completamente. El desarrollo del juego de la niña en el curso de las sesiones siguientes proporcionó la demostración del carácter edípico de los deseos y de los temores mantenidos reprimidos gracias a esta formación reactiva. Por lo tanto no podemos afirmar nada distinto de la proposición siguiente: esta proyección, que es un ejemplo indiscutible de identificación proyectiva, es una defensa contra la angustia edípica. Las asociaciones, que nos permitieron precisar la articulación de estos procesos defensivos con el complejo de Edipo, se desarrollaron sin que la psicoanalista interpretara el proceso de identificación proyectiva como un movimiento fantasmático con una individualidad propia. Puede que esta evolución no sea siempre la regla: constituye un indicio del equilibrio cuantitativo entre los procesos primarios y los procesos secundarios, y por esta causa adquiere cierto valor semiológico. Es difícil imaginar lo que habría pasado si la psicoanalista le hubiera interpretado a Carine su angustia persecutoria de otro modo que refiriéndose al deseo de la niña de identificarse con su madre en tanto que "imagen total", pero eso no hubiera aportado ningún argumento decisivo para apoyar la hipótesis de relación objetal

---

[43] S. Freud, cf. *Notiz über den "Wunderblock"* (1925), *GW,* vol. xiv, pp. 3-8; *SE,* vol. xix, pp. 227-232. *El block maravilloso,* en *O.c.,* t. ii, pp. 506-508.

anterior a la continuidad del objeto. Escisión e identificación proyectiva son aquí indisociable del complejo de Edipo.[44]

Por lo demás, la lectura de un libro de Hanna Segal[45] nos ha confirmado en este punto de vista. En el capítulo dedicado al estudio de la posición esquizoparanoide, la identificación proyectiva es descrita como "utilizada para múltiples objetivos": la proyección de las "partes buenas" sobre el objeto ideal sirve al objetivo libidinal (evitar la separación), la de las "partes malas" sirve para librar de ellas al yo, y al mismo tiempo para destruir el objeto: el valor defensivo de la escisión se subraya una vez más. En este desarrollo teórico, estos procesos están relacionados con la relación objetal primitiva (con el pecho), y se describen como capaces de intensificarse cuando la madre es percibida como objeto total (fase depresiva). Es entonces cuando "su cuerpo todo entero es penetrado por la identificación proyectiva", lo que establece así la fantasía del coito edípico. La ilustración clínica que sigue es demostrativa (la niña de cinco años de la "zorra resbaladiza") ya que ella plantea el problema en iguales términos que el ejemplo de Carine. La "parte mala" de la niña, proyectada en el cuerpo de la psicoanalista, es identificada con el pene del padre por Hanna Segal, con argumentos clínicos muy convincentes, y el movimiento pulsional que revela esta fantasía es fundamentalmente ambivalente. La valoración de la identificación proyectiva y de la escisión en tanto que posiciones originales no podría hacerse a partir de este material sino gracias a su aislamiento, discutible en el aspecto táctico, aislamiento que los psicoanalistas kleinianos se guardan de hacer en su práctica, puesto que ello iría en el sentido de las resistencias.

Representaría correr un peligro insidioso el formular interpretaciones utilizando de forma demasiado prolongada términos abstractos, faltos de todo erotismo, tales como "la buena" o "la mala parte", sino como una etapa muy breve de la elaboración interpretativa. Sin disminuir por ello la importancia del proceso de escisión en la teoría y en la práctica psicoanalítica, recordemos que la resistencia más viva de los pacientes se refiere a la fantasía de penetración del cuerpo por los órganos sexuales, tal como se representa en las teoría sexuales infantiles, y tal como se encuentra simbolizada en los diferentes movimientos de la actividad mental. La discreta entrada de la "zorra resbaladiza" representa a la vez el coito de los padres y una forma de desembarazarse de las representaciones mentales inconscientes angustiosas que se rela-

[44] Cf. cap. VII, pp. 283 ss.
[45] H. Segal, *Introduction à l'oeuvre de Melanie Klein*, loc. cit., pp. 17-18. Ed. española: *Introducción a la obra de Melanie Klein*, Paidós, Buenos Aires, pp. 32-33.

cionan con él. La elaboración de tales sobredeterminaciones es la que constituye una de las vías esenciales del proceso psicoanalítico. Y nos alejaríamos de esta necesidad si tomáramos al pie de la letra ciertos textos kleinianos que, en el ardor de la demostración, podrían hacer creer que la interpretación de la escisión y de la identificación proyectiva es un fin para el analista, apoyándose en la primacía temporal de la fase esquizoparanoide.[46]

La hipótesis según la cual las fantasías más anxiógenas son las más antiguas justifica esta búsqueda de lo más arcaico, y el principio de continuidad genética es su corolario. Esta implica un esquema estático del concepto de fijación, siendo los puntos de fijación más peligrosos aquellos que remiten a una época en la que el yo era el más débil, el menos organizado, lo que daría una extensión ilimitada a la fórmula de S. Freud. Si hay algo de verdad en esta formulación, no por ello contiene menos una fuente de dificultades importantes, puesto que llevando este razonamiento un poco más lejos, y no tomando en cuenta la heterogeneidad de las estructuras sucesivas, no habría límite alguno en esta búsqueda retrógrada de los orígenes. La noción de debilidad del yo implica la de una relación de fuerzas. Y hay otros momentos evolutivos distintos de los más primitivos donde esta relación está en entredicho.

Otro ejemplo de identificación proyectiva, observado en el psicoanálisis de Carine, demuestra la sobredeterminación de este proceso. En la 17ª sesión, vimos a Carine llamar a su psicoanalista "señora del lápiz" (cf. cap. IV), y subrayamos las múltiples implicaciones de esta denominación, que respondía a una acción de la psicoanalista que le quitaba un objeto de las manos, al mismo tiempo que a una interpretación acerca del deseo de la niña de destruir los objetos contenidos en el cuerpo de la analista. La formación y la manipulación del símbolo "lápiz" tenían desde ese momento una historia compleja. El lápiz simbolizaba las inyecciones practicadas por la pediatra. Estas vinieron a ocupar el lugar de los arañazos y los dientes del lobo, igualmente atributos simbólicos relacionados con el padre y la madre precedentemente. En el movimiento mismo de la sesión, el proceso de identificación proyectiva era manifiesto: era justamente "la parte mala" de

[46] Tal tendencia podría ser sugerida por un ejemplo dado por Melanie Klein (*Nota sobre algunos mecanismos esquizoides*, en *Developments in psychoanalysis, op. cit.*, trad. española, p. 274). A propósito del sueño de una mujer adulta: "ella debía vigilar a una niña perversa que estaba decidida a matar a alguien", Melanie Klein se expresa así: "la personalidad de la paciente estaba escindida en dos partes, la niña perversa e incontrolable de un lado, y del otro la persona que intentaba influirla y controlarla... la muerte de la niña representaba así la aniquilación de una parte de su personalidad".

ella misma la que Carine proyectaba así en su psicoanalista. Esta "parte mala" representaba sin embargo a la vez sus deseos sádicos y el "superyó" perseguidor estimulado por este movimiento pulsional, lo que implica, como observamos en el capítulo IV, la preexistencia de un movimiento introyectivo. Hasta ahí, nada viene a contradecir la teoría kleiniana en su interpretación clínica.

Después de las intervenciones de la psicoanalista y la producción de la locución "señora del lápiz", Carine declara sucesivamente: 1] que no *puede* romper la estatuilla que se preparaba a destruir; 2] que no *quiere* hacerlo, y 3] finalmente da a su madre consejos de severidad. En el primer tiempo, renuncia a su movimiento agresivo ante una prohibición venida del exterior, en el segundo la prohibición está internalizada y en el tercero la niña expresa la idea de un cierto alivio: si a veces su madre pudiera actuar como acaba de hacer la psicoanalista, es decir haciendo funcionar el proceso proyectivo descrito más arriba. El yo de la niña se somete a su superyó (lo que aparece marcado por la sucesión "yo no puedo-yo no quiero"), movimiento que es favorecido por la identificación proyectiva.

Pero quizá sería simplificar demasiado el proceso sutil de esta breve secuencia, no ver en el mejor equilibrio entre el yo de la niña y su superyó sino el efecto exclusivo de la proyección de la "parte mala" en la psicoanalista. Esta explicación no tomaría suficientemente en cuenta el proceso de condensación que desemboca en la expresión "señora del lápiz". Este atributo no representa solamente una "parte mala", sino también el objeto codiciado, cuya posesión confiere el poder y permite ser amado. Probablemente es esta catexia libidinal del objeto parcial así simbolizado la que permitió el proceso introyectivo en función del cual el yo se atribuyó la prohibición formulada por la psicoanalista. Sin embargo, sería artificial formular el proceso en curso en esta sesión como la proyección de la "parte mala" y la introyección de la "buena", que es lo que nosotros estuvimos tentados de hacer, pues sólo a partir de la proyección del objeto ambivalente puede hacerse *a continuación* la introyección. El nuevo equilibrio instituido entre el yo de la niña y su superyó responde a la ambivalencia de la introyección, y es en la doble representación interna proveniente de este proceso de identificación donde se manifiesta cierta escisión. Si el apelativo "señora del lápiz" fue indiscutiblemente signo de un movimiento que produjo cierto alivio, y esto es lo que permite evocar aquí la puesta en marcha de la identificación proyectiva en tanto que proceso defensivo, este movimiento está inscrito en una secuencia temporal de la que no es posible separarlo.

La denominación "señora del lápiz" es utilizada a continuación repetidas veces, mientras que el símbolo del lápiz sufre una evolución que necesitamos recordar brevemente. Estas repeticiones y esta evolución muestran, si ello fuese aún necesario, hasta qué punto sería peligroso confundir expresión manifiesta y contenido latente. Tanto la palabra como el instrumento que ella representa pueden simbolizar objetos catectizados diferentemente según los momentos del análisis, catexia en la que predominan a veces la pulsión destructiva y a veces la pulsión libidinal. La ambivalencia del apelativo "señora del lápiz" resulta manifiesta en la 20ª sesión. El lápiz mismo se convierte en un medio para agradar al padre y de luchar, gracias al dibujo y con la ayuda del padre, contra la angustia de castración, mientras que, en el juego, simboliza el deseado pene del padre, que puede a la vez dar un hijo y hacerlo nacer (cf. 27ª sesión). Por lo tanto no hay aquí una correspondencia término a término entre símbolo y objeto "bueno" o "malo", lo que a menudo ha subrayado Melanie Klein en su elaboración teórica. Pero cuando ésta habla de mayor o menor permeabilidad de la escisión, hace depender estas variaciones de los avatares de la fase esquizoparanoide, que es precisamente lo que crea el problema.

A todo lo largo del psicoanálisis de Carine, vimos la estrecha relación de la ambivalencia de la catexia de la psicoanalista con el complejo de Edipo, a veces invertido, pero más a menudo heterosexual, mientras que la fantasía de introducir un objeto en el cuerpo de la psicoanalista, o de tomar y destruir su contenido, se ha encontrado en continuidad con la fantasía del coito de los padres y los deseos de la niña orientados hacia esa fantasía. La muy impresionante diferencia entre la expresión y los *acting* del principio y la elaboración del final del tratamiento merece, desde el punto de vista en el que estamos situados, cierta atención. Los procesos de identificación proyectiva y de escisión aparecen con mayor pureza al comienzo del tratamiento, mientras que al final los procesos defensivos hacen surgir los mecanismos habituales del yo neurótico, planteándose los términos del conflicto edípico con gran claridad a causa del *insight* adquirido por la niña. ¿Podemos deducir que esos mecanismos del comienzo de la cura se remontan al período más antiguo de la vida psíquica de la niña? O dicho de otro modo, ¿tenemos el derecho de considerar que el indiscutible movimiento progresivo de la niña durante su psicoanálisis es un modelo utilizable para reconstituir, *en el mismo orden*, su evolución anterior? La especificidad estructural de las regresiones, tal como éstas aparecieron, incluso al comienzo de la cura, no permite considerarlas como un simple retroceso en una forma lineal, ni valorar el proceso defensivo que las organiza, considerándolo como el elemento primitivo.

La sobredeterminación de la producción de símbolos complica la

reconstrucción en análisis, tanto más cuanto que faltan aquí puntos
de referencia temporales como los que permitieron a Freud reconstituir, más allá de la escena primitiva, el pasado infantil del "Hombre
de los lobos". Desde este punto de vista, el carácter muy fragmentario de la rememoración, sobre el que insistimos más arriba, no debe ser
subestimado en una elaboración teórica.

Si la reconstrucción de las primeras etapas del inconsciente de la
niña no puede ser una réplica directa del proceso psicoanalítico,
lo mismo que sucede con su representación al revés, las primeras sesiones deben proporcionar algunos elementos importantes para tal reconstrucción, puesto que ellas contienen indicios de cierto funcionamiento
inconsciente antes de cualquier elaboración en la cura. Nosotros
descubrimos toda una serie intrincada de movimientos contradictorios: deseo de ser como la madre y miedo de ser castigada por ella,
acercamiento libidinal a la psicoanalista y represión de los deseos
edípicos, fortalecimiento defensivo del deseo de ser como la madre
e incapacidad de asumir ese deseo en razón del carácter sádico del
deseo simultáneo de quitarle el objeto parcial. Mientras se servía únicamente de las pertenencias de su madre (a excepción de la muñeca),
rechazando las de la psicoanalista, la aclaración de su miedo (edípico)
suprime esta división. No hay nada en todo esto que permita introducir
una sucesión temporal entre los términos de esas contradicciones, y por
el contrario todo aquí coopera para que no sean disociadas. Los objetos
simbolizados por lo que la niña manipula no son "parciales" sino por
oposición a la integridad de la imago a la que se refieren. La catexia
de unos y otros evoluciona en una relación estrecha. Si existe una
continuidad, por el hecho del proceso primario, entre el pecho, el pene,
los bebés, el alimento y las heces, uno de los efectos más impresio-
nantes de la escisión y de la identificación proyectiva es el de dar su
estructura propia a las imagos parentales.

La escisión del objeto parcial en objeto de deseo libidinal y en
objeto perseguidor contribuye a especificar la catexia de la pareja
parental en el conflicto edípico. Esto es lo que ilustra, en el curso
del psicoanálisis de Carine, la sobredeterminación de los símbolos, de la
que ya tratamos ampliamente más arriba. Desde este punto de vista,
la opinión de Melanie Klein según la cual el complejo de Edipo puede
considerarse como poseedor de un efecto defensivo con relación a la
angustia ligada a las pulsiones parciales, se encuentra, si es que aún
lo necesitaba, perfectamente justificado, sin que por otra parte se
vea la necesidad de disociar en el tiempo objeto parcial y objeto total,
posición "esquizoparanoide" y posición "depresiva". A partir de la
introyección del objeto del deseo libidinal es que el autoerotismo
adquiere un nuevo sentido en el sistema narcisista, y que al mismo

tiempo se desarrolla la actividad del "yo-placer", pero esta introyección trae consigo paralelamente la del objeto perseguidor, a partir del
cual se desarrolla el superyó. Resta por investigar cómo reconstituir,
sin evocar una memoria filogenética de efectos inverificables, las modalidades de esas transformaciones.

3. *Problemas planteados por ciertas refutaciones de las teorías*
   kleinianas y en particular por la puesta en evidencia
   del papel de la experiencia y la maduración
   en la organización de las fantasías

Muchos psicoanalistas fueron inmediatamente sensibles a las dificultades teóricas planteadas por los escritos de Melanie Klein. Si cierto
número de discusiones polémicas son hoy en día parte del pasado, las
teorías concernientes a la génesis de la organización psíquica han
tomado una consistencia suficientemente coherente para que se pueda
hablar de una escuela de psicoanálisis genético, que representa a un
número importante de psicoanalistas, tanto de niños como de adultos.

La descripción kleiniana de las fantasías durante los primeros
meses de vida puede parecer disparatada y sospechosa de realismo
psicológico. En efecto, no es absurdo admitir que un cierto desarrollo
del aparato psíquico es necesario para permitir semejante actividad
mental. La corriente de opinión, ilustrada tanto por los trabajos de
Hartmann, Kriss y Loewenstein, como por los de Anna Freud y su escuela, y caracterizada por la búsqueda de lo "posible" en el desarrollo
del psiquismo infantil, no puede suscitar sino simpatía, si es que tratamos más de conocer al niño que de elaborar una fantasía del niño,
tal como éste debería ser para satisfacer una teoría (para usar una
fórmula de Anna Freud).

Pero este camino, que procede en su origen del más evidente buen
sentido, es mucho más peligroso de lo que parece en el primer momento. Plantea el problema del valor epistemológico de las informaciones recogidas fuera de la experiencia analítica, y en particular, de
todos los elementos de observación del comportamiento, bien se trate
de la "observación directa" (de la que no se privaron ni Freud ni
Melanie Klein, pero de la que ambos hicieron un uso muy particular),
o de los datos de la psicología genética. Desde nuestro punto de vista
como psicoanalistas, se trata, en uno y otro caso, de estudios descrip-
tivos que tienen sus métodos propios —y no se trata de discutir su valor
científico— pero no nos proporcionan sino informaciones indirectas
sobre los objetos de nuestra ciencia, definidos por los conceptos metapsicológicos. El orden cronológico de los fenómenos observables no

debe ser descuidado, pero no informa nada acerca del proceso que
determina el encadenamiento de las estructuras de las que estos fenómenos no son sino los signos más o menos descifrables. Así no ha sido
sin grandes reservas como muchos psicoanalistas han visto invocar el
concepto de maduración, inseparable del de "esfera sin conflictos"
del yo, en las teorías de Hartmann, Kriss y Loewenstein.[47] Yendo
demasiado lejos en esta dirección, correríamos el riesgo de caer en
otra forma de realismo psicológico, aunque sólo fuera por atribuir
al factor "tiempo" un papel privilegiado. No discutiremos aquí un
proceso propio de la psicología genética, describiendo las estructuras
que se suceden en un orden necesario. En nuestra disciplina, la evolución no es "necesaria" sino en razón de las contradicciones dinámicas
y económicas propias de cada organización, en tanto que sistema de
relación con las fuentes, tanto interiores como exteriores, de placer
y de displacer. En otros términos, la concepción psicoanalítica de la
evolución es indisociable del concepto de conflicto. Suponer una maduración psíquica calcada sobre el modelo de la maduración del sistema nervioso (embrionario y postnatal) y distinto de la evolución
conflictual, no es una forma de resolver las dificultades teóricas planteadas por la precocidad, verificada empíricamente, de la complejidad
psíquica. Esto es eludir la dificultad teórica.

El efecto de la maduración no es observable sino muy al comienzo
de la vida. Desde que ésta permite el paso de los reflejos primitivos de
prensión de motilidad distal, las manipulaciones más elementales entran en el sistema placer-displacer del niño. La posición sentada, la
exploración visual, el caminar, son otras tantas actividades inmediatamente cargadas de catexia y organizadas por estas catexias. Todo lo
que sabemos actualmente sobre la transformación de la escoptofilia
en tendencia epistemofílica, sobre el lugar privilegiado de la adquisición del lenguaje en el juego de los procesos primarios y secundarios
y en la organización del sistema preconsciente, hace cada vez más
difícil la utilización del concepto del "yo autónomo", indisociable del
de "maduración" del aparato psíquico.

Esta crítica no autoriza cualquier reconstrucción. Las imposibili-
dades iniciales permanecen: no se trata de evocar recuerdos anteriores
a la organización del sistema perceptivo, ni de asignar a las represen-

[47] Ver sobre este tema: J. y E. Kestemberg, *Contribution à la perspective
génétique en psychanalyse, op. cit.;* R. Loewenstein, *La psychologie psychanalytique de Hartmann, Kriss et Loewenstein,* en *Revue française de psychanalyse,*
t. xxx, 1966, núms. 5-6, pp. 775-791; H. Hartmann, *Ego psychology and the
problem of adaptation,* en D. Rapaport, *Organization and pathology of thought,*
Nueva York, Columbia University Press, 1951; trad. española: *La psicología
del yo y el problema de la adaptación,* Pax, México.

taciones de palabras un origen anterior a la constitución del lenguaje. Freud mostró la necesidad de semejante crítica en su refutación de la teoría de Otto Rank sobre el traumatismo del nacimiento. Melanie Klein tampoco se dejó engañar, y porque toma en cuenta estos problemas es por lo que evoca el carácter fantasmático de los primeros objetos. Este aspecto de la teoría kleiniana ha sido criticado por los psicoanalista de la escuela de Anna Freud, J. Sandler y H. Nágera[48] consideran el fantasear como una de las funciones de un yo ya evolucionado, productor de un contenido imaginario organizado y satisfactorio, que puede ser consciente o no. No sería sino por represión que ese contenido puede a continuación quedar sometido al solo proceso primario. Contrariamente a Melanie Klein, que da a la fantasía un papel defensivo muy primitivo, los psicoanalistas de la Hampsteadt Clinic aún tomando en cuenta cierto parentesco entre la alucinación de la satisfacción inicial y la fantasía, postulan que deben intervenir dos factores para permitir al yo producir fantasías: "la maduración y la experiencia".

Junto a las críticas formuladas anteriormente sobre el concepto de maduración, aquí se hacen necesarias dos observaciones:

1] En tal conceptualización, las fantasías conscientes y las fantasías inconscientes se presentan en un mismo plano, y las segundas se desprenden de las primeras por represión. Solamente se especifica que ciertas fantasías pueden ser inconscientes de entrada. Esta analogía, si bien conforme a las formulaciones de Freud, presenta algunas dificultades. La capacidad de producir fantasías conscientes no es un fenómeno simple, lo mismo en la infancia que en la edad adulta. Las vicisitudes de esta capacidad, su irregularidad de un sujeto a otro, de una situación a otra, contrastan con el carácter casi universal de las fantasías inconscientes. El fantasear consciente supone una combinación particular de los procesos primarios y secundarios; su desarrollo dramático la distingue —todo el mundo está de acuerdo en esto— de la elemental satisfacción alucinatoria, y supone la organización de un proceso inconsciente al que responde y que constituye la fantasía inconsciente que tratamos de definir aquí.

2] Al invocar la experiencia, es decir cierta actividad perceptiva, Sandler y Nágera permanecen igualmente fieles a los textos freudianos, y en particular a las discusiones concernientes al sueño del "Hombre de los lobos". Desde ese momento, Freud mostró la sobredeterminación

[48] J. Sandler y H. Nágera, Aspects of the metapsychologie of fantaisies, Congreso de Estocolmo, 1963, en Int. Study of the child, 1963, vol. 18, pp. 159-194; trad. francesa Mme Massoubre en Rev. fr. Psychanal., 1964, t. 28, pp. 473-506.

y la organización de la fantasía inconsciente, haciendo destacar el papel de las experiencias hechas en épocas diferentes. Tendremos ocasión de regresar sobre las consecuencias teóricas de la constancia de la fantasía de escena primitiva, pero necesitamos desde ahora interrogarnos acerca del proceso por el cual el niño fija los elementos de experiencia perceptiva para dar forma a esa fantasía. Efectivamente, es necesario distinguir aquí las representaciones preconscientes de la disposición inconsciente que le comunica su catexia. Volviendo al ejemplo del "Hombre de los lobos", debemos preguntarnos cuál es la organización mental del niño de año y medio de edad para que pueda cargar de catexia tales percepciones, tanto si se trata del coito de los padres, en la primera hipótesis planteada por Freud, o del coito de los perros en la segunda de sus hipótesis. Esta última es, por lo demás, la que plantea el problema en toda su precisión, puesto que ella implica la posibilidad precoz de dar en seguida un sentido y de catectizar idénticamente la visión de los padres, vestidos de blanco, observando el despertar del niño. De una forma general, el concepto de experiencia se vacía de su contenido, si no se explica cómo actúa la selección que se efectúa muy pronto en la masa infinita de las impresiones sensoriales del niño. El carácter aterrador del coito es una explicación tanto menos satisfactoria cuanto que no es necesario haber sido testigo de aquél para organizar esta fantasía, y que se tiene que comprender en función de que ese espectáculo aterra al niño. Es difícil no admitir que cierta disposición inconsciente funda la experiencia tanto como los elementos aferentes, y que las experiencias sucesivas concurren a dar su forma a esta disposición inconsciente. La discusión sobre las fantasías inconscientes se encuentra así en su punto de partida.

S. Freud percibió perfectamente esta dificultad, y fue en esa ocasión cuando evocó la posibilidad de rastros mnémicos ancestrales,[49] hipótesis que discutimos al comienzo de este capítulo.

III. PROPOSICIONES TEÓRICAS REFERENTES A LAS FANTASÍAS
      INCONSCIENTES

Una reflexión acerca de la organización de las relaciones objetales y de las fantasías inconscientes debe, según nosotros, tomar en cuenta el carácter indisociable de la oposición entre continuidad del objeto y del *self,* y depresión, pérdida de esta continuidad.

[49] S. Freud, *Vorlesungen zur Einführung in die Psychoanalyse* (1916-1917), *GW*, vol. xi; *SE*, vol. xv-xvi, pp. 369-371; trad. española: *Introducción al psicoanálisis*, en *O.c.*, t. ii, p. 251.

La ambivalencia, que es la consecuencia inmediata de la continuidad (es un mismo objeto el que es a la vez bueno y malo, gratificador y perseguidor) y que funda la relación objetal en su especificidad, amenaza esta misma continuidad. El proceso defensivo que se desarrolla entonces puede ser considerado como el punto de partida de las actividades secundarias del yo, y tiende a disminuir la dependencia del sujeto respecto del objeto. Estas actividades son en sí mismas el signo de un proceso de introyección. Este último no puede comprenderse sino en función de una escisión. La hipótesis de la preexistencia de esa escisión, es decir de objetos fantaseados catectizados desde el comienzo de la vida, no es necesaria y nos parece que complica inútilmente la elaboración teórica, puesto que la escisión aparece como la consecuencia de la continuidad objetal.

Es con el aspecto gratificador del objeto cargado de catexia con el que el niño se identifica parcialmente en su actividad antidepresiva, siendo el aspecto frustrante proyectado al exterior en la madre cuando el niño está encolerizado, o en la forma percibida del rostro del extraño.

Entonces se producen dos modificaciones inmediatas. La valoración de las zonas erógenas, ya experimentada en el autoerotismo preobjetal y de los objetos percibidos como excitadores de esas zonas por intermitencia (alimento, heces) funda entonces la oposición objeto parcial-objeto total. La oposición introyección-proyección (que representa un *proceso* de desplazamiento de las fuentes de placer-displacer) se asocia a la oposición *fantaseada* incorporación-proyección del objeto malo en el cuerpo de la madre (bien sea ese objeto total representado por aquélla o por la no-madre, es decir por el extraño y muy pronto por el padre). La continuidad reconocida del objeto parece indisociable de ese proceso, y esto fue lo que obligó a Melanie Klein a postular la existencia de "objetos fantaseados" inmediatamente cargados de catexia, hipótesis indispensable para la construcción que sitúa al comienzo de la vida una "fase esquizoparanoide".[50]

La segunda modificación es la elaboración precoz de las primeras

---

[50] En *Nota sobre algunos mecanismos esquizoides* (en *Developments in psychoanalysis*, trad. española, p. 260, n. 11), Melanie Klein alude a una intervención de W. C. M. Scott acerca de "otro aspecto de la escisión": "Él mostró las rupturas en la continuidad de las experiencias, que implican una escisión en el tiempo más que en el espacio." Ella expresa su perfecto acuerdo con este punto de vista, pero esta introducción de la noción de discontinuidad (sobre la que ya había insistido S. Freud) modifica de forma importante los elementos del problema. Hasta que se establezca la continuidad del *self* y del objeto, la alternancia de experiencias agradables y desagradables no hace en ninguna forma necesaria la escisión "espacial" de un objeto cuya unicidad no es conocida.

314 TEORÍA DE LA TÉCNICA

etapas del complejo de Edipo, proceso desde hace mucho tiempo puesto en evidencia por Melanie Klein y que S. Lebovici y uno de nosotros describimos en forma un poco distinta en 1953.[51] Para que la proyección identificatoria tenga un valor defensivo susceptible de permitir el desarrollo del yo, es necesario que el objeto total reconocido como no-madre sea también cargado de catexia libidinalmente y de forma continua. Desde el final del primer año, el medio ambiente del niño no está compuesto por la madre destacándose como figura sobre un fondo de desconcidos amenazantes (como aproximadamente afirma R. Spitz),[52] sino por los dos progenitores que, no por representar papeles diferentes, son por ello menos intercambiables.

La observación del niño pequeño confirma este punto de vista. Desde el final del primer año, y sobre todo durante el segundo año, los dos padres están cargados de catexia a veces de forma equivalente y a veces de forma contrastada, lo que da al padre (pero también a veces a la madre) un doble valor de proyección de la imago de la buena y de la mala madre. La contraactitud de los padres, al mismo tiempo que la escisión del objeto parcial, contribuye a fijar esta distribución de catexias (que sin embargo sigue siendo fundamentalmente ambivalente), mientras que el lenguaje demuestra, en sus mensajes más elementales, que para los padres, e inmediatamente después para el niño, el muchacho es del mismo género, es decir del mismo sexo, que el padre, la niña que la madre. Por relación a estos elementos identificatorios fijos se ordenan las fluctuaciones de la identidad sexual ligadas a los avatares del complejo de Edipo y de las posiciones "contra-edípicas" de los padres.

Pero no hay solución de continuidad en esta organización edípica, que no implica ninguna modificación fundamental comparable a la que marca la organización de la fase depresiva.

En el capítulo VIII mostramos que las fantasías inconscientes, contenido latente de las producciones del niño en su psicoanálisis, estaban constituidas por la articulación del complejo de Edipo y de las fantasías pregenitales, que debían ser distinguidas claramente del sistema pulsional, y que sus variaciones dependían de las modificaciones del equilibrio dinámico y económico del sujeto. En los desarrollos que

[51] S. Lebovici y R. Diatkine, Étude des fantasmes chez l'enfant, op. cit.
[52] R. Spitz, The first year of life, en colaboración con W. C. Cobliner, Nueva York, Int. Univ. Press, 1965; trad. española: El primer año de vida, Fondo de Cultura Económica, México, pp. 125-126: "La angustia del octavo mes es la prueba de que para el niño todos somos desconocidos a excepción del objeto único." Una nota al pie de la página establece una excepción referente a los otros miembros de la familia, pero sin aportar un valor teórico particular.

preceden, explicamos las razones que no nos permitieron adherirnos sin reservas al sistema metapsicológico kleiniano, y en particular admitir como teoría explicativa la hipótesis de la existencia de relaciones de objetos fantaseados desde los primeros momentos de la vida. Esta parte —"objeto parcial" opuesto a "objeto total"— es ella misma el producto de un proceso de condensación a partir de dos elementos cuya catexia es importante sin ser idéntica: las propias zonas erógenas del niño, todo lo que entra o sale de su cuerpo, excitando generalmente las mismas zonas (alimento, heces, cuya proyección desemboca en las fantasías que conciernen al cuerpo de la madre). Esta condensación conduce *siempre* a la fantasía de castración, desde que el proceso de identificación secundaria, preso en las contradicciones del complejo de Edipo, confiera una estabilidad suficiente de la catexia de la imagen del cuerpo.

Por otra parte, la organización precozmente complicada de las fantasías inconscientes del niño excluye la hipótesis según la cual aquéllas estarían esencialmente constituidas por fantasías conscientes alucinadas, secundariamente reprimidas. Las fantasías inconscientes parecen por el contrario organizarse al mismo tiempo que lo que constituye la "represión primaria", y no pueden ser separadas del aparato represor, del que forman un aspecto.

Si las fantasías inconscientes no son ni un dato inmediato, contenido en la hipótesis de la dualidad de los instintos, ni el producto de la represión tardía, ¿cómo se puede reconstruir su aparición y su evolución?

Toda explicación debe tomar en cuenta la constante temática de las fantasías inconscientes. A pesar de sus talentos expresivos, Carine no escapa a una regla de la cual todos los psicoanalistas de niños y de adultos pueden verificar los efectos: las fantasías inconscientes están *siempre* organizadas sobre un tema edípico, implican *siempre* una representación del coito de los padres (escena primaria), implican *siempre* a la vez ese deseo de "ser como" uno de los padres y de "tener" una parte privilegiada de su cuerpo, producto de la condensación entre la representación de una zona erógena, y la de lo que entra o sale del cuerpo, excitando o no esas zonas (alimento, heces, niño en el vientre de la madre), lo que conduce *siempre* a la fantasía de castración.

Si los temas son constantes, los desarrollos dramáticos y los procesos de elaboración son infinitamente variados, lo que da a cada psicoanálisis de niño o de adulto una fisonomía particular y la necesidad de una táctica propia. Las experiencias vividas por el niño, determinadas tanto por las fantasías de los padres como por su equipo y la organización de las experiencias anteriores, refuerzan a veces

ciertas angustias de forma traumática o por el contrario facilitan un
modo de restauración, lo que explica ampliamente esta diversifiacción.
Por el contrario, los conocimientos racionales tienen un efecto menor,
contrariamente a lo que esperaban los psicoanalistas de la primera
generación.

Se plantean dos cuestiones: ¿cómo se organizan tales fantasías,
y bajo qué influencia tienen efectos diversificados sobre la organización
ulterior del psiquismo humano, es decir cómo se vuelven electivamente patógenas en cierto número de casos?

Toda formulación concerniente a la organización de las fantasías
inconscientes debe tomar en cuenta a la vez la continuidad progresiva
de las experiencias y la heterogeneidad de las estructuras sucesivas.

a] Lo que conocemos de la organización perceptivo-motriz del
recién nacido nos conduce a pensar que hay pocas probabilidades de
que pueda diferenciar lo que está en el interior de su cuerpo de lo que
está en el exterior. Solamente por un postulado ontológico podríamos
suponer que la oposición "yo"-"no-yo" es un elemento innato. Incluso
si se admitiera la hipótesis de la existencia del objeto "fantaseado", es
decir del fenómeno mental ligado a la actividad pulsional, la posibilidad de escisión entre objeto bueno y malo implica una primera
posibilidad de continuidad de la catexia. Ahora bien, nosotros sabemos
que, durante las primeras semanas, la discontinuidad es lo característico de la actividad psíquica del lactante en sus relaciones con el
exterior, no provocando respuesta los estímulos sino cuando el lactante
está en estado de necesidad. Esta discontinuidad caracteriza el conjunto de su funcionamiento mental puesto que pasa de fases de estados
poco diferenciados entre la vigilia y el sueño, a fases de apetito y agitación. Esto es poco conciliable con la hipótesis de una catexia precoz
de los objetos internos, ya que la continuidad es una característica
inherente al sistema pulsional y es la que determina la ambivalencia,
siendo la *misma* zona fuente de placer y de displacer.

b] La diferenciación entre el exterior y el interior y la continuidad
del *self,* que son complementarias, no se organizan de un solo golpe,
por efecto de algún fenómeno madurador totalmente exterior a la
vida mental. Recordemos una vez más la intuición de Freud (1899)
al definir el deseo como una disposición psíquica muy primitiva, caracterizada por la alucinación de la satisfacción, es decir como el recuerdo
de un mayor bienestar en el cuerpo y a la vez en una zona que va
a constituir progresivamente el punto de partida de un límite de ese
cuerpo, es decir una zona erógena. Los cuidados maternales son indispensables para evitar que esta coalescencia de la alucinación de la
satisfacción y de la catexia de las zonas erógenas no acabe en un de-

sastre vital.[53] No se trata aquí únicamente de las actividades materiales de la crianza (alimentación y limpieza), sino también de la capacidad precoz de la madre para realizar la catexia de la totalidad de las actividades del lactante, comprendido el autoerotismo. La proyección del ideal del yo materno sobre el lactante resulta necesaria, sin que un superyó demasiado sádico haga condenar y rechazar estas primeras manifestaciones autónomas del bebé.

D. W. Winnicott estudió de forma particularmente afortunada las disposiciones maternas específicas que permiten en los casos buenos un equilibrio satisfactorio. Su teoría de los objetos transicionales proporciona por otra parte interesantes observaciones acerca del paso del deseo primario y del afecto elemental a las relaciones objetales. Se trata, como sabemos, de la primera toma de posesión y de la primera utilización con un fin hedonista de cualquier cosa exterior al niño, que el autor no llama "objeto" sino con muchas reticencias: "hemos señalado que el primer 'objeto' *not me* es el pecho", recuerda en una nota al pie de la página,[54] mostrando así cierta ambigüedad frente a las teorías de Melanie Klein. Esta posesión acompaña generalmente a actividades autoeróticas orales, comprende una toma manual y un chupeteo del objeto transicional o bien una caricia de la zona peribucal. Este fenómeno es aún más interesante puesto que comienza a veces muy temprano y a menudo se prolonga durante muchos años. Winnicott piensa que los fenómenos transicionales podrían constituir un término "para describir el origen del simbolismo en el tiempo... un término que evocaría el camino recorrido por el niño cuando pasa de lo subjetivo a la objetividad".[55]

Si colocamos el fenómeno transicional en el cuadro de la concepción freudiana del deseo, fenómeno mental definido como una alucinación de la satisfacción (de la necesidad), y no como la alucinación del objeto preexistente a toda percepción, el "objeto transicional" es la primera prolongación hacia el exterior, o más exactamente al *límite exterior del cuerpo,* de la actividad autoerótica. Esta se caracterizaba al principio por el chupeteo, que podemos considerar sin demasiados riesgos como un fenómeno de descarga motriz que acompaña al primer esbozo de alucinación de la satisfacción. Winnicott insiste en una particularidad importante, la de que el objeto no debe cambiar, a menos que sea el niño quien lo modifique, lo que generalmente no sucede sino en un segundo tiempo. Así es como esta influencia motriz abre, sobre lo que no es el niño, la actividad autoerótica quiero-oral (buco-

[53] S. Freud, *Los dos principios del suceder psíquico.*
[54] D. W. Winnicott, *De la pediatría al psicoanálisis, op. cit.*
[55] D. W. Winnicott, *ibid.,* p. 114.

manual), y esta zona erógena se convierte así en el punto de partida
de un principio de orientación hacia un exterior continuo. No resulta
inútil situar esta importante evolución en un momento en el que el
sueño comienza a diferenciarse de los estados de vigilia, y en el que
las actividades autoeróticas adquieren una función diferente según
que se desarrollen durante los períodos de vigilia o durante los períodos que preceden al sueño (ellas "doblan" entonces la satisfacción
de la necesidad). Cuando la actividad mental, totalmente ligada al
principio del placer, comienza a sustituir a la satisfacción de la necesidad física, una transformación profunda del equilibrio económico
y dinámico del psiquismo viene a dar a todas esas actividades un valor
diferente, definido por la organización de la relación objetal.

Pero esta descripción estaría muy incompleta si, en esta evolución
de lo discontinuo a lo continuo, no tuviéramos en cuenta la totalidad de los fenómenos relacionados que se organizan simultáneamente.

Los "objetos transicionales" descritos por Winnicott no se encuentran a la misma edad en todos los niños. Y sin embargo, es probable
que los fenómenos transicionales tengan un carácter general y ocupen
un lugar importante en la comprensión de la evolución del lactante.
Winnicott relaciona con los fenómenos que acompañan una actividad
autoerótica tal como, por ejemplo, chupar un dedo, tanto la manipulación de "objetos transicionales" —brevemente descrita más arriba—
como los balbuceos. En efecto, éstos se derivan de los primeros fenómenos de chupeteo (en todo caso para los chasquidos labiales, mientras
que a menudo se ha dado un valor más complicado a los ruidos
guturales, relacionados más o menos directamente con esfuerzos de
expulsión). Pero la aprehensión del objeto transicional no es probablemente sino el aspecto más fácilmente observable de un fenómeno
más general, que es la influencia motriz y sensorial del límite del sí
mismo y del no-sí mismo, en una transformación del autoerotismo
que tiende hacia una catexia continua del medio ambiente. El desarrollo del apoderamiento por la mirada es muy probablemente un
aspecto importante de este fenómeno, como lo prueban las desorganizaciones fácilmente observables precozmente cuando el lactante cambia de decorado. El objeto transicional se distingue sin embargo de
otros fenómenos del mismo tipo en la medida en que, precediendo por
lo común al acto de pensar, constituye, junto con el autoerotismo y en
una dirección diferente, una posibilidad privilegiada para el paso
precoz de la pasividad a la actividad.

La catexia del niño por la madre representa un papel esencial en
esta evolución, y no es exagerado decir que ese papel es tan importante
como el de la maduración del sistema nervioso. Si es indispensable
para el desarrollo del deseo del lactante que éste cuente con alguien

que vigile la justa satisfacción de la necesidad, es necesario que ese
personaje nutricio catectice de una forma muy particular al lactante
para que toda una serie de circuitos, indispensables para la constitución
de la relación objetal, puedan organizarse. No insistiremos aquí sobre
la "preocupación maternal primaria" descrita por Winnicott, pero sí
sobre un aspecto cuya importancia nunca será demasiado encarecida.
Con toda seguridad, es una perogrullada recordar que, si bien el recién
nacido no tiene aún una historia personal, fuera de la que está inscrita
("programada") en su desarrollo biológico y que constituye un sistema
de otro orden, las personas que forman su futuro medio ambiente sí
tienen una y le han asignado un papel en esta historia desde que
supieron que él había sido concebido. No describiremos todas las variaciones de esta catexia del futuro niño hasta su nacimiento, ni del
devenir del deseo de que no hubiera sido concebido, pero insistiremos
sobre uno de los efectos más notables de la proyección del ideal del yo
de la madre sobre el niño, desde su nacimiento: la ilusión anticipadora es la que representa un papel fundamental en la organización del
aparato psíquico del niño. Así es como el fenómeno de la sonrisa, apre-
ciado por R. Spitz como el primer organizador de la relación madre-
hijo, es uno de los productos más fácilmente observables de esta
ilusión anticipadora. Esta modificación refleja de la mímica, al sobre-
venir durante las fases de quietud, en el momento en el que el estado
de vigilia está ya claramente diferenciado del sueño, sólo puede
adquirir sentido si alguien (y la madre está siempre pronta, por su
historia personal, a ser ese alguien) está ahí para creer que esa sonrisa
le es dirigida y sentirse profundamente gratificado por ello. La madre
sonríe a su vez; esta mímica es progresivamente asociada por el niño
a sus sensaciones propioceptivas y a su quietud, y el sistema de comunicación así establecido viene a ampliar la representación mental de la
satisfacción que acompaña al autocrotismo y al fenómeno transicional.
    La ilusión anticipadora interviene así dando, para la madre, un
sentido de angustia al grito que acompaña a la necesidad, un sentido
de satisfacción a los balbuceos y su respuesta electiva transforma estas
descargas en señales.
    La historia personal de los padres está incluida en una cultura
organizada en gran parte por el lenguaje, pero sería una simplificación
de orden puramente ideológico el no tomar en cuenta los procesos
intermediarios que actúan entre el orden cultural y la evolución del
psiquismo del niño en los primeros meses de vida. Las fantasías y los
deseos de los padres no intervienen sino a través de un intercambio
profundamente desigual, entre un niño que no responde más que a los
efectos masivos de la catexia por los padres, y unos padres que pro-

yectan sobre él una red de significaciones altamente elaboradas y sobredeterminadas.

c] Estas nuevas actividades del niño dan otra dimensión a su capacidad de desear, pero no es sino en la mitad del segundo semestre cuando esta orientación produce un cambio fundamental. El equilibrio placer-displacer ya no está fundado en la satisfacción de la necesidad, sino sobre la percepción de una forma catectizada, es decir capaz de provocar una satisfacción con su sola presencia en el campo perceptivo del niño, y esto de forma continua. Este fenómeno es el desenlace de esta larga evolución, en el curso de la cual los signos precursores de la satisfacción han adquirido una creciente importancia en la organización del deseo.

En el sistema kleiniano, esta fase no representa sino un fortalecimiento decisivo del yo y una intensificación de la escisión que conduce a la triangulación edípica. Este resultado provoca según nosotros una revolución tan completa en la organización psíquica del lactante que constituye un corte, a partir del cual el yo y el objeto se constituyen auténticamente:

1. La permanencia del objeto "total" se opone a la intermitencia anterior de las fuentes de placer y de displacer. Más bien que postular la existencia de objetos fantaseados, nosotros creemos más coherente pensar que esta oposición es indispensable para dar al aparato psíquico la organización que la práctica psicoanalítica pone en evidencia muy precozmente. La alucinación de la satisfacción, es decir, el acto de desear, se convierte en fuente de placer en el interior del "yo"; al mismo tiempo ella se transforma en alucinación del objeto que es entonces parte del "yo". Sin embargo, el destino de la parte y el del todo no son idénticos. Mientras que la continuidad de la catexia y del deseo atestigua la continuidad del "yo", la ambivalencia de la catexia objetal replantea el problema de la permanencia del deseo y del placer de desear. A causa de esto, el objeto interno es tan ambivalente como el objeto externo. La tendencia fundamental a la disminución de las tensiones internas (principio de placer) se traduce entonces por movimientos más complicados. El efecto del proceso primario se hace contradictorio: para mantener la continuidad del yo amenazado por la alucinación de la frustración ("objeto malo" interno), escisión, proyección e introyección hacen reaparecer una discontinuidad de otro orden. A partir de esta nueva contradicción se organizan las fantasías de incorporación y de identificación proyectiva. Una y otra suponen desplazamientos de catexia parciales respecto de los límites del "yo" y del otro, una vez reconocida su constancia. Las fantasías inconscien-

tes se distinguen así de los objetos internos en la medida en que son el fruto de una elaboración, provocada por el fracaso del primer proceso tendiente a disminuir la tensión interna, aquel mismo que pone en juego la actividad mental del deseo, y que desemboca finalmente en la ambivalencia de la alucinación del objeto. La proyección identificatoria es la introducción de la fuente local de placer y de displacer en el otro; esta fuente puede también desaparecer del campo del niño, mientras que la forma del otro permanece permanente. La incorporación es la introducción de esta fuente en el cuerpo del sujeto, para conservar el dominio del placer, o a riesgo de volverse malo él mismo, si la fuente de placer está mal desligada de la precedente (posición depresiva).

2. La escisión, como dijimos anteriormente, se convierte por lo tanto en un proceso defensivo indispensable, contrapartida "espacial" de la continuidad "temporal" de la catexia.

3. El recuerdo de las experiencias anteriores, cuya conservación es indisociable de la continuidad de la catexia, contrasta violentamente con esta continuidad y organiza la fantasía de destrucción y de división, por su contradicción no solamente con la continuidad del objeto sino también con su forma "totalmente" percibida.[56]

4. En su muy interesante estudio sobre el "narcisismo primario",[57] André Green opone teoría de los estados y teoría de las estructuras, y esta distinción le resulta básicamente necesaria en su elaboración teórica del concepto de narcisismo primario. Las formulaciones que anteceden tienen una repercusión inevitable sobre la teoría del narcisismo. Las fases primitivas de inexcitabilidad son la prueba de la capacidad inicial del aparato psíquico para liberarse de las excitaciones. El desarrollo de la tendencia del aparato psíquico a desear, bajo la influencia de esta misma tendencia, la reducción de las tensiones limita esas fases (mientras que el sueño se organiza en su especificidad económica) y las hace desaparecer cuando se establece la relación de objeto. Según nosotros, el narcisismo primario no puede comprenderse sino en tanto que estructura diacrónica. No puede confundirse con el estado de inexcitabilidad discontinuo primitivo, sino que debe ser considerado más bien como el resultado de la contradicción entre la permanencia pulsional y la tendencia a la reducción de las tensiones, tendencia que en lo sucesivo no podrá realizar su objetivo más que en la muerte. La catexia del acto de desear, la del objeto bueno internalizado y las contracatexias secundarias permiten disminuir la depen-

[56] S. Lebovici y R. Diatkine, *Estudio de las fantasías en el niño, op. cit.*
[57] A. Green, *Narcissisme primaire: structure ou état?*, en *L'Inconscient* (*Revue de Psychanalyse*), 1967, núm. 1, pp. 127-156. Hay trad. española: *El narcisismo primario ¿estructura o estado?*, Proteo, Buenos Aires.

322 TEORÍA DE LA TÉCNICA

dencia respecto del objeto exterior, ayudando a la disminución de las tensiones, pero de ningún modo a su desaparición. A la fantasía de narcisismo primitivo (es decir, a la fantasía contradictoria antinómica de un objeto desprendido de la ambivalencia) se suceden las actividades secundarias del yo, que salvaguardan la permanencia del deseo y de la insatisfacción, la continuidad del yo y del objeto.

5. La continuidad de la catexia objetal modifica la dependencia del sujeto respecto de su medio ambiente. En los primeros meses de vida, "los cuidados maternales" pueden considerarse como materialmente indispensables para la supervivencia; por su calidad éstos determinan el devenir de las organizaciones mentales primitivas, pero provienen de más allá del universo del niño. El reconocimiento del "yo" y del "no-yo" es necesario para el de la permanencia del objeto exterior, por lo que la "presencia materna", una vez adquirida en su continuidad, se localiza en el exterior del "yo", pero esta vez en el universo perceptible del niño. Podemos imaginar que en una guardería organizada idealmente, en la que la calidad de los "cuidados maternales" fuera suficiente para que las necesidades materiales fueran correctamente satisfechas a su debido tiempo, la ausencia de una persona permanente que tuviera un interés constante por el niño desde el segundo semestre de su vida, sería tan perjudicial para su futuro como lo hubieran sido las negligencias en la satisfacción de las necesidades físicas durante los primeros meses. No se trata de un simple desplazamiento sino de un salto cualitativo.

La orientación del deseo hacia el exterior preparó el establecimiento de la relación objetal, pero ésta modifica radicalmente el estatus del deseo. Mientras que el deseo de la satisfacción de la necesidad podía ser remplazado por ésta, con lo que desaparecía la necesidad, el deseo del objeto es imposible de satisfacer. Cualesquiera que sean la duración y la calidad de la presencia materna, la partida de ésta desencadena un estado desagradable más o menos intenso, que es del orden de la depresión y de la angustia. Y eso es precisamente lo que significan las palabras: *permanencia del objeto externo,* inseparables del concepto de intemporalidad del inconsciente.

La transformación radical del sistema económico, en el momento de la organización de la relación objetal, permite una elaboración coherente del concepto metapsicológico de instinto o de pulsión. En 1915, S. Freud insistió en el hecho de que la pulsión "no actúa jamás a la manera de una fuerza de propulsión momentánea, sino siempre a la manera de una fuerza constante".[58] A partir de esta constante del instinto y de su carácter endógeno, Freud imagina en el mismo

[58] S. Freud, *Los instintos y sus destinos, op. cit.*

texto la limitación del "yo" y del "no-yo", oponiendo instinto y excitación externa. La fase depresiva (según el sistema kleiniano), o el establecimiento de la relación de objeto es la primera manifestación tangible de esta constancia.

Dos opciones son entonces posibles para la elaboración teórica. La primera corresponde a una tendencia indiscutible de S. Freud, por más que él siempre sintió la necesidad lógica de distinguir la elaboración de conceptos metapsicológicos, instrumentos para el conocimiento del inconsciente, de las hipótesis de carácter biológico que siempre le sedujeron. Si admitimos que el concepto de instinto o de pulsión es utilizable no solamente para el conocimiento del psiquismo, sino como representante de una propiedad inherente a toda manifestación de la vida, es lícito extrapolar e imaginar relaciones de objeto fantaseado que precederían a toda diferenciación entre el "yo" y el "no-yo". Freud no se dejó nunca arrastrar por ninguna ideología vitalista. Por eso se conformó, en sus hipótesis "biológicas", a plantear el problema más general de una tendencia a regresar al estado anterior, concepto de un nivel de abstracción más elevado que el de libido o de pulsión destructiva.

Otra opción sería más estrictamente metapsicológica. El instinto, concepto inseparable de la permanencia de la catexia, no puede ser considerado, en su definición exacta, fuera de una estructura de la que acabamos de examinar las modalidades de establecimiento. La tendencia a la disminución de las tensiones (principio del placer) es profundamente reorganizada por la ambivalencia, contradicción que conduce necesariamente al principio de realidad y al desarrollo del proceso secundario.

Las catexias objetales conducirían a una invasión de afectos desagradables, sin el desarrollo de un nuevo sistema paraexcitación, que implica catexias ligadas. La descripción de su aparición precoz es ya vieja.

La coherencia de la estructura definida por la permanencia de la relación de objeto, su continuidad con el complejo de Edipo y la organización tópica del aparato psíquico responden a necesidades teóricas que se desprenden del análisis del proceso psicoanalítico en el niño pequeño, así como su oposición con las fases que han preparado y necesitado la inversión del equilibrio dinámico y económico que constituye la "fase depresiva". Si bien no hay que abusar del argumento obtenido a partir de la observación directa de los lactantes, ésta proporciona indiscutiblemente una indicación relativa referente a los límites de la elaboración teórica. En el desarrollo que precede, no hemos ocultado nuestras dudas sobre el valor demostrativo de los datos de observación comunicados por Melanie Klein y relacionados por ella con la fase esquizoparanoide.[59] Ciertamente, una de las paradojas más sorprendentes del sistema kleiniano es la de presentar la fase depresiva como un retorno relativo a la calma después del acmé de las angustias de la fase paranoide.

La observación de la mayoría de los lactantes muestra que, durante los primeros meses de vida, las reacciones de displacer ligadas a excitaciones somáticas se calman fácilmente por la supresión de la fuente interna o externa de la excitación. Las perturbaciones observadas durante este período tienen por lo demás una expresión fisio-patológica y no conciernen sino a una minoría de niños, bien se trate de inhibición del apetito, de dificultades en el establecimiento del ritmo nictemeral del sueño y de la vigilia, de los cólicos del tercer mes, sobre los que insistió R. Spitz, o del mericismo, estudiado recientemente por M. Soulé y M. Fain.[60] El que estas respuestas somáticas estén determinadas por la actitud y las disposiciones inconscientes de la madre no debe conducir a subestimar su especificidad estructural. Nos inclinamos a pensar que tales disfuncionamientos, en la organización preobjetal, sean el signo de una perturbación evolutiva que puede traducirse, en las organizaciones siguientes, por una distorsión importante del yo. Estas particularidades patológicas no contradicen la observación general expresada más arriba acerca de la relativa simplicidad de la alternancia de las fases de necesidad y de quietud durante los primeros meses de vida.

Por el contrario, la mayor parte de las madres han experimentado el hecho, a veces mal soportado, de que las relaciones se complican en el segundo semestre de vida. Las exigencias cambian de naturaleza, el niño se vuelve caprichoso, colérico, y ya no se satisface con los cuidados físicos. La capacidad del niño para limitar los estados desagradables ligados a la insatisfacción de sus deseos es función de múltiples factores, ligados tanto a su organización interna como a las disposiciones psíquicas de su madre. Las fases precedentes tienen ciertamente un valor determinante para preparar la puesta en escena de los procesos secundarios. Pero es difícil ver un regreso a la calma en esta transformación. A las crisis de displacer intenso, sin matices pero intermitentes, de los primeros meses suceden estados desagradables de intensidad variable, pero que traen consigo modificaciones duraderas del funcionamiento mental. La fase depresiva se caracteriza

---

[59] Melanie Klein, *Observando la conducta de bebés*, en *Developments in psychoanalysis, op. cit.*

[60] M. Soulé, *Le mérycisme du nourrisson*, en *Revue française de Psychanalyse*, t. xxiii, 1966, núms. 5-6, pp. 735-743; L. Kreisler, M. Fain y M. Soulé, *La clinique psychosomatique de l'enfant*, en *Psychiatr. Enfant*, ix, 1 fasc.

por un peligroso y permanente estado de dependencia respecto del objeto, mientras que la evolución que comienza inmediatamente se caracteriza por una tendencia a la disminución de esta dependencia y del riesgo de depresión que ella implica. Si es un gran progreso el saber reconocer en la misma persona a la madre gratificadora y a la madre frustrante, existe para el niño la obligación de ser bruscamente confrontado, por este mismo progreso, con una contradicción que deberá elaborar durante todo el resto de su vida.

6. El autoerotismo y las actividades transicionales, primeras ocasiones para el niño de pasar de la pasividad a la actividad, han representado desde el principio cierto papel de para-excitación, permitiendo una disminución de las tensiones ligadas a las necesidades internas. Estas mismas actividades adquieren un sentido diferente desde la constitución de la relación objetal, ya que ellas representan entonces un papel antidepresivo, es decir que adoptan un papel activo para la disminución de un displacer de orden fantaseado, ligado a la catexia de un objeto interno, catexia de la que hemos reconocido la naturaleza pulsional auténtica. Resulta entonces legítimo ver en lo sucesivo mecanismos de defensa del yo en vías de organizarse, frente al objeto, tanto más cuanto que esas actividades permiten al niño un primer acercamiento identificatorio al objeto ausente. Esta facultad de volverse uno mismo fuente de placer, en sustitución del objeto ausente, es repetida por la fantasía que opone la parte a la totalidad del cuerpo (cf. cap. III). Así es como se organiza la contradicción entre el deseo de ser como el objeto y el de poseer a la vez la zona privilegiada, el objeto parcial que posee el objeto total, el objeto de amor del progenitor al que el niño tiene tendencia a identificarse. La tendencia a la introyección del objeto, bajo el efecto del proceso primario, conserva una energía importante, pero contradice violentamente la permanencia que tiende a preservar. El efecto del proceso secundario es entonces la organización de fantasías canibalísticas de incorporación, obligando al yo a encontrar otros caminos fantaseados para controlar la angustia. Esta porfía se desarrolla durante toda la fase de organización del complejo de Edipo, siendo la triangulación la consecuencia de la escisión defensiva, como subrayamos anteriormente.[61] Así es como se puede comprender, según nosotros, la muy precoz intrincación de las pulsiones parciales sádico-orales y sádico-anales con el complejo de Edipo, del que más arriba señalamos la continuidad con la organización de la permanencia del objeto.

[61] Toda la discusión acerca de la capacidad de Carine para conservar en su cuerpo los objetos simbólicos, o en su memoria el amor por su padre, o las palabras de la analista, ilustra claramente el papel de esta contradicción en la evolución edípica (cf. caps. VI y VIII).

7. Repetidas veces hemos recordado la importancia y la constancia de la fantasía de escena primitiva, y el psicoanálisis de Carine es una ilustración más. Cuando Freud puso en evidencia esa fantasía fundamental en tanto que contenido latente de la neurosis infantil del "Hombre de los lobos", se entregó a un paciente trabajo de investigación acerca de la organización y la historicidad de esta "escena". Partiendo de la hipótesis del recuerdo traumático, su trabajo de reflexión abrió el camino a todas las teorías contemporáneas concernientes a la producción de fantasías. La teoría kleiniana ha esclarecido de una forma nueva el modo de producción de esa fantasía, mostrando que la catexia del objeto parcial contenido en el cuerpo de la madre y la del padre procedían la una de la otra por el juego de los procesos primarios, y más arriba hemos subrayado la importancia de la escisión en esta transformación. El desplazamiento de la catexia a partir del "pecho malo" hacia el padre permite al niño conocer a éste en su especificidad, mientras que el movimiento inverso organiza la fantasía precursora del conocimiento del coito. Se trata aquí de un proceso estructurador; no implica una confusión entre el objeto parcial y el objeto total más que si es repetido ulteriormente en un sistema defensivo determinado por el automatismo de repetición.

Sin embargo, sería una simplificación que no correspondería a la totalidad de la experiencia, el no ver en la escena primitiva más que una dramatización, según una fórmula un poco abstracta, del complejo de Edipo. Todos los productos conscientes, cuyo análisis conduce a esa fantasía inconsciente, tienen una ordenación de espectáculo, que desemboca en un control por la vista que no puede ser dejado de lado. La denominación de fantasías inconscientes para tales contenidos latentes ciertamente ha sido facilitada por la constancia de la dimensión escoptofílica en la escena primitiva. La catexia del padre, por un desplazamiento a partir del objeto parcial en la madre, es un proceso defensivo ante esta forma particular de displacer provocada por la ausencia de la madre, cuando el niño hace la experiencia de no ser el único objeto de amor de la madre, y que ésta tiene un comercio, fuera de su vista, precisamente con el padre, cuya catexia privilegiada fue subrayada con anterioridad. La introducción de los objetos parciales buenos y malos en el cuerpo de la madre se transforma en fantasía del coito de los padres, coito fundamentalmente sádico en razón de esta ambivalencia, y eso sin que intervenga ninguna experiencia perceptiva ni, claro está, ningún conocimiento racional. El control por la vista se convierte entonces en el medio supremo para luchar contra la ausencia y la depresión,[62] pero, contrariamente al juego de la

---

[62] El miedo a la "oscuridad", la angustia al adormecerse, tan frecuentes en el niño pequeño, prueban este efecto defensivo de control por la vista, tanto

bobina y sus equivalentes, ese espectáculo es fuente de conflictos y de organización de nuevas formas de actividades mentales.

8. Se trata en efecto de que los desplazamientos de las fuentes esperadas de placer en función del proceso primario desde ese momento se revelan incapaces de procurar al niño una disminución suficiente del displacer. La introyección y la proyección no son eficaces sino en la medida en que la escisión del objeto y del yo naciente puede ser suficiente. En otros términos, se plantea desde esta fase la oposición entre los afectos libres y los afectos ligados, es decir entre proceso primario y proceso secundario. La limitación de la circulación de los afectos está ligada al comienzo de la simbolización y de la represión.

Desde 1920, el ejemplo del juego de la bobina, descrito por S. Freud,[63] ha sido utilizado por todos los psicoanalistas, pero posiblemente sea D. W. Winnicott el que mejor ha mostrado su significado en el desarrollo del psiquismo infantil, generalizando muy oportunamente el concepto del destete.[64] El juego consistente en hacer caer objetos se articula con el interés por encontrar objetos escondidos, pero aquí marcaremos sobre todo el entrelazamiento evidente de los procesos primarios y de los procesos secundarios. El interés que demuestra el niño por esta cosa que puede hacer desaparecer, deriva de la catexia materna, y esta transformación se convierte en el efecto manifiesto de un desplazamiento de catexia (transformación de la pulsión por proceso primario). A pesar de su intensidad, los afectos desagradables provocados por la desaparición del objeto arrojado son suficientemente minimizados en relación a aquéllos provocados por la desaparición de la madre, porque esta nueva desaparición provoca un aumento del deseo que permanece ahora en el registro de lo agradable. Esta limitación de la circulación de los afectos es un efecto indiscutible del proceso secundario, cuyo desarrollo y cuyas vicisitudes están llamados a representar el papel más importante para el futuro del yo neurótico.

9. Nosotros suscribiremos de buena gana la fórmula de Hanna Segal:[65] "La capacidad de experimentar la pérdida del objeto y el deseo de recrearlo en el interior de sí dan al individuo una libertad inconsciente en la utilización de los símbolos." Aunque retomando por

como la fantasía de lo que hacen los padres cuando el niño no los ve. Efectos comparables que suprimen defensas muy habituales se observan en el psicoanálisis de adultos, por estar el psicoanalista fuera de la vista del paciente.

[63] S. Freud, *Jensets des Lutsprinzips* (1920), *GW*, vol. XIII, pp. 3-69; *SE*, vol. XVIII, pp. 7-64; trad. española: *Más allá del principio del placer*, en *O.c.*, t. I.

[64] D. W. Winnicott, *De la pediatría al psicoanálisis*, *op. cit.*

[65] Hanna Segal, *Introducción a la obra de Melanie Klein*, *op. cit.*

cuenta própia una parte de los desarrollos de E. Jones acerca del papel
del proceso primario en la formación del símbolo, Melanie Klein,[66]
Susan Isaac[67] y Hanna Segal han insistido en la limitación del afecto
ligado al símbolo, limitación que permite al yo una nueva experimentación, sin peligro de depresión. Esta experimentación se desarrolla
sobre el modelo de la manipulación de objeto a la que hicimos alusión
más arriba; cada símbolo tiene una significación constante, lo que
indica un desarrollo apenas más avanzado de las actividades percep-
tivas. Hanna Segal ha mostrado las variaciones en esta limitación de
circulación de los afectos, según que se trate de una estructura psicótica[68] o de una estructura neurótica. La catexia particular de las
palabras en los esquizofrénicos es un ejemplo extremo de esta debilidad
posible en el efecto de aislamiento relativo de la formación de símbolos. La hipótesis según la cual esta permeabilidad dependería de los
avatares de la "fase esquizoparanoide", cuya existencia aislada hemos
impugnado, merecería una discusión a fondo, pero muchos argumentos
clínicos muestran que la organización de las estructuras psicóticas del
niño es observable desde el comienzo de la actividad simbólica.

El desarrollo del lenguaje es el desenlace de ese proceso de simbolización en una conformación cultural transmitida por el ambiente.
Esta evolución no es "engendrada" solamente por las contradicciones
pulsionales; su ritmo y las formas que se organizan son diferentes según
que estas últimas sean fuentes de placer, o de displacer para los padres,
o que les sean indiferentes.

10. Estos procesos conducen a una división de las catexias corres-
pondiendo a una escisión objetal: al lado del objeto interno primitivo,
representación mental del objeto externo bueno y malo, y soporte de
la capacidad inicial de memorización, las actividades nuevas del niño
traen consigo catexias secundarias ligadas a la simbolización. Estas
nuevas catexias permiten al niño no rememorar esta parte mala del
objeto interno primitivo, cuyo recuerdo provoca la angustia, y la irrupción traumática en la conciencia, sin este arreglo, de la depresión. El
proceso de represión y las contracatexias con él relacionadas derivan
de esta división.

11. Maurice Benassy describe "una infraestructura de la fantasía
fuera de toda posibilidad de verbalización" pero que "no deberá ser
contradictoria con la fantasía verbalizada, que es el suceso vivido".
Para él, un estudio de la fantasía debería "junto con los símbolos,

[66] Melanie Klein, *La importancia de la formación de símbolos en el desarrollo del yo*, en *Contribuciones al psicoanálisis*.
[67] Susan Isaacs, *Naturaleza y función de la fantasía*, en *Desarrollos en
psicoanálisis*.
[68] H. Segal habla entonces de "ecuación simbólica".

las palabras, su estructuración, introducir todo el ambiente social, humano". Nosotros compartimos profundamente este punto de vista. La organización del lenguaje en el niño representa el efecto combinado de los procesos primarios y secundarios: los desplazamientos de catexia están limitados por el efecto de oposición y de seriación propio del lenguaje y de las "imágenes ideo-verbales", que constituyen el sistema preconsciente. La conformación de las fantasías destructoras, la oposición entre lo que es, lo que es deseado y lo que no es, la representación del peligro de destrucción total y de muerte —antes de toda experiencia exterior de duelo—, la de la pérdida de una parte privilegiada del cuerpo y de la castración están determinadas por la capacidad de oponer y de denominar, de evocar, sin limitación formal, el objeto en su permanencia y su totalidad. La forma misma de la fantasía inconsciente está determinada por esas oposiciones, lo que nos conduce finalmente a estudiar las relaciones del inconsciente, del preconsciente y de las producciones del niño, tales como aparecen en el curso de la cura psicoanalítica.

12. Hemos explicado el comportamiento y las producciones de Carine desde el comienzo de su psicoanálisis por una tendencia a reconstituir una situación aparentemente desagradable para ella, a pesar de la actitud no apremiante y la benévola atención de la psicoanalista. Esta orientación del aparato psíquico a repetir experiencias penosas se encuentra de forma habitual al principio de cada psicoanálisis, y hemos insistido en las consecuencias técnicas de ese fenómeno. Esta tendencia a la repetición de experiencias desagradables constituyó uno de los temas de reflexión de S. Freud, para la elaboración de la teoría del instinto de muerte. El valor de ese concepto metapsicológico no nos parece discutible en absoluto. Pero si queremos poder conservar nuestra hipótesis según la cual los instintos o pulsiones no producen efectos sino en una estructura ya organizada, la estructura objetal, debemos encontrar la explicación de ese fenómeno a partir de la organización del psiquismo infantil, tal como permite reconstruirlo nuestro sistema conceptual.

Hemos mencionado más arriba (cf. cap. IV) la estructura diacrónica del narcisismo primario. El establecimiento de la relación objetal implica la permanencia del deseo orientado sobre el objeto catectizado, y hemos subrayado que a partir de ese momento el ser viviente no vuelve a conocer la saciedad, la quietud, la desaparición de las tensiones internas según el principio de Nirvana. Mucho más que una hipotética nostalgia de un regreso a la vida uterina, nos parece posible admitir que a partir de ese momento existe en el ser humano una fantasía retrospectiva de una beatitud anterior, de ese estado imaginario que no habría sido perturbado por el insaciable deseo, pero que no tiene sentido sino en relación a este último. La tendencia a encontrar eso que no pudo ser conocido antes de haber desaparecido corresponde al regreso del narcisismo primario, posición extrema y ficticia, si nos ponemos en el punto de vista de la evolución: ninguna satisfacción es entonces esperada de fuera, ningún objeto exterior es catectizado.

Posiblemente esta tendencia tendría poco interés en psicopatología y sería del dominio de ciertas técnicas de ascesis particulares, si no fuera a la par de experiencias negativas particularmente intensas. En su ensayo *Introducción al narcisismo*, Freud, siguiendo una sugerencia de Ferenczi, hace notar que "el hombre que sufre retira sus catexias libidinales (de sus objetos de amor) para volverlas sobre su propio yo". A decir verdad "el egoísmo habitual del enfermo" no puede definirse como un retiro de catexia puro y simple, tanto más cuanto que semejante esquema no podría permitir comprender la organización mental de un esquizofrénico. En un caso como en el otro, es el deseo de encontrar el amor total y no frustrante de una imago materna totalmente buena el que caracteriza esta regresión. Pero esta imago no ha poseído jamás una calidad tal desde que fue constituida, y por lo tanto forma parte del dominio de la organización fantaseada retrospectiva y no de una vivencia anterior. Una racionalización de esta nostalgia conduce a imaginar un deseo de regreso a la vida intrauterina, al seno materno, como se dice al seno del Señor en lenguaje religioso. Esta tendencia es tanto más viva cuanto más intensa es la angustia de destrucción del yo o del objeto.

Esta constatación introduce un aspecto particular de las relaciones objetales. Desde que se constituye la relación de objeto, su carácter fundamentalmente frustrante acaba por crear una diferencia *inmediata* entre la realidad de los objetos exteriores catectizados (la persona de la madre y del padre) y el objeto internalizado, la imago idealmente buena o totalmente mala. Esta distinción es el fundamento teórico en función del cual es posible el psicoanálisis precoz. En efecto, semejante hipótesis es indispensable para explicar la capacidad de los niños muy pequeños para organizar esos desplazamientos de catexia que constituyen uno de los elementos esenciales de la transferencia.

Pero nosotros hemos visto los primeros mecanismos de defensa del yo constituidos por la introyección de la imago materna todopoderosa. La catexia narcisista secundaria de esos procesos defensivos induce una tendencia a la repetición de su puesta en marcha, cada vez que es estimulada la fantasía de destrucción del objeto externo o interno, es decir prácticamente cada vez que una solicitación exterior viene a exacerbar las pulsiones libidinales.

La búsqueda de relaciones sadomasoquistas aparece finalmente como un recurso narcisista inmediatamente a la disposición del sujeto, para luchar contra la angustia depresiva provocada por un aumento de la catexia libidinal.

De lo que precede resulta que la organización de fantasías inconscientes implica dos orientaciones contradictorias en la organización psíquica. La primera tiende a que la disminución de las tensiones internas sea cada vez más dominada por una actividad creciente de los procesos secundarios, que limitan, polarizan las catexias primitivas y las equilibran por nuevas actividades, ocasionando una circulación cada vez más fraccionada y limitada de los afectos. El desarrollo de las tendencias epistemofílicas y la capacidad de utilizar las producciones mentales como instrumentos de conocimiento y de acción se sitúan en esta dirección. La otra orientación es esta tendencia a la repetición que impulsa al psiquismo humano a reconstituir lo conocido en cada situación nueva, y a preferir las malas relaciones con los objetos internos o proyectados al exterior, antes que afrontar el peligro de perderlos. Así es como las dificultades de comportamiento o las fobias de los niños, tanto como las depresiones neuróticas de los adultos, constituyen finalmente un último medio de lucha contra la depresión. La tendencia a la repetición que les sirve de base organiza la transferencia al tiempo que constituye una de las resistencias más obstinadas al proceso psicoanalítico.

IV. ELABORACIÓN TEÓRICA REFERENTE A LA EVOLUCIÓN
DE LAS FANTASÍAS INCONSCIENTES Y EL PROCESO ANALÍTICO

Todo lo que precede tenía por objetivo intentar explicar cómo la organización mental de una niña de tres años y medio podía ser ya tan complicada y llena de contradicciones. Las fantasías inconscientes de esta niña fueron invocadas, en tanto que conceptos que permiten comprender la coherencia del contenido latente de las sesiones. A todo lo largo de este estudio, hemos encontrado una noción puesta en evidencia por Melanie Klein, pero admitida por todos: las fantasías inconscientes tienen una función defensiva. ¿No es eso igualmente lo que dicen los discípulos de Anna Freud, cuando describen el proceso del fantasear como una actividad del yo?

El reconocimiento del valor defensivo de las fantasías inconscientes permite evitar cometer el error —señalado por todos— de atribuir una realidad a las fantasías inconscientes, consideradas como "materiales" privilegiados del inconsciente, junto a otros constituyentes heterogéneos (pulsiones, representantes psíquicos de las pulsiones, afectos, etc.).

Cuando Sandler y Nágera ven en la fantasía inconsciente el producto de la represión de la satisfacción alucinatoria, se refieren a un esquema freudiano bien conocido, pero limitan la extensión de ese concepto: la fantasía inconsciente no es sino una deformación del inconsciente, producida, es verdad, por una contradicción fundamental del funcionamiento psíquico: la alucinación de la satisfacción (o más tarde del objeto), efecto del principio de placer. La represión de esta alucinación bajo la influencia tardía del superyó es el efecto del principio de realidad. Esta definición restrictiva y un poco estática de la fantasía inconsciente nos remite a la discusión sobre el origen de la escena primaria de *El Hombre de los lobos*. El producto del fantasear está en el mismo plano que el recuerdo olvidado del acontecimiento vivido y percibido.

Si, por el contrario, se define la fantasía inconsciente como el contenido latente de la sesión de psicoanálisis, considerada en tanto que desarrollo procesal en el que el determinismo dinámico y económico es el objeto de la ciencia psicoanalítica, se atribuye una extensión ciertamente mucho más amplia a ese concepto, pero se evita considerarlo como un contenido petrificado del inconsciente. La fantasía inconsciente debe ser entonces considerada como el conjunto, específica y rigurosamente determinado, del proceso inconsciente puesto en movimiento por la situación analítica y expresado en términos de deseo y de temor. Debido a que la catexia objetal es ambivalente desde muy temprano, la fantasmatización no puede ser considerada como el efecto del solo principio de placer. No es su aparición la que debe ser considerada como una defensa contra la ausencia del objeto (lo que implican las formulaciones de Sandler y Nágera), sino que es más bien su organización interna la que aparece entonces como una elaboración defensiva para atenuar las consecuencias penosas de la ambivalencia objetal.

Fue a causa de que teníamos esta hipótesis de trabajo por lo que, desde la primera sesión, el comportamiento y el juego de Carine nos parecieron cargados de un sentido desconocido para ella misma, y que las fantasías inconscientes de la niña pudieron ser objeto de nuestra acción y de nuestro estudio, y no la relación madre-hija, considerada como una unidad actual y no disociable.

La utilización práctica de ese concepto no debe sin embargo detenernos en nuestra preocupación por darle la mejor definición teórica posible. Al definir los instintos (o pulsiones) como conceptos que permiten dar cuenta del aspecto dinámico y económico de los procesos mentales, la elaboración que precede debería permitirnos una definición diferencial de los conceptos de objetos internalizados y de fantasías inconscientes.

Si no se postula la existencia de objetos fantaseados como un dato
derivado de la inneidad de los instintos, el concepto de objeto interno
se desprende de la constitución del objeto permanente al exterior del
"yo". La capacidad activa del niño de sustituirse al objeto para la
satisfacción pulsional (introyección) introduce la identificación primaria con el objeto ambivalente, mientras que la proyección identificatoria modifica las cualidades de las formas percibidas, en particular
en su capacidad de movilizar los afectos. Podemos definir los objetos
internos como el punto de impacto de esas nuevas catexias determinadas por la introyección.

Melanie Klein ha mostrado, en su propio sistema de referencia,
que las fantasías inconscientes forman parte del proceso defensivo más
arcaico. A pesar de las críticas que hemos formulado respecto a ciertos
aspectos de las teorías kleinianas, pensamos que esta formulación es
de gran interés. No solamente permite distinguir pulsiones, representantes psíquicos de pulsiones y fantasías inconscientes, sino que da
cuenta de la especificidad de ese concepto desde el punto de vista del
desarrollo.

El proceso de introyección implica una identificación con la fuente
de placer, pero también con la fuente de displacer, y la escisión y la
proyección identificatoria son el efecto más inmediato, no solamente
de la acción del principio de placer, sino de la transformación de
éste en principio de realidad. Siendo este último la necesidad de limitar la circulación de las "cargas" para evitar que la satisfacción alucinatoria producida por el solo efecto del proceso primario provoque el
marasmo. Desde este punto de vista, la reacción negativa al rostro
del extraño, descrita por S. Freud y estudiada por R. Spitz, puede ser
considerada, en el lactante que vive en condiciones normales, como
un mecanismo de defensa antidepresivo. La fantasía edípica y la fantasía de escena primaria no son sino el desarrollo de este mismo
proceso.

Por otra parte, hemos visto de pasada los efectos de la contradicción entre la catexia de zonas privilegiadas y la del cuerpo en su
totalidad (del objeto tanto como del niño, estando los límites del
cuerpo catectizados como los límites del "yo"). Así es como se organizan las fantasías de incorporación canibalística y de expulsión anal,
fantasías cuyo sadismo toma un valor particular en la regulación
placer-displacer, en función de efectos económicos de los procesos de
introyección y de proyección que de esta forma ponen en "escena".

La naturaleza defensiva de las fantasías inconscientes sería sin embargo poco comprensible si considerásemos el aparato psíquico como
organizándose aisladamente, bajo el único efecto de la contradicción
instintiva y de la integración del sistema nervioso. El equilibrio entre

las catexias objetales y las narcisistas es puesto sin cesar en duda, primero en razón de la imperfección de la escisión, siendo generalmente inestable la distribución interna y externa de la ambivalencia, y luego por las variaciones mismas del ambiente: el niño está sometido a alternancias de solicitaciones, de frustraciones y de agresiones que vuelven a poner en tela de juicio la regulación placer-displacer. Las fantasías inconscientes pueden ser definidas como el contenido latente del proceso mental que permite reencontrar el mayor placer compatible con el mínimo de angustia, tomando en cuenta lo que se dijo más arriba acerca de la posibilidad para las relaciones regresivas sadomasoquistas de adquirir secundariamente una cualidad tranquilizadora contra el peligro de pérdida del objeto. Resulta de esta definición que, a pesar de la constancia y la banalidad temática ya subrayadas, las fantasías inconscientes están determinadas por el conjunto de equilibrios dinámicos y económicos del sujeto en una situación dada. Esta determinación permite dar cuenta del concepto de fijación, en tanto que predominio de un sistema en el que el efecto homeostático ha sido ya probado y del concepto de regresión, en tanto que abandono de una catexia que provoca un equilibrio demasiado inestable y regreso a un sistema cuyo funcionamiento está asegurado.

Resumiremos lo que acabamos de exponer formulando las proposiciones siguientes:

a] El impulso instintivo puede ser considerado como poseedor de una dirección y una fuerza constantes (energía del ello). No hay elementos clínicos que permitan apreciar diferencias cuantitativas de la energía instintiva, ni sobre todo, ver en ella el efecto de funcionamientos somáticos particulares, lo que sería poco compatible con la elaboración teórica, que liga el concepto de instinto a la estructura definida por el establecimiento de la relación objetal continua. No hay por lo tanto ninguna correspondencia entre la teoría metapsicológica de los instintos y la descripción de comportamientos innatos en etología. Es necesario considerar de una forma diferente el concepto de instinto, definiendo el factor de "puesta en tensión" del aparato psíquico y los efectos procesales [69] de esta puesta en tensión bajo la solicitación de la relación objetal. Esos efectos son variables en función de la organización compleja de ésta [70] y esas variaciones deben ser integradas en la descripción de las fantasías inconscientes.

b] La organización de los objetos internalizados es precoz, pero la cantidad de catexia que se relaciona con ella depende fundamental-

---

[69] La distinción entre *Triebe* y *Triebregung,* a menudo difícil de captar en el texto de Freud, expresa quizá un matiz de este tipo.

[70] Esta dirección es indicada por Freud en la discusión sobre la "fuerza" de los instintos *(Análisis terminable e interminable).*

mente de las actividades nuevas y del "placer de funcionamiento" del yo, de las contra-catexias, así como de la consecuencia más directa de esta distribución: el equilibrio relativo de las catexias objetales y narcisistas. Es a ese nivel donde el ambiente representa un papel primordial, puesto que el placer que el niño obtiene de sus catexias externas, tanto como de las contra-catexias, está auténticamente organizado por las de los padres o de las personas que ocupan su lugar.

c] Las fantasías inconscientes están determinadas por la oposición de la constancia del impulso instintivo y del ineluctable conflicto que implica, y las variaciones de las catexias objetales descritas en los párrafos a] y b]. No pueden ser asimiladas ni a un residuo patógeno, lo que sería una extrapolación abusiva de la fórmula: "el histérico sufre de reminiscencias", ni a una formación arquitectónica del inconsciente. Deben ser consideradas como el modo de reacción específico del inconsciente en una situación dada.

Estas formulaciones explican todo lo que hemos constatado a todo lo largo del psicoanálisis de Carine. Desde la primera sesión la situación particular en la que se encontraba la niña ante su psicoanalista, sobre la que muy naturalmente había proyectado la imagen internalizada de la madre mala (y de ahí la repetición habitual de la exigencia de que su madre no la deje sola), exacerbó el deseo edípico (ser como la madre, poseer sus objetos, poseer al padre), único proceso defensivo ante esa desconocida que la amenazaba con privarla de su "madre buena" y prohibirle sus deseos. El proceso psicoanalítico, tal como lo hemos descrito en el capítulo precedente, hizo perder a ese proceso de fantasmatización su carácter puramente repetitivo, gracias a la capacidad que tuvo la niña para identificarse con su psicoanalista que le daba interpretaciones, es decir, como mostramos anteriormente, gracias a la transformación cualitativa del placer del yo. Por eso es por lo que hablamos de una acción sobre el "régimen" de las fantasías inconscientes (cap. viii, proposición 3).

¿Podemos deducir de esas observaciones que el proceso psicoanalítico modifica a las mismas fantasías inconscientes? Su elucidación permite al yo una reacción diferente, cuando las condiciones de la interpretación son correctas, y esta reacción misma modifica el impacto de las solicitaciones actuales en el equilibrio de las catexais, lo que no puede dejar de tener efecto en la evolución de sus fantasías. Pero suponer su transformación radical, o incluso su desaparición, sería negar el papel activo del inconsciente en la elaboración mental: un objetivo estratégico tan irreal no podría ser asimilado a la cura psicoanalítica, cualquiera que sea la edad del paciente.

Refiriéndose al análisis de las fantasías inconscientes de Carine al

comienzo del tratamiento, podemos postular que el temor a perder
el objeto total (la imago materna) ponía en marcha un proceso identificatorio edípico, cuya consecuencia era precisamente el deseo inconsciente de la muerte de la madre. Así es como se organizan los ciclos
repetitivos que constituyen peligrosos puntos de fijación: el proceso
defensivo en relación a una primera posición peligrosa desemboca
en el fortalecimiento de esta misma posición. El compromiso que se
ofrece al yo de la niña en esta situación contradictoria e inestable
es la organización de las fantasías de escena primaria de carácter sadomasoquista (el contenido latente del sueño del lobo). La especificidad de las fantasías inconscientes de Carine en aquel momento se
muestra en la manera abrupta y total con la que cada una de esas
posiciones remite a las otras, sin negociación posible.

El desarrollo del proceso psicoanalítico tal como lo hemos descrito
en los capítulos precedentes restableció esas negociaciones ausentes
y volvió a poner en marcha una elaboración mental, evitándole fijarse
sobre el modo psicótico descrito más arriba.

En este movimiento, la evolución de las fantasías inconscientes se
caracterizó, no por su liquidación, sino más bien por una modificación
cualitativa y cuantitativa de los procesos de fantasmatización en su
doble aspecto inconsciente y consciente, junto con una disminución
cuantitativa de la catexia de los objetos internalizados primitivos. Esta
modificación económica se produjo por el efecto de la elaboración
interpretativa y de la identificación con la psicoanalista. Una parte
de la energía del ello se puso "al servicio" del yo: el placer encontrado por Carine en nuevas actividades, evolucionando desde la formación reactiva hacia la sublimación, es un ejemplo impresionante.
Desde este punto de vista, las fantasías inconscientes, en tanto que
procesos mentales, sufrieron en el curso de esta evolución una sobrecatexia libidinal que les daría una nueva eficacia en el antagonismo
libido-pulsión destructiva, mientras que al comienzo del psicoanálisis
no podían provocar más que juego repetitivo, inhibición o respuesta
actuada. Ese cambio cualitativo modifica la permeabilidad del sistema
preconsciente, favoreciendo la formación de fantasías conscientes y, de
manera más general, la posibilidad de retención de los pasos al acto
por la intervención de los procesos mentales de orden secundario.

Bajo este aspecto, la evolución del complejo de Edipo y de la
envidia del pene, en el curso de este psicoanálisis, nos interesa en
la misma medida en que las transformaciones de las fantasías inconscientes que podemos constatar son absolutamente representativas de lo
que observamos con mayor frecuencia en las niñas de la misma edad.

Recordemos que Carine, en un primer tiempo, expresó el deseo de
ser como su madre y de poseer sus pertenencias, "haciendo como",

es decir, manifestando al mismo tiempo su incapacidad identificatoria. Luego, las razones de esta incapacidad (o sea al actividad de las pulsiones sádicas) fueron lentamente elaboradas, a través de los juegos de animales (lobo, tigre) y los pasos al acto que los acompañaron. En sus representaciones sucesivas, fue posible seguir la transformación de esta zona privilegiada de catexia, asociada en su ambivalencia por el proceso primario a los órganos sexuales masculinos y femeninos diferenciados. La elección objetal no siguió el largo rodeo descrito clásicamente en la constitución del complejo de Edipo en la niña. El interés de Carine por su padre no fue la consecuencia de una decepción porque su madre no le había dado un pene, sino una consecuencia directa de su movimiento identificatorio respecto a esta última y de la evolución de sus relaciones objetales.

En la obra de S. Freud (y hasta en el *Esquema,* escrito en 1938), dos hipótesis se mantienen más o menos constantes: la primera concierne al complejo de Edipo en la niña, que sería secundario a la constatación desagradable hecha por ésta de cierta inferioridad anatómica con relación al niño; la segunda es el efecto traumático, tanto en el niño como en la niña, del descubrimiento de la diferencia anatómica de los sexos, ocasionando la envidia del pene en la niña y la angustia de castración en el varón. La evolución de las condiciones educativas hace que en nuestra época y en nuestra civilización, los niños se den cuenta muy pronto de esas particularidades, y eso no modifica en nada la organización de las "teorías sexuales infantiles"; por otra parte, los progresos de nuestros conocimientos acerca de la organización psíquica de los primeros años de la vida permiten comprender por qué experiencias a menudo fugaces han podido adquirir semejante valor organizativo en los recuerdos encontrados en psicoanálisis de adultos.

Las tesis del psicoanálisis clásico acerca de la evolución de la sexualidad femenina han sido recientemente objeto de un estudio crítico de un grupo de psicoanalistas parisinos,[71] y la práctica del psicoanálisis de niños (el de Carine no tiene nada de excepcional a este respecto) aporta a esta discusión elementos nada desdeñables. Melanie Klein, por el solo hecho de sus teorías acerca de la organización precoz del complejo de Edipo, elaboró concepciones ya diferentes de las de S. Freud sobre la evolución de la sexualidad femenina.

Como recuerda C.-J. Luquet-Parat, "Freud.. describió en el curso del Edipo un 'triple cambio': cambio de objeto de amor, cambio de zona erógena (la erogenización del clítoris cede su lugar a la de la

[71] Chasseguet-Smirgel, *Recherches psychanalytiques nouvelles sur la sexualité féminine,* París, Payot, 1964.

vagina), cambio de la posición activa en posición pasiva con relación al objeto de amor."[72] Este autor pone en seguida en evidencia las dificultades encontradas por los psicoanalistas de adultos, bien se trate de S. Freud, de J. Lampl de Groot, de Marie Bonaparte o de Hélène Deutsch, para reconstituir este triple cambio, en su desarrollo temporal y en las interrelaciones de los tres elementos heterogéneos que lo constituyen. C.-J. Luquet-Parat observa, muy acertadamente a nuestro parecer, que las tesis clásicas concernientes a la constitución del complejo de Edipo en la niña están centradas en gran parte sobre la pulsión en tanto que concepto límite entre el psiquismo y lo biológico, y no toman suficientemente en cuenta las relaciones objetales, ni "su papel fundamental en la estructuración del yo". Nuestra tendencia personal a no considerar las pulsiones sino en tanto que concepto metapsicológico, nos aleja de un esquema de la bisexualidad psíquica calcado sobre los elementos de la bisexualidad embriológica u hormonal. Hasta el presente, estas últimas son heterogéneas a las constataciones clínicas acerca de las particularidades de la vida sexual de los adultos, tanto si se trata del predominio del clítoris o la vagina en tanto que zona erógena, como de la elección heterosexual u homosexual del objeto. Esto nos conduce a evitar, cada vez que ello es posible, confundir los planos.

C.-J. Luquet-Parat escribe en el mismo texto: "Si comparamos la situación al fin del período pre-edípico y al final del Edipo, constatamos que la travesía del período edípico ha desembocado en ese triple cambio", pero insiste sobre la "metabolización de la reivindicación del pene" que se desprende de esas transformaciones. Esta "metabolización" no significa liquidación total de las posiciones antiguas, sino un arreglo diferente de las tendencias contradictorias, y la práctica psicoanalítica muestra que sería peligroso e ilusorio ser demasiado normativos sobre este punto.

Durante todo el comienzo del descubrimiento del psicoanálisis, Freud demostró minuciosamente que las observaciones y la elaboración hechas a propósito de los neuróticos conducían a leyes generales del desarrollo del psiquismo humano. Pero una fantasía de "normalidad" siguió siendo perceptible en sus textos durante largo tiempo. Ese esquema de evolución ideal era, por definición, el que no habían logrado los pacientes en análisis. Es el conjunto de los trabajos de Freud (y no solamente *Análisis terminable e interminable*) el que demuestra que no se puede definir a un ser humano, cualquiera que sea su sexo, por una sola elección objetal, por posiciones únicamente activas o pa-

[72] C.-J. Luquet-Parat, *Le changement d'objet*, en J. Chasseguet-Simirgel, *loc. cit.*

sivas, por la catexia de una sola zona erógena. Todos estos pares antitéticos persisten toda la vida, pero, en la mayoría de los sujetos, sus dos términos no son tratados igualmente. Uno de ellos es generalmente reprimido, y es la calidad de la formación reactiva y de la contra-catexia que mantiene esa represión la que dará al sujeto el sentimiento de estar o no satisfecho y de acuerdo consigo mismo, o eventualmente la que le hará soportable o penoso para su ambiente. Así es que no debemos ser demasiado esquemáticos, cuando nos interrogamos acerca de lo que está permitido esperar para una niña, cuando se organiza el período de latencia. De ello discutiremos al final de este capítulo.

A condición de no dejarse cegar por un esquema evolucionista normativo, es fácil reconstituir la evolución del complejo de Edipo y de las catexias fálicas de Carine. Al comienzo de su cura, Carine estaba en una fase de organización del complejo de Edipo, y ya mostramos la continuidad de esta organización desde el establecimiento de la relación objetal.[73] Tanto la observación directa (desde el segundo año), como los psicoanálisis más precoces ponen en evidencia la importancia del padre y la capacidad de niños y niñas para expresar deseos y adoptar actitudes diferenciadas muy pronto respecto de su padre y su madre, a pesar del papel todavía activo del proceso primario, los desplazamientos y las inversiones pulsionales.

Si la triangulación es una consecuencia de la escisión del objeto, ese proceso no debe su efecto de mecanismo de defensa contra la depresión sino a la naturaleza particular del tercer personaje —no-madre— cuya catexia negativa no es valorada sino por la posibilidad de una catexia libidinal: debe poder ser también un sustituto de la madre. Por lo tanto son dos las imagos ambivalentes que así se constituyen, alternando su carácter bueno y malo. Pero dos órdenes de factores tienden a diferenciar la triangulación en el niño y en la niña. La identificación con el padre del mismo sexo está fijada por los deseos conscientes de los padres y reforzada por toda una serie de elementos culturales, que van desde la organización familiar al lenguaje, pasando por innumerables detalles de menor pertinencia (como los vestidos, etc.). El segundo factor es de orden inconsciente: el desplazamiento de la catexia edípica de los padres sobre los niños representa aquí un papel fundamental, bien sea de forma positiva (con todos los excesos del contraedipo, realización pulsional sobre un objeto totalmente dependiente) o negativa, siendo el niño agredido como rival

---

[73] Fase de "edipificación", escribimos en 1953 con S. Lebovici. La expresión clásica de "fase pre-edípica", que postula la existencia del "triple cambio" en la niña, está poco conforme con los datos clínicos y complica inútilmente la descripción de la evolución del psiquismo infantil.

por el progenitor del mismo sexo. Las tendencias homosexuales de los adultos hacen más o menos conflictivas las solicitaciones exteriores.

En el curso de los psicoanálisis precoces es donde pueden recogerse elementos clínicos significativos, no haciendo la observación más que confirmar la elaboración psicoanalítica. Carine, en sus fantasías de las primeras sesiones, demuestra que su deseo de ser como su madre y de "tener" a su padre, perfectamente diferenciado en el juego de la señora, está fuertemente inhibido, en su elaboración fantaseada, por la no-diferenciación relativa de imagos muy catectizadas, representadas simbólicamente por el lobo y el tigre. Esta oposición entre las formas diferenciadas y no diferenciadas de la identificación y de las catexias objetales, constituye un elemento especial de la elaboración del complejo de Edipo. El padre es a la vez como la madre (efecto del proceso primario), y diferente de ella (efecto del proceso secundario), y es el carácter no ligado de su catexia primitiva, el que da a la catexia ligada secundaria su valor defensivo propio.

Esas dos imágenes, alternativamente buenas y malas, son a la vez portadoras y dispensadoras de objetos parciales igualmente buenos y malos. El pecho y las zonas erógenas son catectizados en forma ambivalente, no ligada, en función de los procesos primarios, mientras que la diferenciación entre pecho, heces y niño en el interior del cuerpo está ligada a la evolución del proceso secundario, a partir de la escisión inicial. La fantasía del bebé en el vientre de la madre no está sino parcialmente determinada por informaciones racionales, venidas de fuera. La fuerza de su catexia importa tanto a la identificación proyectiva como a la confusión objeto parcial-objeto total, y a la asimilación del cuerpo del sujeto, en su totalidad, con una zona erógena privilegiada o una parte del contenido del cuerpo de la madre.

La ambivalencia de esa catexia implica la coexistencia, en el niño como en la niña, de un deseo de poseer ese objeto, de controlarlo y también de rechazarlo. El niño tiene tendencia a reivindicar (es decir, a organizar fantasías en las que los posee) los objetos, fuentes de placer directo o indirecto, mientras que sitúa, en sus fantasías, el objeto parcial, fuente de displacer, en el cuerpo del otro. Lo que nosotros hemos comprendido en el curso del psicoanálisis de Carine, acerca de la significación simbólica de las pertenencias de la madre, de los dientes y las garras, de las agujas destinadas a poner inyecciones, hasta el llamar a la psicoanalista "señora-lápiz", lo confirma plenamente. La catexia fálica da su aspecto definitivo al deseo ambivalente de poseer un objeto bueno y de rechazar el malo, y la elaboración del complejo de Edipo, por las variaciones identificatorias que produce, da un nombre y un estatuto aparente al objeto parcial así catectizado. Sigue siendo cierto, sin embargo, que el temor al falo malo, heredero del sadismo anal, continúa, en el niño como en la niña, siendo uno de los temas de fantasías inconsciente más tenaces, bien se trate de un objeto introyectado (temor de las fantasías sádicas) o de un objeto proyectado en el cuerpo del otro. Como mencionamos más arriba, esas fantasías inconscientes no son jamás "liquidadas": todo depende de los medios utilizados por el yo para mantener la represión de sus efectos.

La constatación que hace el niño del carácter erógeno de su pene organiza la angustia de castración y la fantasía de madre fálica, ligada a la catexia primitiva del objeto parcial. La angustia de castración se inscribe en el complejo de Edipo desde que se organiza como una elaboración del par contrastado introyección-proyección, en tanto que primera etapa de identificación con el padre, introduciendo el dilema: es el uno o el otro, y no los dos al mismo tiempo, el que puede ser definido por la posesión del objeto codiciado y peligroso. En la niña, la evolución no parece fundamentalmente diferente. El psicoanálisis de Carine permite seguir la elaboración de objetos parciales en atributos masculinos y femeninos. Cuando Carine exclama: "Me gustan los pajaritos", parece difícil precisar la naturaleza, objetal o narcisista, de ese interés. El dibujo de la vaca, la representación lineal de las "alcancías", asimilando en un grafismo idéntico el aspecto exterior de los órganos sexuales masculinos y femeninos, pueden ser consideradas como un esbozo de la envidia del pene. En su contexto, esta producción aparece como una defensa contra las pulsiones orales sádicas respecto del contenido del cuerpo de la madre.

La catexia libidinal del padre representa un papel de organizador en la evolución del objeto parcial. En el sueño del lobo, ese animal no poseía sino atributos peligrosos: a veces, la niña soñaba (o imaginaba, poco importa) que el lobo la acariciaba agradablemente con su cola. Esta fantasía fue relacionada por la psicoanalista con los deseos eróticos de la niña con respecto a su padre (cf. 15ª sesión). La niña habla cada vez más frecuentemente de su placer al estar con su padre, hasta el sueño de la roca (49ª sesión). Carine tiene a la vez un sueño de erección, que nosotros relacionamos con sus sensaciones clitoridianas y de contacto físico agradable con los pelos de su padre. Hemos mostrado que el contenido latente del sueño incluía la catexia erótica del pene del padre en su más precisa concreción. Ninguna fantasía de incorporación o de destrucción acompañó a ese sueño. El símbolo de la roca que sube hasta el cielo representa la introyección de la capacidad de tener placer dentro de su cuerpo, gracias al contacto con el pene del padre. Ese proceso de introyección permite a Carine una posición nueva, que podemos considerar como contradictoria respecto a la que se desprende del contenido latente de la 15ª sesión (negación del deseo de incorporar el bebé-pene contenido en el cuerpo de la madre).

Esta contradicción no está en lo absoluto liquidada por la posibilidad de expresar uno de los términos, bien sea el más primitivo o el más elaborado. El rastro de las fantasías inconscientes primitivas ligadas a la catexia del objeto parcial se vuelve a encontrar en las sesiones ulteriores (cf. por ejemplo, la 52ª sesión). El equilibrio de las catexias de objetos internos es entonces diferente. Las fuentes de placer intrapsíquicas ya no están constituidas por la acción de los procesos primarios únicamente (introyección). El funcionamiento diferencial del yo y el sistema de identificación secundaria se hacen predominantes. En la cura de Carine, esta evolución se inscribió en la de la transferencia y en la del proceso psicoanalítico, lo que permitió seguirla paso a paso. No es absurdo suponer la existencia de procesos comparables en la elaboración espontánea favorable. Hemos subrayado cómo esta modificación de la intensidad relativa de las catexias hizo perder a las fantasías inconscientes una parte de su poder apremiante. De eso depende el porvenir de la sexualidad del sujeto. La elección entre las inhibicions sexuales graves, o una simple elaboración de fantasías eróticas que toman a su cargo la orientación de las pulsiones parciales, está determinada por una atracción más o menos grande de las fantasías inconscientes sobre el pre-consciente.

La introyección de la posibilidad de sentir placer en su cuerpo gracias al contacto del pene del padre, contrariada por las fantasías de incorporación, representa probablemente un papel esencial en la evolución de la sexualidad femenina. Ciertamente, Carine ignora la existencia de la vagina, que aparentemente no es para ella una zona erógena. Las explicaciones dadas por la psicoanalista en la 61ª sesión, aludiendo el "corredorcito", no tenía la intención de forzar artificialmente este desconocimiento. Sin embargo el contenido de esta sesión es demostrativo del proceso que puede conducir a la catexia de la vagina y a la erotización de la posición femenina. En esta sesión, en efecto, Carine expresa muchos deseos que pueden ser concurrentes o antagonistas, según la disposición asociativa que impliquen: 1] ella ha soñado que su psicoanalista le ponía un bebé en el vientre; ya examinamos en el capítulo VI la sobredeterminación de ese sueño de deseo, cuya realización alucinatoria tiene un indiscutible efecto de placer; 2] la masturbación clitoridiana le proporciona el dormir con hermosos sueños; 3] ésta es asociada por la niña a una situación a la vez simbólica y real: el sonido del timbrazo del padre "que entra en la casa". La convergencia de esos elementos puede permitir a la niña adquirir la capacidad de sentir placer con la penetración, inscribiéndose el placer vaginal en la continuidad del placer clitoridiano. Esta evolución es frecuentemente obstaculizada por la angustia determinada por las fantasías sádicas esencialmente ligadas a las pulsiones parciales anales.

v. CONSIDERACIONES ACERCA DEL PRONÓSTICO O DISCUSIÓN SOBRE LA UTILIDAD DEL PSICOANÁLISIS DE NIÑOS

Si el psicoanálisis de Carine nos ha parecido relativamente satisfactorio, no es sólo porque nos ha permitido ilustrar cierto número de nuestros conocimientos sobre la evolución del psiquismo infantil; es también porque tenemos la sensación de que esta experiencia ha constituido un punto de inflexión importante para la niña y ha contribuido a darle mejores posibilidades evolutivas. A todo lo largo de nuestra exposición, nos pareció sin embargo que era muy difícil esquematizar en forma sencilla las modificaciones potenciales determinadas por la cura. Si no queremos contentarnos con decir que Carine tiene mejores relaciones con sus camaradas de clase, o que se divierte más con sus juguetes (lo que por otra parte no estuvo nunca en el centro de nuestras preocupaciones), no debemos desanimarnos por la dificultad de la tarea y evitar responder a una pregunta que nos ha sido planteada a veces por excelentes psicoanalistas de adultos: "¿Para qué sirve el psicoanálisis de niños?" En *Análisis terminable e interminable,* Freud ponía en duda la posibilidad de prevenir las reacciones conflictuales provocadas por circunstancias nuevas, que aún no se hubieran presentado en el momento de la cura. Desde ese punto de vista, el psicoanálisis de niños se encuentra en la situación más desfavorable, puesto que las situaciones que modifican más violentamente el sistema de catexias del sujeto corresponden en su mayoría a un futuro lejano.

Tampoco es gracias al conocimiento de su inconsciente que un niño analizado se encuentra en mejor posición que otro para afrontar esas dificultades futuras, puesto que la experiencia demuestra que una gran parte de la elaboración interpretativa será barrida por el proceso de represión del período de latencia. En general, en los mejores casos, queda el recuerdo de una experiencia privilegiada muy catectizada, pero vaciada de la mayor parte de su contenido.

En el caso particular de Carine, la gravedad de sus síntomas iniciales y la ineficacia relativa de los procesos neuróticos eran la expresión suficiente para justificar la puesta en práctica de una cura psicoanalítica. Sin embargo nuestra ambición no se limita, en una cura en la que se pudo observar un auténtico proceso analítico, a sacar a una niña de una situación difícil y a continuar la cura hasta que se tengan algunas probabilidades de no destruir el resultado por una interrupción intempestiva.

Este es el momento de preguntarnos qué es lo que Carine ha adquirido de particular, a pesar de las pruebas futuras que la esperan y la amnesia electiva que la acecha.

Más allá de la clínica tradicional basada en una clasificación de los síntomas, el psicoanálisis ha introducido su sistema conceptual particular para evaluar el funcionamiento mental del ser humano. Los modos de reducción de la tensión interna, en función del principio de placer, y el efecto del automatismo de repetición, conducen, bajo el efecto de las incitaciones exteriores, a un trabajo de elaboración psíquica que no se detiene sino al término de la vida. En los adultos, se pueden estudiar las formas particulares que adopta esta elaboración psíquica según los individuos, en función: 1º, de la presencia o ausencia. de sufrimiento, de depresión o de ansiedad consciente para el sujeto; 2º, del efecto organizador, para el psiquismo de los allegados, de la elaboración mental del sujeto; 3º, de la capacidad de ésta para no desorganizarse bajo la acción de diversas modificaciones externas o internas.

Para evaluar la influencia de un psicoanálisis infantil en la organización psíquica ulterior considerada bajo este aspecto, hemos tenido que seguir, a todo lo largo de esta obra, las variaciones del poder de atracción de la represión primaria. Este concepto está efectivamente incluido en nuestra descripción de las fantasías inconscientes. Aplicación directa de la teoría freudiana de los intercambios entre sistema inconsciente y sistema preconsciente, este enfoque permite una comprensión precisa de la organización de las fijaciones, sobrepasando el enfoque metafórico utilizado frecuentemente.

En el curso del psicoanálisis precoz, es decir practicado antes de que el paciente internalice su superyó en su forma definitiva, esas variaciones están cargadas de consecuencias. De todos modos, la represión secundaria, característica del período de latencia, producirá muy pronto sus efectos, más o menos parciales según la elaboración del complejo de Edipo. La calidad del proceso represivo está determinada por el equilibrio entre la catexia de los objetos internos primitivos, productos de las primeras etapas de identificación, y el placer producido por las actividades secundarias del yo. Si la represión secundaria está fuertemente determinada por las pulsiones parciales, refuerza la atracción de la represión primaria y tiende a bloquear las transformaciones de esta última.

Es en la declinación del complejo de Edipo cuando las circulaciones de catexias tienen un valor particularmente decisivo para el futuro del sujeto. La negación de los objetos internos y el exceso de las defensas maníacas implican la organización de un sistema defensivo cuya característica principal es la imposibilidad de transferir las catexias internas primitivas a las nuevas actividades del yo. La adquisición del *insight* de que Carine dio pruebas durante su análisis —y que nosotros relacionamos con la introyección de la psicoanalista que le daba las interpretaciones— tiene un efecto mucho más general que esta visión de su inconsciente, visión de la que anteriormente subrayamos el carácter transitorio. Es la marca de un importante desplazamiento de las fuentes de placer narcisista, complementario de una disminución del poder atractivo de los puntos de fijación. Debido a que esta transformación, más allá de lo que la niña había percibido de sus fantasías inconscientes, parecía adquirida y que su permanencia, ligada al proceso introyectivo antes citado, parecía haberse hecho independiente de la materialidad de los encuentros con la psicoanalista, es que aceptamos la interrupción fortuita del tratamiento.

¿Significa esto que Carine está al abrigo de toda dificultad psicológica ulterior y que hemos prevenido toda posibilidad de desorden mental? Ciertamente no, y no era un objetivo tan inalcanzable el que nos habíamos fijado. No obstante, creemos poder afirmar que hemos descartado los peligros de evolución psicótica, o de inhibición intelectual pseudo-deficitaria. Pero hemos constatado, recordémoslo, que su brillo intelectual no estaba en relación con su inteligencia en la cura. Cuando Carine, después de su falsa partida a la provincia, regresa a ver a su psicoanalista, es aparentemente porque sus padres soportan mal su comportamiento desagradable para con ellos, lo que —en el contexto familiar— no es significativo de una desorganización del funcionamiento psíquico de la niña. Carine reanuda el contacto con su psicoanalista haciendo alusión al placer del *insight*. En efecto, ella explica la reanudación del tratamiento por la molestia que le ocasiona un gesto compulsivo que es sin embargo discreto (se toca furtivamente la yema de los dedos con la punta de la lengua). "He pensado que no sirve de nada que mis padres me digan que no lo haga. Hace falta que tú me lo expliques, como antes me explicaste por qué yo me chupaba el pulgar." No es indiferente constatar aquí que el recuerdo, cierto, del placer de comprender, se traduzca por una imagen ideo-verbal falsa en apariencia, es decir nuevamente elaborada (nunca se trató, según recordamos, de que hubiera un problema de chuparse el pulgar, ni de su significación, en su análisis). Pero esta elaboración fantaseada no constituyó un obstáculo para el proceso analítico, puesto que Carine asoció inmediatamente sobre la represión de su coprolalia y sobre su descontento porque su padre pasaba la semana lejos de la casa.

Así es como podemos ilustrar lo que Carine adquirió efectivamente por esta capacidad particular para interesarse en tales explicaciones, sin caer en la hipercatexia de las fantasías y de los pensamientos propia de la psicosis. Cierta posibilidad de *insight*, si bien siempre más limitada que en el adulto "bien analizado", es el signo de una relativa supremacía de los procesos secundarios y de las identificaciones edípicas. Esas nuevas disposiciones no le han dado una inmunidad preservándola de todos los riesgos de la patología, pero constituyen mejores disposiciones para esta elaboración psíquica de la que depende su futuro mental.

Hemos definido las fantasías inconscientes como un procedimiento de puesta en marcha de derivados pulsionales contradictorios. Por más que la temática sea intemporal e inmutable, las modificaciones aportadas a este procedimiento mismo, y a sus efectos, por el psicoanálisis de niños, son suficientemente determinantes para que perseveremos en esta práctica.

BIBLIOGRAFÍA

ABRAHAM, K., *La primera etapa pregenital de la libido* (1916), en *Psicoanálisis clínico*, Hormé, Buenos Aires.

AJURIAGUERRA, J. DE, DIATKINE, R., KALMANSSON, D., *Les troubles du développment du langage au cours des états psychotiques précoces*, en *Psychiatr. Enfant*, 1959, vol. II, fasc. 1, pp. 1-65.

AJURIAGUERRA, J. DE, DIATKINE, R., GARCIA BADARACCO, *Psychanalyse et neurobiologie*, en *La psychanalyse aujourd'hui*. Obra publicada bajo la dirección de S. Nacht. Prefacio de E. Jones, 2ª ed. abreviada, París, Presses Universitaires de France, 1967, pp. 313-374. Trad. esp.: *El psicoanálisis, hoy*, t. I, Miracle, Barcelona.

ARLOW, J., *Conflit, regression, and symptom formation*, en *Int. J. Psychoanal.*, 1963, 44, núm. 1, pp. 12-22. Trad. franc. de Claude Stein en *Rev. fr. Psychanal.*, t. XXVII, 1963, núm. 1, pp. 31-52.

BARANDE, R., *Le problème de la régression*, en *Rev. fr. Psychanal.*, t. XXX, 1966, núm. 4, pp. 351-420.

BIBRING, E., *Psychoanalysis and the dynamic psychotherapies*, en *American Journal of Psychoanalysis*, 1954, pp. 745-770.

BION, W., *Elements of psychoanalysis*, Londres, Heinemann, 1963, 110 p. (trad. esp.: *Elementos de psicoanálisis*, Hormé, Buenos Aires).

BOLLAND, J. Y SANDLER, J., *The Hampstead Psychoanalytic Index. A Study of the psychoanalytic case material of a two year old child*, Nueva York, International Universities Press, 1965.

BOUVET, M., *Oeuvres psychanalytiques*, t. II, *Ecrits didactiques, Résistance. Transfert*, París, Payot, 1968, 313 p.

CHASSEGUET-SMIRGEL, *Recherches psychanalytiques nouvelles sur la sexualité féminine*, París, Payot, 1964.

CHILAND, C., *En relisant les textes de Freud sur la compulsion de répétition: théorie de la clinique et spéculation philosophique*, Communication au Colloque de la Société Psychanalytique de Paris, junio de 1969.

DIATKINE, R., *Du normal et du pathologique dans l'évolution mentale de l'enfant (ou des limites de la psychiatrie infantile)*, en *Psychiatr. Enfant*, 1967, vol. X, fasc. 1., pp. 1-42.

———, *L'enfant prépsychotique*, en *Psychiatr. Enfant*, 1969, vol. XII, fasc. 2, pp. 413-446.

———, *L'apport de la psychanalyse à la thérapeutique des psychoses*, en Recamier, P. C., *Le psychanalyste sans divan. La psychanalyse et les institutions de soins psychiatriques*. Con la cooperación de R. Diatkine, S. Lebovici y Ph. Paumelle y con la colaboración de P. Bequart, L. Carretier, S. Ferraresi-Taccani y D. Masson, París, Payot, 1970, pp. 15-42.

———, *Agressivité et fantasmes d'agression* (XXV Congreso de Psicoanalistas de Lenguas Romances), París, Presses Universitaires de France, 1964.

[347]

FAIN, M., L. KREISSLER, M. FAIN Y M. SOULE, *La clinique psychosomatique de l'enfant*, en *Psychiatr. Enfant*, IX, 1 fasc.

FERENCZI, S., *Transferencia e introyección*, en *Sexo y psicoanálisis*, Hormé, Buenos Aires.

——, *Analyse discontinue* (1914) en *Oeuvres complètes*, t. II: *Psychanalyse* II. Traducción francesa del doctor J. Duppont y M. Viliker, París, Payot, 1970.

FREUD, A., *Das Ich und die Abwehrmechanismen* (1937). Traducción española: *El yo y los mecanismos de defensa*, Hormé, Buenos Aires.

——, *Problems of infantile neurosis: a discussion*, en A. Freud, *The Psychoanalytic Study of the Child*, 1954, vol. IX, pp. 16-71.

——, *Einführung in die Technik der Kinderanalyse*, Viena, International Psychoanalyse Verlag, 1927. Traducción esp.: *Psicoanálisis del niño*, Hormé, Buenos Aires.

——, *Normality and pathology in childhood*, Nueva York, International Universities Press, 1965. Traducción española: *Normalidad y patología en la niñez*, Paidós, Buenos Aires.

FREUD, S., 1900 *a: Die Traumdeutung, GW*, vol. II-III; *SE*, IV-V. Traducción española: *La interpretación de los sueños*, en *O.c.*, t. I.

——, 1905 *d: Drei Abhandlungen zur Sexualtheorie, GW*, vol. V, pp. 29-145; *SE*, vol. VII, pp. 135-243. Traducción española: *Una teoría sexual*, en *O.c.*, t. I.

——, 1905 *e: Bruchstöck einer Hysterie-Analyse, GW*, vol. V, pp. 163-286; *SE*, vol. VII, pp. 7-122. Traducción española: *Análisis fragmentario de una histeria*, en *O.c.*, t. II.

——, 1909 *b: Analyse der Phobie eines fünf jährigen Knaben, GW*, vol. VII, pp. 243-377; *SE*, vol. X, pp. 5-147. Traducción española: *Análisis de la fobia de un niño de cinco años*, en *O.c.*, t. II.

——, 1910 *k: Über "wilde" Psychoanalyse, GW*, vol. VIII, pp. 118-125; *SE*, vol. XI, pp. 221-227. Traducción española: *El psicoanálisis "silvestre"*, en *O.c.*, t. II.

——, 1911 *b: Formulierungen über die zwei Prinzipen des psychischen Geschehens, GW*, VIII, pp. 230-238; *SE*, XII, pp. 218-226. Traducción española: *Los dos principios del suceder psíquico*, en *O.c.*, t. II.

——, 1911 *e: Psychoanalystische Bemerkungen über einen autobiographisch beschriebenen Fall von Paranoia (Dementia Paranoides), GW*, vol. VIII, pp. 240-316; *SE*, vol. XII, pp. 9-82. Traducción española: *Observaciones psicoanalíticas sobre un caso de paranoia ("Dementia paranoides") autobiográficamente descrito*, en *O.c.*, t. II.

——, 1913 *i: Die Disposition zur Zwangsneurose, Ein Beitrag zum Problem der Neurosenwahl, GW*, vol. VIII, pp. 442-452; *SE*, vol. XII, pp. 317-326. Traducción española: *La disposición a la neurosis obsesiva*, en *O.c.*, t. I.

——, *Allgemeines über den hysterischen Anfall*, en *Gesammelte Werke*, 1941, 7, pp. 235-240. *Some general remarks on hysterical attacks*, traducción J. Strachey, en *The Standard edition of the complete psychological works*, 1959, 9, pp. 227-234; traducción española: *Generalidades sobre el ataque histérico*, en *O.c.*, t. I.

————, 1913 *c: Zur Einleitung der Behandlung, GW*, vol. vIII, pp. 454-478; *SE*, vol. xII, pp. 123-144. Traducción española: *La iniciación del tratamiento*, en *O.c.*, t. II.

————, 1914 *g: Erinnern, Wiederholen und Durcharbeiten, GW*, vol. x, pp. 126-136; *SE*, vol. xII, pp. 147-156. Traducción española: *Recuerdo, repetición y elaboración*, en *O.c.*, t. II.

————, 1915 *c: Triebe und Triebschicksale, GW*, vol. x, pp. 210-232; *SE*, vol. xIV, pp. 117-140. Traducción española: *Los instintos y sus destinos*, en *O.c.*, t. I.

————, 1915 *d: Die Verdrängung, GW*, vol. x, pp. 248-261; *SE*, vol. xIV, pp. 146-158. Traducción española: *La represión*, en *O.c.*, t. I.

————, 1915 *e: Das Unbewusste, GW*, vol. x, pp. 264-303; *SE*, vol. xIV, pp. 166-215. Traducción española: *Lo inconsciente*, en *O.c.*, t. I.

————, 1916-1917: *Vorlesungen zur Einführung in die Psychoanalyse, GW*, vol. xI; *SE*, vol. xV-xVI. Traducción española: *Introducción al psicoanálisis*, en *O.c.*, t. II.

————, 1917 *c: Über Triebumsetzungen, insbesondere der Analerotik, GW*, vol. x, pp. 402-410; *SE*, vol. xVII, pp. 127-133. Traducción española: *Sobre las transmutaciones de los instintos y especialmente del erotismo anal*, en *O.c.*, t. I.

————, 1918 *b: Aus der Geschichte einer infantilen Neurose, GW*, vol. xII, pp. 29-157; *SE*, vol. xVII, pp. 7-122. Traducción española: *Historia de una neurosis infantil*, en *O.c.*, t. II.

————, 1920 *g: Jenseits des Lustprinzips, GW*, vol. xIII, pp. 3-69; *SE*, vol. xVIII, pp. 7-64. Traducción española: *Más allá del principio del placer*, en *O.c.*, t. I.

————, 1925 *a: Notiz über den "Wunderblock", GW*, vol. xIV, pp. 3-8; *SE*, vol. xIX, pp. 227-232. Traducción española: *El "Block maravilloso"*, en *O.c.*, t. II.

————, 1925 *h: Die Verneinung, GW*, vol. xIV, pp. 11-15; *SE*, vol. xIX, pp. 235-239. Traducción española: *La negación*, en *O.c.*, t. II.

————, 1926 *d: Hemmung, Symptom un Angst, GW*, vol. xIV, pp. 113-205; *SE*, vol. xX, pp. 87-174. Traducción española: *Inhibición, síntoma y angustia*, en *O.c.*, t. II.

————, 1930 *a: Das Unbehagen in der Kultur, GW*, vol. xIV, pp. 421-506; *SE*, vol. xXI, pp. 64-145. Traducción española: *El malestar en la cultura*, en *O.c.*, t. III.

————, 1933 *a: Neue Folge der Vorlesungen zur Einführung in die Psychoanalyse, GW*, vol. xV; *SE*, vol. xXII, pp. 5-182. Traducción española: *Nuevas aportaciones al psicoanálisis*, en *O.c.*, t. II.

————, 1937 *e: Die endliche und die unendliche Analyse, GW*, vol. xVI, pp. 59-99; *SE*, vol. xXIII, pp. 216-253. Traducción española: *Análisis terminable e interminable*, en *O.c.*, t. III.

————, 1937 *d: Konstruktionen in der Analyse, GW*, vol. xVI, pp. 43-56; *SE*, vol. xXIII, pp. 257-269. Traducción española: *Construcciones en psicoanálisis*, en *O.c.*, t. III.

GAMMIL, J., *Réflexions critiques sur "Psychoanalytical process"*, en *Rev. fr. Psychanal.*, 1970, 34, pp. 167-171.

GLOVER, E., *The technique of psychoanalysis*, Londres, Bailliere, Tindall and Cox, 1955. Traducción francesa de C. Laurin, *Technique de la psychanalyse*, París, Presses Universitaires de France, 1958.

GREEN, A., *Narcissisme primaire: structure ou état?*, en *L'inconscient. (Revue de Psychanalyse)*, 1967, núm. 1, pp. 127-156. Traducción española: *Narcisismo primario, ¿estructura o estado?*, Proteo, Buenos Aires.

GRUNBERGER, B., *Le narcissisme. Essais de psychanalyse*, París, Payot, 1971, 351 p.

HARTMANN, H., *Ego psychology and the problem of adaptation*, en D. Rapaport, *Organization and Pathology of Thought*, Nueva York, Columbia University Press, 1951. Traducción española: *Psicología del Yo y el problema de la adaptación*, Pax, México.

ISAACS, S., *Naturaleza y función de la fantasía*, en Klein, M., Heiman, P., Isaacs, S. y Riviere, J., *Developments in Psychoanalysis*, London, Hogarth Press, 1952. Traducción española: *Desarrollos en psicoanálisis*, Paidós, Buenos Aires.

JACOB, F., *La logique du vivant*, París, Gallimard, 1970. Traducción española: *La lógica del viviente*, Laia, Barcelona.

KESTEMBERG, E. Y J., *Contribution à la perspective génétique en psychanalyse*, en *Rev. fr. Psychanal.*, t. xxx, 1966, núms. 5-6, pp. 569-713.

KLEIN, M., *Principios psicológicos del análisis infantil* (1926), en *Contribution to Psychanalysis (1921-1945)*, Londres, The Hogarth Press, 1948. Traducción española: *Contribuciones al psicoanálisis*, Hormé, Buenos Aires.

———, *Estadios tempranos del conflicto edípico* (1928), en *Contribuciones al psicoanális*.

———, *La personificación en el juego de los niños* (1929) en *Contribuciones al psicoanálisis*.

———, *Die Psychoanalyse des Kindes* (1932). *The Psychoanalysis of Children*, 3a. ed., Londres, The Hogarth Press, 1949. Traducción española: *El psicoanálisis de niños*, Hormé, Buenos Aires.

———, *Una contribución a la psicogénesis de los estados maníaco-depresivos* (1934), en *Contribuciones al psicoanálisis*.

———, *Nota sobre algunos mecanismos esquizoides* (1946), en Klein, M., Heiman, P., Isaacs, S., Riviere, J., *Desarrollos en psicoanálisis*, Hormé, Buenos Aires.

———, *Observando la conducta de bebés*, en *Desarrollos en psicoanálisis*.

———, *Algunas conclusiones teóricas sobre la vida emocional del lactante*, en *Desarrollos en psicoanálisis*.

———, *Envy and Gratitude*, Tavistock Publications, 1957. Traducción española: *Envidia y gratitud*, Paidós, Buenos Aires.

KOHUT, H., *La position sur le fantasme dans la psychologie psychanalytique*. Traducción de M. Benassy, 23° Congreso, 1963, *Rev. fr. Psychanal.*, 1964, 28, núm. 4, pp. 575-579.

LEBOVICI, S. Y BRAUNSCHWEIG, D., *À propos de la névrose infantile*, en *La Psychiatrie de l'Enfant*, 1967, vol. x, fasc. 1, pp. 41-123.

LEBOVICI, S., *La relation objectale*, en *La Psychiatrie de l'Enfant*, 1961, vol. III, fasc. 1, pp. 147-226.

LEBOVICI, S. Y MCDOUGALL, J., *Un cas de psychose infantile. Étude psychanalytique*. París, Presses Universitaires de France, 1960.

LEBOVICI, S. Y DIATKINE, R., *Etude des phantasmes chez l'enfant*, en *Rev. fr. Psychanal.*, t. XVIII, 1954, núm. 1, pp. 108-154.

LOEWENSTEIN, R., *La psyhcologie psychanalytique de Hartmann, Kriss et Loewenstein*, en *Rev. fr. Psychanal.*, t. XXX, 1966, núms. 5-6, pp. 775-791.

MACALPINE, I., *The development of the transference*, en *Psychoanal. Q*, 1950, 19, pp. 501-539.

NACHT, S., *De la pratique à la théorie psychanalytique*, París, Presses Universitaires de France, 1966, 2ª ed., 168 p.

————, *La présence du psychanalyste*, París, Presses Universitaires de France, 1963. Traducción española: *Presencia del psicoanalista*, Proteo, Buenos Aires.

————, *Guérir avec Freud*, Paris, Petite Bibliothèque Payot, 1971, 242 p. Traducción española: *Curar con Freud*, Edit. Fundamentos, Madrid.

NÁGERA, H., *Early Childhood disturbances, the infantile neurosis and the adulthood disturbances, problems of a development psychoanalytic psychology*, Nueva York, International Universities Press, 1966. Traducción española: *Neurosis infantil*, Hormé, Buenos Aires.

ROUART, J., *"Agir" et processus psychanalytique. L'acting out dans sa relation avec la cure et dans les aspects cliniques*, en *Rev. fr. Psychanal.*, t. XXXII, 1968, núms. 5-6, pp. 891-988.

SANDLER, J. Y NÁGERA, H., *Aspects of the metapsychologie of fantasies*, Congreso de Estocolmo 1963, *Int. Study of the Child*, 1963, vol. 18, pp. 159-194. Traducción francesa de Mme. Massoubre, *Rev. fr. Psychanal.*, 1964, t. 28, pp. 473-506.

SAUGUET, H., *Le processus analytique*, en *Rev. fr. Psychanal.*, t. XXXIII, 1969, núms. 5-6, pp. 913-927.

SEGAL, H., *Introduction to the Work of Melanie Klein*, Londres, Heinemann, 1964. Traducción española: *Introducción a la obra de Melanie Klein*, Paidós, Buenos Aires.

SEGAL, H., *Notes on symbol formation*, en *Int. J. Psycho-Anal.*, 1957, vol. XXXVIII, part. VI.

SOULE, M., *Le méricysme du nourrisson*, en *Rev. fr. Psychanal.*, t. XXIII, 1966, núms. 5-6, pp. 735-743.

SPITZ, R. A., *The first year of life*, Nueva York, International Universities Press, 1965. Traducción española: *El primer año de vida*, F.C.E., México.

VIDERMAN, S., *La construction de l'espace analytique*, París, Denoël, 1971, 344 p.

WINNICOTT, D. W., *Collected Papers*, Tavistock Publications, 1958.

impreso en talleres gráficos victoria, s. a.
jesús terán 9-a — méxico 1, d. f.
tres mil ejemplares
20 de octubre de 1975

www.ingramcontent.com/pod-product-compliance
Lightning Source LLC
Chambersburg PA
CBHW022347280326
41935CB00007B/107